# Das große Buch der Gemüse

Das große Buch der

# Gemüse

## aus aller Welt

Mit dem großen farbigen Bildlexikon


Idee und Konzept: Christian Teubner
Autoren: Hans-Georg Levin
Elisabeth Lange
Rezeptentwicklung: Andreas Miessmer


Teubner Edition

# Inhalt

# Gemüse

## SEIN KULTURELLER STELLENWERT AUS EUROPÄISCHER UND ASIATISCHER SICHT

Wer sich für die Geschichte europäischer Gemüse interessiert, muß in den mittelalterlichen Aufzeichnungen der Mönche über Heilpflanzen nachschlagen. Gemüse, das waren Wurzeln und Kräutlein, die erst nach dem Kochen zu Mus, zu "G'müs", wurden und die man nur für erwähnenswert hielt, wenn heilsame Kräfte im Spiel waren. So galt die aus Spanien stammende Schwarzwurzel im Mittelalter als Mittel gegen Schlangengift. Pastinaken sollten gut gegen Schlaflosigkeit sein, und mit Sauerampfer heilte man Leber- und Nierenbeschwerden. Fast jedem heimischen Gemüse wurde eine Wirkung zugeschrieben. Das Wissen darum stammte oft genug noch aus römischen und griechischen Quellen. Die heilige Katharina von Siena (14. Jahrhundert), so heißt es, verzehrte von ihrem 14. Lebensjahr an nur rohe Kräuter - Rohkost würden wir heute sagen. Sie ist kein Einzelfall in der Kirchengeschichte. Eine Ernährungsweise mit viel Gemüse gehörte zu den Gebräuchen des frühen westlichen Mönchtums, denn Gemüse stand für Askese. So aßen Benediktiner- und Karthäuser-Mönche vegetarisch. Die Geringschätzung des mittelalterlichen Adels für "Wurzeln und Kräuter" ist heute noch bei uns im ländlichen Milieu erhalten und zeigt sich deutlich im Thema eines bekannten Volksmärchens: Das arme Aschenputtel muß zur Strafe Erbsen verlesen, also eine niedere Arbeit tun. In Europa bedeutet nur Fleisch Wohlstand. Wer Gemüse essen muß, ist arm oder fastet. Abgebildet und beschrieben wurde nur, was der Heilung von Krankheiten diente. Das Alltägliche, das Einfache war kein Bild wert. Ganz anders in Asien! Hier steht Gemüse für ästhetischen und kulinarischen Reichtum. Die Tafelkultur war nie von großen Braten geprägt. Viele asiatische Küchen, wie die chinesische und später die japanische, entstanden als Küchen der Not und entwickelten trotzdem oder vielleicht gerade deswegen ihre hohe Kultur. Mit Raffinement und Sorgfalt zubereitet, war der wesentliche Teil dieser kulinarischen Traditionen das Gemüse. Es bildet neben Getreide seit undenklichen Zeiten den wichtigsten Bestandteil der Mahlzeit. Die Sojabohne, seit über 800 Jahren in China systematisch angebaut, ist mit ihren Produkten heute noch der Mittelpunkt der chinesischen und japanischen Küche und wird entsprechend hoch geschätzt. Und beobachtet man einen japanischen Koch beim Gemüseschneiden, könnte man meinen, einer rituellen Handlung zuzusehen, soviel Ehrerbietung zeigt sich in seinem Tun. Die Vielfalt der Gemüse steht in diesen Ländern für Reichtum aus göttlicher Quelle. Entsprechend häufig findet man Abbildungen und genaueste, sogar poetische Beschreibungen.

Jung geerntete Maiskolben als Gemüse angeboten: Schon vor über 5000 Jahren pflanzten die Azteken das gelbe Korn an. Noch heute sieht man in Ungarn Verkaufsstände wie diesen.

**Die Sorgfalt,** mit welcher der chinesische Gemüsehändler auf dieser alten Darstellung sein Angebot ausgebreitet hat, zeigt den kulturellen Stellenwert von Gemüse. Er ist noch überall in Asien spürbar, auch im japanischen Supermarkt von heute. Hier liegt das aufwendig und hygienisch verpackte Gemüse zur Wahl und wird vor dem Kauf gründlich geprüft. Die Not, die dieses Volk in seiner Geschichte fast immer dazu zwang, alles zu verwerten, bis hin zum Seetang, hat zum ehrerbietigen Umgang mit Lebensmitteln geführt.

**Ein Gemüsegarten im Mittelalter:** Der Übergang zwischen Kultur- und Wildpflanzen war fließend und die Ernten mager. Selbst noch zu Beginn des 19. Jahrhunderts konnte ein Bauer nur 4 Stadtbewohner ernähren. Heute versorgt ein hochtechnisierter Agrarbetrieb rund 42 Menschen.

# Anbaumethoden

## WETTSTREIT DER SYSTEME - BIOLOGISCH, KONVENTIONELL ODER INTEGRIERT

Jahrhundertelang wurde das Wissen der Bauern von Generation zu Generation weitergegeben. Bodenfruchtbarkeit und Klima waren ebenso wie eine gute oder schlechte Ernte gottgewollt. Der Mensch fand sich damit ab. Bis vor rund 150 Jahren die ersten neuen Erkenntnisse im Bereich der Pflanzenernährung und Technik die Situation grundlegend änderten. Forscher wie Carl Sprengel, Justus von Liebig und Max Eyth revolutionierten die Landwirtschaft. Die Böden wurden fruchtbarer und die Ernten besser. Arbeitssparende Maschinen, Mineraldünger, großflächiger Anbau, Treibhäuser und chemischer Pflanzenschutz machten auch in unserem Jahrhundert noch einmal eindrucksvolle Ertragssteigerungen möglich. Doch selbst bei guten Ernten kamen die Bauern in den letzten 30 Jahren oft finanziell in die Klemme. Arbeitskräftemangel auf den Dörfern und sinkende Absatzpreise erzwangen eine weitergehende Technisierung und vereinfachte Fruchtfolgen bis hin zur Monokultur. Der Griff zur Chemie fiel immer großzügiger aus, denn durch Verstöße gegen alte Ackerbauprinzipien nahm die Fruchtbarkeit der Böden ab, und die Pflanzen wurden empfindlicher gegen Schädlinge aller Art. Der chemische Eingriff in das biologische Gleichgewicht von Schädlingen und Nützlingen und die zunehmende Resistenz der Insekten, Pilze und Bakterien brachte mehr und neue Agrarchemikalien zur Anwendung. In der Bundesrepublik werden heute jährlich etwa 30 000 Tonnen davon auf den Äckern verteilt. Soweit eine kurze Geschichte der Landwirtschaft, die man bis vor einigen Jahren die “moderne” nannte und jetzt als die “konventionelle” bezeichnet. Denn im gleichen Maße, in dem sich die Landwirtschaft dem extremen Rationalisierungsprozeß unterzog, wurden Vorwürfe laut. Produktion von Überschüssen auf Kosten der Umwelt, so heißt der Kernpunkt der Kritik. Und tatsächlich wird beim intensiven Gemüseanbau, besonders in südlichen Ländern, schwer gesündigt. Gurken und Tomaten wachsen in riesigen, hektargroßen Folien- oder Glashäusern. Dabei werden die Böden einer Radikalkur mit hohen Düngergaben, reichlichen Mengen von Fungiziden, Insektiziden und Boden-Entseuchungsmitteln ausgesetzt. Bei der chemischen Boden-Entseuchung, die sich hauptsächlich gegen Würmer (Nematoden) richtet, injiziert man Giftgase in die Erde, die alle Schädlinge, aber natürlich auch die Nützlinge, gründlich vernichten. - Es handelt sich hier übrigens um Giftgase, die im Ersten Weltkrieg entwickelt wurden und seither in der Landwirtschaft Verwendung finden. Sie sind in der ehemaligen Bundesrepublik, bis auf eines, verboten. - Hierzulande werden die hartnäckigen Bodenschädlinge meist alle paar Jahre mit heißem Dampf bekämpft. Jedoch auch die vernünftigen konventionellen Gemüsebauern in Deutschland, die zwar

**Folientunnel,** groß genug, um mit Landmaschinen darin arbeiten zu können, ersetzen das Glashaus. Hier werden Gurkenpflanzen herangezogen.

**Unter Folien** baut man Gemüse erst seit knapp 20 Jahren an, um die Wärme zu speichern, den Wind abzuhalten und früher ernten zu können (im Bild ganz oben). Zur Unterdrükkung von Unkraut und Schädlingen wachsen die Pflanzen unter flach ausgelegten **Mulchfolien aus Polyethylen** (Bild Mitte). Bei kilometerweiser Verwendung ist das Problem der Entsorgung dieses Kunststoffmülls erst in Ansätzen gelöst. Besser für Pflanzen und Umwelt, aber auch erheblich teurer: **Papiermulch** (im Bild oben).

gegen Schädlinge spritzen, aber erst nach sorgfältiger Diagnose, und die alle vorgeschriebenen Wartezeiten einhalten oder sogar weit überschreiten, um ganz sicher zu sein, daß keine Rückstände im Gemüse sind, auch diese Betriebe müssen sich von Umweltfachleuten kritisieren lassen. Das Stichwort heißt Nitrat. Aus überdüngten Feldern wäscht der Regen den an sich harmlosen und für die Pflanzen lebensnotwendigen Nährstoff ins Grundwasser. Für den Menschen hat erst das durch Bakterien in Nitrit umgewandelte Nitrat eine Giftwirkung. Bei Säuglingen kann es Erstickungsanfälle hervorrufen und für den Erwachsenen gelten Stoffwechselprodukte des Nitrats (Nitrosamine) als potenter Auslöser einiger Krebsarten. Kein Wunder, daß der Gesetzgeber als Höchstwert 50 mg Nitrat pro Liter Trinkwasser festgelegt hat. Allerdings nehmen wir 70% der gesamten Nitratmenge aus Gemüsen und Salaten auf und nur 15 bis 20% aus dem Wasser. Deshalb gibt es seit 1986 erstmals Richtwerte für den maximalen Gehalt spezieller nitratsammelnder Gemüsearten. So sollten Kopfsalat und Rote Bete höchstens 3000 mg Nitrat pro kg und Spinat nur 2000 mg enthalten.

Die sogenannten "alternativen" Landwirte, egal ob sie biologisch-dynamisch, biologisch-organisch, naturgemäß oder ökologisch wirtschaften, finden trotz der höheren Preise mit ihren Produkten beim Verbraucher Anklang. Ihre selbstgewählten Richtlinien lauten verkürzt folgendermaßen: Erhaltung und Steigerung der Bodenfruchtbarkeit, Erzeugung gesunder Pflanzen möglichst ohne Pflanzenschutzmittel, bewußte Vermeidung von Umweltbelastungen und Förderung von Sorten mit hoher Schädlingsresistenz. Diese Ziele sollen durch strenge Vorschriften für den Anbau erreicht werden. So sind beispielsweise chemisch-synthetische, also leicht lösliche Dünger, die Anwendung von Herbiziden, Wachstumsregulatoren und Welkemitteln verboten. Bei dem Pflanzenschutz steht die Stärkung der boden- und pflanzeneigenen Abwehrkräfte im Vordergrund. Ebenso wichtig nehmen die Bio-Gemüsebauern Standort, Fruchtfolge, Pflanzenkombinationen, Saatzeitpunkt und vieles mehr. So schön das alles klingt, bedeuten diese schonenden biologischen Anbaumethoden jedoch für den alternativen Gemüseerzeuger hohen Arbeitseinsatz, weniger Ertrag und ein deutlich größeres Risiko, als der konventionelle Landwirt in Kauf nehmen muß. Ein Bio-Bauer braucht Idealismus, denn Reichtümer kann er mit seiner Arbeit nicht ansammeln.

Die neue Methode des "integrierten" Anbaus schlägt eine Brücke zwischen Ökologie und Ökonomie. Sie ver-

**Die richtige Sorte für diesen Standort:** Hier wachsen Lollo rossa, Romana und Kopfsalat probeweise in Reihen nebeneinander. So kann man herausfinden, welche Salatsorte auf diesem Feld die besten Bedingungen findet.

**So wachsen in den Niederlanden 90% der Tomaten:** mit den Wurzeln in steriler Steinwolle. Die Nährstoffe erhalten sie durch ein Tropfröhrchen (im Bild ganz oben). Der Vorteil: hohe Erträge bei geringerem Einsatz von Chemikalien. **Tomatenernte im Sitzen:** Von einem Wägelchen aus wird gepflückt und gleich in Kisten verpackt (im Bild oben).

sucht, umweltverträgliche Landwirtschaft mit modernen Anbaumethoden zu verbinden. Integriert, das Wort benutzte man zuerst im Zusammenhang mit dem Pflanzenschutz. Die Methode: Nützlinge schonen und gegen Schädlinge einsetzen, unempfindliche Sorten anpflanzen und neueste biologische und biotechnologische Mittel nutzen, damit der Verbrauch an Chemie so niedrig wie möglich bleiben kann. Im Unterschied zur alternativen Landwirtschaft sind hier chemische Schädlingsbekämpfungsmittel nicht tabu. Sie werden jedoch erst genutzt, wenn nötig und wenn klar ist, welche Schädlinge den Gemüsepflanzen zu schaffen machen. Aus dem integrierten Pflanzenschutz entstand erst ein tragfähiges System, als man auch umweltfreundliche Anbautechniken hinzunahm. Neben anderen Maßnahmen soll eine maßgeschneiderte mineralische Düngung Umwelt und Pflanzen schützen. Erst nach Bodenuntersuchungen bringt der Landwirt die genau berechnete Menge Dünger auf sein Feld. Vertreter des integrierten Anbaus

**Zweidrittel aller landwirtschaftlichen Anbauflächen** der Welt liegen in den Tropen und Subtropen. Wasser ist überall der begrenzende Faktor. Aber bei guter Bewässerung der Gemüsepflanzen sind drei und mehr Ernten möglich, weil die Vegetationszeiten in den heißen Klimazonen erheblich kürzer sind als unter unseren klimatischen Bedingungen.

halten den bei Biobauern verpönten Mineraldünger für leichter berechen- und dosierbar als die von den Alternativen bevorzugten organischen Dünger (Jauche, Stallmist oder Kompost), die Böden, nachfolgende Pflanzen und das Grundwasser mit einem Übermaß an Nährstoffen ebenfalls belasten können.

Den drängenden ökologischen und ökonomischen Problemen versucht der System-Anbau mit wissenschaftlichen Methoden und viel Technik beizukommen. Insbesondere in den Niederlanden und Belgien haben sich Gemüsebauern zu Unternehmern mit hochrationalisierten Betrieben entwickelt. Hier betreibt man den Anbau in großem Stil unter Glas, um die Pflanzen vor schlechtem Wetter und Umweltverschmutzungen zu schützen. Computer regeln Temperatur, Bewässerung, Belichtung und Nährstoffzufuhr. Eine Weiterentwicklung der letzten Jahre: bodenunabhängige Kulturen. Hier geht es anstelle von bäuerlichem Wissen um ausgefeilte Technologie. Die Pflanzen gedeihen ohne den "Störfaktor" Erde und werden mit Nährlösungen zum Wachsen gebracht. Statt in der Erde halten sich die Wurzeln in Steinwolle (Basalt), vulkanischem Granulat, Polyurethan- oder Polyethylen-Schaum fest. Die Gewächshäuser zeichnen sich durch klinische Sauberkeit aus - eine echte High-tech-Methode also, die in den Niederlanden beim Tomatenanbau schon auf 90% der Anbaufläche angewendet wird. Warum der Aufwand? Die Produzenten sagen, daß sie so bei höheren Erträgen bis zu 85% der Pestizide einsparen und dafür auf biologische Mittel umsteigen konnten. Außerdem, dieses Argument ist besonders bei den seit Jahrzehnten

Nützlinge statt Chemie: Larven der Schlupfwespe werden gegen den Tomatenschädling Weiße Fliege eingesetzt.

Veraltet: Bestäubung von Tomatenblüten mit der Hand. Heute tun wieder Hummeln der Pflanze diesen Dienst.

durch Hochleistungslandwirtschaft belasteten Böden und in Wasserschutzgebieten schlagend, wird eine Anreicherung von Nitrat im Boden vermieden. Denn die Nährstoffe bleiben in geschlossenen Kreisläufen. Aber Fachleute streiten sich trotzdem, ob der Verbraucher Gemüse aus der Hydrokultur auf Dauer akzeptiert. Und mancher fragt sich, wie es mit dem normalen Zusammenleben der Gemüsepflanzen mit Pilzen, Bakterien und Kleinlebewesen, die den Boden bevölkern, steht, wenn die Wurzeln keimfrei gehalten werden. Hier muß auch der Wissenschaftler mit den Schultern zucken. Die wenigen Untersuchungen, die bisher gemacht worden sind, sagen wenig über die Veränderungen in den komplizierten Stoffwechselsystemen. Also kann man den Gemüsebauern nur raten, ihren Betrieb nicht vorschnell zu betonieren, denn eventuell muß man in einigen Jahren vom Hydrokultur-Anbau abraten, wenn mehr Forschung darüber Auskunft gibt, welche Nachteile diese Systeme mit sich bringen. Oder wenn emotional oder rational begründete Verbraucherströmungen das Rad wieder zurückdrehen. Ein schon jetzt belegbarer Nachteil aller Treibhauskulturen: Die Pflanzen bekommen unter Glas in den dunkleren Jahreszeiten zu wenig Licht und lagern deshalb Nitrat ein.

Welches ist nun das beste, das richtige System für den Gemüseanbau? Auch Experten mögen keine Prognosen stellen. Schon gar nicht pauschal für den Anbau aller Gemüsearten. Die Landwirtschaft steckt nämlich in einem Lernprozeß. Gesichertes Wissen von gestern hat sich oft als falsch erwiesen und brandneue Methoden können morgen überholt sein. Die Gentechnik macht vielleicht Pestizide bald durch unempfindliche Sorten überflüssig. Auch der Verbraucher hat sicher Einfluß darauf, ob das Pendel eher auf die Bio-Seite oder in die High-tech-Richtung schwingt. Eines ist allerdings sicher: Beim Wettstreit der landwirtschaftlichen Systeme kann die Umwelt nur profitieren, denn alle haben sich ihren Schutz aufs Panier geschrieben. Nicht aus Idealismus, sondern weil auf zerstörten Böden die Erträge sinken. Und nicht alle Gemüsearten geben sich mit Nährlösungen zufrieden.

## MINI-GEMÜSE
## STARKÖCHE LIEBEN DIE KLEINEN

Der Anbau lohnt sich: Je nach Sorte werden Miniatur-Gemüse zwei- bis dreimal so teuer bezahlt wie vergleichbare Normalexemplare. Da fragt man sich natürlich, warum die winzigen Kohlköpfe, Karotten, Fenchelknollen und Lauchstangen soviel wert sind. Vielleicht weil hier die Vorzüge des Jungen, Zarten auf die Spitze getrieben sind. Und weil Kleingemüse die Vermutung zulassen, sie seien noch delikater als das zarteste junge Gemüse in Normalgröße. Anders als beim Obst gibt es beim Gemüse nämlich keine Reife, die mit einem Optimum an Nährstoffen einhergeht. Gemüse hat bereits ganz jung so ziemlich alle Inhaltsstoffe, die bei größeren Exemplaren anzutreffen sind. So bleiben Karotten, Lauch, Blumenkohl, Kohl, Wirsing und Mini-Zucchini bei dichter Aussaat und extrem früher Ernte Miniaturausgaben. Dagegen werden für Mini-Gurken, -Patissons und -Auberginen kleinwüchsige Sorten ausgewählt, bei denen auch längeres Verbleiben auf dem Feld kein weiteres Wachstum bringen würde. Und Mini-Artischocken zum Beispiel stammen von kleinwüchsigen Sorten und werden zusätzlich früh gepflückt.

# Lagerung

## SORGFALT LOHNT SICH, DENN QUALITÄTSVERLUSTE SIND VERMEIDBAR

Die meisten Gemüse verlieren bei Zimmertemperatur schnell an Frische. Innerhalb von Stunden geht dabei nicht nur Wasser verloren, und das Gemüse wird welk, gleichzeitig verschwinden auch die luft- und lichtempfindlichen Vitamine. Pilze und Fäulnisbakterien breiten sich aus, und die kulinarische Qualität wird erheblich geschmälert. Der Grund: Nach der Ernte gehen im Gemüse die natürlichen Stoffwechselprozesse weiter. Weil die Versorgung durch die Mutterpflanze abgeschnitten ist, werden die Inhaltsstoffe kontinuierlich ab- und umgebaut. Durch niedrige Temperaturen können diese Prozesse für eine gewisse Zeit aufgehalten werden. In Großbetrieben gibt es Kühlräume zu diesem Zweck, die sowohl in Temperatur als auch in Luftfeuchtigkeit regulierbar sind. Für kleinere Betriebe und den Haushalt gibt es seit einigen Jahren Kühlschränke, die getrennte Lagerbereiche mit Temperaturen von 0 bis 1°C, 5 bis 7°C und 10 bis 12°C besitzen. Optimale Lagerbedingungen entstehen in diesen Kühlschränken allerdings nur, wenn die Gemüse nach Sorten getrennt in Folie verpackt werden. Dann nämlich stellt sich innerhalb des Beutels die notwendige hohe Luftfeuchtigkeit von über 90% ein. Ohne Verpackung trocknen gerade empfindliche Salate und Blattgemüse, die bei 0 bis 1°C gelagert werden müssen, blitzschnell aus und entwickeln dabei unangenehme Geschmacksabweichungen, die besonders nach dem Kochen hervortreten.

Kühlschrank mit drei Lagerzonen, ideal für alle Gemüsearten: Salate und Blattgemüse lagern bei 0 bis 1°C, Kartoffeln bei 5°C und kälteempfindliche Fruchtgemüse bei 10 bis 12°.

### Aufbewahrung und Lagerzeiten

| Gemüseart | Temperatur in °C | rel. Luftfeuchte % | Lagerdauer Monate | Lagerdauer Wochen |
|---|---|---|---|---|
| Auberginen | 10 | 92-95 | | 3 |
| Blumenkohl | 0-1 | 95 | | 2-4 |
| Brokkoli | 0-1 | 95 | | 1-2 |
| Chicorée | 0-1 | 90 | | 4 |
| Chinakohl | -1 | 92-95 | 2-3 | |
| Endivien | 0-1 | 92-95 | | 3 |
| Erbsen in Hülsen | -1 | 92-95 | | 1 |
| Feldsalat | -1-0 | 95 | | 3 |
| Fenchel | 1 | 92-95 | | 3 |
| Grüne Bohnen | 7-8 | 92-95 | | 1-2 |
| Grünkohl | -2 | 92-95 | 2-3 | |
| Gurken | 7-8 | 92-95 | | 1-2 |
| Karotten, Möhren | 1 | 95 | 5-6 | |
| Kartoffeln | 4-5 | 92-95 | 8 | |
| Knoblauch | 0-1 | 65-75 | 6-7 | |
| Kohlrabi, mit Laub | 0-1 | 92-95 | | 2 |
| Kohlrabi, ohne Laub | 0-1 | 92-95 | 3 | |
| Kopfkohl, rot und weiß | 0-1 | 92-95 | 5-8 | |
| Kopfsalat | 0-1 | 95 | | 1-2 |
| Kürbis | 10-12 | 60-70 | 3 | |
| Lauchzwiebeln | 0-1 | 95 | | 1 |
| Meerrettich | -2 bis -1 | 92-95 | 12-18 | |
| Paprika, Gemüse- | 8-9 | 90-93 | | 3 |
| Petersilie | -2 bis -1 | 95 | | bis 8 |
| Porree, Lauch | -1-0 | 95 | 2 | |
| Puffbohnen | 0-1 | 92-95 | | 3 |
| Radieschen | 0-1 | 92-95 | | 1 |
| Rettich ohne Laub | 0-1 | 92-95 | 3-5 | |
| Rhabarber | 0-1 | 92-95 | | 3 |
| Rosenkohl | -2 | 92-95 | 2-3 | |
| Rote Bete | 0-1 | 92-95 | 6 | |
| Sellerieknollen | 0-1 | 92-95 | 5-6 | |
| Spargel | 1-2 | 92-95 | | 2 |
| Spinat | 0-1 | 92-95 | | max. 1 |
| Staudensellerie | 0-1 | 92-95 | | 4 |
| Tomaten, reif | 8-10 | 80-85 | | 1 |
| Tomaten, halbreif | 12 | 85-90 | | max. 3 |
| Wirsingkohl | -1 | 92-95 | max. 3 | |
| Zuckermais | 0-1 | 92-95 | | max. 1 |
| Zwiebeln | -1 | 70-75 | 8 | |

Quelle: Deutsche Gesellschaft für Hauswirtschaft EV. (Hrsg.), Lebensmittelverarbeitung im Haushalt. Stuttgart (Ulmer Verlag)[4]1984.

# Gesünder essen im Schlaraffenland

## EIN WEGWEISER ZU UNGETRÜBTEN TAFELFREUDEN

Unsere Vorfahren hatten meist nur ein einziges Ernährungsproblem: zu wenig zu essen. Selbst zu Beginn dieses Jahrhunderts litten noch viele Menschen hierzulande Hunger, waren deshalb anfällig für Krankheiten und starben häufig schon als Kinder. Überernährung gab es nur bei einer kleinen Schicht von Reichen, die damals noch gern mit üppigen Rundungen ihren Wohlstand zeigten. Diese Zeiten sind vorbei. Fettleibigkeit ist nicht en vogue und bestimmt kein Hinweis mehr auf gesellschaftlichen Erfolg und üppige Einkünfte. Heute haben wir alle Mühe, uns im Überfluß der Nahrungsmittel zurechtzufinden, und mancher kämpft mit überschüssigen Pfunden. Dabei spielt das Essen für jeden von uns, sogar wenn wir es nicht bemerken, eine unvergleichlich wichtige Rolle. Essen ist eine der wenigen Tätigkeiten, die absolut lebensnotwendig ist.

# Grundnährstoffe

## EIN WICHTIGES TRIO

Kohlenhydrate, Eiweiß (Protein) und Fett bilden in der Ernährung die Basis, sozusagen die Pflicht. Diese Grundnährstoffe sind absolut unentbehrlich, ohne sie läuft nichts. Denn sie sorgen dafür, daß wir genügend Energie für alle Körperfunktionen haben - und Kraft für Arbeit und Freizeit. Außerdem werden die Grundnährstoffe als Baustoff gebraucht: Eiweiß für Muskeln und Organe, Fett für die Polster und tausend Basisstoffe für alle Zellen. Unsere Lebensmittel sind Mischungen der drei Nährstoffe, jedoch in unterschiedlichen Anteilen zusammengesetzt. Haushaltszucker besteht zu fast 100% aus Kohlenhydraten, Pflanzenöl aus Fett, und ein mageres Stück Fleisch liefert hauptsächlich Eiweiß. Die Abbildung auf der nächsten Seite zeigt auf einen Blick, welche Lebensmittel als Hauptlieferanten für Eiweiß (Protein), Fett und Kohlenhydrate in Frage kommen. Unser Körper braucht von jedem der drei ganz unterschiedliche Mengen. Über die genauen Anteile streiten die Wissenschaftler immer wieder. Während sie noch in den sechziger Jahren für möglichst viel **Eiweiß (Protein)** plädierten, hat sich inzwischen erwiesen: übermäßige Mengen zeigen keine Vorteile. Besonders aus der Sportmedizin wissen wir, daß sich der Stoffwechsel unter solchen Bedingungen verschiebt und der Körper mit nachlassender Leistungsfähigkeit reagiert. Die Empfehlung heute: etwa 0,8 g Eiweiß pro kg und Tag. Für Kinder, Schwangere und Stillende gelten Werte zwischen 2 und 2,3 g. Wichtiger als die Menge ist aber auch hier die Qualität. Ideal ist eine Eiweißquelle für den Menschen erst dann, wenn aus den Eiweißbestandteilen (Aminosäuren) viel körpereigenes Eiweiß aufgebaut werden kann. Fachleute nennen dies die "biologische Wertigkeit" und haben den einzelnen Eiweißquellen Kennzahlen zugeordnet. Dabei ist das Hühnerei als Meßlatte benutzt und gleich 100 gesetzt worden.

Übersicht der verschiedenen Eiweißqualitäten:

| Proteinquelle | Biologische Wertigkeit |
|---|---|
| tierisch: | |
| Hühnerei | 100 |
| Rindfleisch | 92 |
| Milch | 90 |
| pflanzlich: | |
| Kartoffel | 99 |
| Soja | 85 |
| Bohnen | 73 |

Durch die Kombination von tierischen und pflanzlichen Eiweißlieferanten kann die Wertigkeit noch erheblich gesteigert werden. Dies ist nicht zuletzt deshalb so wichtig, weil ein Übermaß an tierischen Lebensmitteln den Stoffwechsel durch hohen Fettgehalt, Cholesterin und Purine belasten kann. Das klingt theoretisch vielleicht etwas kompliziert, wird aber beim Kochen in der Praxis tagtäglich angewendet: Bratkartoffeln mit Spiegeleiern haben zum Beispiel eine biologische Wertigkeit von 136. Sie liegt also höher als das Ei (100) und die Kartoffeln (99) allein. Fast ebenso gut ist die Kombination von Kartoffeln mit Milchprodukten, Fleisch oder Fisch. Hülsenfrüchte werden als gute Eiweißquelle am besten mit Getreide gegessen. Typisches Beispiel aus der südamerikanischen Küche: Bohnen und Maisfladen (Tortillas). Im überwiegend vegetarisch essenden Indien gehören Linsen (Dal) mit Reis oder Brotfladen (Chapati) zur täglichen Kost und liefern auch den Armen ausreichend gutes Eiweiß, um gesund zu bleiben. Ebenfalls ideal sind Gerichte aus Kichererbsen mit Soja (z.B. Tofu) und Sesam oder anderen Nußkernen, wie sie in vielen asiatischen Ländern üblich sind.

Eiweißgehalt pflanzlicher Lebensmittel

| | |
|---|---|
| Gemüse, je nach Sorte | 1- 5% |
| Hülsenfrüchte | etwa 25% |
| Sojabohnen | 35-40% |
| Kartoffeln | 2-3% |

Wie beim Eiweiß haben sich auch beim **Fett** die Forscher erst in den letzten Jahren auf Empfehlungen einigen können. Der Streit ging hier weniger um die empfohlenen Mengen, sondern vielmehr um die gesundheitliche Bewertung der verschiedenen Fettarten. Heute raten fast alle Wissenschaftler zu mehr pflanzlichen und weniger tierischen Fetten. Der Grund: Das Cholesterin, als Risikostoff für Herz- und Gefäßkrankheiten bekannt, kommt nur in Begleitung von tierischen Fetten vor. Pflanzenfette enthalten kein Cholesterin, dafür aber viele der regulierend wirkenden ungesättigten Fettsäuren. Gesundheitlich bedeutsamer als die Fettsorten sind jedoch die Mengen. Unser Verzehr liegt insgesamt viel zu hoch. Wer magerer ißt, macht es richtig, denn statistisch gesehen konsumieren wir heute zwei- bis dreimal mehr Fett, als wir sollten. Die Deutsche Gesellschaft für Ernährung empfiehlt nur 60 bis 90 g pro Tag. Wir essen jedoch 130 bis 150 g.
Auch im Bereich der **Kohlenhydrate** ist die Forschung in den letzten 20 Jahren zu neuen Erkenntnissen gekommen. Anhänger der Vollwerternährung erklärten den beliebtesten Kohlenhydratlieferanten Zucker kurzerhand zum Schadstoff. Nachteilige Wirkungen konnten dem süßen Lebensmittel allerdings nur im Hinblick auf Zahngesundheit und Körpergewicht nachgewiesen werden. Dennoch sollten - so die einhellige Meinung der Ernährungsfachleute - stärkehaltige Kohlenhydratlieferanten wie Kartoffeln, Hülsenfrüchte und Brot den Löwenanteil ausmachen. Im Gegensatz zum extrem leicht verdaulichen Zucker, der gleich ins Blut übergeht, bleiben stärkehaltige Lebensmittel länger im Magen und werden langsamer, aber auch kontinuierlicher vom Körper aufgenommen. Das hat Riesenvorteile: Schwankungen des Blutzuckerspiegels bleiben aus, und es gibt keine Anfälle von Heißhunger auf noch mehr Süßes.
Fazit: In der Ernährung ist es also wie fast überall: Die Menge macht's. Der Körper braucht ein gewisses Quantum von Grundnährstoffen. Er toleriert dabei große Schwankungsbreiten von Tag zu Tag. Wer allerdings auf die Dauer einseitig zuviel oder zuwenig verzehrt, bekommt die Quittung, wenn auch meist erst nach Jahren. Ernährungsfehler, so sagen die Fachleute, zeigen sich in der Regel nach etwa 20 Jahren mit Stoffwechselkrankheiten und nachlassender Leistungsfähigkeit.

Viel Auswahl am Marktstand: Wer frisches Gemüse gleich nach dem Kauf zubereitet und dabei nicht zuviel Fett verwendet, hat schon viel für seine Gesundheit getan.

# Nährstoffdichte

## BEIM GEMÜSE AM HÖCHSTEN

Die meisten von uns verbringen ihren Tag sitzend: im Auto, am Schreibtisch, am Computer, vor dem Fernseher. Der Anteil der körperlich schwer arbeitenden Menschen schrumpfte in den letzten 20 Jahren bis auf wenige Prozente. Selbst im Haushalt erledigen Maschinen inzwischen fast alle Arbeiten, die mit körperlicher Anstrengung verbunden sind. Die Folge: Schon bei ganz normalen Eßgewohnheiten konsumieren wir mehr Energie, sprich Kalorien, als unser Körper verbrauchen kann. Doch die rüde Regel "FdH" ("Friß die Hälfte") löst das Problem nicht. Wer jeweils nur die halbe Portion des Gewohnten ißt, bekommt eben auch nur die halbe Menge Vitamine, Mineralstoffe, Spurenelemente und Ballaststoffe und schadet damit seiner Leistungsfähigkeit. Außerdem dürfen wir auf die Dauer nicht ungestraft gegen unsere Instinkte verstoßen. Wer sich ständig zügelt, also aus Schlankheitsgründen immer nur halb satt ißt, der muß mit Heißhunger und unkontrollierten Eßattacken rechnen. Was wir brauchen, sind also Lebensmittel, an denen wir uns satt essen können, die wenig Kalorien, aber viele lebenswichtige Stoffe haben. Bei solcher Idealnahrung sprechen die Fachleute von "hoher Nährstoffdichte". Im Gegensatz zu Süßigkeiten oder fetter Wurst mit geringer Nährstoffdichte, erfüllen alle Gemüsearten diesen Anspruch der modernen Ernährungswissenschaft. Zusammen mit Hülsenfrüchten und Kartoffeln tragen sie viel zu unserer Versorgung bei. Sie decken bei einer normalen Ernährungsweise pro Tag durchschnittlich folgende Mengen von der Gesamtaufnahme ab:

Tofusorten zum auswählen: Die eiweißreichen Laibe aus Sojaquark gehören zur asiatischen Küche wie die verschiedenen Fleischsorten zur europäischen.

| | |
|---|---|
| 0% | Cholesterin |
| 1% | Fett |
| 7% | Eiweiß |
| 10% | Kalorien |
| 12% | Kalium |
| 15% | Eisen |
| 20% | der Vitamine Niacin und $B_1$ |
| 25% | Magnesium und Vitamin A |
| 35% | Vitamin $B_6$ |
| 40% | Vitamin C |

Das günstige Verhältnis von wenig Kalorien und vielen lebenswichtigen Nährstoffen ist dieser Liste leicht zu entnehmen.Von der Artischocke bis zur Zwiebel macht kein Gemüse dick, selbst wenn wir Unmengen davon essen würden. Sogar die stärkereichen Kartoffeln und Hülsenfrüchte sind im Verhältnis zu ihrem Sättigungswert kalorienarm. Nur wer sie mit viel Fett und Fleisch zubereitet, kann in die Kalorienklemme kommen. Die Ergebnisse einer großen wissenschaftlichen Studie über den Gesundheitszustand von Vegetariern verblüffte selbst die Fachleute. Wer Gemüse und Kartoffeln langfristig in den Mittelpunkt seines Speisezettels stellt, hat kaum Probleme mit den typischen Zivilisationskrankheiten. Obwohl die Vegetarier ihre Teller üppig füllten und mengenmäßig genauso viel verspeisten wie die fleischessende Kontrollgruppe, gab es nur sehr wenige Übergewichtige. Der Cholesterinspiegel war erheblich niedriger ebenso der Blutdruck und damit das Risiko für Herz-Kreislauf-Krankheiten.

**60% Kohlenhydrate sind ideal:** An stärkereichen Lebensmitteln wie Kartoffeln, Gemüse, Getreide, Reis und Nudeln können wir uns satt essen. Sie liefern die richtige Art von Kohlenhydraten. Zuckerhaltige Lebensmittel besser nur in Maßen genießen. Sie sind zwar reich an Kohlenhydraten, bieten aber außer konzentrierter Energie wenig Nützliches.

**15% Eiweiß:** Milchprodukte, Eier, ab und zu ein Stück Fleisch, einmal die Woche Seefisch, etwas Käse oder Wurst zum Brot, damit erhält der Körper schon reichlich tierisches Eiweiß. Das pflanzliche Eiweiß als notwendige Ergänzung kommt aus Kartoffeln, Hülsenfrüchten, Getreide und anderen pflanzlichen Lebensmitteln dazu.

**Höchstens 30% Fett:** Möglichst wenig Fett soll im Essen enthalten sein. Hier gilt es wirklich zu sparen. Weil Fett den Geschmack hebt, beim Kochen unentbehrlich ist und sich in vielen Lebensmitteln versteckt, überziehen wir oft unser Budget gewaltig. Am besten mehr pflanzliche Fette (Öle) und weniger tierische Fette verwenden.

# Eßgewohnheiten

## WARUM UNS SCHMECKT, WAS UNS SCHMECKT

Im Laufe unseres Lebens schlucken wir 30 bis 40 t Speisen, und weltweit betrachtet, besteht der Löwenanteil davon aus Gemüse, Hülsenfrüchten und Getreide. Die Zusammensetzung der konsumierten Lebensmittel beeinflußt Gesundheit und Lebenserwartung. Essen ist so zentral wichtig für unser Überleben, daß der Körper die Entscheidung darüber nicht allein dem Verstand überlassen kann. Unsere Gewohnheiten zeigen deutlich, wie stark die unterbewußten und instinktgeleiteten Anteile sind. Ekel schützt uns vor verdorbenen Lebensmitteln. Hunger, Appetit und Sättigung werden beim gesunden Menschen von inneren Signalen gesteuert. Aber auch Kultur und Erziehung prägen unser Verhalten. So selbstverständlich wie ein Kind seine Muttersprache lernt, gewöhnt es sich auch an die spezielle Küche seiner Heimat. Es ißt in Südamerika täglich Bohnen und Mais, in Japan Algen und Sojaprodukte und in Italien Nudeln mit Tomatensauce. Diese frühen Erfahrungen beeinflussen uns so tief, daß die Grundzüge unseres Ernährungsverhaltens aus Kindheit und Jugend gewöhnlich für immer erhalten bleiben. Asiaten zum Beispiel werden ihr Leben lang Gemüse und Reis großen Fleischportionen vorziehen. Und auch bei uns sind es nur die jungen Leute, die Tofu und andere asiatische Spezialitäten dauerhaft in ihren Speiseplan einbauen. Unbekannten Lebensmitteln oder Speisen begegnen wir ablehnend oder probieren sie nur mit größter Vorsicht. Wie weit das Mißtrauen gehen kann, zeigt folgender Fall: Im afrikanischen Staat Sambia starben in den letzten Jahren viele Tausend Kinder an den Folgen von Unterernährung, obwohl reichlich nahrhafte Sojabohnen im Lande wachsen. Sie wurden jedoch ausschließlich exportiert und nicht gegessen, weil niemand die Menschen mit dem ungewohnten Lebensmittel vertraut gemacht hatte. Erst nachdem eine Entwicklungshelferin den Müttern gezeigt hatte, daß Gerichte mit Soja gut schmecken, sank die Kindersterblichkeit. Unser Sprichwort "Was der Bauer nicht kennt, ißt er nicht" macht klar, daß dieses Verhalten keineswegs auf Menschen aus bestimmten Kulturkreisen beschränkt ist. Trotz wiederholter Hungersnöte konnte Friedrich der Große der Landbevölkerung die damals noch exotische Kartoffel nur durch einen Trick schmackhaft machen, sagt eine Anekdote. Er ließ ein Kartoffelfeld von seinen Soldaten so streng bewachen, als gelte es, eine große Kostbarkeit zu schützen. Das weckte die Neugier und brachte die Bauern schließlich dazu, die nahrhaften Knollen zu probieren und nach und nach als Nahrungsmittel zu akzeptieren. So ähnlich ist dieser Akzeptanzprozeß in den letzten Jahren übrigens mit einer ganzen Reihe von Gemüsen wie zum Beispiel Auberginen, Chinakohl und Zucchini verlaufen. Erst als sie sozusagen in Mode kamen, und andere sie bereits (ohne schädliche Folgen) probiert hatten, nahmen auch eher konservative Esser diese Gemüse an. Was wir auswählen, hängt demnach sehr vom Einfluß der Umgebung ab. So übernehmen Bücher wie dieses durch genaue Abbildungen und Informationen heutzutage zunehmend die Rolle des Vorkosters und erschließen uns auch die zur Zeit noch fremdartigen Gemüse .

# Ballaststoffe

## GEMÜSE-KOMPONENTEN, DIE DAS IMMUNSYSTEM FÖRDERN UND DEN CHOLESTERINSPIEGEL REGULIEREN

Erst seit gut einem Jahrzehnt sind die Ernährungsfachleute der Bedeutung der Ballaststoffe auf der Spur. Zu Beginn des Jahrhunderts galten sie nämlich buchstäblich als überflüssiger Ballast, von dem man annahm, daß er den Körper durch zusätzliche Verdauungsarbeit schwäche. Nicht zuletzt deshalb wertete man derbe Gemüsearten wie Hülsenfrüchte und Kohl als Arme-Leute-Essen ab. Erst nachdem gegen Ende der siebziger Jahre englische Forscher einen Zusammenhang zwischen allzu verfeinerter Nahrung und Zivilisationskrankheiten belegten, begannen Ernährungsfachleute in allen Industriegesellschaften, sich des Themas anzunehmen. Einleuchtend und wissenschaftlich belegt sind folgende Vorzüge: Eine Ernährung mit vielen Ballaststoffen enthält automatisch weniger tierische Lebensmittel, weniger Fett, weniger Cholesterin, weniger Energie, also Kalorien oder Joule. Und sättigt anhaltend.
Was Ballaststoffe sind, darüber bestehen bis heute unterschiedliche Ansichten. Klar ist allerdings, es gibt sie nur in pflanzlichen Lebensmitteln! Die meisten Ballaststoffe gehören zur Gruppe der Kohlenhydrate, sind aber so unterschiedlich aufgebaut, daß ihr Verhalten im menschlichen Körper nicht über einen Kamm geschoren werden kann. Ihre Hauptfunktionen lassen sich am Beispiel der in Getreide und Gemüse weit verbreiteten Zellulose erklären. Unsere Verdauungssäfte können diese großen Moleküle zwar nicht zerlegen, aber der Stoff nimmt im Darm Wasser auf und quillt dadurch auf, wodurch wiederum die Menge des Nahrungsbreis erheblich größer wird. Die Folgen: Mehr Verdauungssäfte fließen. Die Zellulose bindet schleimhautreizende, unverträgliche und eventuell auch giftige Stoffe im Darm, befördert sie mitsamt den Nahrungsresten schnell aus dem Körper und senkt so das Krebsrisiko.
Beim Stichwort Ballaststoffe denkt man meist nur an Vollkornbrot und Weizenkleie. Und tatsächlich gehören die unverdaulichen Schalenbestandteile des Getreides zu den wirksamsten Komponenten dieser Gruppe. Über sie ist viel geforscht und geschrieben worden. Die besonderen Funktionen der Ballaststoffe im Gemüse sind weniger gut untersucht.
Vielleicht weil der Anteil der unverdaulichen Bestandteile hier geringer ist. Nur 1 bis 5% Ballast sind wegen des hohen Wassergehalts im Gemüse zu finden. Hülsenfrüchte liefern immerhin doppelt soviel wie Vollkornbrot, nämlich bis zu 20%. Neben den Hauptbestandteilen Pektin und Zellulose weisen viele Gemüsearten zusätzlichen Ballast in Form von unverdaulichen Schleimstoffen und Eiweißkomponenten, Pflanzengummiarten und Mehrfachzuckern auf. Diese haben trotz verhältnismäßig geringer Mengen große Vorzüge: Ohne Nährwert für den Körper, aber dafür quasi als Bakterienfutter verbessern sie die Darmflora. Dies mag zwar hin und wieder zu

**Es macht für den Körper** durchaus einen Unterschied, ob Gemüse als Rohkost oder fein zerkleinert und gekocht verzehrt wird: Aus grobgeraspelter Rohkost gelangen die Nährstoffe viel langsamer ins Blut als aus gekochtem Gemüsebrei. Wichtig ist dies insbesondere für Diabetiker und Übergewichtige, denn bei beiden kommt es oft zu Schwankungen im Blutzuckerspiegel.

**Die Menge der Ballaststoffe** kann, muß aber nicht Blähungen verursachen. So ist die gasbildende Wirkung des Kohls wohlbekannt. Sein Gehalt an Ballaststoffen liegt jedoch im mittleren Bereich, niedriger als im Mischbrot. Beim Kohl werden über 90% der Ballaststoffe durch Bakterien im Darm abgebaut. Sie produzieren die unangenehmen Darmgase. Durch Zugabe von Gewürzen wie Kümmel oder Fenchel lassen sich diese lästigen Nebenwirkungen mildern.

unangenehmen Blähungen führen, sorgt jedoch insgesamt für einen gesunden Darm. Der Darm ist im Hinblick auf das vorwiegend dort angesiedelte Immunsystem extrem wichtig. Bis zu 500 verschiedene Mikroorganismen besiedeln die Darmschleimhäute. Ballaststoffe, insbesondere aus rohem Gemüse, verhindern mit einem komplexen Mechanismus Fehlbesetzungen in diesem Bakterienrasen. Zusätzlich regt ein gut gefüllter Darm durch Dehnung und mechanische Reize die Durchblutung an und versorgt auf diese Weise die dort angesiedelten Immunzellen besonders gut mit Sauerstoff und Nahrung. Ist der Darm durch reichlichen Gemüsegenuß gut in Form, können Infektionskrankheiten leichter abgewehrt und Umweltbelastungen besser bewältigt werden. Sogar Allergien sollen seltener auftreten.

Ähnlich günstig wirkt das Pektin. Diesen beim Gemüse weit verbreiteten Ballaststoff kennt man vom Marmeladekochen als Geliermittel. Er ist zwar mit einem durchschnittlichen Verzehr von 3 g pro Tag mengenmäßig ebenfalls nicht sehr bedeutend, aber seine Wirkung läßt aufhorchen. Pektin reguliert den Cholesterinspiegel, und zwar über einen Umweg. Es bindet nämlich im Dünndarm Gallensäuren. Nun muß der Körper die Gallensäuren ersetzen und benötigt dafür als Grundstoff das Cholesterin. Mit dem erhöhten Verbrauch sinkt der Cholesterinspiegel. Die Sache funktioniert so gut und ohne Nebenwirkungen, daß man reines Pektin auch als Arzneimittel gegen zu hohe Cholesterinwerte in größeren Mengen verabreicht.

# Vitamine und Mineralstoffe

## KLEINE MENGEN - GROSSE WIRKUNG. WIE UNNÖTIGE VERLUSTE VERMIEDEN WERDEN

Im Stoffwechsel, der großen "Chemiefabrik" unseres Körpers, entstehen und vergehen in jeder Minute Tausende von Stoffen. Die meisten synthetisiert der Körper selbst, aber einige müssen durch das Essen regelmäßig zugeführt werden. Dazu gehört die Gruppe der Vitamine, die vor allem steuernde Funktionen hat. Ebenfalls unentbehrlich: Mineralstoffe und Spurenelemente. Sie ermöglichen eine Vielzahl von Auf- und Umbauvorgängen im Körper und sorgen wie die Vitamine für einen reibungslosen Ablauf in Zellen und Organen. Mangelt es an diesen Komponenten, versucht der Körper, sich erst einmal auf die Notsituation einzustellen und schaltet sozusagen auf Sparflamme. Die Folgen sind bei allen Stoffgruppen ganz ähnlich: Nachlassende Leistungsfähigkeit und kleine Unpäßlichkeiten, die oft kaum bemerkt werden. Wissenschaftler sprechen dann von einer "suboptimalen Versorgung". Fehlen die wichtigen Stoffe über längere Zeit, entstehen Krankheiten. Ein bekanntes Beispiel ist der Vitamin-C-Mangel (Skorbut), an dem in früheren Zeiten die Seeleute auf monatelangen Reisen ohne frisches Obst und Gemüse starben. Solche schweren Mangelzustände kommen heute in den europäischen Ländern nicht mehr vor und gehen auch in der Dritten Welt fast immer mit einer allgemeinen, extremen Unterernährung einher. Trotzdem sollte man das Thema nicht auf die leichte Schulter nehmen. Pillen sind zwar nicht nötig, aber eine optimale Versorgung durch die Nahrung verzögert nach neuen Erkenntnissen der Wissenschaftler Verschleißerscheinungen und degenerative Erkrankungen. Ja, es gibt sogar Hinweise auf einen Zusammenhang zwischen zu niedriger Vitaminversorgung und Krebserkrankungen. Der Wert von Gemüse kann in dieser Hinsicht nicht hoch genug geschätzt werden. Aber Taschenrechner und Vitamintabellen sollte lieber vergessen, wer Frischgemüse in seinen täglichen Speisezettel einbezieht. Alle Arten sind gute bis vorzügliche Lieferanten für die lebensnotwendigen Vitalstoffe. Angaben in Milli- oder Mikrogramm nutzen im Alltag überhaupt nichts, denn niemand kann seinen aktuellen Tagesbedarf genau beurteilen. Dafür spielen Randbedingungen wie der allgemeine Gesundheitszustand, die Zusammensetzung der übrigen Nahrungsmittel, Klima, Jahreszeit, psychische Belastungen und viele Dinge mehr eine zu große Rolle und sorgen für große Schwankungen im Bedarf. Aufs Mikrogramm genau wissen ihn übrigens nicht einmal die Forscher. Auch sie geben sich bis heute bei vielen Vitaminen mit Schätzungen zufrieden und haben in ihre Empfehlungen hohe Risikozuschläge eingerechnet, um ganz sicher zu sein, daß die Mengen auch im extremsten Fall noch ausreichend sind. Ebensowenig wie über den Bedarf weiß man über den Vitamingehalt, also wie viele Vitamine oder Mineralstoffe das spezielle Gemüse, das vor einem auf dem Teller liegt, gerade enthält. So können die Pflanzen von ein und demselben Feld vollkommen unterschiedlich ausfallen. Selbst innerhalb einer Tomate hat oft die eine (sonnenzugewandte) Seite der

Frucht mehr Vitamine als die andere. Welche Verluste bei Lagerung und Transport auftreten, weiß niemand. Die statistischen Zahlen schwanken je nach Vitamin, Gemüseart und Lagerbedingungen zwischen 5 und 95%. Und wie viele der gegen Licht, Luft, Wasser und Wärme empfindlichen Stoffe beim Putzen, Waschen, Zerkleinern und Kochen noch auf der Strecke bleiben, könnte nur durch aufwendige Laboruntersuchungen belegt werden. Die Angaben in Nährstofftabellen sind deshalb nur statistische Mittelwerte. Sie geben wichtige Anhaltspunkte und dienen der grundsätzlichen Einschätzung, ob das tägliche Essen genügend Vitalstoffe enthält, nützen aber dem Laien im Alltag kaum. Für ihn ist es viel wichtiger, bei der Zubereitung darauf zu achten, daß die lebenswichtigen Stoffe so gut wie möglich erhalten bleiben. Vitamin C wird beispielsweise durch den Sauerstoff der Luft und durch Wärme zerstört. Mineralstoffe werden ausgeschwemmt und die Vitamine A, $B_2$ und $B_6$ zerfallen unter dem Einfluß von Licht. Alle diese Nachteile lassen sich in der Küche einfach vermeiden: Gemüse immer unzerkleinert reinigen und nicht erst nach dem Kleinschneiden waschen, sonst landen zu viele Vitamine und Mineralstoffe im Ausguß. Geputzte und geschnittene Gemüse niemals im Wasser stehen lassen, sonst sind die Mineralstoffe schnell verschwunden. Lieber alles sofort zubereiten, denn wegen der großen Oberfläche nach dem Zerkleinern kann der Luftsauerstoff die offenliegenden Vitamine besonders gut angreifen. Falls es unbedingt nötig sein sollte, das vorbereitete Gemüse aufzuheben, möglichst bald, mit etwas Essig oder Zitrone vermischt und mit Folie zugedeckt, dunkel und kalt stellen. So kann man den Abbau von Vitamin C ein bißchen verlangsamen. Eine weitere Hürde für die Bewahrung von Vitalstoffen liegt im Garprozeß. Die meisten Vitamine gehen nämlich in der Ankochphase bis 40°C verloren: Gemüseeigene Enzyme zerstören sie. Die aggressiven Eiweißstoffe werden erst bei Temperaturen von 60 bis 70°C entschärft und können umso mehr Schaden anrichten, je länger es dauert, bis die Kochtemperatur erreicht ist. Also gerade beim Blanchieren daran denken, viel Wasser sprudelnd zu kochen und jeweils nur kleine Gemüsemengen hineinzugeben, damit die Temperatur nicht zu sehr absinkt.

Gemüsepaprika gehört zu den Vitamin-C-reichsten Früchten: Rote Schoten enthalten 150 mg Vitamin C, grüne dagegen nur 139 mg. Gelbe bringen es sogar auf 293 mg. Oft hat die sonnenzugewandte Seite der Frucht mehr Vitamine als die andere.

# Heilsame Gemüse

## DIE HAUSAPOTHEKE AUF DEM TELLER

Hunderte von biologisch aktiven Stoffen stecken in den verschiedenen Gemüsearten, viele davon sind in ihrer Wirkung auf den Körper noch völlig unbekannt. Ebenso wie die später beschriebenen unbekömmlichen oder gar giftigen Stoffe produziert die Natur auch heilkräftige Komponenten. Die Erforschung dieses Bereichs steckt zwar noch in den Kinderschuhen, insbesondere was die Wirksamkeit der enthaltenen Mengen angeht, aber einige Gemüse sind schon recht gut untersucht. Dazu gehört vor allem die Familie der *Liliaceae* mit ihren Mitgliedern Knoblauch, Zwiebel und Lauch. Sie alle enthalten die sogenannten Phytonzide, natürliche Antibiotika, die gegen krankmachende Mikroorganismen wirken, ohne dabei den Menschen auch nur im geringsten mit Nebenwirkungen zu belasten. Von den drei genannten Gemüsen hat Lauch die geringste Wirkung und Knoblauch bei weitem die stärkste. Sein Inhaltsstoff Allicin wirkt sogar noch gegen Bakterien und Pilze, die bereits gegen gebräuchliche Medikamente immun sind. Darüber hinaus schützen Zwiebeln und Knoblauch das Herz und die Gefäße, regulieren die Blutfett- und Cholesterinwerte und schützen vor Thrombosen. Das alles klingt zwar ein wenig nach Wundermittel, die Wirksamkeit ist aber durch wissenschaftliche Untersuchungen verläßlich belegt. Wie viele Knoblauchzehen und Zwiebeln man dafür in seinen Speiseplan einbauen muß, bleibt dagegen umstritten. Immerhin zeigen schon 600 g Zwiebeln und 50 g Knoblauch pro Woche eine deutliche Verbesserung des Blutbilds.

Einige Mitglieder der Familie *Cruciferae*, vor allem die Kohlarten, Radieschen und Rettiche, Meerrettich, Gartenkresse und Brunnenkresse *(Nasturtium)*, geraten zunehmend ins Visier der Wissenschaft, denn die Anzeichen mehren sich, daß ihre Inhaltsstoffe krebserregende Substanzen neutralisieren können. Der Rettich wird darüber hinaus von der wissenschaftlichen Medizin bei Leber- und Gallenleiden als vorbeugend und heilend anerkannt, obwohl nicht bekannt ist, welche Inhaltsstoffe dabei wirksam sind. Meerrettich, Garten- und Brunnenkresse sind durch ihre Senföle wirkungsvolle Medikamente gegen die sonst so hartnäckigen Pilzinfektionen. Und 50 g Gartenkresse pro Tag soll verstärkte Abwehrkräfte gegen Grippe produzieren.

Aus der Familie der *Apiaceae* wird besonders die Karotte als gutes Anti-Wurmmittel für Kinder und insgesamt als darmregulierend geschätzt. Selle-

rie hat eine sehr leichte, beruhigende Wirkung und Fenchel wird besonders wegen seiner krampflösenden Wirkung im Magen- und Darmtrakt geschätzt. Das auch im Gemüsefenchel enthaltene Fenchelöl ist außerdem schleimlösend und hilft bei Erkältungen.
Viele Mitglieder der Familie *Compositae* schmecken mehr oder weniger bitter. Es sind gerade die bitteren Komponenten, die seit Jahrhunderten als besonders wirksam gelten. Daher kommt wohl auch die Volksweisheit, daß Medizin bitter schmecken müsse, um zu wirken. In der modernen Medizin waren die Bitterstoffe bis vor kurzem in Vergessenheit geraten. Tatsächlich verdienen sie jedoch Beachtung, denn sie wirken appetitanregend und fördern die Verdauung. Die speziellen Bitterstoffe, die in den Salatarten Endivie, Zichorie und Kopfsalat enthalten sind, wirken beruhigend auf das Nervensystem und waren schon im Altertum als schlaffördernd bekannt. Eine Portion Salat am Abend ist sicher ein nebenwirkungsfreies und mildes Schlaf- und Beruhigungsmittel, insbesondere für Kinder. Die Inhaltsstoffe anderer Mitglieder der Compositenfamilie, zum Beispiel von Löwenzahn und der Artischocke, fördern die Absonderung der fettverdauenden Gallenflüssigkeit und sollen zusätzlich über die Leber eine entgiftende Wirkung haben. Besonders wirksam ist der häufige Verzehr dieser Gemüsearten als Vorbeugung bei einer Veranlagung zu Gallensteinen. Der Bitterstoff Cynarin aus der Artischocke ist gerade in letzter Zeit gründlicher untersucht worden. Nach Meinung verschiedener Wissenschaftler soll er, über den Umweg einer erhöhten Ausscheidung von Cholesterin, helfen, die Fettwerte im Blut zu regulieren.
Schon dieser kleine Überblick über die medizinisch wirksamen Inhaltsstoffe der bekanntesten Gemüsearten, läßt die Vermutung zu, daß hier noch ein großes und wichtiges Forschungsgebiet darauf wartet, gründlich beackert zu werden. Ein interessantes Ergebnis ist aber jetzt schon klar: Viele Erfahrungen aus der Volksmedizin lassen sich durch wissenschaftliche Untersuchungen belegen - wenn auch nur mit hohem analytischem Aufwand. Der Übergang vom Gemüse als Lebensmittel hin zum Heilkraut ist offensichtlich fließend!

**Fenchel: Heilkraut und Gemüse.** Aus den Samen der Pflanze wird der wohlbekannte Kindertee gegen Magenbeschwerden und Blähungen gebrüht. Die heilsame Wirkung geht von den enthaltenen ätherischen Ölen aus, die auch dem Fenchelgemüse das intensive Aroma geben. Allerdings enthalten die Knollen nur etwa ein Zehntel des Wirkstoffs.

# Gifte im Gemüse

## VON NATUR AUS SCHÄDLICH

Je natürlicher, desto gesünder! Möglichst roh und unbearbeitet sollen die idealen Lebensmittel sein. Das meinen viele Laien und sogar einige Fachleute. Die These ist wunderbar einfach, für manchen sicher auch einleuchtend, aber deswegen doch nicht richtig. Die Natur unterscheidet nämlich nicht danach, was uns Menschen gut tut und was nicht. Mit der Evolution hat jede Pflanzengruppe eine spezielle Überlebensausstattung entwickelt, dabei aber keineswegs berücksichtigt, ob eventuell ein Mensch dieses Gewächs als Lebensmittel nutzen möchte. So enthalten viele Gemüse eben auch Stoffe, die zwar der Pflanze nützen, aber dem Menschen schaden. Die Natur hat es uns überlassen, die richtige Auswahl zu treffen und Methoden zu finden, giftige Stoffe aus den Pflanzen zu entfernen oder für uns unschädlich zu machen.

Grüne Tomaten: mit Vorsicht zu genießen. In unreifen Tomaten steckt genauso wie in Kartoffeln und anderen Nachtschattengewächsen ein nervenschädigendes Alkaloid.

**Alkaloide:** In der Familie der Nachtschattengewächse *(Solanaceae)* sind diese schädlichen Stickstoffverbindungen verbreitet. Kartoffeln, Tomaten, Auberginen und Paprika enthalten mehr oder weniger große Mengen solcher Nervengifte. Fundierte wissenschaftliche Erkenntnisse gibt es jedoch bisher nur über Kartoffeln, weil sie in vielen Ländern als Grundnahrungsmittel in großen Mengen gegessen werden. Der oberirdische Teil der Pflanze weist je nach Sorte und Herkunft beachtliche Mengen des Alkaloids Solanin auf, hauptsächlich in den grünen Teilen, also in Blättern und Früchten. Kartoffelknollen haben dagegen nur unschädliche Mengen von 0,002 bis 0,1%. Jedoch steigt der Gehalt bei falscher Lagerung an: Lichteinfluß färbt die Kartoffeln grün. Und in den grünen Stellen der Knolle verhundertfacht sich der Anteil des Gifts. Solche Mengen verursachen Übelkeit, Brechdurchfall und Kopfschmerzen, im schlimmsten Fall sogar Bewußtlosigkeit und Krämpfe bis hin zur Atemlähmung. Deshalb Kartoffeln unbedingt dunkel lagern. Kleine, grüne Stellen abschneiden, sehr grüne Exemplare unbedingt wegwerfen, denn auch durch Kochen verschwindet das Gift nicht. Geringe Mengen Solanin gehen auch bei makellosen Kartoffeln ins Kochwasser über. Deshalb die Flüssigkeit zur Sicherheit immer weggießen, nicht wie manchmal empfohlen wird, weiterverwenden. Ganz ähnlich wie Solanin wirkt das Alkaloid Tomatin, das, wie der Name andeutet, in Tomaten zu finden ist. Auch hier sind es die grünen Teile der Frucht, in denen das Gift vermehrt auftritt. Auch unreife, grüne Früchte sind deshalb nicht zum Verzehr geeignet. Tomatin wird durch Erhitzen nicht zerstört. Deshalb ist vom Genuß gekochter, unreifer Tomaten - auch als Chutney oder eingelegt - ebenfalls abzuraten. Dasselbe gilt für unreife Auberginen.
Capsaicin, ein brennend scharf schmeckendes Alkaloid, findet sich in den schärferen Vertretern der Paprikafamilie. So enthalten zum Beispiel Chilischoten bis zu 1% des Stoffs, der im Übermaß genossen zu Schleimhautschäden, ja sogar zu regelrechten "Verbrennungen" im Magen- und Darmtrakt führen kann. In geringen Mengen allerdings wirkt Capsaicin durchblutungsfördernd und regt über den Trigeminusnerv das Geschmacksempfinden auf erwünschte Weise an. Dies ist eines der vielen Beispiele für die alte Weisheit, daß erst die Menge das Gift ausmacht.

# Bakterien und Pilze

## FREUND ODER FEIND?

Hefepilze lockern Brot und Kuchen. Bakterien und Hefen machen aus frischem Most Wein und daraus wiederum Essig. Weder Käse und Joghurt noch Kefir entstehen ohne die Hilfe solcher Einzeller. Auch Rohwürste wie Salami reifen nur mit Hilfe von Mikroorganismen. Und aus Weißkohl wird erst durch Milchsäurebakterien Sauerkraut. Wie gut dressierte Haustierchen können wir die Winzlinge überall dort an die Arbeit kriegen, wo sie uns nützen. Allerdings nur, wenn es sich quasi um gezähmte Stämme handelt, von denen wir genau wissen, was sie zum Gedeihen benötigen und welchen Effekt sie auf die einzelnen Lebensmittel haben. "Wilde" Bakterien, Hefen oder Schimmelpilze dagegen sind im Lebensmittel seltener nützlich, dafür aber oft genug gefährlich. Obwohl sich die Öffentlichkeit fast ausschließlich über Umweltverschmutzungen und die daraus resultierenden Rückstände in Lebensmitteln erregt, liegt die viel größere Gefahr für den Einzelnen in einer Lebensmittelvergiftung. Besonders bei Kindern, älteren Leuten und Kranken können solche Vergiftungen schneller eintreten und schwerwiegendere Folgen haben als bei gesunden, kräftigen Menschen. Der Ernährungsbericht, alle vier Jahre im Auftrag der Bundesregierung von der Deutschen Gesellschaft für Ernährung (DGE) herausgegeben, spricht sogar von Zehntausenden von Krankheitsfällen pro Jahr. Seit einigen Jahren schreibt das Seuchengesetz deshalb eine Meldepflicht beim Bundesgesundheitsamt in Berlin vor.

**Was ist eigentlich eine Lebensmittelvergiftung?**
Die Weltgesundheitsorganisation spricht zum einen von Infektionen, also Erkrankungen durch Bakterien wie zum Beispiel Salmonellen. Übelkeit, Fieber, Leibschmerzen, Durchfall und Erbrechen sind schon einige Stunden nach Verzehr eines verseuchten Lebensmittels die Folge. Ähnliche Symptome entstehen auch durch die Infektion mit anderen Krankheitserregern und werden in der Regel mit Antibiotika behandelt.

Eine echte Vergiftung, die zweite Form, entsteht durch Toxine, die von Mikroorganismen gebildet werden. Besonders gefürchtet, weil oft tödlich, ist der Botulismus. Das Gift des Bakteriums *Clostridium botulinum* kann innerhalb von 12 bis 48 Stunden zur Erblindung und Atemlähmung führen. Auch Pilze, wie zum Beispiel Schimmel und Hefen, produzieren zum Teil giftige Substanzen (Mykotoxine). Am bekanntesten sind Aflatoxine, die krebserregend wirken. Pilzgifte wirken, anders als bakterielle Gifte, langsam und verursachen schleichende chronische Krankheiten. Obwohl Mikroorganismen überall vorhanden sind, also ubiquitär vorkommen, wie die Biologen sagen, ist es nicht schwierig, Infektionen und Vergiftungen zu vermeiden. Hygiene heißt das Stichwort, und das Ziel ist es, den Mikroben möglichst schlechte Bedingungen zur Vermehrung zu bieten. Sowohl im Haushalt als auch bei der gewerblichen Verarbeitung von Lebensmitteln müssen entsprechende Regeln beachtet werden. Erfreulicherweise sind die Gefahren beim Umgang mit Gemüse viel geringer als bei tierischen Lebensmitteln. Dies natürlich nur, solange Gemüse pur verarbeitet wird. Viele Gerichte sind aber Mischungen und enthalten außer Gemüse auch Fleisch, Eier, Fisch und Milchprodukte. Dann gelten natürlich die

**Blausäurehaltige Stoffe:** Sie finden sich vor allem in Cassava, unreifen Bambussprossen, Yamswurzeln und Bataten. Beim Zerkleinern und Zubereiten dieser Gemüsearten können pflanzeneigene Enzyme Blausäure freisetzen. Die Folgen einer solchen Vergiftung: Lähmungen, Erstickungsanfälle, Kropfbildung und nervöse Störungen. Aber es haben sich in den Ursprungsländern dieser Gemüsearten Zubereitungsarten entwikkelt, durch die das Gift entweder unschädlich gemacht oder fast vollständig entfernt werden kann. So werden beispielsweise die genannten Arten niemals roh gegessen. Das Gift verschwindet erst durch Auswaschen, mehrfaches Wechseln und Abgießen des Kochwassers oder durch Rösten.

**Giftstoffe in Hülsenfrüchten:** Obwohl Hülsenfrüchte für viele Millionen Menschen ein wichtiges Grundnahrungsmittel und oft genug die bedeutendsten Eiweißlieferanten sind, kommen gerade in Bohnen, Kichererbsen, Erbsen und Linsen eine Anzahl von Bestandteilen vor, die eine Vielfalt von giftigen Wirkungen zeigen. Jedoch - und dies ist wichtig - können alle diese Stoffe durch Einweichen und gründliches Kochen unschädlich gemacht werden. Roh sind Hülsenfrüchte, gerade wenn sie in größeren Mengen oder regelmäßig gegessen werden, sehr schädlich.

**Oxalsäure:** Spinat, Rhabarber, Sauerampfer und Mangold enthalten diesen Stoff. Man merkt ihn sogar beim Essen: Er macht die Zähne stumpf und erzeugt ein leicht taubes Gefühl auf der Zunge. Oxalsäure stört die Aufnahme von Calcium und Eisen und fördert die Bildung von Nierensteinen. Ein Teil der Säure läßt sich durch Kochen in viel Wasser oder durch Blanchieren entfernen. Ein Rest bleibt allerdings immer enthalten. Deshalb ist gerade bei Kindern vom übermäßigen und sehr häufigen Verzehr dieser sonst günstigen Gemüsearten abzuraten. Auch hier gilt: Die Menge macht's.

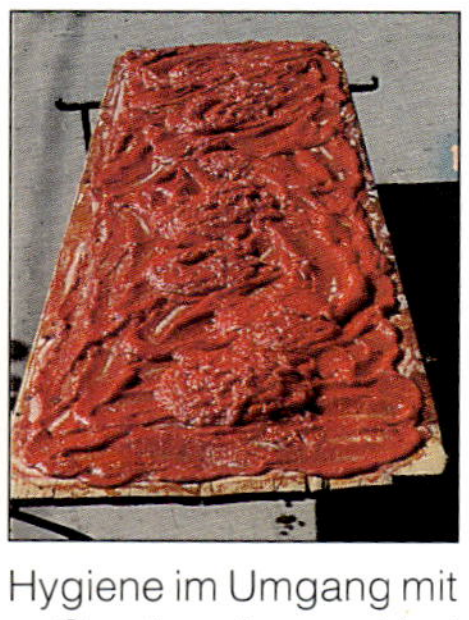

Hygiene im Umgang mit Gemüse demonstriert diese italienische Bäuerin. Dem Tomatenmark wird ganz einfach auf einem Holzbrett in der Sonne die Flüssigkeit entzogen, ungeachtet der möglichen schädlichen Umwelteinflüsse.

üblichen, strengen Vorsichtsmaßnahmen. So kann zum Beispiel ein Kartoffelsalat durch das rohe Eigelb in der Mayonnaise zur Brutstätte von Salmonellen werden. Und Kombinationen von Geflügelfleisch und Gemüse sind aus hygienischer Sicht ebenfalls mit Vorsicht zu behandeln. Mit einigen einfachen Maßnahmen lassen sich aber alle problematischen Keime ohne viel Aufwand in Schach halten: Zuerst einmal frisches Gemüse gründlich waschen, denn Bakterien und Pilze, die auf der Oberfläche haften, lassen sich zum großen Teil abspülen. Fertig Gekochtes nicht lange bei Raumtemperatur stehenlassen, sonst vermehren sich die Mikroben explosionsartig. Beim Aufwärmen von Speisen darauf achten, daß alles bis ins Innere erhitzt ist, also Kochtemperatur erreicht hat. Nur so werden Keime unschädlich gemacht. Im Zweifelsfall ein Gericht lieber wegwerfen, falls die Lagerbedingungen nicht optimal waren oder man nicht mehr so genau weiß, wie lange es schon herumsteht. Die beste Haltbarkeit und einen gewissen Schutz vor dem Eindringen von Bakterien hat Gemüse, wenn man es unzerkleinert und ungewaschen kühl lagert. Auf keinen Fall absolut luftdicht verpacken, denn alle Gemüse "atmen" auch nach der Ernte noch. Ist Gemüse angewelkt oder, noch schlimmer, angefault, muffig oder zeigt Schimmelspuren, unbedingt wegwerfen. Je frischer und makelloser das Grundprodukt, desto problemloser kann man das fertige Gericht aufheben, natürlich gut verpackt und gekühlt.

**Vorsicht beim Einmachen!**

Ein wichtiges Kapitel ist das Einkochen oder "Sterilisieren", wie der industrielle Vorgang genannt wird. Weil sich die meisten krankheitserregenden Mikroorganismen in sauren Zubereitungen nicht vermehren, sind essighaltige Gemüsezubereitungen unproblematisch. Auch die so traditionsreiche Methode des Einsalzens und die damit in Gang gesetzte milchsaure Gärung, noch heute wie vor hundert Jahren beim Sauerkraut angewendet, zählt zu den sicheren Methoden. Beim haushaltsüblichen Einkochen von Gemüse wie Bohnen, Erbsen, Karotten, Spinat und Spargel kann es dagegen vorkommen, daß die vorhandenen Mikroorganismen oder deren Sporen die Einkochtemperaturen überleben und sich während der Lagerung vermehren. Meistens ist der Verderb leicht festzustellen. Gasbildung wölbt die Deckel von Dosen und Gläsern (Bombagen) und der Geruch ist abstoßend sauer und faulig. Die Gefahr einer Vergiftung ist hier gering. Weniger gut zu erkennen und deshalb gefährlicher ist der Verderb durch Organismen, die weder Gase bilden noch stark säuernde oder übelriechende Veränderungen hervorrufen. Dieser sogenannte "flach-saure" Verderb tritt gelegentlich bei Bohnen und Wurzelgemüse auf, erkennbar am leicht säuerlichen Geruch und an der milchigen Trübung der Aufgußflüssigkeit. Sie dürfen auch nach nochmaligem Erhitzen nicht verwendet werden. Die größte Gefahr birgt das Einkochen von Bohnen, Karotten und Spargel im Haushalt, weil die Sporen des gefährlichen Erdkeims *Clostridium botulinum* den Einkochprozeß überleben könnten und durch den Hitzeschock rasch auskeimen. Hier ist größte Vorsicht angebracht. Auch wenn pro Jahr nur 40 bis 50 Erkrankungen und wenige Todesfälle in Deutschland vorkommen, sollten bei den genannten Gemüsen nur Industriekonserven oder Tiefkühlprodukte benutzt werden. Denn: Alle Botulismusfälle hierzulande sind durch Selbsteingekochtes verursacht worden.

**Gründlich waschen.** Auf der Oberfläche haftende Keime lassen sich zu einem Teil einfach wegwaschen. Noch wichtiger ist aber die Reinigung der Arbeitsflächen und Küchengeräte. Ganz besonders, wenn Sie Lebensmittel tierischer Herkunft verarbeitet haben, die mit ihren gefährlichen Keimen auch unproblematische Gemüsegerichte "anstecken" können.

**Konsequent kühlen.** Die Speisen nicht unnötig lange im warmen Zimmer stehen lassen, denn Temperaturen von 20 bis 30°C lassen die Mikroben in rasantem Tempo wachsen. Frisch Gekochtes schnell abkühlen und zugedeckt in den Kühlschrank stellen. Bei Temperaturen unter 5°C können sich die Krankheitserreger nämlich nicht vermehren.

**Gründlich erhitzen.** Rund die Hälfte aller Vergiftungen könnten vermieden werden, wenn Gerichte aus dem Vorrat vor dem Essen kräftig aufgekocht und nicht einfach nur erwärmt, also auf eine angenehme Eßtemperatur gebracht würden. Bei Kerntemperaturen von etwa 80 bis 90°C im Inneren der Speisen werden fast alle Keime abgetötet.

Gemüse einkochen: Das können die Profis in der Industrie am besten. Unter Haushaltsbedingungen überleben eventuell gefährliche Keime den Sterilisationsvorgang. Und weil man auf dem Herd die Temperaturen nicht so gut steuern kann, sind außerdem auch die kulinarischen Ergebnisse in der Regel nicht perfekt.

## Energiegehalt und Inhaltsstoffe wichtiger Gemüse

je 100 g verzehrbarer Inhalt

| Gemüsearten | kJ | kcal | Gesamtballaststoffe (g) | Kalium (mg) | Calcium (mg) | Phosphor (mg) | Eisen (mg) | Vitamin A (µg) | Vitamin $B_1$ (mg) | Vitamin $B_2$ (mg) | Vitamin C (mg) |
|---|---|---|---|---|---|---|---|---|---|---|---|
| Artischocke | 230 | 55 | - | 350 | 53 | 130 | 1,5 | 17 | 0,14 | 0,05 | 8 |
| Aubergine | 234 | 56 | 1,7 | 273 | 53 | 101 | 1,2 | 15 | 0,12 | 0,04 | 6 |
| Blumenkohl | 113 | 27 | 2,3 | 311 | 22 | 72 | 1,1 | 21 | 0,10 | 0,11 | 69 |
| Bohne, grün | 146 | 35 | 3,6 | 243 | 56 | 44 | 0,8 | 60 | 0,08 | 0,11 | 19 |
| Brokkoli | 138 | 33 | 3,2 | 410 | 113 | 78 | 1,3 | 316 | 0,10 | 0,20 | 110 |
| Chicorée | 67 | 16 | 1,1 | 192 | 26 | 26 | 0,7 | 216 | 0,05 | 0,03 | 10 |
| Chinakohl | 67 | 16 | 0,9 | 202 | 40 | 30 | 0,6 | 13 | 0,03 | 0,04 | 36 |
| Endivie | 80 | 19 | 1,9 | 320 | 68 | 54 | 1,6 | 333 | 0,06 | 0,10 | 10 |
| Erbse | 331 | 79 | 5,3 | 316 | 26 | 116 | 1,9 | 63 | 0,35 | 0,14 | 27 |
| Feldsalat | 88 | 21 | 1,6 | 420 | 32 | 49 | 2,0 | 650 | 0,07 | 0,08 | 26 |
| Fenchel | 209 | 50 | 1,3 | 492 | 107 | 54 | 2,7 | 781 | 0,22 | 0,11 | 93 |
| Gartenkresse | 192 | 46 | - | 550 | 214 | 38 | 2,9 | 365 | 0,15 | 0,19 | 60 |
| Grünkohl | 238 | 57 | 4,8 | 436 | 230 | 90 | 2,7 | 833 | 0,20 | 0,20 | 140 |
| Gurke | 54 | 13 | 0,7 | 141 | 15 | 23 | 0,5 | 28 | 0,02 | 0,03 | + |
| Knoblauch | 569 | 136 | - | - | 38 | 134 | 1,4 | - | 0,20 | 0,08 | 14 |
| Kohlrabi | 130 | 31 | 1,6 | 372 | 41 | 51 | 0,5 | 2 | 0,06 | 0,04 | 66 |
| Kopfsalat | 71 | 17 | 1,4 | 194 | 23 | 31 | 0,7 | 150 | 0,06 | 0,08 | 10 |
| Kürbis | 113 | 27 | - | 383 | 22 | 44 | 0,8 | 100 | 0,05 | 0,07 | 9 |
| Mangold | 96 | 23 | - | 376 | 103 | 39 | 2,7 | 583 | 0,10 | 0,20 | 39 |
| Meerrettich | 314 | 75 | - | 554 | 105 | 65 | 1,4 | 4 | 0,14 | 0,11 | 114 |
| Karotte | 172 | 41 | 2,3 | 341 | 37 | 36 | 0,7 | 1100 | 0,06 | 0,05 | 8 |
| Paprikaschote | 100 | 24 | 1,8 | 213 | 10 | 26 | 0,7 | 100 | 0,07 | 0,07 | 140 |
| Pastinake | 285 | 68 | - | 469 | 51 | 73 | 0,6 | 4 | 0,08 | 0,13 | 18 |
| Petersilienblatt | 252 | 60 | - | 1000 | 245 | 128 | 8,0 | 1207 | 0,14 | 0,30 | 166 |
| Petersilienwurzel | 138 | 33 | - | 880 | 190 | 80 | 3,2 | 5 | 0,10 | 0,10 | 41 |
| Porree | 113 | 27 | 2,8 | 260 | 120 | 34 | 2,0 | 333 | 0,12 | 0,06 | 25 |
| Radieschen | 84 | 20 | 0,8 | 242 | 35 | 28 | 1,2 | 4 | 0,04 | 0,04 | 27 |
| Rettiche | 80 | 19 | 2,7 | 322 | 32 | 30 | 0,9 | + | 0,03 | 0,03 | 29 |
| Rhabarber | 75 | 18 | 0,8 | 270 | 52 | 24 | 0,5 | 12 | 0,02 | 0,03 | 10 |
| Rosenkohl | 218 | 52 | 2,5 | 390 | 36 | 80 | 1,5 | 55 | 0,10 | 0,16 | 102 |
| Rote Bete | 184 | 44 | 2,2 | 335 | 16 | 33 | 0,7 | 2 | 0,03 | 0,05 | 10 |
| Rotkohl | 126 | 30 | 2,4 | 267 | 38 | 32 | 0,5 | 5 | 0,07 | 0,05 | 50 |
| Sauerkraut, roh | 103 | 25 | 2,2 | 228 | 48 | 43 | 0,6 | 20 | 0,03 | 0,05 | 20 |
| Schnittlauch | 227 | 54 | - | 434 | 167 | 75 | 1,3 | 50 | 0,14 | 0,15 | 47 |
| Schwarzwurzel | 326 | 78 | - | 320 | 58 | 76 | 3,3 | 3 | 0,15 | 0,03 | 4 |
| Sellerie (Knolle) | 167 | 40 | - | 310 | 55 | 105 | 0,5 | 3 | 0,06 | 0,06 | 10 |
| Spargel | 109 | 26 | 1,5 | 220 | 22 | 46 | 1,0 | 50 | 0,14 | 0,16 | 28 |
| Spinat | 126 | 30 | 1,7 | 470 | 93 | 51 | 3,1 | 816 | 0,10 | 0,20 | 51 |
| Tomate | 88 | 21 | 1,4 | 270 | 13 | 27 | 0,5 | 133 | 0,06 | 0,04 | 24 |
| Weißkohl | 105 | 25 | 2,1 | 233 | 49 | 29 | 0,4 | 10 | 0,05 | 0,05 | 47 |
| Wirsing | 126 | 30 | 2,4 | 275 | 57 | 55 | 0,9 | 12 | 0,05 | 0,07 | 50 |
| Zucchini | 117 | 28 | 0,8 | 200 | 30 | 25 | 0,5 | 58 | 0,05 | 0,09 | 16 |
| Zuckermais | 431 | 103 | - | 300 | 7 | 116 | 0,5 | 120 | 0,15 | 0,12 | 12 |
| Zwiebel | 167 | 40 | 1,6 | 157 | 27 | 36 | 0,5 | 33 | 0,03 | 0,04 | 10 |

Zeichenerklärung:
kJ = Kilojoule, kcal = Kilokalorie (1 kcal = 4,184 kJ), g = Gramm, mg = Milligramm (1 mg = 0,001g), µg = Mikrogramm (1 µg = 0,001 mg),
+ = Inhaltsstoff nur in Spuren vorhanden; - = es liegen keine Daten vor.
Quelle: Auswertungs- und Informationsdienst für Ernährung, Landwirtschaft und Forsten (AID) e.V.

## Arbeitszeitaufwand für das Vorbereiten von Gemüse

| Gemüsearten | Putzverlust in % | Arbeitsgerät | Arbeitszeit min.-max. in Minuten | Menge | Zubereitung |
|---|---|---|---|---|---|
| Artischocken, groß | 50-75 | Bindfaden, Messer, Schere, Sägemesser, | ganz 2-5<br>Boden 2-5 | 1 Stück | Stiel und äußere Blätter entfernen, binden (50% Verlust); dito, Böden freilegen, zuschneiden (75% Verlust), siehe Seite 46 |
| Artischocken, klein | 30 | Löffel oder Kugelausstecher | 2-4 | 1 Stück | siehe Seite 46 |
| Aubergine | 5-10 | Messer, evtl. Schäler | 5-15 | 1 kg | waschen, Stielansatz abschneiden, siehe Seite 151 |
| Avocado | 25 | Messer, Löffel | 1-2 | 1 Stück | siehe Seite 88 |
| Bambussprosse | 65 | Messer | 10-20 | 1 kg | siehe Seite 87 |
| Bohne, grün | 7 | Messer | 6-12 | 1 kg | Stielansatz und spitze Enden entfernen, evtl. Fäden ziehen |
| Brokkoli | 40 | Messer | 2-5 | 1 kg | siehe Seite 58 |
| Cima di rapa | 45 | Messer | 8-12 | 1 kg | Strunk und Blütensprossen abtrennen |
| Erbsenschote | 60 | Hände | 8-20 | 1 kg | aus den Hülsen palen |
| Fenchel | 8 | Messer | 5-10 | 1 kg | siehe Seite 140 |
| Frühlingszwiebel | 30 | Messer | 3-8 | 1 kg | dunkelgrüne Stengelenden kürzen, Wurzelenden abschneiden |
| Gurken | 12-20 | Messer, Schäler, Hobel, Kugelausstecher | 3-8 | 1 kg | Enden abschneiden, schälen, evtl. halbieren und mit Kugelausstecher entkernen, schneiden |
| Klettenwurzel | 40 | Messer, Sparschäler | 10-25 | 1 kg | siehe Seite 47 |
| Kartoffeln | 30 | Sparschäler, Messer | 5-10 | 1 kg | waschen, bürsten, schälen, schneiden oder tournieren |
| Kohlrabi | 32 | Messer | 6-15 | 1 kg | siehe Seite 147 |
| Kopfsalat | 30 | Messer, Sieb, Schleuder | 2-5 | 1 Kopf | siehe Seite 33, 146 |
| Lauch | 50 | Messer | 3-8 | 1 kg | dunkelgrüne Blattenden abschneiden, Wurzeln entfernen, halbieren, waschen, schneiden |
| Lotuswurzel | 10 | Messer | 4-10 | 1 kg | siehe Seite 115 |
| Löwenzahn | 20 | Messer | 10-20 | 1 kg | Wurzel abtrennen, bittere Stiele abschneiden, waschen |
| Mangold | 15 | Messer | 6-15 | 1 kg | siehe Seite 146 |
| Meerrettich | 35 | Messer, Reibe | 5-10 | 1 Stück | waschen, schälen, hobeln, bzw. reiben |
| Okra | 15 | Messer | 10-20 | 1 kg | siehe Seite 112 |
| Pak-Choi | 20 | Messer | 6-10 | 1 kg | harte Wurzelenden abtrennen, in Blätter zerteilen |
| Paprikaschote | 25 | Messer | 4-10 | 1 kg | siehe Seite 122 |
| Petersilienwurzel | 35 | Messer, Schäler | 6-12 | 1 kg | waschen, schälen, schneiden, harte Wurzelenden abschneiden |
| Radicchio | 25 | Messer | 5-10 | 1 kg | siehe Seite 139 |
| Rauke | 10 | Hände | 10-20 | 1 kg | verlesen, dicke Stiele abzupfen, waschen |
| Rettich | 10 | Messer, Sparschäler | 3-10 | 1 kg | schälen, Wurzel- und Stielansatz abschneiden |
| Rosenkohl | 18 | Messer | 10-25 | 1 kg | welke Blätter entfernen, Strunk abschneiden und kreuzweise einschneiden |
| Rote Bete | 20 | Messer | 5-10 | 1 kg | waschen und bürsten, Blätter entfernen, Stielansatz und Wurzelende stehen lassen, nach dem Kochen schälen |
| Rotkohl/Weißkohl | 22 | Messer, evtl. Hobel | 5-15 | 1 Kopf | siehe Seite 150 |
| Schwarzwurzel | 44 | Messer, Schäler | 10-25 | 1 kg | siehe Seite 47 |
| Sellerieknolle | 27 | Messer | 4-15 | 500 g | siehe Seite 147 |
| Senfkohl | 25 | Messer | 4-8 | 1 kg | siehe Seite 52 |
| Spargel | 30 | Spargelschäler, Bindfaden, Spargelmesser | 8-15 | 1 kg | siehe Seite 110 |
| Speiserübe | 25 | Messer, Sparschäler | 8-15 | 1 kg | Blätter und Wurzelwerk entfernen, schälen und verarbeiten |
| Spinat, Blattspinat, Wurzelspinat | 10 bzw. 35 | Hände | 20-40 | 1 kg | beschädigte Teile, Wurzeln und Stengel entfernen (junger Spinat kann mit Stiel zubereitet werden), waschen |
| Staudensellerie | 35 | Messer, evtl.Schäler | 6-12 | 1 kg | Blattwerk entfernen, Wurzel abschneiden, einzelne Stengel mit dem Messer abziehen, bei dicken Stangen evtl. sogar schälen |
| Topinambur | 20 | Messer | 10-20 | 1 kg | siehe Seite 49 |
| Wasserkastanie | 25 | Messer | 15-25 | 1 kg | siehe Seite 82 |
| Wirsing | 28 | Messer | 5-10 | 1 Kopf | Strunk ausschneiden, zerteilen oder vierteln und schneiden |
| Yamswurzel | 30 | Messer, Schäler | 5-10 | 1 kg | waschen, schälen, schneiden |
| Zucchini | 17 | Messer | 6-10 | 1 kg | Stielansatz und Ende abschneiden und Zucchini zerteilen, große Zucchini evtl. vom Kerngehäuse befreien |
| Zuckererbse | 5 | Hände, Messer | 10-20 | 1 kg | Stielansatz und Enden entfernen und dabei die Fäden ziehen |

# Gemüse-Lexikon

Die kulinarische Landschaft hat sich in den letzten Jahren gewandelt. Neben den wohlbekannten Einflüssen der Spitzengastronomie, die sozusagen von oben nach unten, vom anspruchsvollen Sternekoch zur kochenden Hausfrau verlaufen, ist ein zweiter Trend quasi aus dem Volk entstanden. Vollwertkost und vegetarische Ernährung haben als eine Art von alternativer "Nouvelle Cuisine" auch die Kochgewohnheiten der Profis verändert und damit die Beilage Gemüse "in die Mitte des Tellers gerückt". Der Verbrauch an Gemüse hat in den letzten Jahren zugenommen und im Bewußtsein der Bevölkerung steht es, was die Gesundheit angeht, vor allen anderen Lebensmitteln an allererster Stelle. Wen wundert es, daß immer mehr der grünen Spezialitäten aus tropischen und subtropischen Ländern frisch auf unsere Märkte gelangen. Viele der Transport- und Organisationsprobleme gelten als überwunden, und Reifemängel, wie sie oft bei Importobst zu beklagen sind, existieren bei Gemüse kaum. Hochspezialisierte Delikatessen-Transporteure bringen sogar kleine Mengen der exotischen Blätter, Wurzeln, Früchte oder Knollen in die entferntesten Winkel der Republik. Und einige Sorten, die noch vor zwanzig Jahren als exotisch galten, werden heute hierzulande in großen Mengen angebaut. Chinakohl, Eisbergsalat, Zucchini und Gemüsezwiebeln gehören dazu. Niederländische Gemüsebauern haben durch ihren engen Kontakt mit den ehemaligen Kolonialvölkern deren Gemüse schätzen gelernt und bauen sie nun unter Glas nicht mehr ausschließlich für die ausländischen Mitbürger an, sondern auch für die europäische Kundschaft. Das Angebot ist enorm vielfältig geworden. Höchste Zeit also für ein Lexikon, das alle wichtigen Gemüsesorten der Welt nach ihren botanischen Familien geordnet mit ihren charakteristischen Besonderheiten im Bild zeigt und gründlich erklärt.

**Der Neuseelandspinat** war früher im Sommer ein guter Ersatz für den schnell ausschossenden heimischen Spinat. Heute gehört er zu den "vergessenen" Gemüsen und wird nur noch in Haus- und Kleingärten angebaut. Seine dickfleischigen Blätter und Triebe können den ganzen Sommer über gepflückt werden, denn die Pflanze treibt immer wieder neu aus.

**Das Eiskraut** ist eine Wüstenpflanze. Durch Verdunstung entstehen an Stielen und Blättern auffällige Salzkristalle, die wie gefrorene Tautropfen aussehen und denen die Pflanze ihren Namen verdankt. Bei regelmäßigem Nachernten kommen immer wieder neue Blätter. Bei uns wird diese Spezialität im Hochsommer hauptsächlich aus Frankreich importiert.

**Der Ganges-Amarant,** unverkennbar durch die dunkle Blattaderung, ist ein Glücksfall der Natur. Denn das ernährungsphysiologisch äußerst wertvolle Gemüse kann schon 20 bis 30 Tage nach der Aussaat geerntet werden.

***Amaranthus dubius*** ist in Westafrika, der Karibik und auf Java weit verbreitet. Als vermutlich einzige Art unter den Gemüse-Amaranten findet man sie ziemlich regelmäßig in den Niederlanden am Markt. Die zarten, dunkelgrünen Blätter und die jungen Sprossen sollten möglichst schnell nach der Ernte verarbeitet werden, da sie nur sehr begrenzt haltbar sind.

***Aizoaceae*** **(Eiskrautgewächse).** Diese Familie umfaßt etwa 2500 Arten. Der botanische Name leitet sich vom griechischen Wort "aizoon" ("ewig leben") ab und wurde wohl gewählt, weil viele dieser Pflanzen auch unter ungünstigsten Klimabedingungen in Steppen und Wüsten gedeihen. Um der Trockenheit zu trotzen, haben sie dickfleischige (sukkulente), feuchtigkeitsspeichernde Blätter ausgebildet. **Neuseelandspinat, Neuseeländer Spinat,** Sommerspinat, Pflückspinat *(Tetragonia tetragonioides)*, engl. New Zealand spinach, franz. tetragone cornue, épinard de la Nouvelle Zélande. In Neuseeland, an den Küsten Australiens, in Polynesien und Japan wächst die Pflanze wild, wird inzwischen aber auch kultiviert. Obwohl das Gemüse botanisch nicht mit dem heimischen Spinat verwandt ist, wird es ähnlich zubereitet: kurz gedünstet oder roh als Salat. **Eiskraut, Kristallkraut,** Eispflanze, Eisblume *(Mesembryanthemum cristallinum)*, engl. ice plant, crystalline, franz. ficoide cristalline, ficoide glaciale. Beheimatet ist es an den Küsten Südafrikas, wo es als Arzneipflanze gilt. Heute wird das Kraut in Mittel- und Südeuropa, Indien, Kalifornien und Australien angebaut. Die sehr wärmebedürftige Pflanze gedeiht bei uns fast nur in Treibhäusern. Verwendung: für Dekorationen, roh als Salat oder wie Spinat gedünstet.

***Amaranthaceae*** **(Fuchsschwanzgewächse).** Beheimatet sind die Fuchsschwanzgewächse in den Tropen und Subtropen von Amerika, Afrika und Asien. Die Gattung *Amaranthus* umfaßt etwa 60 Arten, die nach ihrer Nutzung in Körner-Amaranten, Gemüse-Amaranten und zweifach nutzbare Amaranten unterschieden werden. **Amarant, Gemüse-Amarant** *(Amaranthus tricolor)*, engl. amaranth, franz. amarante. In die Gruppe der Gemüse-Amaranten gehören der **Ganges-Amarant** (var. *gangeticus)*, engl. chinese spinach, sowie *Amaranthus dubius, hybridus* und *cruentus*. Heute ist dieses Gemüse eines der vielversprechendsten der Dritten Welt, denn die Blätter liefern viel Eiweiß, Mineralstoffe und erhebliche Mengen Vitamin C. Wegen der geringen Haltbarkeit wird es nicht exportiert. In den Ursprungsländern werden Blätter und Sprossen wie Spinat gedünstet.

***Araceae*** **(Aronstabgewächse).** Die Familie der Aronstabgewächse mit über 100 Gattungen und 1500 Arten gedeiht vorwiegend in den Tropen. **Taro, Wasserbrotwurzel,** Colocase *(Colocasia esculenta)*, engl. taro, cocoyam, franz. taro, chou de Chine. Die wichtigsten Varietäten sind **Dasheen** *(var. esculenta)* und **Eddoe** *(var. antiquorum)*. In Europa wächst Taro ausschließlich in kleinem Umfang auf Zypern. **Tannia, Tania** *(Xanthosoma sagittifolium)*, engl. tan(n)ia, (yellow) yautia, cocoyam, franz. chou caraibe, calalou, tanier. Die stärkereichen Knollen, aber auch Blätter und Triebe der Taro und Tannia gehören zu den wichtigen Grundnahrungsmitteln der ärmeren Bevölkerung in tropischen Feuchtgebieten. Sie sind sich in Inhaltsstoffen und Zubereitungsart sehr ähnlich. Allerdings ißt man von der Tanniapflanze nur die kleineren Tochterknollen, die große Mutterknolle dient ausschließlich als Viehfutter.

**Taro** wird hier auf der Hawaii-Insel Kauai auf großen, überfluteten Feldern angebaut. Geerntet wird noch immer von Hand.

# Taro und Tannia

## ZUM VERWECHSELN ÄHNLICH: ZWEI KNOLLEN ZUM SATTESSEN

Geschmacklich nicht gerade eine Sensation, aber dafür vielseitig, sättigend und billig: Diese Beschreibung trifft für die stärkereichen Taro- und Tanniaknollen ebenso zu wie auf unsere Kartoffeln. Das weiße bis hellgraue Fleisch der Knolle wird sogar ganz ähnlich zubereitet, nämlich in Salzwasser gekocht, mancherorts auch geröstet, fritiert oder gebacken. Wichtig sind allerdings lange Garzeiten und das Wechseln des Kochwassers, denn die enthaltenen Calciumoxalatkristalle reizen die Schleimhäute. Dank seiner wertvollen Inhaltsstoffe ist Taro heute eine der bedeutendsten Kulturpflanzen in den Tropen und Subtropen. In Indien und Südostasien gedeihen die anspruchslosen Sumpfpflanzen auch wild. Tannia benötigt ebenso wie Taro tropische Wärme. Jedoch kommen die Pflanzen mit etwas weniger Wasser aus und werden deshalb dort angebaut, wo die Feuchtigkeit für Taro nicht ausreicht.

**Die Taro-Knollen** der Varietät Eddoe bilden eine relativ kleine Hauptknolle mit zahlreichen ovalen Knöllchen am Stamm. Die Varietät Dasheen (ohne Abbildung) besitzt eine große Hauptknolle mit nur wenigen Nebenknollen. Im Vergleich zur Eddoe stellt sie eine Verbesserung dar, da sie weniger der schleimhautreizenden Kristalle aus Calciumoxalat enthält.

**Die Tannia-Knollen** werden nur im jeweils benötigten Umfang geerntet, da die Knollen schnell verderben, in der Erde aber frisch bleiben. Nach der Ernte kann ein Laie Tannia- und Taro-Knollen kaum unterscheiden, denn sie sind botanisch eng verwandt. Der Stärkegehalt der Tannia-Knollen ist etwas höher, im übrigen aber gleichen sich die Inhaltsstoffe.

Die Blätter, genauer der Stengelansatz am Blatt, sind das sicherste Unterscheidungsmerkmal zwischen Tannia und Taro. Bei der Tannia (oben im Bild) setzt der Blattstiel am Grund der Spreite an, bei der Taro weiter zur Blattmitte hin.

**Malabar-Spinat** wird aufgrund seiner Heimat auch Indischer Spinat genannt: Die Blätter sind meist rund oder oval und dunkelgrün. Sie sitzen an bis zu 6 m lang wuchernden, sukkulenten Trieben.

**Ceylon-Spinat** *(Basella rubra)*, eine rotstielige Variante des Malabar-Spinats, stammt aus Ostasien. Wegen der begrenzten Haltbarkeit wird Ceylon-Spinat kaum nach Europa exportiert, jedoch vereinzelt in den Niederlanden in Gewächshäusern angebaut. Stiele und Blätter wachsen laufend nach und können in den Tropen bis zu 180 Tage lang geerntet werden.

**Die Gemüsepapaya,** auch "rohe Papaya", ist eine unreif geerntete, noch nicht roh verzehrbare Frucht. Sie kann nur gekocht oder in anderer Form zubereitet gegessen werden.

# Papaya und Mango

## SOWOHL FRUCHT ALS AUCH GEMÜSE

Ausgereift ißt man beide fast überall auf der Welt als Obst. Grüne, noch unreife Früchte dagegen werden vor allem in den tropischen Heimatländern als Gemüse zubereitet. Ausgereift kommen dieselben Früchte als Obst in den Handel. Eine grüne, unreif geerntete Mango (im Bild links) wird wie eine Gemüsepapaya als Kochgemüse verwendet, kann aber auch wie ein Apfel roh gegessen werden. Auf Java und den Philippinen dünstet man sogar die jungen, zarten Blätter des Mangobaumes.

***Anacardiaceae* (Nierenbaumgewächse).** Aus dieser Familie findet unter anderem die grüne, unreife **Mango** *(Mangifera indica)*, engl. mango, franz. mangue, als Gemüse Verwendung. Zum Export gelangen allerdings fast nur Früchte, die als Obst gegessen werden sollen. Hin und wieder kommen Importe von Gemüsemangos speziell für die hier lebenden Asiaten auf unsere Märkte. Meistens sind es die länglichen, kleineren Sorten. Die bei uns bekannteste Zubereitungsart ist natürlich das Mango-Chutney. Gemüsemangos eignen sich aber auch, mit Salz oder Worcestersauce gewürzt, zum Rohverzehr.

***Basellaceae.*** Diese Familie umfaßt nur wenige Gattungen und Arten, die in Asien und im tropischen Amerika heimisch sind. Alle Pflanzen der Familie sind krautartige, rankende oder kletternde Gewächse mit fleischigen Stielen und Blättern. Als Gemüse werden nur die Arten folgender drei Gattungen angebaut: *Ullucus tuberosus*, engl. ulluco. Die in den Anden beheimatete kartoffelähnliche Knollenart wird gekocht oder getrocknet gegessen, die Blätter manchmal auch als Gemüse. *Boussingaultia cordifolia*, engl. Madeira vine. Liefert die Basell-Kartoffeln, die Blätter werden zuweilen wie Spinat verzehrt. Sie hat sich auch in Süd- und Südosteuropa eingebürgert. **Malabar-Spinat** *(Basella alba)*, engl. Malabar spinach, vine spinach, slippery vegetable, franz. épinard de Malabar. Diese Gattung ist wichtiger, da die dickfleischigen Triebe und Blätter reich an Eiweiß, Vitaminen und Mineralstoffen sind. Der Geschmack ist mild und angenehm, jedoch empfinden Europäer die schleimige Beschaffenheit des gekochten Gemüses oft als befremdlich.

***Caricaceae* (Melonenbaumgewächse).** Zu dieser im tropischen Afrika und Südamerika beheimateten Familie gehören auch die **Papaya, Baummelone** *(Carica papaya)*, engl. papaya, pawpaw, franz. papaye, melon des Tropiques und die **Babaco** *(Carica pentagona)*, engl./franz. babaco (ohne Abbildung). Beide sind bei uns nur ausgereift als aromatische Früchte im Angebot, werden jedoch in ihren Herkunftsländern gerne als Kochgemüse gegessen, solange die Haut noch grün und das Fruchtfleisch noch weiß ist. In diesem Reifestadium ist ihr Gehalt an dem verdauungsfördernden Enzym Papain besonders hoch, der Vitamingehalt jedoch deutlich niedriger als bei reifen Früchten. Geschälte und entkernte Papayas und Babacos werden ähnlich wie unsere heimischen hellen Gemüse gedünstet.

***Chenopodiaceae* (Gänsefußgewächse).** Die meisten Pflanzen dieser Familie sind ein- oder mehrjährige Kräuter mit gegenständigen, oft fleischigen, manchmal bereiften Blättern. Dank tiefreichender Pfahlwurzeln sind viele Gänsefußgewächse salzreichen Standorten angepaßt. Die größte Bedeutung besitzt die Gattung *Beta*, die als Gemüse die Rote Rübe und den Mangold sowie als landwirtschaftliche Nutzpflanzen die Zucker- und Futterrübe hervorgebracht hat. **Rote Rübe, Rote Bete,** Salatbete, Salatrübe *(Beta vulgaris* ssp. *vulgaris* var. *conditiva)*, engl. beetroot, franz. betterave rouge. Die zweijährige, tiefwurzelnde

Chioggia heißt diese runde, süße, glattschalige Rote-Bete-Sorte. Außen leuchtend rot, bietet sie innen ein Farbspiel von roten und weißen Ringen. Sie wird vorwiegend in Italien kultiviert und angeboten, wo man übrigens zum Färben von Pasta gerne Rote-Bete-Saft verwendet. Einige Tropfen der intensiv färbenden Flüssigkeit genügen für eine schöne rote Farbe.

**Formanova,** eine späte Sorte, gehört zu den halblangen, zylindrisch gewachsenen Typen der Roten Bete, die vor allem in Skandinavien gefragt ist.

# Rote Bete

## DIE RUNDEN GESUNDEN AUS DEM UNTERGRUND

War die Rote Bete wegen ihres hohen Eisengehalts in früheren Zeiten ein wichtiges Naturheilmittel, so ist sie heute vor allem aufgrund ihres angenehm säuerlichen Aromas und ihres großen Nährwerts beliebt: Neben Zucker, Eiweiß, Fett und organischen Säuren enthält Rote Bete Calcium, Kalium, Magnesium, Phosphor, Natrium, Schwefel, Jod und eine Reihe von Vitaminen der B-Gruppe. Auch der Vitamin-C-Gehalt ist mit etwa 10% relativ hoch. Leider ist die Rote Rübe auch das Gemüse mit den höchsten Nitratwerten, da sie besonders intensiv gedüngt wird. Doch dürfte dies nur eine sehr untergeordnete Rolle spielen, da der Verzehr von Roter Bete ohnehin nicht sehr hoch ist. Frische Rote Bete ist das ganze Jahr über auf dem Markt, wenngleich sie vorwiegend im Winter in größeren Mengen gehandelt wird. Die Zubereitung ist, zugegeben, etwas umständlich: Die gut gewaschenen Rüben werden ungeschält in Salzwasser etwa eine Stunde gekocht, bevor man sie schälen und weiterverwenden kann. Sehr gut schmeckt ein Salat aus Roter Bete oder ein mit Rotwein, Zwiebeln, Salz und Zucker gewürztes Gemüse zu Kurzgebratenem. Weitaus am bekanntesten sind die Rüben jedoch als Sauerkonserve, die es in großer Auswahl zu kaufen gibt; besonders beliebt sind die sogenannten "baby-beets" - mit maximal 4 cm Durchmesser die kleinste Rote Bete, die sich sehr gut zum Dekorieren von Salaten und kalten Platten eignet.

**Burpees Golden** ist eine seltene gelbfleischige Rote-Bete-Sorte aus England. Sie besitzt trotz des fehlenden roten Farbstoffs den typischen Rote-Bete-Geschmack. Gelbe Bete hat praktisch keine Marktbedeutung; sie wird fast ausschließlich von Liebhabern in Hausgärten kultiviert. Dies gilt auch für die weißfleischigen Rote Beten.

**Rote Bete,** wie sie am bekanntesten ist: als Sauer- oder Vollkonserve. Die eigene Zubereitung ist zwar etwas aufwendig, doch der Arbeitsaufwand lohnt sich. Die Knollen erst garen, denn dann lassen sie sich leichter schälen als roh, außerdem tritt beim Schälen kein Saft aus. Anschließend dekorativ mit einem Buntmesser in Scheiben schneiden.

**Rote Bete** ist bei uns ganzjährig am Markt. Im Mai wird die alte Ware aus dem Winterlager von der neuen Ernte abgelöst. Diese wird unter Glas oder Folie angebaut und bis Juli angeboten, meist im Bund von 3 bis 5 Stück, noch mit Laub. Diese nährstoffreichen Blätter können wie Spinat zubereitet werden. Ab August beherrscht wieder Ware ohne Laub den Markt.

**Die Gartenmelde**, hier eine rotblättrige Form, ist eine einjährige, dekorative Pflanze, die bis zu 2 m hoch werden kann und viel Sonne braucht.

**Die grüne Gartenmelde** (im Bild ganz oben) liefert in den Monaten von Mai bis Oktober ein schmackhaftes Gemüse, das wie Spinat zubereitet wird. Im Hausgarten ist diese relativ anspruchslose Pflanze einfach zu kultivieren. Der Name rührt vermutlich von der milden ("melden") Blattbeschaffenheit her. **Die Quinoa** (im Bild oben) ist in ihrer südamerikanischen Heimat ein wichtiges Grundnahrungsmittel. Die Nutzung als Blattgemüse ist zwar möglich, aber gegenüber der Nutzung der nährstoffreichen Samen nur zweitrangig. Bei uns werden nur die Samen gelegentlich angeboten.

**Frühlingsspinat** oder junger Spinat (im Bild ganz oben) hat besonders feine, zarte Blätter und eignet sich daher gut als Salatzutat. Die Grenzen von Sommerspinat zu **Herbstspinat** (Bild Mitte) sind fließend. Beide Sorten kann man roh essen; die Blätter sind deutlich kräftiger als die von Frühlingsspinat. Am robustesten und herzhaftesten sind die Blätter des **Winterspinats** (im Bild oben), der vom Spätherbst bis ins Frühjahr den Markt beherrscht. Seine Blätter sind gröber und oftmals gewellt. Nur etwa 15% der Ernte gelangen in den Handel - der große Rest wird von der Tiefkühlindustrie verarbeitet.

**Guter Heinrich** war früher wegen seiner blutreinigenden und abführenden Wirkung eine geschätzte Heilpflanze. Heute wird er als Wildgemüse gesammelt oder vereinzelt in Kleingärten angebaut.

**Horenso** heißt diese Spinatvarietät aus Japan. Die spitz zulaufenden, pfeilförmigen Blätter schmecken leicht süßlich. Diese Spezialität bereitet man am besten wie jungen Spinat zu. Kurze Garzeiten erhalten das Aroma und die zarte Blattstruktur. Blanchieren reduziert übrigens bei Spinat jeder Sorte den hohen Nitratgehalt um bis zu 70%.

Pflanze wird heute in Ländern mit gemäßigtem Klima kultiviert. Die rote Farbe der 100 bis 600 g schweren Knollen beruht auf der hohen Konzentration an Betanin sowie einem geringen Gehalt an Anthocyan. Es gibt jedoch auch weiße und (sehr selten) gelbe Sorten. **Gartenmelde, Melde** *(Atriplex hortensis)*, engl. orache, garden orache, franz. arroche, arroche épinard. Vom Mittelalter bis zum Beginn des 19. Jahrhunderts war dieses robuste Unkraut als "Spinatpflanze" in Mittel- und Südeuropa weit verbreitet. Heute spielt der Anbau nur noch eine unbedeutende Rolle, entsprechend gering ist die Marktbedeutung. Sie ist dem Spinat, der sie nach und nach verdrängt hat, eng verwandt, enthält jedoch dreimal soviel Vitamin C. Es gibt grün-, gelb-, rot- und buntblättrige Sorten, wobei die beiden letzteren seltener sind. **Guter Heinrich, Großer Gänsefuß,** Bergspinat, Hundsmelde *(Chenopodium bonus-henricus)*, engl. Good King Henry, wild spinach, franz. bon Henri, épinard sauvage. In Europa beheimatet, war Guter Heinrich früher ein bedeutendes Blattgemüse. Er wurde jedoch vom Spinat verdrängt, obwohl er im Vergleich zu verwandten Kulturgemüsen wesentlich mehr Inhaltsstoffe zu bieten hat. Verzehr: gedünstet oder roh . **Quinoa, Reismelde** *(Chenopodium quinoa)*, engl. pigweed, franz. quinoa. Wie der Amarant gehört Quinoa zu den Pseudozerealien: stärkehaltige Samen, die nicht zu den Getreiden zählen. Quinoa gedeiht noch in großen Höhen, wo Getreide nicht mehr reift, und ist daher und wegen seines hohen Eiweiß-, Fett- und Mineralstoffgehalts im Andengebiet ein wichtiges Grundnahrungsmittel. Das Quinoa-Korn wird wie Getreide verwendet, in den Anbaugebieten werden die Blätter wie Spinat zubereitet. **Spinat** *(Spinacia oleracea)*, engl. spinach, franz. épinard. Ursprünglich in Mittelasien beheimatet, wird Spinat weltweit angepflanzt (mit Ausnahme der Tropen). Hauptanbauländer in Europa sind Italien, Frankreich und die Bundesrepublik. Man unterscheidet Spinat nicht nach Sorten, sondern Aussaattermin (Frühlings-, Sommer- und Winterspinat) und Ernteverfahren (Blattspinat/Handernte und Wurzelspinat/Ernte mit Spezialmaschinen). Der Eisengehalt ist zwar bei weitem nicht so hoch wie früher angenommen (3 mg/100 g), dennoch ist Spinat reich an anderen wichtigen Mineralstoffen, Eiweiß und Vitaminen. **Horenso** ist eine bei uns selten gehandelte Spinat-Varietät, die milder und süßer schmeckt als heimischer Spinat. **Blattmangold, Schnittmangold** *(Beta vulgaris* var. *vulgaris)* und **Stiel-** oder **Rippenmangold** *(Beta vulgaris* var. *flavescens)*, engl. chard, spinach beet, franz. poirée, cote de bettes. In Deutschland nach langer Zeit wieder im Kommen, in Italien, Frankreich, Spanien, Holland und der Schweiz sowie in ganz Mittel- und Südeuropa ein beliebtes und viel angebautes Gemüse. Blattmangold entwickelt relativ kleine, breite Blätter und schmale Blattstiele; Stielmangold besitzt große Blätter und fleischige, bis zu 10 cm breite Stiele. Beide Varietäten können sowohl weiß- als auch rotstielig sein und sind im übrigen besonders eiweiß- und mineralstoffreich. Die Hauptangebotszeit reicht von Frühjahr bis

**Der Stielmangold** (im Bild ganz oben) in dieser Form ist der am häufigsten angebotene und wird aus Italien importiert. Die einzelnen Sorten unterscheiden sich hauptsächlich in der Blattfarbe (heller oder dunkler) und in der Breite des Stiels. **Rotstieliger Schnittmangold** (Bild Mitte) ist durch seine Farbe besonders attraktiv. **Schnittmangold** (im Bild oben) wird in Italien als Spinat gegessen, aber wegen seiner geringen Haltbarkeit nicht exportiert. Seine Blätter werden verhältnismäßig groß. Sehr große Mangoldblätter schmecken aber herb-bitter. Daher ist der beste Zeitpunkt für Ernte und Genuß erreicht, wenn die Blätter nur wenig größer als Spinatblätter sind.

**Breiter rotstieliger Mangold,** wie er als Italien-Import gelegentlich bei uns in Kisten verpackt auf den Markt kommt. Das leuchtende Rot verwandelt sich beim Erhitzen des Mangolds bedauerlicherweise eher ins Graue.

**Glasschmalz** wird irreführenderweise oft als Meeresalgen gehandelt, ist aber eine Gemüsepflanze, die in den Küstengebieten Nordwesteuropas heimisch ist. Glasschmalz wird gesammelt und nur sehr selten kultiviert, daher kommt es auch nur in sehr geringem Umfang in den Handel. Zum Verzehr sind nur junge Pflanzen geeignet, die salzig, fischähnlich schmecken.

**Die Strandaster** ist eine wildwachsende Küstenpflanze und ein typischer Vertreter der Strand- und Salinenflora. Gesammelt werden nur die jungen Blätter von April bis Juni in der Zeit vor der Blüte, die von Juli bis Oktober stattfindet und das Gemüse zäh und geschmacklos werden läßt. In kleinem Umfang beginnt man, sie zu kultivieren.

**Die Salat-Chrysantheme** ist in Ost- und Südostasien ein beliebtes Gemüse. In Japan werden auch die Blüten gegessen, ansonsten nur die jungen Blätter und Triebe roh oder gekocht verzehrt.

Herbst. Zubereitung: Mangoldblätter wie Spinat oder gefüllt; Mangoldstiele werden abgezogen, klein geschnitten und gedünstet. **Glasschmalz, Queller**, Salzkraut *(Salicornia europaea)*, engl. glaswort(h), samphire, sea asparagus. Die blattlose Pflanze mit ihren dunkelgrünen oder rötlichen, vielgliedrigen Stengeln ähnelt in Form und Geschmack einem Meeresgemüse, ist aber eine Gemüsepflanze. Zum Verzehr sind nur junge Pflanzen geeignet: roh, aber auch gedünstet.

***Compositae (Asteraceae)* (Korbblütler).** Mit über 1000 Gattungen und 20000 Arten ist die weltweit verbreitete Familie der Korbblütler die umfangreichste der zweikeimblättrigen Pflanzen. Sie besitzen als Charakteristikum korbartige Blütenstände, die sich aus Röhren- und Zungenblüten zusammensetzen (lat. compositus). Bei den Korbblütlern werden die unterschiedlichsten Pflanzenteile genutzt: Blätter (Salate, Löwenzahn, Strandaster), Blüten (Artischocke), Blattstiele (Kardy), Wurzeln (Schwarzwurzel, Haferwurzel), Knollen (Topinambur) und getriebene Sprosse (Chicorée, Löwenzahn). Neben den als Gemüse beliebten Sorten werden viele auch als Arzneipflanzen angebaut oder gesammelt. So zum Beispiel die Echte Kamille, Wermut und Arnika. **Strand- oder Salzaster** *(Aster tripolium)*, engl. sea aster. Die mehrjährige Pflanze wird 20 bis 100 cm hoch und wächst wild in den Küstengebieten von Europa über Nordafrika bis Mittelasien und Japan. Ihre schmalen, fleischigen Blätter werden bei uns an der Nordsee zwischen April und Juni gesammelt und als Blattgemüse vor allem zu Muscheln und Austern serviert. Ihre Wurzeln wurden früher bei Augenkrankheiten genutzt. **Salat-Chrysantheme, Kronen-Wucherblume** *(Chrysanthemum coronarium)*, engl. garland chrysanthemum, franz. chrysanthème des jardins. Die aromatische, schnellwachsende Pflanze zählt in Ost- und Südostasien zu den besonders beliebten Gemüsen. Blätter und Triebe werden in Suppen gekocht oder als Beilage gedünstet. Roh in Salaten oder als Garnitur kommt der ausgeprägt scharfe, blumige Geschmack besonders zur Geltung. **Kopfsalat, Grüner Salat,** Buttersalat, Häuptlesalat, Harpelsalat, Lattich, Schmalzsalat *(Lactuca sativa* var. *capitata)*, engl. head lettuce, cabbage lettuce, franz. laitue pommée. Der wohlvertraute grüne Kopf stammt wahrscheinlich vom wilden Lattich *(Lactuca serriola)* ab und war schon bei Römern und Griechen wegen der leicht beruhigenden Wirkung des enthaltenen Milchsafts (Lactuca von lat. lac: Milch) bekannt. Zu den Hauptanbauländern Europas gehören Italien, Frankreich, Spanien, die Beneluxländer und Deutschland. Dort ist Kopfsalat eines der meist angebauten Gemüse. Warum gerade er in der Beliebtheit mit weitem Abstand an erster Stelle vor allen anderen Salatsorten steht, ist nicht leicht zu erklären. Denn sein erfrischender, aber recht neutraler Geschmack unterscheidet sich kaum von Binde- und Pflücksalaten. Vielleicht ist der Kopf einfach deshalb besonders attraktiv, weil er gerade die Menge für eine Familienmahlzeit liefert. Im Hinblick auf die Qualität kann der Verbraucher von den unüber-

**Roter Kopfsalat** wird immer beliebter. Denn seine Blätter haben gegenüber den grünblättrigen Sorten eine zartere Konsistenz und schmecken daher besser. Seine attraktive Färbung entsteht durch den Pflanzenfarbstoff Anthocyan.

# Kopfsalat

## DER INBEGRIFF VON FRISCHE NEUERDINGS AUCH IMMER ÖFTER ROT

So kennt ihn jeder: ein fester Kopf mit kräftig grünen Außenblättern, im Inneren ein hellgelbes Herz mit saftig-mildem, fast neutralem Geschmack. Heute ist er in Mittel- und Westeuropa in puncto Beliebtheit die Nummer eins der Blattgemüse. Aber das könnte sich bald ändern. Neuzüchtungen wie Batavia und Kraussalat, Lollo Rossa und Eichblattsalat oder Wiederentdekkungen wie Römischer Salat, aber insbesondere die dekorativen roten Sorten liefern dem wohlvertrauten Grünen vielleicht bald ein Kopf-an-Kopf-Rennen um die Gunst des Verbrauchers. Doch wie entsteht die Rotfärbung? Durch Anthocyan. Anthocyane sind wasserlösliche Farbstoffe, die als Stoffwechselprodukte in den Pflanzenzellen rotblättriger Sorten vorkommen. Die Intensität der Farbausprägung ist in gewissem Umfang auch umweltabhängig. Niedrige oder stark schwankende Temperaturen führen bei gleichzeitig intensiver Lichteinwirkung zu einer optimalen Ausfärbung. Dagegen wird die Intensität der Anthocyanfärbung durch geringe Lichteinstrahlung und hohe Temperaturen über einen längeren Zeitraum vermindert. Die Farbunterschiede zwischen den einzelnen Salatsorten sind jedoch sortenbedingt und nur in geringem Umfang durch Umwelteinflüsse steuerbar. Umgekehrt kann aber gesagt werden, daß bestimmte Sorten auch noch unter ungünstigen Witterungsbedingungen gut ausfärben.

Die Salatherzen großer, kräftiger Köpfe aus dem Freilandanbau sind so fest, daß sie schwierig zu zerpflücken sind. Besser halbieren, den Strunk entfernen, den Salat vierteln und in Streifen schneiden.

Mangelnde "Kopfbildung" ist im Winter ein typisches Phänomen. Treibhaussalat bildet dann wegen Licht- oder Wärmemangel häufig keine festen Köpfe. Der Salat wird nur von dem Folienbeutel zusammengehalten.

**Rougette de Montpellier** ist eine extrem kleine, rotblättrige Kopfsalatsorte aus Frankreich, deren Rotfärbung ins Rötlichbraune geht. Das Herz ist aber grün.

sichtlich vielen grünen Sorten wohl nur Freiland- von Treibhaus-Salatköpfen unterscheiden. Ausgewachsene Freilandexemplare bringen es auf 500 g und mehr, während man aus dem Unterglasanbau schon Köpfe ab 100 g Gewicht verkauft. Apropos Köpfe: Lichtmangel und zu wenig Wärme verhindern bei Treibhaussalat im Winter oft eine vollständige Kopfbildung. Der Salat besteht dann aus mehr oder weniger losen Blättern, die am Stiel zusammenhängen, und er welkt schneller. Deshalb wird Unterglasware in der Regel in Folienbeutel verpackt angeboten, um eine übermäßige Verdunstung zu vermeiden. Ein weiterer Nachteil der Treibhauskulturen: Kopfsalat enthält im Winter oft unerwünscht hohe Mengen Nitrat, das sich besonders dann in der Pflanze anreichert, wenn beim Wachstum zuwenig Licht vorhanden ist. Bekanntlich verliert Kopfsalat schnell an Frische, insbesondere wenn er unverpackt und zu warm lagert. Weniger bekannt: Salat ist sehr empfindlich gegen Ethylen, ein beim Obst durch die Reife entstehendes Gas, das Früchte auch während der Lagerung noch abgeben. Deshalb Salatköpfe nicht in der Nähe von Obst lagern, denn Ethylen verursacht braunrote Flecken auf den Blattrippen und verkürzt die Lagerfähigkeit. Neben dem grünen Kopfsalat gewinnen heute zunehmend rotblättrige Sorten an Marktbedeutung. Sie sind noch zarter und empfindlicher als die grünblättrigen Sorten und müssen, um frisch auf den Tisch zu kommen, besonders schnell und kühl transportiert werden. Bekannte Sorten sind beispielsweise "Rotkäppchen", "Inka" und "Pirat" oder "Rougette de Montpellier" aus Frankreich. Neben Kopfsalat gehören auch Batavia-Salat und Eissalat sowie die daraus entstandenen neuen Kreuzungen botanisch zur selben Art. **Batavia-Salat,** engl. crisphead lettuce, franz. laitue batavia. Dieser neuere Eissalat-Typ entstand in Frankreich. Inzwischen wird er im Freiland auch in Italien und der Westschweiz, in den Niederlanden und bei uns überwiegend im Treibhaus angebaut. Eine neue niederländische Kreuzung aus Batavia- und Kopfsalat wird unter dem Namen **Kraussalat,** niederl. krulsla, gehandelt. **Eissalat, Eisbergsalat, Krachsalat,** engl. iceberg lettuce, crisphead lettuce, franz. laitue iceberg. Diese Sorte bildet dicht geschlossene, große Köpfe und wiegt bis zu dreimal soviel wie ein Kopfsalat. Die Blätter sind hart, fleischig, glänzend und grobaderig und im Vergleich zum Kopfsalat fester und erheblich knackiger. Die Blattfarbe ist je nach Sorte hell- oder dunkelgrün; es gibt auch rote Sorten. Seine Haltbarkeit ist viel besser als die von Kopfsalat: Man kann ihn in Folie verpackt zwei Wochen im Kühlschrank lagern; sogar angeschnitten hält er sich noch bis zu einer Woche frisch. Die schon lange bekannte, jedoch erst in den letzten Jahren wieder vermehrt gefragte Sorte **Little Gem** ist besonders in Großbritannien beliebt. Die kleinen, nur 70 bis 110 g schweren Köpfe werden meistens ohne Umblätter angeboten und halten sich im Kühlschrank etwa bis zu einer Woche frisch. Sie werden von Mai bis Oktober aus Frankreich und im Winterhalbjahr aus Israel und Spanien eingeführt.

**Batavia-Salat** gehört zu den kopfbildenden Sorten und liegt in Beschaffenheit und Größe etwa zwischen Kopf- und Eissalat, dem er geschmacklich ähnelt. Allerdings ist er weniger knackig als dieser. Seine leicht gekrausten, dickfleischigen Blätter können Farbschattierungen von einem dunklen Rotbraun (wie im Bild ganz oben) bis hellgrün mit rötlichen Rändern (wie im Bild oben) annehmen.

**Kraussalat** bildet große, lockere Köpfe. Er darf in den Niederlanden nur als Kraussalat bezeichnet werden, wenn seine kräftig grünen Außenblätter kraus sind und er in der Knackigkeit dem Eissalat gleicht. Ansonsten soll er als Pflücksalat vermarktet werden. Im Geschmack ist er mild und leicht süßlich.

**Little Gem**, in Frankreich auch als "Sucrine" bekannt, ist ein kleiner, dem Romana ähnlicher Salat mit kompakten, leicht süßlich schmeckenden Salatherzen. Diese werden meist ohne Umblätter verkauft. Bei uns ist er kaum bekannt.

**Die verschiedenen Eissalat-Sorten** können in Blattstruktur und Kopfbildung, je nach Herkunft und Sorte, sehr unterschiedlich ausfallen. Hier ein Überblick: **Crispsalat** (im Bild ganz oben) ist ein Eissalat-Typ, der bisher nur in den Niederlanden ausschließlich unter Glas angebaut wird. Er besitzt drei oder mehr Umblätter und ein kugelförmiges Herz. Er wird mit einem Mindestgewicht von 300 g von November bis März in bisher nur kleinen Stückzahlen angeboten. **Grüner Eissalat** (im zweiten Bild von oben) wird so, als grüne, feste Köpfe mit Umblättern, in der Regel auf Wochenmärkten angeboten. In der Schweiz heißt er in dieser Form "Krachsalat". **Roter Eissalat** (im dritten Bild von oben) wird erst seit kurzem vermehrt angeboten, ist im Vergleich zum grünen jedoch noch immer unbedeutend. Hier ein Prachtexemplar mit Umblättern. **Eissalat**, wie man ihn in Deutschland kennt (im Bild ganz unten): sehr feste, blaßgrüne bis gelblichgrüne Salatherzen ohne Umblätter und in Folie verpackt, um ihn vor Verdunstung zu schützen. Der angeschnittene Kopf zeigt die sehr kompakte Struktur mit den typischen, gekrümmten Blattmittelrippen.

**Eissalat zerlegen:** Zuerst die lockeren Blätter abnehmen, dann den Eissalat mit dem Strunk auf eine feste Arbeitsplatte oder deren Kante schlagen. Der Strunk läßt sich nun mühelos herausdrehen. Und die Blätter können einzeln abgelöst werden.

**Römischer Salat** ist aufrecht wachsend, 35 bis 40 cm hoch mit länglichen, abgerundeten Blättern. Die Außenblätter sind kräftig grün, die Innenblätter zart und aufgrund der Kopfbildung gelblich gebleicht. Ältere Sorten mußten zusammengebunden werden, um den Innenteil zu bleichen (Bindesalat). Neue Sorten sind selbstschließend. Je nach Sorte fallen die Köpfe rundlicher oder ovaler aus.

**Der dunkelrote Lollo Rossa** (im Bild ganz oben) und der gelbgrüne **Lollo Bionda** (im Bild oben) gehören zwar zu den Pflücksalaten, ihre stark gekrausten, zarten Blätter bilden jedoch eine so kompakte, halbkugelförmige Rosette, daß der Eindruck eines Kopfes entsteht. Geschmacklich unterscheiden sie sich nicht, typisch für beide ist die leicht nußartige Note.

Bei diesem aufgeschnittenen Romana ist das typische goldgelbe Herz gut zu erkennen. Die helle Farbe entsteht durch Lichtentzug.

**Spargelsalat** wird in erster Linie wegen der verdickten, fleischigen Sproßachse angebaut, die ein spargelartiges Gemüse liefert. Geerntet werden die 2 bis 3 cm dicken und bis zu 1,20 m langen Sproßachsen im Sommer und Frühherbst.

**Pflücksalat** wird seit neuestem aus den Niederlanden auch im Topf angeboten, wie beispielsweise hier die Sorte "Grand Rapids". Die Pflanzen stehen mit Wurzelballen in einem kleinen Topf und sind mit einer Folie lose umhüllt. So halten sie sich bei entsprechenden Temperaturen (z.B. im Kühlschrank) etwa 10 Tage frisch und liefern je nach Bedarf frische Blätter.

**Römischer Salat, Römer Salat,** Romana-Salat, Binde- oder Kochsalat, Sommerendivie, Kasseler Strünkchen *(Lactuca sativa* var. *longifolia)*, engl. cos lettuce, romaine lettuce, franz. laitue romaine. Er wächst überall dort, wo auch Kopfsalat gedeiht, wird aber überwiegend in Italien, Frankreich, Spanien, Österreich und in den Niederlanden angebaut. Bei uns findet man in der Nähe von Kassel größere Anbauflächen. Römischer Salat wird hierzulande mit einem Gewicht von etwa 300 g im September und Oktober geerntet. Importe kommen von November bis Mai meistens aus Italien und Frankreich. Er hält sich wegen der etwas derberen Blätter besser als Kopfsalat, gekühlt zwei bis drei Tage. Im Gegensatz zu anderen Kopf- und Pflücksalaten wird er traditionell nicht nur roh gegessen, sondern auch als Gemüse gedünstet. So zubereitet schmecken die Stiele ein bißchen wie Spargel und heißen "Kasseler Strünkchen". **Blatt-, Pflück-** oder **Schnittsalate** *(Lactuca sativa* var. *crispa)*, engl. loose-leaf lettuce, cutting lettuce, curled lettuce, franz. laitue à couper. In dieser Gruppe werden alle nicht kopfbildenden Salate zusammengefaßt, es herrscht also eine große Farben- und Formenvielfalt. Die Blätter sind rund oder länglich, ganzrandig oder gebuchtet, und die Wuchsform variiert von niedrig buschig bis aufrecht wachsend. Geschnitten oder gepflückt werden entweder die ausgewachsenen Blätter (dann ist Mehrfachernte möglich), oder es wird, vor allem im Erwerbsanbau, die ganze Pflanze geschnitten. Auch die aus Italien stammenden Sorten **Lollo Rossa** und **Lollo Bionda** kann man von Mai bis Oktober mehrfach ernten, denn wenn man die Blätter einzeln abpflückt, wächst der Salat immer wieder nach. Oder man schneidet die ganze Pflanze, so daß jeweils nur eine Ernte möglich ist. Importe aus Frankreich, Italien und den Niederlanden versorgen unseren Markt auch in den Wintermonaten. Beide schmecken angenehm kräftig und leicht bitter. **Eichblatt-** oder **Eichenlaubsalat** wird überwiegend im Freiland angebaut und bei uns von Mai bis Oktober geerntet. Hauptimporte kommen aus Frankreich, Italien und den Beneluxländern. Der Eichblattsalat besticht nicht nur durch die attraktiven, eichenlaubähnlichen Blätter, sondern auch durch seinen nußähnlichen Geschmack. Seine Haltbarkeit ist besonders kurz, deshalb sollte er nach Möglichkeit schnellstmöglich verbraucht werden. Im Kühlschrank hält er sich höchstens einen Tag frisch. Vermehrt wird auch der **Harlekin** oder **Schnabelsalat** angeboten, der ebenfalls zur Varietät *crispa* gehört. **Spargelsalat** *(Lactuca sativa* var. *angustana)*, engl. stem lettuce, asparagus lettuce, franz. laitue asperge. Botanisch steht Spargelsalat dem wilden Lattich *(Lactuca serriola)* sehr nahe, hat seinen Ursprung in China und wird auch hauptsächlich dort angebaut. Eine amerikanische Saatgutfirma brachte diese Varietät 1942 unter dem Namen "Celtuce" (eine Wortzusammensetzung aus "celery" und "lettuce") in den Westen. In Europa ist sie noch immer eine wenig bekannte Spezialität, die überwiegend in Hausgärten, nicht erwerbsmäßig, angebaut wird. Die Sproßachsen können roh oder

**Der grüne Eichblattsalat,** hier die Sorte "Salad Bowl", mit gelbgrünen Blättern ist die zweitwichtigste Eichblattsalat-Sorte.

**Der rote Eichblattsalat,** hier die Sorte "Red Salad Bowl" (im Bild ganz oben) ist die am häufigsten angebaute Sorte in der Gruppe der Eichblattsalate. **Harlekin,** hier die Sorte "Carnival" (im Bild oben), wird wegen seiner stark geschlitzten Blätter im Frankfurter Raum auch als "Schnabelsalat" bezeichnet. Auch ihn gibt es grün- und rotblättrig. Beide Pflücksalate sind wegen ihrer zarten Blätter nicht sehr lange haltbar.

**Chinesischer Salat** stammt, wie der Name schon sagt, ursprünglich aus China, wird heute aber auch in Malaysia, Indonesien, Japan und auf den Philippinen sowie auf Taiwan angebaut. Bei uns ist dieses aufrecht wachsende, mehrjährige Gemüse weitgehend unbekannt.

Nur kleinköpfige Frisée-Sorten, wie "Goldherz", "Ione" oder "Pavia", können so in der Kiste präsentiert werden, daß das gelbe Herz zu sehen ist. Normalerweise werden Endivien mit dem Herz nach unten verpackt.

**Die Glatte Endivie** (im Bild ganz oben) bildet eine große, platte Rosette aus breiten, ungeteilten, ganzrandigen Blättern mit dicken Blattrippen. Die grünen Blätter bilden einen halbgeschlossenen, mehr oder weniger gefüllten Kopf mit gelbem oder grünem Herzen. Die Blätter halten sich länger frisch als die gezackten, stark geschlitzten Frisée-Blätter. **Frisée** bildet eine kompakte, meist halbkugelförmige Blattrosette. Durch die Fülle der Innenblätter wird das Herz leicht gelblich. Je nach Sorte gibt es ihn mit gelbem Herz (Bild Mitte) und durchgehend grün (im Bild oben). Ebenso wie bei der Glatten Endivie ist auch beim Frisée das gelbe Herz am zartesten. Sein Anteil an der Pflanze sollte mindestens ein Drittel ausmachen. Die äußeren Blätter haben auch bei sonst makellosen Köpfen manchmal vertrocknete Ränder, werden aber ohnehin in der Regel nicht mitgegessen. Allen dreien gemeinsam ist der typische leicht bittere Geschmack.

gedünstet verzehrt werden, die jungen, zarten Blätter als Salat. **Chinesischer Salat** *(Lactuca indica)*, engl. Indian lettuce. Diese Varietät stammt ebenfalls aus China. Die aufrecht wachsende, mehrjährige Pflanze wird bis zu 1,3 m hoch. Sie wird wegen der Blätter angebaut, die einzeln gepflückt und als Gemüse gekocht werden. Die Urform der **Endivie** wurde schon von den Ägyptern als Gemüse genutzt. Ins mittlere und nördliche Europa gelangte die Endivie jedoch erst im 13. Jahrhundert; in Nordamerika wurde sie erstmals im Jahre 1803 erwähnt. Heute sind die Hauptanbauländer Italien, Frankreich und die Niederlande. In Westeuropa ist sie ähnlich beliebt wie bei uns der Kopfsalat. Botanisch ist die Endivie mit dem Chicorée, nicht mit dem Kopfsalat und anderen Salatarten der Gattung *Lactuca,* verwandt. **Glatte Endivie, Winterendivie,** Escariol, Escarol *(Cichorium endivia* var. *latifolium)*, engl. broad-leaved endive, franz. chicorée scarole. Durch den im milchigen Saft der Blätter enthaltenen Bitterstoff Intybin wirkt sie (ebenso wie Frisée) leicht appetitanregend und verdauungsfördernd und ist deshalb besonders für Vorspeisensalate interessant. Hauptangebotszeit: das Winterhalbjahr. Jedoch wird sie mittlerweile in geringerem Umfang auch in den Sommermonaten gehandelt. **Krause Endivie, Frisée** *(Cichorium endivia* var. *crispum)*, engl. curled-leaved endive, franz. chicorée frisée. Noch vor wenigen Jahren wurde sie bei uns selten angepflanzt, denn den Bauern war sie zu schwierig und zu kälteempfindlich. Ihre klassischen Anbaugebiete liegen in Südeuropa. Weil Frisée inzwischen bei uns so beliebt ist, lohnen sich nun aber auch Unterglaskulturen im kühleren Norden. Stammpflanze der **Zichorien-Familie** ist die Wilde Wegwarte *(Cichorium intybus)*, die es noch heute als Wildpflanze in Europa, Nordafrika und vom Orient bis nach Sibirien gibt. Schon den Griechen und Römern war sie als Heil- und Gemüsepflanze bekannt. Die aus der Wilden Wegwarte entstandenen Kulturformen Wurzelzichorie *(Cichorium intybus* var. *sativum)* und Salatzichorie *(Cichorium intybus* var. *foliosum)* sind bei uns seit dem Mittelalter bekannt. Erstere wurde zunächst als Futterpflanze, dann als Basis für Zichorienkaffee genutzt. Die Salatzichorie wiederum läßt sich in fünf Gruppen teilen: Kopf- oder Rosettenzichorie (Radicchio); Herbstzichorie oder Fleischkraut; Blattzichorie oder Catalogna; Schnitt- oder Blattzichorie; Salat-, Treib- oder Bleichzichorie (Chicorée). **Radicchio, Rote Endivie,** Roter Chicorée *(Cichorium intybus* var. *foliosum)*, engl. radicchio, red (leaved) chicory, franz. chicorée rouge, ital. radicchio. Die dunkel- bis weinrote, seltener grünlichgelbe Salatpflanze mit leuchtend weißen Blattrippen wird in Europa vorwiegend in Italien, und dort vor allem in der Provinz Venetien, angebaut. Das größte Anbau- und Vermarktungszentrum liegt direkt an der Adria in Chioggia. Schon seit über einem Jahrzehnt ist italienischer Radicchio auf dem deutschen Markt fast ganzjährig zu finden. Zunehmend wird er nun auch bei uns angebaut. Hauptangebotszeit sind bei uns die Monate von Oktober bis Mai. Geerntet wird meist

**Radicchio vorbereiten:** Kompakte Radicchioköpfe am besten in der Mitte durchteilen. Falls nötig, vorher äußere, unansehnliche Blätter entfernen. Den hellen Stielansatz im Inneren des Kopfs herausschneiden, wenn dessen bitterer Geschmack nicht erwünscht ist. Sonst kleingeschnitten unter den Salat mischen.

# Radicchio

## VIELFALT BEI ANBAU UND SORTEN

Beim Anbau von Radicchio unterscheidet man zwei Arten: zum einen die Aussaat/Pflanzung im Frühjahr oder Sommer und die Ernte bis zum Eintritt der ersten Herbstfröste ("Palla rossa", "Chioggia"). Die zweite Art ist die Aussaat/Pflanzung im Sommer, Überwinterung auf dem Feld und Ernte im Frühjahr. Dabei sterben die überwiegend grünen Blätter im Herbst ab, und die Pflanze treibt erneut mit dem Einsetzen wärmerer Temperaturen aus und bildet entweder einen Kopf oder nur eine Blattrosette ("Veroneser"-Typen). Diese Pflanzen enthalten weniger Bitterstoffe, da sich diese durch den Frost abbauen. Allerdings sind die Ausfälle bei dieser Anbauart größer. Eine relativ seltene Anbaumethode ist, die im Herbst gerodeten Pflanzen in Erd- oder Wasserkultur wie Chicorée zum Treiben einer Blattrosette zu bringen ("Radicchio di Treviso").

**Radicchio di Trevisiano** ist leicht von anderen Sorten zu unterscheiden. Seine länglichen, schmalen Blätter mit dicker, weißer Mittelrippe bilden keine festen Köpfe. Sein Geschmack: sehr intensiv und etwas bitterer als andere Varietäten.

**Die bekanntesten Sorten auf einen Blick: Radicchio di Chioggia** bildet runde Köpfe und ist die bei uns wohl am meisten angebotene Sorte, vor allem die roten Sorten (1); es gibt aber auch gelbgrüne (2) und weiß-rote (5) Sorten. Klein, eher mild und sehr intensiv gefärbt ist der **Rossa di Verona** (3). **Radicchio di Treviso** (4) ist an der länglichen Form und der weißen Mittelader zu erkennen.

**Grüner Cicorino,** hier die Sorte "A grumolo verde", ist eine Rosettenzichorie aus Italien, die als Winterzichorie sehr zeitig im Frühjahr auf den Markt kommt.

**Roter Cicorino** ist beliebter als grüner und geschmacklich viel bitterer als beispielsweise Chicorée. Er wird wie der grüne im Juni/Juli gesät und Ende Oktober bis auf die Herzblätter zurückgeschnitten. Bei entsprechendem Winterschutz erscheinen von Februar bis April die begehrten Rosetten. Er wird bislang nur in Norditalien und der Schweiz angebaut.

mit einem kurzen Wurzelstummel, damit die Blätter oder Köpfe besser zusammenhalten. Je nach Sortentyp bildet Radicchio kleine Köpfe (Kopfzichorie) oder nur offene Blattrosetten (Blattzichorie). Bei uns am häufigsten am Markt: kleinköpfiger roter Radicchio; seltener auch Sorten mit offener Blattrosette. Den deutlich herben Geschmack verdankt der Radicchio, wie alle Zichorienpflanzen, dem vor allem in den Blattrippen enthaltenen Bitterstoff Intybin, dem eine stoffwechselfördernde Wirkung zugesprochen wird. Ideal: mit milden Salatsorten gemischt als Rohkost. Auch gut: gedünstet als Beilage zu Kurzgebratenem, mit Mozzarella überbacken. **Herbstzichorie, Zuckerhut,** Fleischkraut, Herbstchicorée, engl. sugar loaf, franz. pain de sucre, chicorée sauvage améliorée. Ihren Ursprung hat die Herbstzichorie in Südfrankreich, Italien und der Südschweiz. Bei uns wird sie nur in Süddeutschland lokal angebaut und erfreut sich bei Kleingärtnern gewisser Beliebtheit. Geerntet wird von September bis Ende November, leichtere Fröste werden vertragen. Die bitteren Blätter kommen kaum in den Handel, obwohl die Herbstzichorie ein sehr wertvoller und lang lagerbarer Salat für die Wintermonate ist. Trotz der botanischen Zugehörigkeit zu den Gemüsezichorien ähnelt die Herbstzichorie im Aussehen eher Römischem Salat oder Chinakohl. Sie bildet große, feste, gelbgrüne, hochgeschlossene Köpfe, die bis zu 2 kg schwer werden können. Die wichtigste Sorte heißt "Zuckerhut" wegen der Form, nicht wegen des Geschmacks. Die Herbstzichorie schmeckt nußartig mit dem typischen Bittergeschmack der Zichorien. Der Bittergeschmack mildert sich mit zunehmender Reife (Frosteinfluß) und kann auch durch lauwarmes Wasser etwas entzogen werden. Ideal: als Salat. Auch gut: überbakken, gedünstet. **Blattzichorie, Catalogna,** engl. large leaved chicory, franz. chicorée à feuilles, chicorée italienne. Die Blattzichorie stammt aus Italien, wo sie nach wie vor am meisten angebaut wird. Inzwischen wird sie auch in Spanien und Frankreich kultiviert. Die Blattzichorie bildet bis zu 60 cm lange, löwenzahnähnliche, dunkelgrüne Blätter, die durch einen kurzen Strunk zu einem dichten Blattbüschel zusammengehalten werden und keinen Kopf bilden. Sie ähnelt einer aufrecht wachsenden Löwenzahnpflanze. Die Blattzichorie enthält mehr Bitterstoffe als die anderen Zichorienarten, doch Kenner schätzen gerade diesen hohen Bitterstoffgehalt, der günstig auf die Verdauung und Blutgefäße wirkt. Außerdem enthält sie nicht unerhebliche Mengen an Vitaminen und Mineralstoffen. Die Pflanze ist zwar nicht winterhart, aber sehr widerstandsfähig gegen Krankheiten. Die Ernte erfolgt etwa drei Monate nach der Aussaat. In den Handel kommt sie bei uns von Juni bis Oktober, teilweise auch später. Die Sorten unterscheiden sich hauptsächlich in ihrer Blattform, die mehr oder weniger geschlitzt oder gezähnt sein kann. Die wichtigste Sorte ist "Catalogna" mit diversen Selektionen, eine italienische Sorte mit langen, schmalen und oft stark geschlitzten Blättern. Ideal: die zarten Herzblätter als Salat zubereitet. Auch gut: mit Knoblauch in Öl gedünstet.

**Der Zuckerhut** verdankt seinen Namen der Form, keineswegs dem - deutlich bitteren - Geschmack. Es handelt sich um die wichtigste Sorte der Herbstzichorie, obwohl er im Aussehen eher dem Römischen Salat oder Chinakohl ähnelt. Doch im Gegensatz zu diesen hält sich der Zuckerhut viele Wochen frisch und ist daher ein wertvoller Salat für die Herbst- und Wintermonate.

**Catalogna di Galatina** (im Bild unten) heißt diese Spezialität aus Italien, bei der im Laufe des Winters aus dem Inneren der Pflanze die etwas bizarr aussehenden, knackigen Sprosse heranwachsen. Diese sind roh oder gekocht sehr schmackhaft. Diese **Catalogna-Selektion** (im Bild ganz unten) besitzt besonders stark eingekerbte Blätter.

**Zu den Zichorien,** bei denen nur die bis zu 60 cm lange Wurzel gefragt ist, gehört die oben abgebildete Sorte aus Italien. Sie schmeckt sowohl geraspelt als auch gekocht sehr gut. Ihre wilde Verwandte wurde als Grundstoff für die Herstellung von Zichorienkaffee ("Muckefuck") verwendet. Im Mittelalter schätzte man sie auch als Futterpflanze für das Vieh.

**Di Soncino** heißt diese italienische Wurzelzichorie, die je nach Bedarf von Herbst bis Frühjahr aus dem Boden genommen und auf verschiedene Weise zubereitet wird. Die weißen Wurzeln sind zwar etwas bitter, aber sehr gesund.

**Catalogna** nennen die Italiener die bedeutendste Sorte der Blattzichorie. Charakteristisch sind die löwenzahnähnlichen Blätter, die leicht oder auch sehr stark eingekerbt sein können.

**Dicht an dicht** stehen die Treibrüben in 5 cm hohem, bis 18°C temperiertem Wasser. Die hellen Sprosse wachsen in völliger Dunkelheit. Hier, im Licht der Taschenlampe, leuchten sie rot.

**Im Mai ausgesät** (hier Pflanzen im Bestand), werden die Chicorée-Wurzeln im Spätherbst gerodet und in die Treiberei gebracht.

**Treibrüben aus der Erdkultur** benötigen im Durchschnitt drei Wochen, um erntereifen Chicorée zu bilden: ein frisch angetriebener Sproß, dann die weitere Sproßentwicklung nach jeweils einer Woche, zwei und drei Wochen (von links nach rechts).

# Chicorée

## DIE KNACKIGE DELIKATESSE, DIE AUS DEM DUNKLEN KOMMT

Einem glücklichen Zufall ist die Entdeckung des Chicorées zu verdanken: Vor gut 100 Jahren pflanzten belgische Bauern nach überreichlicher Ernte Zichorienwurzeln tief in die Erde, die während des Winters zu zarten Knospen austrieben. Bis heute sind die Belgier der weltweit bedeutendste Exporteur der knackigen Sprosse. Und nach wie vor braucht das delikatherbe Salatgemüse absolute Dunkelheit, um seine appetitlich weiße Farbe zu behalten.

**Weißer Chicorée** mit fest geschlossenem Kopf. Je mehr er sich ins Grüne verfärbt, desto bitterer schmeckt er!

**Roter Chicorée**, hier die Sorte "Carla", ist eine Kreuzung von Chicorée und Radicchio rosso und erst seit etwa vier Jahren auf dem Markt. Die Hauptangebotszeit liegt im Februar/März.

**Chicorée zerteilen:**

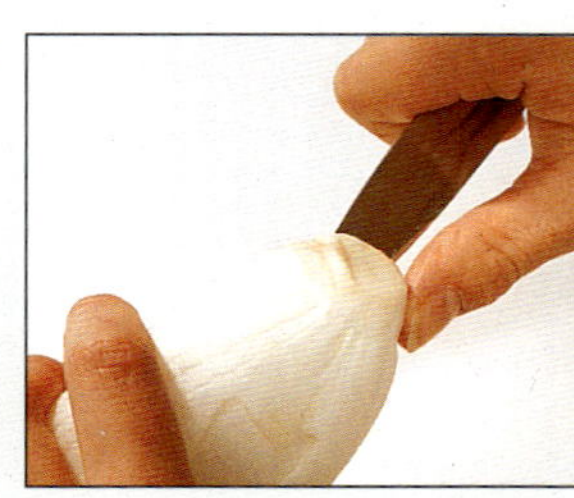

Zunächst den Chicorée unter fließendem Wasser waschen. Mit einem Kegelschnitt das Innere des unteren Schaftteiles entfernen.

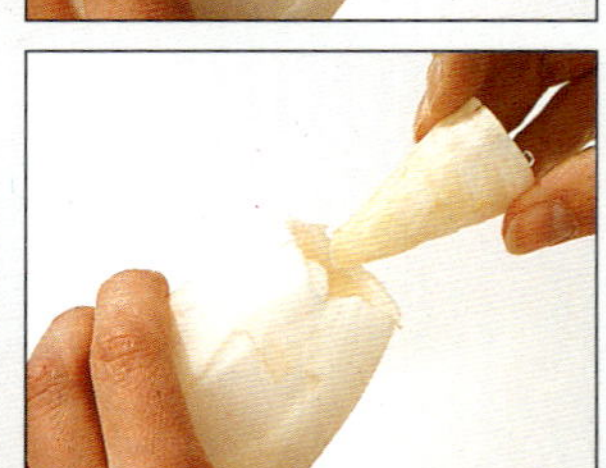

Nun läßt sich der Kegel, in dem die meisten Bitterstoffe stecken, herausziehen. Bei neueren Sorten sind die Bitterstoffe oft soweit reduziert, daß der Sproß komplett verwertet werden kann.

**Chicorée, Salatzichorie,** Bleich-, Treibzichorie, Brüsseler Salat, Brüsseler Endivie *(Cichorium intybus* var. *foliosum)*, engl. witloof chicory, Brussels chicory, French endive, franz. chicorée witloof, chicorée de Bruxelles. Der Chicorée hat in den vergangenen 100 Jahren in ganz Europa zunehmend an Bedeutung gewonnen. Hauptanbauländer sind Belgien, Frankreich, die Niederlande sowie die ehemalige Bundesrepublik. Die Chicoréekultur läßt sich in zwei Phasen einteilen: die Anzucht der Treibrüben und die Treiberei der Sprosse selbst. Der Rübenanbau liegt meist in den Händen landwirtschaftlicher Betriebe, die die Blätter als Viehfutter nutzen. Die Wurzeln der Pflanze werden nach ihrer Ernte ab September vorübergehend eingelagert, denn eine gute Vorkühlung erhöht die Treibwilligkeit. Zur Anzucht werden sie in Spezialbetrieben dicht an dicht in Kästen, Container, Gruben oder auf Gitter gesetzt, und zwar stets in Kellern oder abgedunkelten Treibräumen. Für die Anzucht wiederum gibt es drei Verfahren: die Treiberei in Erde mit Deckerde (Einschlämmen der Wurzeln in feuchtem Sand oder Torf, Abdecken mit lockerer Erde); die Treiberei in Erde ohne Deckerde (die eingeschlämmten Wurzeln werden mit lichtundurchlässiger Folie abgedeckt); die Treiberei in Wasser ohne Abdeckung. Die dritte Methode setzt sich wegen des vergleichsweise geringen Aufwands zunehmend durch. Geerntet wird Chicorée per Hand; die Sprosse werden abgebrochen oder kurz über der Wurzel abgeschnitten und nach dem Waschen und Putzen in lichtdichte Kartons verpackt. Die Sprosse dürfen dem Licht nur kurzfristig ausgesetzt sein, denn schon geringe Lichtmengen führen zu Vergilben oder Vergrünen der äußeren Blätter, was Bitterwerden und damit Qualitätseinbußen nach sich zieht. Auch zuhause muß Chicorée lichtgeschützt aufbewahrt werden, am besten im Gemüsefach des Kühlschranks, wo er sich mehrere Tage frisch hält. Das gilt auch für den erst seit Mitte der 80iger Jahre vermarkteten Roten Chicorée, eine Züchtung aus Radicchio und Chicorée, der bei Erhitzen allerdings sein attraktives Rot verliert. Chicorée wird nicht nach Sorten gehandelt, es gibt vielmehr für jede Treibmethode sehr frühe, frühe, mittelfrühe und späte Sorten. Ideal: in gemischten, auch süßen Salaten; mit Schinken, Parmesankäse oder Béchamelsauce überbacken. Auch gut: im ganzen gedünstet, als Suppe, mit Hackfüllung überbacken. **Löwenzahn, Butterblume,** Puste-, Milchblume *(Taraxacum officinale)*, engl. dandelion, lion's tooth, franz. pissenlit, dent de lion. Der schon im Mittelalter als Heilpflanze bekannte Löwenzahn wächst bei uns wild, wird vor allem in Frankreich auch kultiviert. Es gibt Kultursorten, deren Blätter sich in Farbe, Größe und dem Ausmaß der "Zahnung" unterscheiden. Die grünen, manchmal auch rötlichen Blätter schmecken würzig und haben unter anderem Bedeutung als harntreibendes Naturmittel. Der in abgedunkelten Räumen gezogene, gebleichte Löwenzahn enthält weit geringere Bitterstoffmenge als die Wildpflanze. Ideal: als Salat, in Kräuterquark. Auch gut: wie Spinat zubereitet, in Gemüsesuppen.

**Wilder Löwenzahn** (im Bild ganz oben) schmeckt ganz besonders aromatisch. Wegen der Abgasbelastung sollte man ihn allerdings niemals in Straßen- und Industrienähe pflücken! **Der typische Löwenzahn** unserer heutigen Kultursorten (Bild Mitte) ist an den spitz zulaufenden, aufrecht wachsenden und nur mäßig gezahnten Blättern zu erkennen. Nicht zu verwechseln mit der Blattzichorie oder Catalogna! **Gebleichten Löwenzahn** (im Bild oben) erhält man durch Lichtentzug. Typisch ist die blaßgelbe Farbe und die stark reduzierte Blattfläche, die fast gänzlich aus Blattrippen besteht.

**Großköpfige Artischocken aus Frankreich:** "Camus de Bretagne", "Stupsnase" (im Bild links), heißt die wichtigste französische Sorte wegen ihrer stumpfkugeligen Form. Ebenfalls aus der Bretagne stammt diese relativ neue, violette Sorte (im Bild rechts).

**Mittelgroße italienische Artischocken:** "Romanesco" (im Bild links), die bedeutendste Export-Artischocke, kommt von März bis Juni auf den deutschen Markt. "Catanese" (im Bild rechts) besitzt grüne Hüllblätter mit violetter Tönung.

**Violette Sorten aus Italien**: "Violetto di Toscana" ist eine in Italien sehr begehrte Sorte; außen tiefviolett und innen grün gefärbt (im Bild links). Es gibt aber auch etwas weniger violett getönte, länglichere Sorten (im Bild rechts).

**Kleine Sorten:** "Tudela", eine längliche und grüne Sorte, kommt aus Spanien (im Bild links). Diese länglichen violetten (im Bild rechts), wie auch alle anderen kleinen Artischocken sind so zart, daß sie im ganzen gekocht werden können.

**Artischocken,** wie sie bei uns am häufigsten in den Handel kommen: mittelgroße, grünblättrige Sorten.

# Artischocken

## OHNE FLEISS KEIN PREIS

Um an das zarte Herz der Distelverwandten zu kommen, braucht es einiges an Geduld und Arbeit. Für alle, die diesen Aufwand scheuen, gibt es Artischockenböden und -herzen deshalb praktischerweise auch verzehrfertig in Gläsern oder Dosen konserviert. Doch die kleine Mühe der frischen Zubereitung lohnt sich, denn die unter zahlreichen Blättern sowie dem sogenannten "Heu" versteckten Artischockenherzen und die Blütenböden zeichnen sich durch ein besonders feines Aroma aus, das durch Saucen wie eine Vinaigrette, Hollandaise oder Zitronenmayonnaise am besten zur Geltung kommt. Zwar ist die Artischocke als Hauptgericht zu aufwendig in der Zubereitung und auch zu teuer - schließlich verzehrt man von jeder Blüte nur etwa 20%. Als leichte Vorspeise jedoch ist das Feingemüse allemal ein Genuß!

**Kleine Artischocken** sind bei uns selten zu finden, allenfalls im Hochsommer für kurze Zeit. Auf südlichen Märkten gehören sie zum Normalangebot. Je kleiner, desto schmackhafter.

**Ganz junge Artischocken** können komplett genossen werden, so zart sind sie. In Italien und Frankreich werden sie bereits fertig gekocht angeboten.

**Artischocke** *(Cynara scolymus)*, engl. globe artichoke, franz. artichaut. Die Heimat der distelähnlichen Pflanze ist nicht genau bekannt, wird jedoch in Arabien, im Mittelmeerraum sowie im Iran und der Türkei vermutet. Schon 500 v.Chr. kannte man die Artischocke in Ägypten und Rom als teure Spezialität, und noch im Frankreich des 18. Jahrhunderts stellte sie ein kulinarisches Privileg des Adels dar. Heute hingegen ist sie in den Anbauländern auch für weniger Begüterte alltägliches und erschwingliches Gemüse. Angebaut wird die sehr frostempfindliche Pflanze in den gemäßigten und südlichen Breiten, vor allem rund ums Mittelmeer; bedeutende Erzeugerländer sind Frankreich, Italien, Spanien, Ägypten, Israel, Algerien, Marokko und die Türkei. Dank der unterschiedlichen Erntezeiten in diesen Ländern sind Artischocken praktisch ganzjährig auf dem Markt. Angebotsschwerpunkte liegen im Spätherbst und Frühsommer. Artischocken werden in der Regel stückweise verkauft; nur sehr kleine Exemplare handelt man gelegentlich nach Gewicht. Bei dem als Gemüse genutzten Teil der bis zu 2 m hohen, distelartigen Staude handelt es sich um die Blütenknospen. Sie entwickeln sich im Laufe des Sommers aus den Blattrosetten und erinnern im Aussehen an Kiefernzapfen. Die Blütenköpfe sind rundlich oder zylindrisch, zwischen 7 und 13 cm groß und wiegen 150 bis 500 g. Geerntet wird vor dem Aufblühen der Knospen, um den feinen Geschmack zu gewährleisten. Ihr feinherbes, leicht bitteres Aroma verdankt die Artischocke dem Bitterstoff Cynarin; weitere wesentliche Inhaltsstoffe sind das Kohlenhydrat Inulin, Calcium, Eiweiß, Eisen, das Provitamin A sowie Vitamin $B_1$. Der eßbare Anteil der Artischocke ist gering: Verzehrt werden der Blütenboden bzw. das "Herz" sowie die fleischigen Verdickungen der Hüllblätter. In den Anbauländern gibt es zahlreiche Sorten, die sich in Form, Größe und Farbe unterscheiden. In Frankreich unterscheidet man drei Sortengruppen: die Bretagne-Artischocken mit großen, grünen Köpfen ("Camus de Bretagne", "Camerys", "Caribou"); Midi-Artischocken mit violetten Blättern ("Violet de Provence", "Violet d'Hyères", "Violet du Gapeau"); sekundäre Sorten, die zwischen "Camus" und den violetten Sorten stehen ("Blanc Hyerois"). Italienische Artischocken kommen vorwiegend aus den italienischen Provinzen Puglia, Sizilien, Sardinien und der Toskana. Die vier Hauptsorten sind: "Catanese" (Kopf zylindrisch, geschlossen, grüne Hüllblätter mit violetter Tönung, mittelgroße Köpfe), "Romanesco" (Kopf kugelförmig, geschlossen, mit einer charakteristischen Öffnung am Kopfende, grüne Blätter mit rotvioletter Deckfarbe, großer Kopf), "Spinoso sardo" (Kopf konisch, geschlossen, grünviolette, spitz auslaufende Blätter mit großem Stachel, mittelgroßer Kopf) und "Violetto di Toscana" (Kopf elliptisch, geschlossen, violette Blätter mit dunkelgrüner Tönung, mittelgroße Köpfe). In den Regionen gibt es außerdem unzählige Lokalformen, die nur selten exportiert werden. In Spanien beschränkt sich der Anbau für den Export hauptsächlich auf die Provinz Valencia; Haupt-Artischockensorte ist die grüne

Auf langen Stielen balancierend, überragen die noch ungeöffneten, erntereifen Blütenköpfe die Pflanzen auf dem Feld (Bild ganz oben). Die dornige Sorte "Spinoso sardo" wird vorwiegend auf Sardinien kultiviert.

Artischocken werden per Hand geerntet und in großen Kiepen gesammelt - auch das trägt zu ihrem relativ hohen Preis bei.

**Artischockenböden zubereiten:**

Die Blütenköpfe waschen, dann den Stiel herausbrechen oder mit einem scharfen Messer abtrennen; dabei lösen sich die harten Fasern aus dem Blütenboden.

Den Blütenboden mit Zitronensaft einreiben, damit er sich durch Oxidation an der Luft nicht braun verfärbt. Statt Zitrone kann man auch Essig verwenden.

Will man ausschließlich die Artischockenböden verzehren, schneidet man etwa zwei Drittel der Hüllblätter mit einem schweren, scharfen Messer ab.

Die noch verbliebenen Hüllblätter lassen sich nun rund um den Blütenboden leicht mit dem Messer entfernen, so daß das sogenannte Heu zum Vorschein kommt.

Dieser faserige, ungenießbare Flaum läßt sich am besten mit einem Kugelausstecher oder einem scharfkantigen Teelöffel herauslösen und wird weggeworfen.

Schließlich "pariert" man die Artischockenböden bzw. entfernt mit einem kleinen Gemüsemesser noch verbliebene Blattansätze und harte Stellen an der Bodenunterseite.

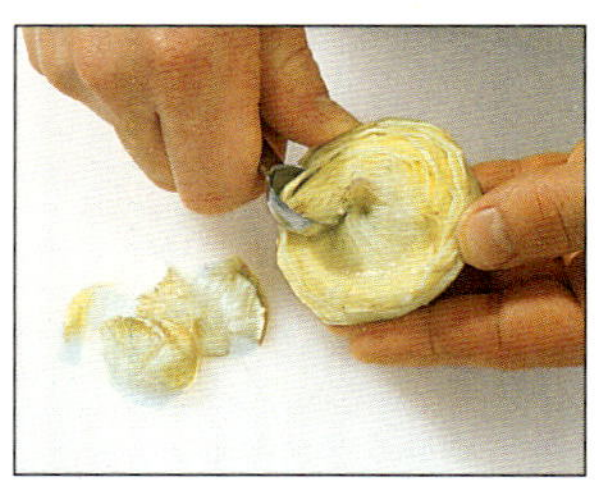

Die Böden in Zitronen- oder Essigwasser 5 bis 10 Minuten kochen. Anschließend läßt man sie abtropfen und verwendet sie nach Belieben.

Zarte Artischockenböden sind wegen ihrer Vertiefung sehr gut zum Füllen geeignet. Je nach Art der Füllung kann man sie außerdem vorzüglich überbacken.

**Junge Artischocken im ganzen kochen:**

Zunächst schneidet man mit einer Küchenschere die stacheligen Blätter am Stiel ab und wirft sie weg.

Sollten die Blütenköpfe noch ihren langen Stiel haben, so entfernt man diesen bis auf etwa ein Drittel mit einem Sägemesser bzw. Brotmesser.

Die spitz-stacheligen und ziemlich bitteren Blattspitzen lassen sich ebenfalls mit der Küchenschere stutzen - notfalls tut es auch eine kleine Haushaltsschere.

Da die äußeren Hüllblätter meist zu zäh sind, zupft man sie am besten großzügig ab, bis die zarteren, hellen Innenblätter zum Vorschein kommen.

Nun schneidet man mit einem scharfen Küchenmesser oder Sägemesser die oberen Blätter ab. Sie schmälern wegen ihrer Zähigkeit den Genuß.

Der noch verbliebene Teil des Blütenstiels ist zart und aromatisch - vorausgesetzt, man schält ihn mit einem Gemüsemesser großzügig ab.

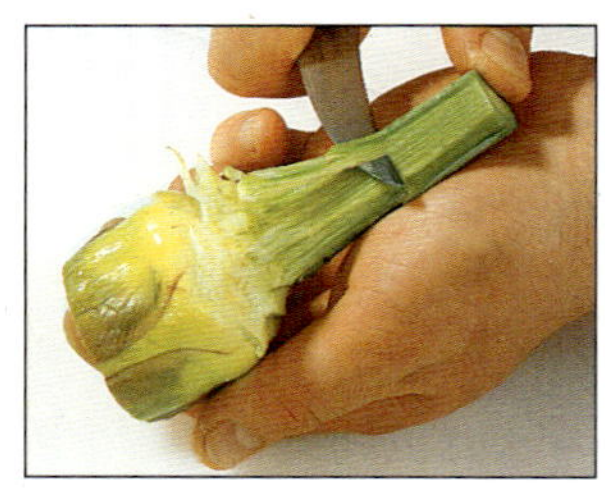

Die so vorbereiteten Artischocken werden in Essig- oder Zitronenwasser je nach Größe 10 bis 15 Minuten blanchiert. Sie sollen nicht zu weich werden!

Nach kurzem Abkühlen oder Abschrecken halbiert man die Blütenköpfe, entfernt mit einem Löffel das Heu und verwendet sie je nach Rezept weiter.

"Tudela". Ideal: gekocht mit warmen oder kalten Saucen; gefüllt (Boden) mit Käse, Fleisch oder Schinken; im Salat. Auch gut: als Beilage zu Geflügel und Kurzgebratenem; als Pizzabelag; als Garnierung für kalte Platten; mit anderen Feingemüsen. Ungeeignet: zum Rohessen (außer ganz junge Artischocken). **Schwarzwurzel, Winterspargel,** Schötzenmiere, Skorzoner Wurzel *(Scorzonera hispanica)*, engl. scorzonera, black salsify, franz. scorsonère. Gemüsebaulich wird die Schwarzwurzel erst seit dem 17. Jahrhundert genutzt, davor nur als Heilpflanze. Nach und nach verdrängte sie die weißberindete Haferwurzel. Wichtigster Produzent und Exporteur ist Belgien vor Frankreich und den Niederlanden. Die Schwarzwurzel ist eine ausdauernde, winterharte Pflanze; ihre lanzettförmigen, ganzrandigen Blätter erreichen eine Höhe von 60 bis 125 cm. In den Handel kommen zwar nur die Wurzeln, es können aber auch die Blattstiele, Knospen und Blüten in Salaten verwendet werden. Im erwerbsmäßigen Anbau erfolgt die Ernte im Oktober, sobald die Blätter welken oder absterben. Die brüchigen Wurzeln müssen vorsichtig mit einer Grabgabel aus dem Boden genommen werden. Auf den Markt kommt die Schwarzwurzel von Oktober bis April. Die Sortierung der Schwarzwurzel nach deutschen Handelsklassen erfolgt nach Mindestlänge (22 cm) und nach Mindestdurchmesser (15 mm). Die Wurzeln sollten gerade, möglichst dick, unverletzt und ohne Vergabelung oder Nebenwurzeln, außerdem weißfleischig und nicht faserig oder holzig sein. Der hohe Gesamtnährwert, nur übertroffen von Erbsen und Bohnen, macht die Schwarzwurzel zu einem hochwertigen Wintergemüse. Zubereitung: fast ausschließlich als Kochgemüse. **Klettenwurzel, Eßbare Klettenwurzel,** Japanische Klettenwurzel *(Arctium lappa* var. *edule)*, engl. edible burdock, japan. Gobo. Während die Große Klette *(Arctium lappa)* bei uns nur wild vorkommt und nicht gegessen wird, wird die Japanische Klettenwurzel vor allem in Japan, Taiwan und auch in Kalifornien als Gemüse kultiviert. Die Japanische Klettenwurzel gelangte vor über 1000 Jahren von China aus nach Japan, wo sie noch heute ein traditionelles, wegen ihres Faserreichtums geschätztes, kalorienarmes Nahrungsmittel ist. Daneben besteht eine abführende, harntreibende und ausschlaghemmende medizinische Wirkung. Auf dem deutschen Markt ist sie ein wenig bekanntes Gemüse und nur manchmal bei einem asiatischen Gemüsehändler zu finden. Während die Wurzel der Großen Klette bei uns nur etwa 40 cm lang wird, erreichen die japanischen Kultursorten Längen von bis zu 1 m. Die Klettenwurzel ist eine krautartige, kräftige, reichverzweigte Pflanze, deren große, breite, meist eiförmige und ungeteilte Blätter auf kahlen Stielen stehen. Die jungen Blattstiele können zwar gegessen werden, der als Nahrungsmittel in erster Linie interessante Pflanzenteil ist jedoch die lange, fleischige Wurzel, die der Schwarzwurzel ähnelt. Darüber hinaus kann aus der Klettenwurzel Öl für die Kosmetikindustrie ("Klettenwurzelhaaröl") gewonnen werden. Zubereitung wie Schwarzwurzel.

**Die Schwarzwurzel** erreicht bei einem Durchmesser von nur 2 bis 4 cm eine Länge von 30 bis 50 cm. Sie ist zylindrisch und walzen- bis leicht spindelförmig. Ihre braunschwarze Schale oder Rinde ist samtartig dick bis korkig. Das Innere ist fleischig, weich, weiß und reich an weißem Milchsaft. Vorsicht: Er verursacht lästige Flecken. Bei Verletzungen tritt dieser Milchsaft aus, wodurch der Geschmack leidet. Ihr leicht nußartiger, zarter und würziger Geschmack ähnelt entfernt Spargel.

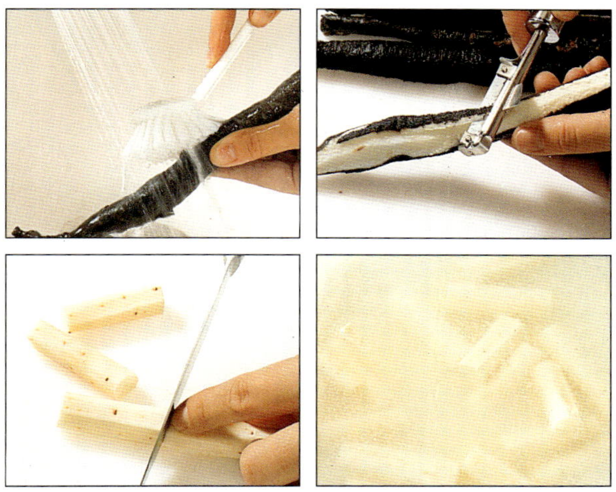

**Schwarzwurzeln vorbereiten:** Unter fließendem kaltem Wasser gründlich abbürsten. Mit einem Sparschäler oder Messer dünn vom Ende zur Spitze hin schälen. Die Wurzel anschließend in kleine Stücke schneiden. Diese sofort in eine Schüssel mit Wasser geben, in das etwas Mehl und Essig untergerührt wurden. So wird vermieden, daß der beim Schneiden austretende Milchsaft, der schon nach wenigen Minuten oxidiert, das Wurzelfleisch braun färbt.

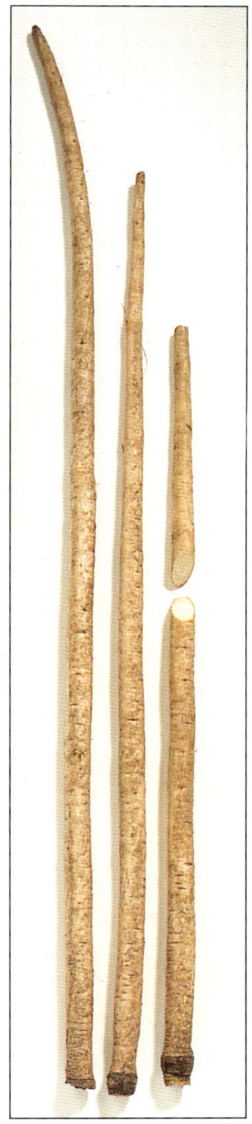

**Die Klettenwurzel** erreicht die stolze Länge von bis zu 1 m bei einer Stärke von nur 2 bis 4 cm. Die Wildform dagegen wird nur etwa 40 cm lang.

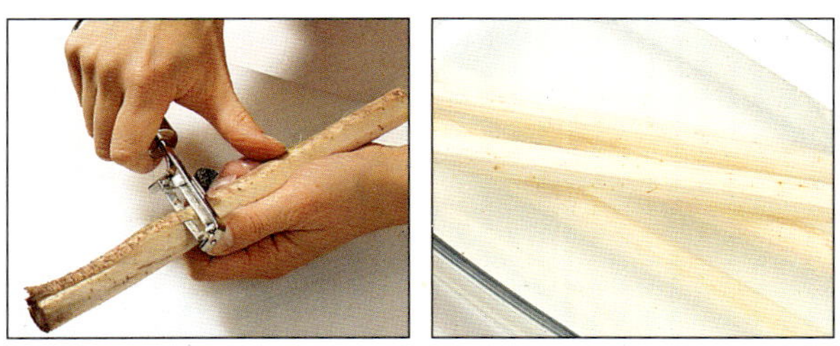

**Klettenwurzeln vorbereiten:** Die Klettenwurzeln, falls nötig, waschen. Dünn mit einem Messer oder Sparschäler schälen. In Stücke schneiden und zum Frischhalten bis zur Weiterverarbeitung in Wasser legen. Sie können nach Rezepten für Schwarzwurzeln zubereitet werden. In Japan, dem Hauptverbraucherland, wird sie mit "konnyaku", einer gelatineartigen Masse, die aus der stärkehaltigen Knolle von *Amorphophallus konjac* hergestellt wird, und Sesamsamen aromatisiert.

**Cardystauden** werden gebleicht, auf etwa 40 bis 50 cm gestutzt und in Kisten verpackt in den Handel gebracht. Kultiviert werden stachelige und stachellose, breit- und vollrippige sowie grüne und rötliche Sorten. Angeboten wird jedoch üblicherweise schlicht und einfach "Cardy". Beim Einkauf sollte man auf feste, knackige Blattstiele und frische Blätter achten.

**Die Haferwurzel** unterscheidet sich von der Schwarzwurzel durch ihre helle, wesentlich kürzere Wurzel und durch die porreeähnlichen, schmalen Blätter.

**Cardy vorbereiten:** Man schneidet zunächst mit einem scharfen Messer das Blattstielende ab und entfernt dann Blattreste sowie stachelige Ränder. Dritter Schritt ist das Abziehen der zähen, ungenießbaren Fäden. Die so vorbereiteten Blattstiele werden in etwa fingerlange Stücke geteilt und sofort in Essigwasser gelegt, damit sie sich nicht schwarz verfärben. Dann gart man die Kardystücke in 25 bis 30 Minuten in Salzwasser und zieht vor dem Servieren nochmals die Fäden ab.

**Haferwurzel, Bocksbart,** Weiße Schwarzwurzel, Weißwurzel *(Tragopogon porrifolium* ssp. *porrifolium)*, engl. salsify, oyster plant, vegetable oyster, franz. salsifis (blanc). Schon in der Antike war die Haferwurzel als Gemüsepflanze bekannt und bis zum Ende des 16. Jahrhunderts in Mitteleuropa geschätzt. Sie wurde fast vollständig von der Schwarzwurzel verdrängt, da sie oft einen holzigen Kern aufweist und manchmal schon im ersten Jahr blüht, was die Wurzel wertlos macht. Einzig in Großbritannien, Südeuropa und Süddeutschland hat sie heute noch geringe Bedeutung als Zier- und Nutzpflanze. Die Haferwurzel ist der Schwarzwurzel sehr ähnlich: Oberirdisch unterscheidet sie sich durch die schmaleren Blätter und eine rotviolette Blüte von der Schwarzwurzel, die gelb blüht. Die Wurzel ist gelbweiß, wesentlich kürzer als die Schwarzwurzel und trägt zahlreiche Nebenwurzeln. Auch geschmacklich erinnert sie an die Schwarzwurzel und kann ebenso zubereitet werden.

**Cardy, Kardy,** Karde, Kardonenartischocke, Gemüseartischocke, Spanische Artischocke *(Cynara cardunculus)*, engl. cardoon, prickly artichoke, franz. cardon. Cardy, im Mittelmeerraum und Nordafrika beheimatet, war noch im 19. Jahrhundert ein in Deutschland sehr beliebtes Gemüse. Heute hingegen gilt er fast als "Exot" und hat hauptsächlich in Spanien, Südfrankreich und Italien noch regionale Bedeutung. Aus Italien stammen die geringen, aber regelmäßigen Importe des als Stammform der Artischocke geltenden Cardy, der im Herbst auf den Markt kommt. Als Konserve ist Cardy ganzjährig zu haben. Die Blattstiele, geschmacklich artischockenähnlich, erinnern äußerlich an Staudensellerie und werden auch so zubereitet; die Blütenköpfe werden im Gegensatz zur Artischocke nicht mitgegessen.

**Topinambur, Erdartischocke,** -apfel, -birne, Jerusalemartischocke, Zuckerkartoffel *(Helianthus tuberosus)*, engl. Jerusalem artichoke, franz. topinambour, artichaut de Jerusalem. Die in Nordamerika beheimatete Knolle wurde zu Beginn des 17. Jahrhunderts von Seefahrern nach Frankreich gebracht und dort nach dem indianischen Stamm "Topinambus" benannt. In Deutschland waren die kohlenhydratreichen Knollen bis zum Siegeszug der Kartoffel Mitte des 18. Jahrhunderts ein wichtiges Nahrungsmittel; heute hat der Topinamburanbau nur noch regionale Bedeutung. Die frostharte, im Herbst gelb blühende Pflanze ähnelt der verwandten Sonnenblume. An ihren Wurzeln bilden sich wie bei der Kartoffel jeweils zwei bis drei Dutzend kleiner bis mittelgroßer Knollen, die in der Form von spindel- über birnen- bis apfelartig je nach Sorte stark variieren. Ebenfalls sortenabhängig ist die Schale hellbraun bis violett, das Fleisch ist jedoch immer weiß bis cremefarben. Obwohl alle Sorten eßbar sind, gibt es speziell für Speisezwecke empfohlene Sorten, in Deutschland "Bianka" und "Gute Gelbe". Sie kommen von Oktober bis Mai auf den Markt. Topinambur ist nur beim Spezialisten erhältlich. Ideal: geraspelt mit Zitronensaft als Rohkost, gedünstet, gebraten. Auch gut: püriert, entsaftet, paniert und ausgebacken. Weniger geeignet: zum Kochen (Aromaverlust!).

# Topinambur

## FRÜHER EIN GRUNDNAHRUNGSMITTEL, HEUTE ABER FAST VERGESSEN

Vor dem Siegeszug der Kartoffel im 18. Jahrhundert waren die skurril wachsenden Knollen wegen ihres hohen Nährstoffgehalts eine bedeutende Gemüsepflanze. Heute hingegen ist die Topinambur fast exotisch: Sie wird bei uns in sehr geringen Mengen im Nebenerwerb - hauptsächlich als Viehfutter - angebaut. Auf den Frischmarkt gelangt die Topinambur lediglich regional begrenzt; ein Großteil der Ernte wandert in die verarbeitende Industrie. Denn der hohe Zuckeranteil der Knollen macht sie zum idealen Grundstoff für die Fructose-, Sirup-, Alkohol- und Branntweinherstellung. Bekannt ist die Topinambur auch geröstet als Kaffee-Ersatz - doch nur die wenigsten kennen die delikaten Knöllchen als Gemüse, das roh, gedünstet oder auch gebacken ein Genuß ist.

**Gründliches Waschen** ist wichtig, denn Topinamburknollen (hier "Bianka") werden des Aromas wegen am besten ungeschält gegart.

**Topinamburknollen** variieren stark in Farbe und Form: von spindelförmigen, rosaschaligen Sorten wie "Violettes Rennes" aus Frankreich (im Bild unten), die Bataten ähneln, hin zu kleinen, am Ende spitz zulaufenden, violetten Knollen, hier die Sorte "Rote Zonenkugel" (im Bild ganz unten). Das Fleisch ist unabhängig von Form und Schalenfarbe der Knolle stets weiß bis cremefarben und von angenehm süßlichem Geschmack.

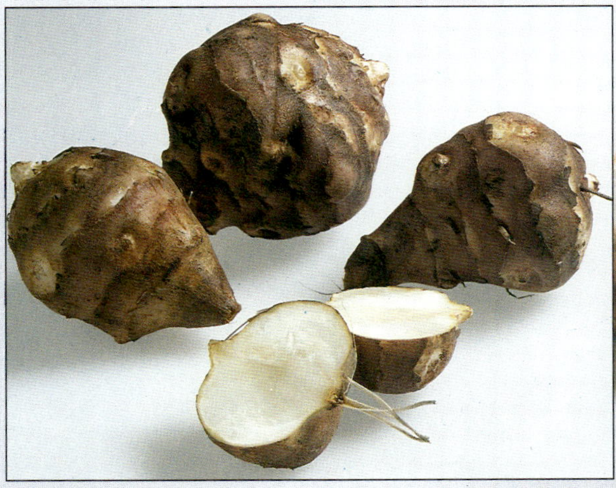

**Topinambur vorbereiten:**

Nach dem Waschen sollten die Knollen mit einer sauberen Bürste unter fließendem Wasser von Erd- und Sandresten befreit werden.

Will man Topinambur schälen, kann man die Knollen wenige Minuten in kochendem Wasser blanchieren und anschließend wie Pellkartoffeln abschrecken.

Nun läßt sich die Haut bequem mit einem Küchenmesser abziehen - Topinambur können je nach Rezept roh zubereitet, gebacken oder gebraten werden.

Topinamburknollen, hier die Sorte "Gute Gelbe", sind häufig sehr "verwachsen", was das Schälen mühsam macht. Die Schale kann jedoch mitgegessen werden.

**Diese Batate** mit spindelförmiger, rotschaliger Knolle und lachsfarbenem Fleisch wird in Israel zum Beispiel ausschließlich angebaut. Diese und gelbfleischige Knollen enthalten mehr Carotin als weißfleischige, sind daher wertvoller.

**Die Bataten** mit roter bis violetter Schale und weißem Fleisch werden weltweit am häufigsten angebaut (im Bild unten). Ihre Form variiert zwischen rundlich-oval und länglich-spindelförmig. Hellbraunschalige Bataten mit weißem Fleisch sind vor allem in Italien beliebt (im Bild ganz unten). Zubereitet werden sie ähnlich wie Kartoffeln, sind aber botanisch nicht verwandt.

***Convolvulaceae* (Windengewächse).** Zu dieser Familie gehören rund 1600 meist in den Tropen und Subtropen heimische Arten. Einige Arten kommen auch in unseren Breiten vor; am bekanntesten sind Acker- und Zaunwinde *(Convolvulus* sp.*)*. Ihren Namen erhielten die Windengewächse, weil sie nur selten aufrecht wachsen, sondern sich krautartig "am Erdboden winden". **Batate, Süßkartoffel,** Weiße Kartoffel, Knollenwinde *(Ipomoea batatas)*, engl. sweet potato, Spanish potato, franz. patate douce, artichaut des Indes. In Mittel- und Südamerika beheimatet, wird die Batate inzwischen in den Tropen und Subtropen sowie in den wärmeren Ländern der gemäßigten Breiten angebaut. In der Rangliste der wichtigsten Nahrungsmittel steht sie nach Reis, Weizen, Mais und Maniok an fünfter Stelle, denn sie stellt eine wesentliche Kohlenhydrat- und Carotinquelle dar. Bei uns sind Bataten eher ein exotisches Luxusgemüse. Sie werden ganzjährig angebaut, sind aber aufgrund ihres hohen Wassergehalts nur begrenzt lagerfähig. Sie sind die spindelförmigen, fleischigen Wurzelstöcke, die sich zu kartoffelartigen Knollen verdicken, mit der Kartoffel botanisch allerdings nicht verwandt sind. Geschmackliche Unterschiede bestehen vor allem im Zuckergehalt der Knollen, wobei die Züchtung das Verhältnis Zucker/Stärke zugunsten der Stärke ausbauen will, um die Akzeptanz als Grundnahrungsmittel zu fördern. **Wasserspinat** *(Ipomoea aquatica)*, engl. water spinach, swamp cabbage, franz. patate aquatique. Wasserspinat ist in den Tropen Asiens heimisch und wird nur dort angebaut.

***Cruciferae (Brassicaceae)* (Kreuzblütler).** Zu dieser Familie gehören 380 Gattungen mit rund 3000 Arten dieser ein- oder mehrjährigen, krautartigen Pflanzen. Am meisten verbreitet sind die Kreuzblütler in den nördlichen gemäßigten Zonen. Wichtig sind neben Raps, Rüben und Senf die vielen Kohlarten *(Brassica)*, Radieschen und Rettiche *(Raphanus)*, Meerrettich *(Armoracia)*, Gartenkresse *(Lepidium)* sowie Brunnenkresse *(Nasturtium)*. **Cima di Rapa, Stengelkohl** *(Brassica rapa* var. *cymosa)*, franz./ital. cima di rapa. Die kleinen Blütenstände werden mitgegessen, sie mildern den kräftigen Kohlgeschmack der Blätter. Zubereitung: wie andere Kohlarten. Besonders gut: kurz gedünstet. **Stielmus, Rübstiel** *(Brassica rapa* var. *rapa)*, engl. turnip tops, franz. brocolis de raves. Als Stielmus bezeichnet man ein Blattstiel-Kohlgemüse, das von allen Mai- oder Herbstrübensorten gewonnen wird. Stielmus hat eine überwiegend regionale Bedeutung. Ideal: gehackt im Salat oder kurz gedünstet als Beilage. **Senfkohl, Blattsenf** *(Brassica juncea* ssp. *integrifolia)*, engl. leaf mustard, Indian mustard, Chinese mustard, mustard greens, franz. moutarde de Chine, holl. amsoi. Dieser Verwandte des Sarepta-Senfs *(Brassica juncea* ssp. *juncea)* wird als Gemüse überwiegend in Südostasien kultiviert. Es gibt die unterschiedlichsten Blattformen, einschließlich gekrauster Blätter, und auch regelrecht kopfbildende Formen mit stark verdickten Blattstielen. Wegen des herb-bitteren Geschmacks sollte Senfkohl immer kurz gedünstet oder gekocht werden.

**Der Stengelkohl** ähnelt im Aussehen sowohl der Speiserübe als auch dem Brokkoli. Entstanden ist er aus einem im Mittelmeerraum vorkommenden Wildkraut. Heute wird er in der Mittelmeerregion und vor allem in den italienischen Provinzen Campanien und Apulien kultiviert. Bei uns wird er allerdings fast ausschließlich von spezialisierten Importeuren gehandelt.

**Diese beiden Sorten des Wasserspinats** zeigen, wie stark ihre Form variieren kann. Wasserspinat wird in den Tropen Asiens ganzjährig angebaut, aber wegen geringer Haltbarkeit nicht exportiert. Daher ist er bei uns fast ganz unbekannt, wird in den Niederlanden jedoch in geringem Umfang unter Glas angebaut, aufgrund der Nachfrage durch die Bevölkerung der ehemaligen Kolonien. Er ist roh verzehrbar, wird aber meist wie Spinat zubereitet, dem er geschmacklich ähnelt.

**Stielmus** gehört botanisch gesehen zu den Speiserüben, denn Stielmus ist nichts anderes als die Blätter verschiedener Mai- und Herbstrübensorten. Diese Form mit einfachen, ganzrandigen Blättern wird zum Beispiel aus der Weißen Mairübe gezogen (im Bild unten). Stielmus der Sorte "Namenia" besitzt sortentypisch geschlitzte Blätter (im Bild ganz unten).

**Der Blattsenf** (Amsoi) wird in dieser Form seit kurzem auch in beschränktem Maß in den Niederlanden unter Glas angebaut.

**Der Schnittkohl,** heute kaum noch angebaut, gilt in Ostfriesland als Spezialität ("Bremer Scherkohl"). Er ist für Kleingärten geeignet, da die Kulturdauer kurz, das Wachstum unkompliziert und die Frosthärte gut ist. Geerntet werden junge Blätter und Stiele mit 15 bis 20 cm Länge, bevor die Pflanze Blüten treibt. Im Geschmack angenehm mild. Zubereitung wie Spinat.

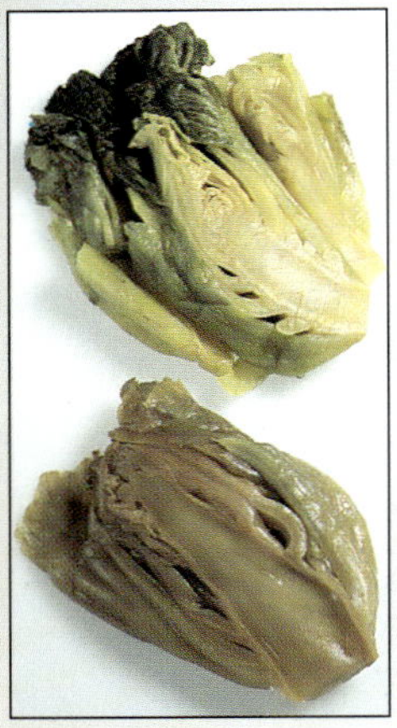

Milchsauer eingelegten Senfkohl schätzen die Chinesen. Die Milchsäure mildert die im Senfkohl reichlich enthaltenen Bitterstoffe und gibt ihm gleichzeitig Würze - ähnlich wie bei unserem Sauerkraut.

**Senfkohl zerteilen:**

Die dicken Stiele am unteren Ende des Senfkohl-Kopfes mit einem scharfen Küchenmesser abtrennen. Sie benötigen eine längere Garzeit als die Blätter.

Zweiter Schritt bei der Vorbereitung des Kohls: Er wird einmal der Länge nach halbiert. Mit einem großen, schweren Messer geht das am einfachsten.

Zum Schluß den Strunk großzügig kegelförmig herausschneiden; er wird nicht mitgegessen. Nun kann man die Kohlhälften nach Belieben kleinschneiden.

# Senfkohl

## SO WÜRZIG WIE SPEISESENF UND SO ZART WIE SPINAT

Die zarten Blätter mit dem würzig-bitteren Geschmack sind reich an Vitamin C und Calcium, dabei jedoch ausgesprochen arm an Kalorien. Wie die fremdsprachigen Bezeichnungen für Senfkohl schon vermuten lassen, ist er besonders in der chinesischen Küche beliebt.

**Speiserübe** *(Brassica rapa* var. *rapa)*, engl. turnip, franz. navet. Diese Kulturpflanze war bereits im Altertum bekannt. Vor der Verbreitung der Kartoffel im Mittelalter gehörten Speiserüben aufgrund ihres hohen Nährwerts zu den wichtigsten Nahrungsmitteln von Mensch und Tier. Heute hingegen hat die Speiserübe nur noch geringe Bedeutung. In Deutschland wird die winterharte, zweijährige Pflanze lediglich regional begrenzt in kleinen Mengen angebaut; größere Anbauflächen gibt es in Südeuropa, Asien und den USA. **Teltower Rübchen** *(Brassica rapa* subvar. *pygmaea)* und **Mairüben** *(Brassica rapa* subvar. *majalis)* sind die feinsten Speiserüben. Teltower Rübchen gedeihen auf sandigem Boden und kommen je nach Aussaat von Mai bis August sowie von Oktober bis Dezember/Januar auf den Markt. Die feinen, weißen Mairüben sind, wie ihr Name schon verrät, nur von Mai bis Juni im Handel. Ideal: gedünstet oder glasiert. Auch gut: in Gemüseeintöpfen oder roh im Salat (Mairüben). Die **Herbstrübe** *(Brassica rapa* subvar. *rapifera)* wird im Sommer oft in die Stoppeln gesät ("Stoppelrübe") und im Oktober und November geerntet. Wichtige Sorten sind "Goldrubin" und "Goldwalze". Ideal: gekocht und püriert. Auch gut: im Auflauf oder im Eintopf. Ungeeignet zum Rohessen. **Schnittkohl, Bremer Scherkohl** *(Brassica napus* var. *pabularia)*, engl. leaf rape, franz. chou à faucher. Es handelt sich nicht um einen Kohl, wie der Name vermuten läßt. Der Schnittkohl steht botanisch dem Raps sehr nahe, ist somit eine blattreiche Form. **Kohlrübe, Steckrübe,** Wruke, Boden-, Unterkohlrabi *(Brassica napus* var. *napobrassica)*, engl. swede, turnip, franz. chou-rave, chou-navet, rutabaga. Die Kohlrübe gilt als Kreuzung von Herbstrübe und Kohlrabi. Angebaut wird sie weltweit in allen gemäßigten Klimazonen, Haupterntezeit ist Oktober und November. Als anspruchloseste Rübe liefern die weißfleischigen Sorten in der Regel Viehfutter, die gelbfleischigen ein sehr gesundes, nährstoffreiches und kalorienarmes Gemüse. Die Kohlrübe wächst größtenteils über der Erde und wird bis zu 1,5 kg schwer; die Blätter sind stets blaugrün, im Unterschied zu den grasgrünen Blättern der sehr ähnlichen Speiserübe. Zubereitung wie die Herbstrübe. **Kohlrabi, Oberkohlrabi,** Oberrübe, Rübkohl *(Brassica oleracea* convar. *acephala* var. *gongylodes)*, engl. kohlrabi, turnip cabbage, franz. chou-rave, colrave. Seine Herkunft ist umstritten. Erwähnt wurde der Kohlrabi in Deutschland erstmalig 1558. Heute ist die ehemalige Bundesrepublik mit 40000 t der weltweit größte Erzeuger und gleichzeitig größter Verbraucher. Kohlrabi gehört zwar botanisch zu den Kohlgewächsen, wird aber auch zu den Stengelgemüsen gerechnet: Er entwickelt sich weder aus den Blättern noch aus den Blüten, sondern aus dem unteren Teil der oberirdischen Sproßachse. Die Knollen sind plattrund und erreichen bis zu 20 cm Durchmesser. Farblich variieren sie, je nach Anthocyangehalt, von weißlich bis grün, rötlich bis tiefviolett. Kohlrabiblätter sind sehr reich an Carotin, Eiweiß und Mineralien, weshalb vor allem die Herzblättchen gegessen werden sollten.

**Herbstrüben**, hier eine Sorte mit dem anschaulichen Namen "Runde Weiße Rotköpfige" (im Bild ganz oben), sind weißfleischig, grün- oder rotköpfig. **Mairüben** (im Bild oben) sind kleiner, kugelig und ebenfalls weißfleischig, aber zarter im Geschmack als Herbstrüben. Die feinen, zarten Blätter der Mairübe können wie Spinat zubereitet werden.

**Kohlrabi** unterscheiden sich weder geschmacklich noch im Nährwert, egal ob es sich um rotviolette (wie im Bild ganz oben) oder um grüne Sorten (wie im Bild oben) handelt. Dennoch werden rote Sorten wegen der dekorativen Farbe bevorzugt, die allerdings nach dem Schälen nicht mehr zur Geltung kommt. Denn das saftig-knackige Fleisch ist immer weiß.

**Kohl- oder Steckrüben,** hier eine gelbfleischige Sorte, sind die kalorienärmsten heimischen Wurzelgemüse und ernährungsphysiologisch sehr wertvoll. Das zu Unrecht in Vergessenheit geratene Gemüse wird langsam wiederentdeckt.

**Teltower Rübchen,** kleine Speiserüben, sind eine Zwergform der weißen Rübe. Den Namen gab den mild-süßlichen Rüben das vor dem Krieg einzige Anbaugebiet um Teltow in der Mark Brandenburg. Inzwischen werden sie längst in ganz Deutschland angebaut, wenn auch nur in begrenztem Umfang. Sie galten übrigens bereits zu Goethes Zeit als Delikatesse.

**Kabu oder auch Japanische Rübe** nennt sich diese Sorte, die äußerlich kaum von unseren heimischen Mairüben zu unterscheiden ist. Im Geschmack sind sich deutsche und japanische Rüben ebenfalls etwas ähnlich; die Kabu ist allerdings deutlich schärfer und rettichartiger. Manchmal findet man sie auch hier in gutsortierten Gemüsegeschäften.

**Pak-Choi Shanghai** nennen die Chinesen diese Form des Pak-Choi. Typisch sind: die hellgrünen Blattstiele und Blätter sowie der kleinere Wuchs. Der Anbau dieser Sorte ist gering und nur auf China begrenzt.

**Pak-Choi,** so wie er überwiegend angeboten wird. Holländische Kaufleute brachten die Samen aus ihren ostasiatischen Kolonien mit. Heute bauen die Niederländer den weißstieligen Kohl mit den dunkelgrünen Blättern in zunehmendem Maße an. Aufgrund seiner Transportempfindlichkeit gibt es fast keine Importe aus den asiatischen Anbauländern.

**Der Senfspinat,** hier die Sorte "Komatsuna", ist vermutlich aus der Kreuzung von Chinakohl und Pak-Choi mit der Speiserübe entstanden. Die Blätter sind glatt, ganzrandig und graugrün. Senfspinat läßt sich wie "echter" Spinat dünsten, roh essen oder gratinieren. In Japan werden auch die rüben- bis knollenförmigen Wurzeln gesalzen oder gekocht mitgegessen.

**Chinakohl** hat je nach Sorte gelb- bis dunkelgrüne Außenblätter mit breiten, weißen Blattrippen. Die Innenblätter sind gelb bis goldgelb. Drei Kopfformen bestimmen den Markt: oval (im Bild oben), hochoval (im Bild unten) sowie lang (im Bild ganz unten). Je nach Form und Größe können die Köpfe bis zu 4 Pfund wiegen.

**Chinesischer Brokkoli** (im Bild ganz oben) wird in erster Linie wegen der fleischigen Stiele angebaut, wenngleich sowohl die jungen Blätter als auch die Blüten (sofern sie nicht aufgeblüht sind) gegessen werden können. Die Blätter sind derb, blaugrün und bereift, die Blüten weiß. Geerntet wird Chinesischer Brokkoli, indem man entweder die Pflanze direkt oberhalb des Bodens abschneidet oder die Pflanze durchwachsen läßt und nur jeweils die Seitentriebe aberntet. **Choisum** (im Bild oben) ist ein tropischer Blattkohl mit ovalen, grünen Blättern und kleinen, gelben Blüten. Geerntet werden entweder die Triebspitzen, einschließlich der eßbaren Blüten, oder die ganze Pflanze. Zubereitet werden beide ähnlich wie Brokkoli.

**Pak-Choi, Paksoi,** Chinesischer Senfkohl *(Brassica chinensis)*, engl. pak-choi, spoon cabbage, franz. pak-choi, pak-choy, holl. paksoi. Hauptanbauländer dieses zarten Blattstielgemüses sind China, Korea und Japan. In Mitteleuropa, ausgehend von den Niederlanden, wird Pak-Choi erst seit kurzem und in nur geringem Umfang kultiviert. Die 40 bis 50 cm hohen Pflanzen sind nach nur zwei Monaten erntereif. Pak-Choi bildet keinen geschlossenen Kopf und ähnelt in Aussehen und Geschmack dem Mangold. Der Nährwert ist doppelt so hoch wie der von Weißkohl, am wertvollsten sind die Blattrippen. Ideal: gedünstet oder als Rohkost. Auch gut: mit Käse überbacken. Ungeeignet für Gerichte mit langer Garzeit. **Chinakohl, Japankohl,** Chinesischer Kohl *(Brassica pekinensis)*, engl. Chinese cabbage, Chinese leaf, franz. chou chinois. Nach Meinung von Botanikern handelt es sich bei Chinakohl um eine Kreuzung aus Speiserübe und Pak-Choi. Im Gegensatz zu letzterem bildet der Chinakohl jedoch große, lockere Köpfe. Von den übrigen Kopfkohlarten unterscheidet sich der Chinakohl durch seinen gänzlich fehlenden Strunk, die Blätter schließen sich von selbst, sowie durch seine leichte Verdaulichkeit. Den Japanern ist die Züchtung neuer Hybridsorten gelungen: ein Kohl mit schnellerem Wachstum, besserem Geschmack und regelmäßigerem Wuchs. Vermarktet wird dieser "Japankohl" jedoch so gut wie ausschließlich als Chinakohl. Ideal: in süßen und pikanten Salaten, kurz gedünstet. Auch gut: als Kohlrouladenhülle, überbakken. Ungeeignet für alle Gerichte mit langer Garzeit. **Chinesischer Brokkoli** *(Brassica alboglabra)*, engl. Chinese kale, Chinese broccoli, early kailaan. Diese bis zu 1 m hohe Kohlpflanze bildet keine Köpfe, sondern wie der Brokkoli kräftige Stengel und Blüten. In Deutschland selten zu finden, gehört diese chinesische Kohlsorte in ganz Asien zu den Alltagsgemüsen und wird in großem Umfang angebaut. **Choisum** *(Brassica chinensis* var. *parachinensis)*, engl. Chinese flowering cabbage, choy sum, chin. choi sum. Beheimatet ist dieser tropische Blattkohl in Ost- und Südostasien, wird aber auch in Westafrika und Südamerika angebaut. In Westeuropa ist er von nur sehr geringer Marktbedeutung. **Senfspinat, Mosterdspinat** *(Brassica perviridis)*, engl. tendergreen, mustard spinach (USA), franz. moutarde épinard. Ursprungs- und Hauptanbauländer sind Nordchina, Japan und Korea; in geringem Umfang wird dieser Blattkohl seit etwa 50 Jahren auch im Südosten der USA angebaut. Keine Importe wegen der sehr begrenzten Haltbarkeit. **Grün-, Braun-** oder Krauskohl *(Brassica oleracea* convar. *acephala* var. *sabellica)*, engl. (curly) kale, green cabbage, franz. chou frisé, chou vert. Er besitzt den höchsten Kohlenhydrat- und Eiweißgehalt aller Kohlarten. Es gibt auffallende Unterschiede in Strunkhöhe (niedrig, halbhoch und hoch wachsende Sorten) sowie in Form, Farbe und Kräuselung der Blätter. Geschmacklich unterscheiden sie sich kaum. **Schwarzkohl** *(Brassica oleracea* convar. *acephala* var. *viridis)*, engl. kale, borecole, franz. chou cavalie. Diese Grünkohlvarietät wird wie dieser zubereitet.

**Schwarzkohl vorbereiten:** Zunächst mit einem scharfen Messer den Strunk entfernen und die einzelnen Blätter ablösen. Dann die Blattrippen aus der Mitte herausschneiden, die gewaschenen Blätter in Streifen schneiden. In etwas Fett andünsten, Brühe zufügen und etwa 45 Minuten schmoren.

**Cavolo nero** nennen die Italiener den herzhaft-würzigen Schwarzkohl mit langen Blättern vermutlich wegen seiner extrem dunklen Farbe (im Bild ganz oben). Ähnlich wie sein enger Verwandter, der **Grünkohl** (im Bild oben), eignet er sich für deftige Zubereitungsarten. Grünkohl ist ein Liebling der Nordeuropäer, die ihn im Winter gern und häufig zubereiten. Dieser Bedarf wird praktisch vollständig aus heimischer Ernte gedeckt, denn außer diesem Anbauschwerpunkt ist er weltweit relativ unbedeutend. Am besten schmeckt er nach den ersten Nachtfrösten, die seine Stärke in Zucker umwandeln und ihn besser verdaulich machen. Die Köpfe, eigentlich Blattrosetten, überstehen selbst hohe Minusgrade unbeschadet.

**Blumenkohl zerteilen:**

Mit einem scharfen Küchenmesser läßt sich das untere Ende des Blütenstand-Ansatzes einfach kappen. Besonders geeignet für diesen Zweck ist ein großes, stabiles Kochmesser.

Die bei frischem Blumenkohl sehr eng und fest anliegenden Hüllblätter können nach dem ersten Schritt leicht abgelöst werden. Auch die kleinen Blättchen entfernen.

Soll der Kopf im ganzen gegart werden, den Strunk kreuzweise einschneiden. Ansonsten bis zum Ansatz abtrennen, damit sich die Röschen besser lösen.

Die abgebrochenen oder abgeschnittenen Röschen unter fließendem Wasser abspülen und weiterverwenden.

**Blumenkohl, Karfiol,** Brüsseler Kohl *(Brassica oleracea* convar. *botrytis* var.*botrytis)*, engl. cauliflower, franz. chou-fleur. Wegen seines vergleichsweise zurückhaltenden Kohlgeschmacks ist Blumenkohl besonders beliebt. In Deutschland liegt der Verbrauch bei etwa 7 kg pro Kopf und Jahr; angebaut werden in den alten Bundesländern nur 0,26 Millionen t. Mehr als die Hälfte stammt aus Importen, vorwiegend aus Italien und Frankreich. Die größten Erzeuger für Blumenkohl (China mit 1 Million t und Indien mit 0,7 Millionen t) verbrauchen ihre Rekordernten im eigenen Land. Seinen Namen verdankt der Blumenkohl einer botanischen Eigenart: Der Kohlkopf ist der noch nicht voll entwickelte Blütenstand der Pflanze, auch "Blume" oder "Rose" genannt. Zum optimalen Zeitpunkt geerntet, sind die Köpfe knospenlos, fest und geschlossen. Seine hierzulande so geschätzte schneeweiße Färbung behält er durch einen einfachen Trick: Die großen, grünen Hüllblätter werden entweder über dem Kopf eingeknickt oder zusammengebunden. Weil sich wegen des Lichtmangels kein Chlorophyll bilden kann, bleibt er weiß. Neuere Sorten sind so gezüchtet, daß die Hüllblätter automatisch als "Sonnenschutz" fungieren. In Italien und Frankreich hingegen schätzt man den Blumenkohl bunt und setzt ihn absichtlich der Sonne aus. Je mehr, desto stärker die Verfärbung. Zu den auch in Deutschland zunehmend beliebteren grünen Blumenkohl-Sorten gehört der "Romanesco" oder "Türmchenkohl". **Grüner Blumenkohl** macht nicht nur optisch großen Eindruck, er ist auch erheblich reicher an Vitamin C, Eiweiß und Mineralstoffen als weißer Blumenkohl. Auch violette Sorten werden kultiviert; für die Rotverfärbung sind Anthocyane verantwortlich, wobei direkte Lichteinwirkung und kühle Temperaturen die Färbung fördern. So erklärt sich auch das manchmal fleckige Aussehen bei einigen italienischen violetten Sorten, wenn die Temperaturen noch zu hoch sind. Grundsätzlich muß jedoch unterschieden werden zwischen sortenbedingter Gelbfärbung (Carotinoide) und Violettfärbung (Anthocyane), die keine Qualitätsmängel darstellen, und einem Gelb- bis Braunwerden weißer Sorten nach der Ernte durch UV-Einstrahlung, das die Qualität beeinträchtigt. Eine ebenso rare wie auch teure Spezialität sind **Mini-Blumenkohlköpfe.** Sie werden überwiegend in Frankreich für die Edelgastronomie angebaut. Es gibt diese dekorativen Miniaturen wie Blumenkohl von normaler Größe in den Farben weiß, grün und violett. Blumenkohl aus dem Unterglas-Anbau braucht nur kurz gewaschen werden; Sommer-Blumenkohl vom Freiland sollte allerdings bis zu 15 Minuten mit dem Kopf nach unten in kaltes Essigwasser gelegt werden: Denn zwischen den Röschen können Käfer und Insekten stecken. In der Küche gehört der Blumenkohl zu den vielseitigsten Gemüsen. Ideal: unzerteilt oder zerteilt gekocht, mit Käse oder Béchamelsauce gratiniert, als Auflauf, in Gemüsesuppen. Auch gut: als Rohkost, püriert als Basis für Cremesuppen, gegart in Salaten oder in Teig ausgebacken, in Röschen zerteilt in Fleisch- oder Fischcurries mitgeschmort.

Blumenkohl auf dem Feld: Die großen, nach innen gedrehten Herzblätter halten die Sonne ab und dadurch die Köpfe weiß. Nach der Ernte werden die Blätter gestutzt und die Köpfe halbdutzendweise in Kisten verpackt.

**Romanesco** ist der Oberbegriff für diese gelbgrünen Blumenkohlsorten, die sich durch eine an Minarettürmchen erinnernde Struktur auszeichnen (im Bild ganz oben). Der dekorative Kopf wird folgerichtig auch unter der Bezeichnung "Minarettkohl" gehandelt. Er kommt im ganzen gegart und serviert am besten zur Geltung. **Violetter Blumenkohl** (im Bild oben), eine süditalienische Spezialität, variiert je nach Sorte von einer rötlichen bis dunkelvioletten Schattierung. Bei längerem Garen verliert sich aber die Farbe und der Kohl verfärbt sich ins Grüne.

**Grüner Blumenkohl** gilt nicht nur als aromatischer, er hat erwiesenermaßen auch mehr Nährstoffe als die weißen Köpfe und enthält weniger Nitrat. Die bekannteste und meist angebaute grüne Sorte heißt "Alverda" (hier im Bild). Im Aussehen unterscheidet sich der grüne Verwandte von weißem Blumenkohl lediglich durch die Farbe; die Köpfe sind gleich geformt.

# Blumenkohl

## DAS ALTBEKANNTE UND BELIEBTE KOHLGEMÜSE ÜBERRASCHT MIT NEUEN FARBEN

Erwähnt wurde er bereits vor rund 1500 Jahren, heimisch ist er in Nordeuropa seit immerhin 500 Jahren. Heute ist der einstmals wilde Blumenkohl im wahrsten Sinn des Wortes ein kultiviertes Gemüse. Rund um den Erdball wird er in unterschiedlich großen Mengen angebaut. Entsprechend zahlreich und abwechslungsreich sind die Rezepte aller Herren Länder für den feinsten unter den Kohlköpfen. Denn er paßt zur nord- wie zur südeuropäischen Küche ebenso wie zur arabischen und asiatischen. Denn durch sein dezentes Kohlaroma schmeckt er gekocht, geschmort, gebraten, fritiert oder überbacken. Eben in praktisch jeder Zubereitung. Dabei ist es Nebensache, ob der Blumenkohl nun weiß ist - wie ihn die Deutschen am meisten schätzen - oder aber farbig.

Eine Brokkolipflanze auf dem Feld: Die kleinen "Blumen" sind deutlich zu erkennen. Wird nur die Hauptblume geerntet, wachsen kleinere Seitensprosse nach.

**Brokkoli, Broccoli,** Spargelkohl *(Brassica oleracea* convar. *botrytis* var. *italica)*, engl. sprouting broccoli, Calabrese, franz. brocoli. Brokkoli hat als eines der wenigen Gemüse, speziell der Kohlarten, in den letzten Jahren eine rasante Entwicklung zum immer beliebteren Feingemüse vollzogen. Er wird in ganz Europa (vor allem in Italien und Spanien) sowie in den USA kultiviert. Auch in der alten Bundesrepublik steigt die Größe der Anbaufläche mit der wachsenden Nachfrage. Diese Marktausweitung erfolgt allerdings auf Kosten anderer Kohlgemüse, vor allem zuungunsten des Blumenkohls. Wie der botanisch nah verwandte Blumenkohl besteht auch Brokkoli hauptsächlich aus Blütenstielen und -knospen, die Blätter spielen nur eine Nebenrolle. Doch im Gegensatz zu diesem bildet Brokkoli keine geschlossene Blume; seine Köpfe bestehen aus deutlich differenzierten, grün bis bläulich schimmernden Blütenknospen, die auf den fleischigen Stielen und zahlreichen Seitentrieben sitzen. Es gibt aber auch, wenngleich seltener, violette, gelbe und sogar weiße Brokkolisorten. Brokkoli ist in seinen Inhaltsstoffen dem Blumenkohl weit überlegen, so besitzt er einen 60% höheren Vitamin-C-Gehalt und das Sechzigfache an Carotin. Ideal: wie Blumenkohl zubereitet. Auch gut: in Tomatensauce geschmort, in Butter gedünstet. Weniger geeignet als Rohkost.
**Rosenkohl, Sprossenkohl** *(Brassica oleracea* convar. *fruticosa* var. *gemmifera)*, engl. brussels sprouts, franz. chou de bruxelles. Erstmals angebaut wurde der Rosenkohl vor rund 100 Jahren in der Gegend um Brüssel, daher der sich durch alle Sprachen ziehende Name. Heute gibt es Rosenkohlkulturen vor allem in den europäischen Küstengebieten, Großbritannien, Frankreich und den Niederlanden. Geringere Mengen kommen aus Italien. Kleine Anbaugebiete liegen bei uns in Nord- und Westdeutschland. Die Erntezeit dauert von Ende August bis in den Dezember. Die "Rosen" sind Mini-Kohlköpfe, die aus den in den Achseln der Stengelblätter wachsenden Triebknospen bestehen. Je nach Sorte können die Röschen der bis zu 1 m hoch wachsenden Pflanze einen Durchmesser von mehr als 4 cm erreichen. Ihre Farbe variiert von hell- über dunkelgrün, sogar rot. Ideal: gedünstet oder gekocht. Auch gut: mit Béchamelsauce oder Käse überbacken, als Suppenbasis oder in Eintöpfen. Ungeeignet zum Rohessen. **Wirsing, Wirsingkraut,** Wirsching, Savoyer Kohl *(Brassica oleracea* convar. *capitata* var. *sabauda)*, engl. Savoy cabbage, franz. chou de Milan. Der Wirsing ist in Deutschland, nach Weiß- und Rotkohl, die drittwichtigste Kopfkohlart. Die je nach Sorte mehr oder minder stark gekrausten Blätter bilden lockere, runde, ovale oder spitz zulaufende Köpfe. Man unterscheidet frühe, mittelfrühe, Herbst- und Wintersorten. Früher Wirsing, ab Mai im Handel, hat stets ein helles, zartes "Herz" und benötigt nur kurze Garzeiten. Späte Wirsingkohlsorten haben dunkelgrüne, kräftige Blätter und einen sehr ausgeprägten Kohlgeschmack. Ideal: frühe Sorten geviertelt und gedünstet, späte Sorten in Gemüsesuppen, im Eintopf oder Auflauf. Weniger geeignet als Rohkost.

**Grüner Brokkoli** beherrscht, zumindest noch in Deutschland, den Markt. Je nach Sorte reicht die Farbpalette von mittel- über dunkelgrün bis zu blaugrün (im Bild ganz oben). **Violetter Brokkoli** ist in Italien sehr beliebt, bei uns wird er aber selten angeboten. Er ist wegen seiner geschlossenen Köpfe leicht mit violettem Blumenkohl zu verwechseln (im Bild oben).

**Brokkoli vorbereiten:** Zunächst das untere Strunkende entfernen. Seitentriebe abschneiden. Stengel schälen und mit den Blättern fein hacken. Stengel kurz vorgaren, Röschen zufügen und zum Schluß die Blättchen mitgaren.

**Rosenkohl** gelangt meist geputzt in den Handel. Der höhere Preis wird durch Zeitersparnis und geringen Abfall ausgeglichen. Rosenkohl gibt es lose, aber auch pfundweise in Netzen abgepackt. Beim Einkauf auf glatte, makellose Köpfchen achten; Rosenkohl mit Flecken oder welken Stellen ist überlagert. Er schmeckt leicht "muffig" und enthält weniger Nährstoffe.

Rosenkohl im Bestand: Zwischen den Stengelblättern bilden sich dicht die Triebknospen.

**Roter Rosenkohl,** auch "Rosenkohl Rubine" genannt, hat nur eine violette Außenfarbe, innen ist er jedoch grün. Die attraktive Rotfärbung geht beim Kochen leider verloren. Die Blätter der Pflanze haben eine violett-graugrünliche Farbe. Roter Rosenkohl ist nur sehr selten im Handel und besitzt so gut wie keine Marktbedeutung.

**Ein typischer Sommer-Wirsing** (im Bild ganz oben): Der Kopf ist locker, die Blätter sind zart und mäßig kraus. Der **gekrauste Frühwirsing** hat einen kleineren, fast blütenförmig geöffneten Kopf, der innen goldgelbe, zarte Blätter aufweist (im Bild Mitte). Früher und mittelfrüher Wirsingkohl sollte nur kurz gegart werden, damit seine Nährstoffe und das Aroma erhalten bleiben - 15 Minuten sind das Äußerste. **Grünvioletter Wirsing,** eine seltenere Variante, ist in der Gegend von Verona sehr verbreitet (im Bild unten).

**Herbstwirsing,** auch Dauerwirsing, ist an dem großen, geschlossenen Kopf, den dicken, stark gewellten Blättern und den großen Umblättern erkennbar. Ab Spätsommer auf dem Markt.

Hier wird der typische Sommerspitzkohl auf dem Münchner Viktualienmarkt angeboten.

**Die Weißkrauternte** ist bis heute Handarbeit und verläuft ganzjährig in Deutschland. Der Kopf wird geschnitten, geputzt und in Verkaufsgebinde gelegt oder bei Lagerkohl in Großkisten. Vollerntemaschinen für Frischmarktware sind bisher kaum im Einsatz, da es oft zu Beschädigungen am Kohl kommt, die diesen für eine Einlagerung ungeeignet machen.

**Sommer-Spitzkohl** kommt von Mai bis in den Spätherbst hinein aus deutschem Anbau sowie aus den Niederlanden. Er hat festere Köpfe und dickere Blätter als seine ganz frühen Verwandten.

**Als Spitzkohl** werden alle Weißkohlsorten bezeichnet, die die typische spitz zulaufende Form aufweisen. Das berühmte "Filderkraut", aus der gleichnamigen Gegend bei Stuttgart, wird fast ausschließlich zur Sauerkrautherstellung verwendet. Spitzkohl hat im Gegensatz zu rundem Weißkohl wesentlich lockerere Köpfe und eine besonders zarte Blattstruktur.

**Weißkohl, Weißkraut,** Kappes, Kabis *(Brassica oleracea* convar. *capitata* var. *capitata* f. *alba),* engl. white cabbage, franz. chou blanc. Schon die alten Römer kannten die heute wichtigste aller Kopfkohlarten. Dennoch gilt der Weißkohl als "urdeutsch". Tatsächlich gehört Deutschland zu den führenden Anbauländern, doch auch die Niederlande, die Sowjetunion, Frankreich, Polen, Dänemark, China und viele andere Länder kultivieren Weißkohl in ähnlich großen Mengen. Der runde, abgeplattete, hochrunde oder zugespitzte Kopf des Weißkohls ist botanisch gesehen der gestauchte Sproß der Pflanze. Er wird von den mit einer Wachsschicht überzogenen, glatten und glänzenden Blättern gebildet und ist von weißlichgrüner bis grüner Farbe. Je nach Erntezeit unterscheidet man den Weißkohl in frühe, mittelfrühe, späte und Dauer-(Winter-)Sorten. Ideal: für Kohlrouladen, im Eintopf, roh geraspelt. Auch gut: für Suppen und Spezialitäten. Klassisch: mit Milchsäure vergoren als Sauerkraut. Als besondere Delikatesse gilt der "Spitzkohl", die früheste aller Weißkohlsorten, der ab Ende März im Handel ist. Zarte Blätter, ein sehr dezentes Kohlaroma und die für den Namen verantwortliche spitze Kopfform mit nach oben wachsenden Blättern zeichnen ihn aus. Man unterscheidet je nach Erntezeitpunkt zwischen frühem und Sommerspitzkohl. Zu letzterem zählt auch das "Filderkraut". Es ist weniger zart und wird vorwiegend für die Sauerkrautproduktion angepflanzt. Allerdings schrumpft das Anbaugebiet, denn für Sauerkraut nimmt man zunehmend die runden Köpfe. Auch in den Tropen wird Weißkohl angebaut und als sogenannte "White cabbage sprouts" vermarktet. Allerdings erreicht dieser Weißkohl selten bei uns übliche Kopfgewichte oder überhaupt eine ausreichende Kopfbildung. Das hängt mit den zu hohen Temperaturen zusammen, die den Kohl zu schnell reifen lassen. Außerdem ist die Tag-Nacht-Temperaturdifferenz von mindestens 5°C oft nicht gegeben. Saatgut muß in der Regel importiert werden, da beim Kohl nur durch Kältereiz die Blütenbildung ausgelöst wird. So ist es für die tropischen Länder schwierig, durch eigene Züchtung zu neuen, ertragreicheren Sorten zu kommen. **Rotkohl, Rotkraut,** Blaukraut, Roter Kappes, Rotkabis *(Brassica oleracea* convar. *capitata* var. *capitata* f. *rubra),* engl. red cabbage, franz. chou rouge. Rotkohl, botanisch nur eine andere Form, hat daher viel mit Weißkohl gemeinsam. Hauptunterscheidungsmerkmale sind neben der durch Anthocyan entstehenden lilavioletten Färbung die etwas kleineren, sehr festen Köpfe sowie der leicht süßliche Geschmack. Bei den Kopfformen variiert Rotkohl ebenso wie Weißkohl von flachrund über hochrund bis zu ballon- und eiförmig. Die Hauptanbaugebiete sind, mit Ausnahme von China, ebenfalls identisch mit den Weißkohl-Erzeugerländern, wobei die ehemalige Bundesrepublik mit etwa 100 000 t jährlich Spitzenreiter ist. Auch bei Rotkohl wird zwischen frühen, mittelfrühen, Herbst- und Dauersorten unterschieden. Rotkohl hat im Vergleich zu Weißkohl und Wirsing den geringsten Carotingehalt, dafür enthält er aber am meisten Vitamin C.

**An diesem aufgeschnittenen Rotkohl** erkennt man sehr gut die bizarr gefalteten Blattlagen, die eng übereinander geschichtet den Kopf bilden.

# Weiß und Rot

## BELIEBT UND PREISWERT

Die Deutschen lassen sich gerne "verkohlen" - und das im Wortsinn. Zwar ist die Anbaufläche für Weiß- und Rotkohl in den letzten 65 Jahren um knapp ein Viertel zurückgegangen, aber dennoch gehören die gewichtigen Köpfe nach wie vor zu den Gemüse-Favoriten. Das verwundert kaum, denn ob nun rot oder weiß: Kohl ist ausgesprochen vielseitig, reich an Vitamin C und Mineralstoffen - und obendrein auch noch konkurrenzlos günstig. Zudem sind weißer und roter Kohl das ganze Jahr über erhältlich, wenngleich sie im Winter besonders beliebt sind. Denn der kräftige Kohlgeschmack gehört traditionell zur kalten Jahreszeit und deftigen Küche. Die reichlich enthaltenen Ballaststoffe sorgen für ein angenehmes, lange anhaltendes Sättigungsgefühl. Für die feine, leichte Küche ist er nicht geschaffen, aber die Zubereitungsarten der asiatischen Küchen mit kurzen Garzeiten und vielen Gewürzen passen gut zum Kohl. Als Salat angemacht, ist er zwar nicht eben als Schonkost zu bezeichnen, jedoch wunderbar knackig und würzig. Zum Kochen werden Weiß- und Rotkohl auf die gleiche Weise vorbereitet: den Kopf halbieren, den harten Strunk herausschneiden und die Kohlkopfhälften waschen. Anschließend den Kohl, je nach Geschmack oder Rezept, in grobe Streifen schneiden, fein raspeln oder hobeln. Bei Kohlrouladen gilt die Ausnahme von der Regel: hierfür werden lediglich die Außenblätter entfernt und dann ausreichend große Kohlblätter abgelöst. Diese kurz in kochendem Wasser blanchieren, dann die Blattrippen mit einem scharfen Messer glattschneiden. Schließlich die Füllung auf die Blätter geben, aufrollen, zustecken oder -binden und nach Belieben schmoren.

**Dieser plattrunde Weißkohl** zeigt die große Formenvielfalt. Die bekannteste Sorte heißt "Plattdänenkohl" oder "Holsteiner platter". In Asien einfach als "flat cabbage" bezeichnet.

**"White cabbage sprouts"** mit einer gerade beginnenden, losen Kopfbildung sind nur so groß wie unser Rosenkohl. Sie können auch wie dieser im ganzen zubereitet werden.

**Die Ölrauke** (im Bild ganz oben) erhielt ihren Namen aus gutem Grund: Ihre Samen werden, vor allem in Indien, zur Ölgewinnung genutzt. Dieses Öl ist unter der Bezeichnung "Jamba-Öl" bekannt. Ansonsten werden die aromatischen, angenehm scharfen, glatten oder löwenzahnähnlich gezackten Blätter als Würzkraut oder Salatpflanze verwendet. Die **Wilde Rauke** ist noch rarer als die Kulturrauke und an den stärker gezahnten Blättern und dem intensiven, bitter-scharfen Aroma zu erkennen (im Bild oben).

Die Blätter des ausgewachsenen Meerkohls werden bis zu 30 cm lang. Sie sind blaugrün, leicht gewellt, bereift, eiförmig und fiederteilig und werden von 2 bis 3 cm dicken, kahlen Blattstielen getragen.

**Diese Meerkohl-Sprosse** sind etwa 20 cm lang mit noch kaum entfalteten Blättern. Sie werden im dritten Jahr nach der Pflanzung durch Treiberei unter Lichtentzug (Abdecken mit Torf oder Eimern) gewonnen. Die Stengel schmecken kohlrabiähnlich. Ein kräftigeres Kohlaroma haben die kleinen, gekrausten Blätter. Kommerzieller Anbau beschränkt sich fast ausschließlich auf Großbritannien und Frankreich.

**Rauke, Ölrauke,** Rucola, Raukenkohl, Ruke *(Eruca vesicaria* ssp. *sativa)*, engl. rocket, salad rokket, Roman rocket, franz. roquette, ital. rucola. Beheimatet ist das einjährige Kraut mit den rettich- oder radieschenähnlichen Blättern und roten oder weißen Blüten im südlichen Mitteleuropa, den Mittelmeerländern bis hin nach Afghanistan und Turkistan. Heute wird die Rauke im Mittelmeerraum, in Vorder- und Mittelasien, dem nördlichen und zentralen Indien (zur Speise- und Brennölgewinnung sowie für medizinische Zwecke) und in Brasilien angebaut. Sie wurde schon im Mittelalter als harntreibendes und verdauungsförderndes Kraut, aber auch als Würzkraut geschätzt. Erst seit wenigen Jahren sorgt das Vorbild der gehobenen Gastronomie für einen neuen Boom. Ideal: mit milden Salatsorten. Auch gut: kurz gedünstet. **Meerkohl, Strandkohl,** Weißer Meerkohl, Seekohl *(Crambe maritima)*, engl. sea kale, silver kale, franz. crambé, crambé maritime, chou marin. Dieser robuste, offene Blattkohl kommt wild in den Küstengebieten Nord- und Westeuropas vor. Im Wildvorkommen fällt Meerkohl in Deutschland unter die Bundesartenschutzverordnung, ist jedoch nicht vom Aussterben bedroht. In den Handel kommen nur die aus Kulturen stammenden gebleichten Sprosse. Auf dem Markt ist das Vitamin-C-reiche Gemüse von Dezember bis April. Importe sind gering. **Gartenkresse, Kresse** *(Lepidium sativum* ssp. *sativum)*, engl. garden cress, franz. cresson alénois. Die Gartenkresse ist die bedeutendste von rund 80 Arten der Gattung *Lepidium.* In Dänemark, Belgien, den Niederlanden, Frankreich und England gibt es riesige Gartenbaubetriebe, die sich ausschließlich auf den ganzjährigen Anbau spezialisiert haben. Man läßt die schnell wachsende Pflanze, die 30 bis 60 cm hoch wird, niemals auswachsen, sondern erntet sie stets zwei bis drei Tage nach der Keimung. **Brunnenkresse, Wasserkresse** *(Nasturtium officinale)*, engl. watercress, franz. cresson de fontaine. In Europa beheimatet, ist die Brunnenkresse heute weltweit verbreitet. Die krautige Wasserpflanze kriecht mit ihren Sprossen am Grund von Teichen und Quellwässern entlang. Ihre hohlen Stengel wachsen über die Wasseroberfläche hinaus und tragen kräftig grüne, sehr nährstoffreiche Blätter. Brunnenkresse wird selten kultiviert, daher ist das Angebot beschränkt. Ideal: als Salat oder Würzkraut für Salate, Eier- und Quarkspeisen. **Löffelkraut, Löffelkresse,** Skorbutkraut *(Cochlearia officinalis)*, engl. spoonwort, scurvy grass, scorbute grass, franz. cochléaire, cranson, herbe au scorbut. Löffelkraut ist eine in den nord- und westeuropäischen Küstenregionen häufig wildwachsende Salatpflanze. Verwendung: wie Brunnenkresse. **Winterkresse, Barbarakraut,** Barbenkraut, Barbelkraut *(Barbarea vulgaris)*, engl. wintercress, common wintercress, yellow rocket, franz. barbarée, cresson de jardin. Winterkresse ist eine winterharte Wildpflanze mit schlichten oder leicht gefiederten Blättern. Sie wächst in Südwesteuropa, Asien und Nordafrika an Wegrändern und auf feuchten Lehmböden. Kultiviert hat man sie in kleinem Umfang nur in Frankreich und Nordamerika.

**Löffelkraut** hat löffelartig gebogene, fleischige, dunkelgrün glänzende Blätter, die kresseähnlich schmecken. In manchen Gegenden Deutschlands, aber auch im Englischen und Französischen, wird es als Skorbutkraut bezeichnet, da es früher wegen seines hohen Vitamin-C-Gehalts als Prophylaxe gegen die schwere Mangelkrankheit verwendet wurde.

**Die Winterkresse** schmeckt etwas streng. Sie sollte jedoch in anderen Salaten mitverwendet werden, da sie einen außerordentlich hohen Vitamin-C-Gehalt besitzt.

# Kresse

## DER SCHARFE MUNTERMACHER

Die große Kresse-Familie setzt sich quasi aus "Adoptivkindern" zusammen. Zwar tragen mehrere Salatpflanzen und Kräuter den Namen "Kresse", botanisch gehören sie jedoch alle unterschiedlichen Gattungen an. Daß man sie dennoch in einem Atemzug nennt, hat seinen Grund vermutlich darin, daß sie zweierlei gemeinsam haben: zum einen den mehr oder minder bitteren, leicht scharfen Geschmack, zum anderen den Gehalt an belebenden ätherischen Senfölen. Am besten erhältlich und vielverwendet ist die Gartenkresse, deren Keimlinge Salaten, Eier- und Quarkspeisen oder Gemüsesuppen ein pikantes Aroma verleihen. Wenn von Kresse die Rede ist, meint man also in aller Regel diese kleinen, feinen Keimpflänzchen, die sich übrigens mit einer Küchenschere am bequemsten abschneiden lassen. Die - wie gesagt - entfernten Verwandten der Gartenkresse werden stets mit ihren Eigennamen (Brunnen-, Löffel-, Winterkresse) bezeichnet.

**Die Brunnenkresse** kommt bei uns selten mit ihrem langen, an die Wasserkultur angepaßten Wurzelsystem in den Handel (im Bild rechts), sondern nur die mineralstoffreichen, aromatischen Blätter (im Bild unten). In Asien wird die ganze Pflanze als Gemüse gekocht.

Für die industrielle Verarbeitung wird Meerrettich maschinell vorgewaschen angeliefert. Nach einem groben Schäldurchgang mit eventuellem Nachputzen kommen die Wurzeln dann in eine Reibetrommel zum Zerreiben.

Während der Meerrettich-Verarbeitung ist das Tragen von Atemschutzmasken unbedingt erforderlich. Beim Zerkleinern der Wurzeln werden Senföle frei, die die Schleimhäute reizen und die Arbeiter zu "Tränen rühren" würden.

# Meerrettich

## EIN SCHARFES GEMÜSE

So unscheinbar die gelbbraune Wurzel wirkt - sie hat es in sich! Die in hoher Konzentration enthaltenen schwefeligen Senföle sorgen für Schärfe und das charakteristische Aroma. Frisch gerieben schmeckt er am intensivsten, denn schon nach kurzer Zeit verfliegen die ätherischen Öle und das Aroma verflacht.

**Meerrettich,** wie er aussehen soll: die Schale unversehrt, das Fleisch weiß und fest.

**Wasabi** heißt dieser Rettich-Verwandte aus Japan. Die Rhizome, seltener auch die Blattstiele, liefern ein meerrettichähnliches Gewürz für japanische Gerichte. Er wird roh gerieben oder als Trokkenpulver verwendet.

**Meerrettich, Kren,** Meerrettig, *(Armoracia rusticana)*, engl. horse-radish, franz. raifort, cran, mérédic. Heimat der scharfen Wurzeln ist Ost- und Südosteuropa, wo sie noch heute große Bedeutung haben. In Deutschland dagegen ist der Anbau bis auf etwa 150 Hektar zurückgegangen. Die wenigen bäuerlichen Betriebe können den deutschen Bedarf nicht befriedigen; zwei Drittel des Verbrauchs werden durch Importe gedeckt. Es wird in erster Linie für die verarbeitende Industrie produziert und importiert. Nur geringe Mengen der Meerrettich-Stangen kommen auf den Frischmarkt. Woher die hellbraune, weißfleischige Wurzel ihren Namen hat, ist umstritten. Die einen meinen, er stamme von "mehr" im Sinne von "größerer Rettich" ab. Andere vertreten die Ansicht, er leite sich von "Mähre" (Pferd) ab, wofür auch die englische Bezeichnung ein Indiz sein könnte. Fest steht jedenfalls, daß der Meerrettich bei uns seit dem 12. Jahrhundert wegen seines hohen Gehalts an ätherischen Ölen sowie an antibiotisch wirkenden Stoffen als Heil- und Gewürzpflanze bekannt und beliebt ist. Der verwendete Teil der bis zu 1 m hoch wachsenden Staudenpflanze ist ihre tief in den Erdboden reichende Wurzel. Es gibt verschiedene Sorten, der Handel unterscheidet jedoch nach der Herkunft ("Badischer", "Bayerischer", "Spreewälder" etc.). Meerrettich ist frosthart und daher sehr gut lagerfähig. Man erntet ihn im Herbst, Winter und Frühjahr. Ideal: frisch gerieben zu gekochtem Rindfleisch, Würstchen, Salaten und Fisch. Auch gut: in warmen und kalten Soßen, zu hartgekochten Eiern. Ungeeignet als Kochgemüse, da sich sein Aroma verliert. **Wasabi, Japanischer Meerrettich** *(Eutrema wasabi)*, engl. Japanese horse-radish, japan. Wasabi. Der Anbau des Japanischen Meerrettichs ist seit über 1000 Jahren belegt. Er kommt wild auf den japanischen Inseln vor, fehlt allerdings auf Hokkaido. Kultiviert wird er in Japan fast ausschließlich auf Honshu, im allgemeinen nur auf kleinen Flächen und vorzugsweise entlang oder in oft terrassierten Wasserläufen der Gebirge. **Rettich, Radi** *(Raphanus sativus* var. *niger)*, engl. radish, winter radish, black radish, franz. radis rave. Der Rettich, ursprünglich in Vorderasien beheimatet, gehört zu den ältesten bekannten Kulturpflanzen überhaupt. Schon die Erbauer der ägyptischen Pyramiden stärkten sich mit diesem Gemüse. Nach Nordeuropa gelangte der Rettich schließlich im Gepäck der Römer; in Deutschland ist er seit dem 13. Jahrhundert als Gemüse- und Heilpflanze bekannt, lange vor dem Radieschen. Die Hauptanbaugebiete sind heute Ostasien, China, Japan und Korea. Der Verbrauch bei uns ist mit etwa 250 g pro Kopf und Jahr von vergleichsweise geringer Bedeutung, während in Japan 13 kg gegessen werden. In Korea weist die Statistik sogar 30 kg aus! Die Rübe der zweijährigen Rettichpflanze bildet sich aus dem basalen Teil des Hauptsprosses und einem Teil der Wurzel. Je nach Sorte kann sie rund, zapfen-, spindel- oder walzenförmig, zylindrisch oder oval sein. Die Länge variiert von 10 bis 30 cm, kann manchmal auch noch mehr betragen. Die Farbpalette der Schale umfaßt Weiß, Rosa, Rot, Braun, Violett bis

**Halblange rote oder weiße Rettiche** kommen bereits im Mai als sogenannte Bündelrettiche mit Laub auf den Markt. Sie brauchen nicht geschält, sondern nur gewaschen und geputzt zu werden. Die Farbe hat auf den Geschmack keinen Einfluß.

# Weiß, Rot und Schwarz

## WELTWEIT BELIEBT, ABER IN BAYERN EIN GANZ TYPISCHES "SCHMANKERL"

Rettich gibt es inzwischen in einer Vielfalt von Formen und Farben: von "klassisch" weiß über rosa, rot, braun, violett bis schwarz. Rettich ist aber nicht nur schmackhaft, sondern durch seine zahlreichen Mineralstoffe und das enthaltene Senföl auch gesund. Im Mittelalter wurde er in Deutschland sogar als Heilpflanze bei Gallen- und Leberleiden genutzt.
Im internationalen Vergleich ist heute der Pro-Kopf-Verbrauch in Deuschland verschwindend gering, Japan und vor allem Korea sind die Spitzenreiter.
In Deutschland ist Rettich vor allem im Süden und ganz besonders in Bayern beliebt. Hier ist er, zu Spiralen geschnitten und gesalzen, im Biergarten die "traditionelle Beilage" zum Bier.

**Japanische Hybridrettiche** werden im Spätsommer und Herbst, hier auf dem Münchner Viktualienmarkt, angeboten. Die bis zu 50 cm langen Rettiche erfreuen sich wegen ihres milden, angenehmen Geschmacks bereits großer Beliebtheit.

**Winterrettich** gibt es ebenfalls in Zapfenform. Geschmacklich unterscheidet er sich nicht von runden schwarzen Sorten.

**Schwarzer Rettich** oder Winterrettich (hier die Sorte "Runder Schwarzer Winter") sind für die Lagerung geeignet und können selbst auf dem Feld Temperaturen bis zu -10°C überstehen. Ihr Fleisch ist besonders fest und neigt daher weniger zum "Pelzigwerden". Schwarze Rettiche müssen grundsätzlich geschält werden; die Schale ist schwer verdaulich.

**Chinesischer Rettich** in seiner Ursprungsform: eine etwa 30 cm lange Rübe mit stumpf auslaufendem Ende und einem sich zum Blattansatz hin verjüngenden Rübenkörper. In China wird Rettich überwiegend als Kochgemüse verwendet und ist als Nahrungsmittel von großer Bedeutung.

**Daikon-Kresse** wird aus den Samen des Daikon-Rettichs gezogen. In Geschmack und Verwendung ähnelt dieses Sprossengemüse der bei uns bekannteren Gartenkresse. Geliefert wird die Daikon-Kresse in 75-Gramm-Plastikschälchen. Bei regelmäßigem Besprühen kann man sie im Kühlschrank etwa 1 Woche lang frisch halten.

**Weißer Rettich** (im Bild unten) von mittlerer Länge wird nicht so leicht holzig wie extrem lange Rettiche. Er braucht nicht geschält zu werden, gründliches Waschen genügt in aller Regel. **Daikon-Rettich** (im Bild ganz unten) ist ein jetzt bei uns viel angebauter Typ japanischer Hybrid-Rettiche. Er unterscheidet sich durch seine lange, schlanke Form deutlich von heimischen Sorten. Ein Vorzug: sein sehr milder Geschmack.

**Roter Rettich** wird in manchen Regionen aufgrund seiner attraktiven Farbe bevorzugt, obgleich er sich von seinem weißen Verwandten ansonsten in nichts unterscheidet. Im übrigen verliert er die rote Farbe spätestens beim Erhitzen oder falls er, ganz unnötigerweise, geschält wird.

**Münchner weißer Treib und Setz** eignet sich besonders für den Unterglas- oder frühen Freilandanbau. Diese Rettichsorte zeichnet sich durch die kurze, gedrungene Form und den ausgeprägt aromatischen Geschmack aus. Diese und andere weiße Rettichsorten erfreuen sich vor allem in Bayern großer Beliebtheit.

Schwarz sowie Rot mit Weiß. Das Fleisch der bei uns heimischen Rettiche ist stets weiß; asiatische Sorten können rosafleischig sein. Neben zahlreichen Nährstoffen enthält der Rettich vor allem Senföle, die ihm seine intensive Schärfe geben. Frühjahrsrettiche sind milder, schwarze Herbst- und Winterrettiche dagegen können beißend scharf sein. Die Schärfe läßt sich durch das Bestreuen der Rettichscheiben mit Salz oder durch Erhitzen mildern. Ideal: roh auf Butterbrot oder in Salaten aller Art, zu Wurstplatten. Auch gut: als Imbiß zu Bier, kurz gedünstet als raffinierte Beilage zu Kurzgebratenem. **Chinesischer Rettich, Japanischer** oder **Daikon-Rettich** *(Raphanus sativus* var. *longipinnatus)*, engl. Chinese -, Japanese -, Oriental radish, mooli, franz. radis japonais, jap. Daikon. In Ostasien sind diese japanischen Hybridrettiche eine der wichtigsten Gemüsearten überhaupt. Sie können bis zu 1 m lang werden und an die 20 kg wiegen. In der Regel erreicht der Chinesische bzw. Japanische Rettich jedoch ein Gewicht von "nur" 2 kg. Sein Aroma ist milder als das der bei uns angebauten Sorten. **Daikon-Kresse,** engl. Daikon cress, franz. cresson Daikon, holl. Daikonkers. Dieses Sprossengemüse wird aus den Samen des Daikon-Rettichs gezogen. Es schmeckt ähnlich wie unsere Gartenkresse und wird auch so zubereitet. So entstand der etwas willkürliche Name "Daikon-Kresse". Auf dem deutschen Markt ist sie erst seit kurzem vertreten, alleiniger Lieferant ist eine Firma in den Niederlanden. Daikon-Kresse sollte nie gekocht werden, da sonst der Geschmack verloren geht. **Radieschen, Radies,** Monatsrettich *(Raphanus sativus* var. *sativus)*, engl. small radish, radish, franz. radis de tous les mois, petit radis. Woher das Radieschen ursprünglich stammt, ist nicht genau erwiesen, denn wilde Formen wurden sowohl in China als auch in Vorderasien gefunden. Im Altertum wurden Radieschen in japanischen und chinesischen Gärten als Zierpflanze angebaut, in Europa gibt es die mild-scharfen Knöllchen jedoch erst seit etwa 400 Jahren. Heute werden Radieschen weltweit angebaut, und zwar sowohl unter Glas als auch im Freiland. Wegen ihrer geringen Ansprüche an Klima und Boden können Radieschen rund ums Jahr kultiviert und geerntet werden; Hauptlieferant für Deutschland sind die Niederländer. Man könnte, wie es die internationalen Bezeichnungen nahelegen, das Radieschen für eine Zwergform des Rettichs halten. Tatsächlich handelt es sich jedoch um verschiedene Varietäten derselben Art. Die Radieschenknolle entwickelt sich aus dem Hypokotyl, der Zone zwischen Wurzel und Keimblatt. Sie ist in aller Regel rund, kann aber auch langoval, zylindrisch oder rübenähnlich geformt sein. Neben den bekannten roten Radieschen gibt es weiße oder rosafarbene, violette sowie weißrote Sorten. Das Fleisch ist stets weiß. Für den Geschmack zeichnen auch beim Radieschen Senföle verantwortlich, wobei Freilandsorten davon reichlicher aufweisen als Treibhausware. Ideal: im Salat oder als Brotbelag, zum Garnieren von kalten Platten und Salaten. Auch gut: gedünstet und in einer hellen Soße serviert.

**Leuchtend rote Radieschen** sind nach wie vor die beim Verbraucher bekannteste und beliebteste Sorte, während die runden weißen Radieschen weniger gefragt und seltener im Angebot sind (im Bild ganz oben). **Weißpunktradieschen,** rote Radieschenknollen mit weißer Spitze, sind in Frankreich besonders beliebt (Bild Mitte). Die Sorte **Eiszapfen** oder "Blanche transparente", lange weiße Radieschen, sind nur von regionaler Bedeutung (im Bild oben). Ihre Ähnlichkeit mit dem Rettich beschränkt sich nicht nur auf ihr Erscheinungsbild - auch im Geschmack haben sie mit ihrem engen Verwandten mehr Ähnlichkeit als mit runden Radieschen. "Eiszapfen" kommen im Frühjahr und Sommer bündelweise auf den Markt.

**Zweifarbige Radieschensorten** gibt es eine ganze Reihe. Sie unterscheiden sich sowohl in der Knollenform als auch im unterschiedlich großen Weißanteil.

**Das Pfälzer Riesenradieschen** gehört zu den groß wachsenden Sorten. Geschmacklich unterscheidet es sich nicht von seinen kleinen Verwandten, spart aber Zeit beim Putzen und Schneiden.

**Eine Bittergurke an der Pflanze:** Die bis zu 30 cm langen, hellgrünen Früchte der langen Bittergurke mit fast glatter Fruchtoberfläche wachsen an 3 bis 10 m langen Ranken, die an Gerüsten oder Stellagen gezogen werden.

**Markt in Singapur:** Wie hier, so werden überall in Asien tropische Vertreter der Kürbisgewächse in allen denkbaren Formen, Farben und Größen als beliebte Fruchtgemüse angeboten.

**Lange Bittergurken** werden unreif geerntet. In diesem Reifezustand sind die Früchte hellgrün und die im weißen, watteartigen Fruchtfleisch eingebetteten Samen noch hellbraun. Der die Samen umhüllende Samenmantel schmeckt angenehm süß.

# Cucurbitaceae

## EINE FAMILIE MIT VIELEN EXOTISCHEN VERWANDTEN

Die Familie der Kürbisgewächse ist weitverzweigt und besitzt einen altehrwürdigen Stammbaum: Urform ist ein von den indianischen Ureinwohnern bereits vor rund 8 000 Jahren in Amerika angebauter Speisekürbis. Seine Abkömmlinge sind ebenso zahlreich wie variantenreich. Im Laufe der Jahrtausende haben sich etliche Arten, Unterarten und Varietäten entwickelt. Zu den auch bei uns bekannten Kürbisgewächsen gehören beispielsweise Riesen- und Speisekürbisse, Squash, Spaghetti-Kürbisse, Zierkürbisse, Zucchini sowie Gurken. Die meisten der etwa 850 bekannten Arten, darunter auch die vor allem als Obst verzehrten Melonen, sind nicht nur in Aussehen und Geschmack exotisch: Die überwiegende Zahl dieser langen oder kurzen, keulen- oder kugelförmigen Früchte mit glatter oder rauher Schale ist auch in fernen Ländern heimisch. Als Hauptanbaugebiete gelten die asiatischen Tropen und Afrika, wo die Kürbisgewächse als tägliches Nahrungsmittel eine gewichtige Rolle spielen. Der vollreife Flaschenkürbis dient außerdem als nicht minder bedeutender Lieferant von Gebrauchsgegenständen wie Flaschen, Vasen, Vorratsgefäßen oder Eßschalen, denn seine Schale ist absolut flüssigkeitsundurchlässig. Im vorgeschichtlichen Indien lieferten ausgehöhlte, großgewachsene Flaschenkürbisse sogar den Körper eines Musikinstruments (der berühmten Sitar). Hier und heute hingegen bereichert die große Kürbisfamilie mit ihrer Vielfalt an Aromen, Formen und Farben vor allem den Speisezettel.

***Cucurbitaceae*** **(Kürbisgewächse).** Dieser großen Familie gehören rund 100 Gattungen mit etwa 850 Arten an. Die meist rankenden Kräuter und Halbsträucher sind überwiegend in den Tropen, Subtropen und den gemäßigt warmen Breiten beheimatet. In Europa kommen wildwachsend von den Kürbisgewächsen lediglich die Zaunrübe *(Bryonia)* und die Spritzgurke *(Ecballium)* vor. Der Formenreichtum kommt erst bei den tropischen und subtropischen Gattungen und Arten zum Ausdruck. Die Früchte der bei uns als Gemüse oder Obst bekannten Arten stammen zumeist aus den Gattungen *Cucumis, Cucurbita* und *Citrullus.* In den Tropen werden außerdem Früchte der Gattungen *Lagenaria, Luffa, Momordica, Sechium* und *Trichosanthes* kultiviert. Genutzt für die menschliche Ernährung werden die Früchte aller Arten, die botanisch als "Panzerbeeren" bezeichnet werden; ihr Gewicht kann von wenigen Gramm bis zu Zentnerschwere variieren. **Bittergurke, Balsambirne,** Karella *(Momordica charantia)*, engl. bitter gourd, bitter cucumber, bitter melon, balsam pear, karela, franz. margose. Der hohe Gehalt an Bitterstoffen gab dem Gemüse seinen Namen. Bei uns nahezu unbekannt, ist die Bittergurke in Indien, Indonesien, Sri Lanka, Malaysia, China, auf den Philippinen und in der Karibik ein wichtiges Gemüse. Auf den deutschen Markt gelangen nur geringe Mengen, zumeist Importe aus Thailand, Indien oder Kenia. In den Niederlanden baut man sie seit einiger Zeit unter Glas an, doch die Ernte wird zum größten Teil von Einwanderern aus den ehemals holländischen Kolonien verbraucht. Die Früchte der Bittergurke variieren sehr stark in Größe, Form, Farbe und Beschaffenheit der Fruchtoberfläche. Reife Bittergurken verfärben sich gelb bis orangerot und besitzen helles, festes Fruchtfleisch. Läßt man die Früchte an der Pflanze ausreifen, platzen sie bei Vollreife auf. Ideal: ausgehöhlt und gefüllt, in Currys, sauer eingelegt. Auch gut: pfannengerührt in chinesischen Reisgerichten, blanchiert in Gemüsesalaten. Ungeeignet zum Rohessen. **Flaschenkürbis, Kalebasse** *(Lagenaria siceraria)*, engl. bottle gourd, white-flowered gourd, calabash gourd, hairy gourd, franz. courge bouteille, calabassier, ind. Dudhi. Der Flaschenkürbis hat eine buchstäblich sagenhafte Vergangenheit: Zu den ältesten Kulturpflanzen gehörend, sollen die Samen durch Meeresströmungen aus den afrikanischen Tropen nach Südamerika gelangt sein. Archäologische Funde lassen den Schluß zu, daß dieser Kürbis bereits vor 12000 Jahren in Peru heimisch war. Heute wird er in allen tropischen und subtropischen Gebieten angebaut. Es gibt etliche Sorten, die in Form und Größe sehr unterschiedlich sind: Flaschenkürbisse können zwischen 10 und 100 cm lang werden und über 1 kg wiegen. Verzehrt werden nur junge, unreife, kleine Früchte, deren Schale noch weich ist. Ihr festes, weißes Fruchtfleisch ist sehr mild im Geschmack. Bauchige Formen mit der in ausgereiftem Zustand sehr harten, wasserundurchlässigen Schale dienen als Gebrauchsgegenstände. Ideal: wie Schmorgurken, mit Hackfüllung schmoren oder backen. Ungeeignet zum Rohessen.

**Die stark gefurchte, stachelwarzige Frucht** ist die zweite, häufigere Form der Bittergurke. Sie werden entweder kurz (etwa 10 cm) und spindelförmig (Bild ganz oben) oder erreichen Längen bis zu 30 cm (Bild oben). Letztere, deren Gelbfärbung bereits eine fortgeschrittene Reife anzeigt, wird jedoch nur selten als Gemüse verzehrt, da das Fruchtfleisch schwammig-weich wird und sich der bittere Geschmack verstärkt. Die Samen können als Gewürz verwendet werden.

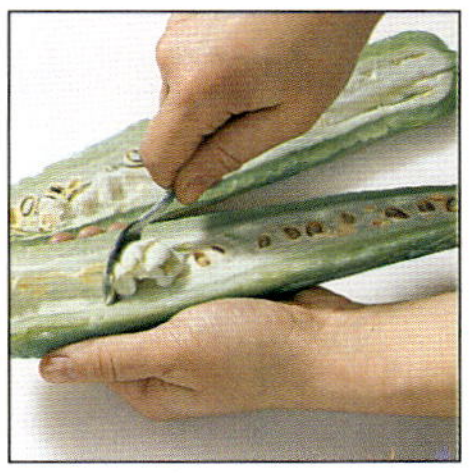

**Bittergurken zum Füllen vorbereiten:** Die Früchte waschen und mit einem scharfen Messer der Länge nach halbieren. Fruchtfleisch und Kerne mit einem Teelöffel herausschaben. Anschließend klein hacken und mit der Füllung mischen. Alles in die ausgehöhlten Hälften füllen und schmoren.

**Dudhi** heißen die schlanken, hellgrünen Flaschenkürbisse, die ihre enge Verwandtschaft mit den Zucchini in Aussehen und Geschmack erkennen lassen. Diese aus Indien importierte Sorte wird mit der Schale zubereitet (im Bild oben). Dudhis können gewürfelt, in Scheiben geschnitten oder halbiert und ausgehöhlt werden. Selbst auf Sizilien werden besonders lange Sorten des Flaschenkürbisses angeboten (im Bild rechts).

**Die Tindola** verzehrt man in den Anbauländern in unreifem Zustand nicht nur frisch, sondern verarbeitet sie auch zu Konserven. Unreif geerntete Früchte sind in Indien hauptsächlich als Kochgemüse beliebt; Blätter und Triebe werden mitgegart.

**Die Schlangengurken** erreichen eine enorme Länge von bis zu knapp 2 m bei einem Durchmesser von nur 4 bis 10 cm. Ihren Namen verdanken sie ihrer typischen, manchmal schnurartig verdrehten Form. Häufig werden die Schlangengurken während der Wachstumsphase mit Gewichten beschwert, um so eine geradere Form zu erreichen. In Asien, Afrika und in ihrer eigentlichen Heimat Indien genießt man das leicht süßliche Kürbisgewächs als Kochgemüse oder als Suppeneinlage.

**Tinda** werden diese nur apfelgroßen, hellgrünen Früchte genannt. Man ißt sie gekocht, eingemacht oder kandiert. Die Samen läßt man sich geröstet als Knabberei schmecken.

**Die Kiwano** ist eine der größten und wohlschmeckendsten afrikanischen Wildgurken. Vollreif ist die Schale orangegelb und das Fruchtfleisch leuchtend grün und gallertartig.

**Schlangengurke, Schlangenhaargurke** *(Trichosanthes cucumerina* var. *anguina)*, engl. snake gourd, club gourd, long tomato, franz. courge-serpent, serpent végétal. Mit der heimischen Salatgurke sind die bizarr wachsenden, extrem langen Früchte nur entfernt verwandt. Kultiviert werden Schlangengurken in Südostasien, China, Japan, Westafrika, Lateinamerika, der Karibik sowie im tropischen Australien; auf dem deutschen Markt haben sie so gut wie keine Bedeutung. **Tindola, Tindori** *(Coccinia grandis)*, engl. ivy gourd, small gourd, scarlet gourd, afrikan. tindola. Diese nur etwa 10 cm langen, länglich-ovalen Früchte haben nur in den Anbauländern (Indien, Indonesien, Malaysia und Zentralafrika) lokale Bedeutung. Ihr saftiges Fruchtfleisch erinnert geschmacklich an unsere Salatgurke. Reife Tindolas sind rot, gegessen werden aber nur die unreifen, grünen, auch wenn sie vielleicht bitter sind. **Tinda** *(Praecitrullus fistulosus)*, engl. round melon, squash melon, round gourd, ind. tinda. Diese kleinen Früchte stammen aus Indien und werden nur dort und im Nachbarland Pakistan angebaut. Sie sind als Gemüse ebenso geschätzt wie als Futter- und Heilpflanze. **Kiwano, Hornmelone,** Geleemelone, Afrikanische Horngurke *(Cucumis metuliferus)*, engl. horned cucumber, jelly melon (Südafrika), kiwano (Neuseeland), melano (Israel), swani melon (Kenia), franz. concombre africain, concombre cornu. Kulinarisch gesehen ist die Kiwano ein Zwitter, da sie weder den Gemüsen noch dem Obst eindeutig zuzuordnen ist. Ursprünglich im tropischen Afrika beheimatet, werden Kiwanos seit 1981 vorwiegend in Neuseeland kultiviert und mit steigendem Erfolg in alle Welt exportiert. Unter der mit zahlreichen fleischigen Stacheln besetzten Schale verbirgt sich ein anfangs helles, später dunkelgrünes, gallertartiges Fruchtfleisch. Die vielen, in einem Hohlraum in wabenähnlich angeordneten Fächern liegenden Samenkerne werden mitgegessen. Pur genossen kommt der Geschmack, eine Mischung aus Banane und Limette mit einer leichten Gurkennote, am besten zur Geltung. **Wachskürbis, Chinesischer Squash,** Chinesische Wintermelone *(Benincasa hispida)*, engl. wax gourd, white gourd, ash gourd, Chinese preserving melon, winter melon, franz. courge cireuse. Der Wachskürbis spielt eine nicht unwichtige Rolle für die Ernährung in den traditionellen Anbauländern Asiens. Auf dem europäischen Markt hat er praktisch keine Bedeutung; lediglich in den Niederlanden wird er seit kurzem in geringfügigem Umfang angebaut. Den Wachskürbis gibt es in den verschiedensten Erscheinungsformen, von kugelrund über langoval-eirund bis zu länglichrund mit einer leichten Taille. Auch die Farbe variiert von dunkelgrün bis hellgrünlichgelb. Sowohl junge als auch alte Früchte können verzehrt werden. **Chayote** *(Sechium edule)*, engl. christophine, choyote, cho-cho, sou-sou, choko, franz. chayotte, christophine. Beheimatet sind diese stärkereichen Früchte in den Bergen Mexikos, Mittelamerikas und Brasiliens. Die Azteken schätzten sie als Gemüse, das sie "chayotl" nannten. Erwerbsmäßig werden Chayoten heute in Mittel- und

**Dieser Wachskürbis** zeigt deutlich die namengebende Wachsschicht, die nur ausgewachsene Früchte überzieht und ihre besondere Haltbarkeit ausmacht. Daher auch der Name "Winter Melon". Als Kochgemüse ist der Wachskürbis in sämtlichen Anbauländern beliebt.

**Fuzzy Melon** heißen jung geerntete Wachskürbisse in Anspielung auf den haarigen Flaum.

**Grüne und weiße Chayoten:** Diese birnenförmigen, stark gerippten, manchmal auch weich bestachelten Früchte werden etwa 7 bis 20 cm lang und erreichen ein Gewicht von bis zu 1 kg. Sie besitzen ein festes, leicht süßliches Fruchtfleisch. Anders als bei allen anderen Kürbisgewächsen haben sie nur einen einzigen (eßbaren) Samen, der nußartig schmeckt.

**Chayote vorbereiten:**

Zunächst die Früchte mit einer Bürste unter fließendem Wasser gründlich abwaschen. Eventuell auch unter heißem Wasser kurz abreiben.

Die Chayoten mit einem Sparschäler dünn schälen. Am besten unter fließendem Wasser, da der austretende Milchsaft klebrig ist.

Nun die Früchte mit einem spitzen, scharfen Gemüsemesser der Länge nach halbieren. Dabei am großen Samen im Inneren entlang schneiden.

Den Samen aus den halbierten Chayoten entfernen (eventuell knabbern oder einpflanzen). Fruchthälften nochmals teilen und nach Rezept weiterverwenden.

Auch Wachskürbisse werden wie Gurken überwiegend an Spalieren oder Gerüsten gezogen. Die jungen, dunkelgrünen Exemplare haben noch ein festes Fruchtfleisch und ein ausgeprägteres Aroma als ausgereifte Wachskürbisse.

Südamerika, Indien, den USA, Afrika und anderen Ländern angebaut. Auf den deutschen Markt kommen sie jedoch höchst selten. Die aus Costa Rica importierten Chayoten (nur grüne) sind gewachst und daher sehr haltbar, wodurch immer die Gefahr des Keimens besteht. Das leicht süßliche Fruchtfleisch ist elfenbeinfarben bis dunkelgrün und sondert einen klebrigen Saft aus. Zubereitung wie Kartoffeln, Gurken oder Kohlrabi, auch zum Rohverzehr geeignet. In den südamerikanischen Anbauländern werden auch die stärkereichen Wurzelknollen gegessen, die man wie Kartoffeln zubereitet. **Luffa** *(Luffa acutangula)*, engl. angled loofah, ridged loofah, ridged gourd, silk gourd, angled gourd, Chinese oker, franz. courge torchon, papangay, lian torchon des Antilles. Die Luffa stammt aus Nordwestindien und hat sich von dort aus über ganz Südostasien und die Karibik verbreitet. In den Anbauländern, vor allem in Indien, ist die Luffa, trotz ihres geringen Nährwerts, ein beliebtes und häufig kultiviertes Gemüse. Auf den deutschen Markt kommen nur sporadisch kleine Importlieferungen. Die Luffa ist eine starkwüchsige Kletterpflanze, die an Gerüsten gezogen wird. Die Früchte können bis zu 1 m lang werden, für den Verzehr werden sie allerdings jung geerntet. Charakteristisch sind die deutlich hervortretenden 10 Längsrippen, die noch weich sein sollten. Bei ausgereiften Früchten verhärten sie sich, und die Samen entwickeln unangenehme Eigenschaften, daher sind vollreife Früchte bitter und ungenießbar. Ideal: roh wie Gurken verwenden. Auch gut: als Koch- oder Schmorgemüse. **Schwammgurke** *(Luffa cylindrica)*, engl. smooth loofah, sponge gourd, dish-cloth gourd, vegetable sponge, franz. éponge végétal, courge torchon. Die Schwammgurke ist die bekannteste der rund 10 verschiedenen Luffa-Arten. Die Züchtung hat Sorten für die Schwammgewinnung und spezielle bitterfreie Sorten für die Gemüsenutzung hervorgebracht. Wichtiger als die Nutzung als Gemüse ist der Anbau zur Gewinnung des schwammartigen Gefäßbündelnetzwerks aus den reifen Früchten. Heute dient es fast ausschließlich als Material für Naturschwämme (Luffaschwamm, -handschuh), vor dem Zweiten Weltkrieg wurden aber beispielsweise 60% der in die USA gelieferten Luffas in Filtern für Schiffsdampfmaschinen und Dieselmotoren verwendet. **Korila, Wilde Gurke** *(Cyclanthera pedata)*, engl. korila, wild cucumber. Die Korila stammt vermutlich aus Mexiko; aber auch die Karibik gilt als mögliche Heimat. Angebaut wird sie heute dort sowie in Peru und Teilen Südostasiens. Die 5 bis 7 cm langen, dick-spindelförmigen, spitz zulaufenden Beerenfrüchte können sowohl roh als auch gekocht verzehrt werden. Auf dem deutschen Markt haben Korilas so gut wie keinerlei Bedeutung. **Gurke, Salatgurke,** Schlangengurke *(Cucumis sativus)*, engl. cucumber, franz. concombre. Ob die Gurke ihren Ursprung im Himalaya oder in den afrikanischen Tropen hat, ist umstritten. Fest steht jedoch, daß die alten Griechen und Römer sie bereits kannten. Nach Nordeuropa gelangte die Gurke im Mittelalter; die ersten Gewächshauskulturen gab es im England

**Luffa vorbereiten:** Unter fließendem Wasser säubern, dann trockentupfen.

Die typischen Rippen mit einem Sparschäler dünn abschälen, die übrige Schale kann mitgegessen werden.

Die Luffa in Scheiben schneiden und nach Belieben weiterverwenden.

**"Pepino hueco"** wird die Korila von den Indios wegen ihres geringen Fruchtfleischanteils genannt.

**Die Schwammgurke** unterscheidet sich durch die nur andeutungsweise vorhandenen Längsrippen von der Luffa. Die jungen, etwa 25 cm langen Früchte haben weißes, watteartiges Fruchtfleisch. Für den Gemüseanbau wurden spezielle, bitterstofffreie Sorten gezüchtet. Gemüse-Schwammgurken und Luffas können geschält, roh oder gegart gegessen werden.

**Die Salatgurke** aus dem Unterglasanbau ist die bei uns bekannteste und am meisten verbreitete Gurkensorte. Sie ist ebenmäßig gewachsen und von gerader Form. Damit das beliebte Salatgemüse länger frisch und knackig bleibt, kommt Importware häufig in einer Folienhülle eingeschweißt in den Handel. Dadurch wird die Wasserverdunstung herabgesetzt.

**In puncto Blütenbiologie** sind Gurken ein botanischer Sonderfall: Normalerweise existieren weibliche und männliche Blüten an einer Pflanze. Es gibt aber auch vorwiegend weiblich und rein weiblich blühende Sorten. Züchter bevorzugen zunehmend die rein weiblich blühenden Gurkenpflanzen, die ohne Befruchtung samenlose Früchte bilden. Gezogen wird die krautige Gurkenpflanze am Boden kriechend oder immer häufiger an Gerüsten.

**Die Minigurke** ist eine nur 100 bis 250 g schwere und bis 15 cm lange Gurke, die erst seit kurzem auf dem deutschen Markt ist. Wegen ihres ausgeprägten Aromas gewinnt sie aber an Bedeutung: Kamen die ersten Importe noch aus Israel und der Türkei, werden Minigurken mittlerweile bereits in deutschen Gewächshäusern angebaut - allerdings in kleinen Mengen.

**Gelbe und weiße Gurken** sind wegen ihres dekorativen Aussehens beliebt, jedoch nur äußerst selten auf dem Markt. Man kann sie für Salate sehr gut mit grünen Gurken mischen.

**Die japanische Kurigurke** ähnelt rein äußerlich unseren Freiland-Salatgurken. Sie wird nur etwa 25 cm lang und hat eine dunkelgrüne, warzige Schale. Die Kurigurke wird auch wie eine Salatgurke gegessen, doch hat sie ein für europäische Zungen ungewohntes, fischähnliches Aroma. Als besonders aromatisch gilt die Schale.

**Die Schmorgurke,** eine Freilandgurke, eignet sich, wie der Name bereits sagt, besonders gut zum Schmoren und Kochen. Denn ihr festes, weniger wasserreiches Fruchtfleisch zerkocht nicht so rasch wie das der Salatgurke. Natürlich kann man Schmorgurken auch roh essen, doch enthalten sie sehr häufig Bitterstoffe, insbesondere am Stielansatz.

Das Einlegegurken-Angebot auf dem Müncher Viktualienmarkt im Spätsommer.

des 19. Jahrhunderts. Mittlerweile werden Gurken weltweit angebaut und nehmen nach Tomaten, Kohlgewächsen und Zwiebeln den vierten Rang in der Weltproduktion aller Gemüsearten ein. Das größte Erzeugerland ist China, gefolgt von der UdSSR, Japan, der Türkei, den USA, Rumänien und den Niederlanden. Wichtige europäische Anbauländer sind Griechenland, Spanien, Italien, Frankreich, Belgien, die Niederlande und Deutschland. Während in den wärmeren Klimazonen vorwiegend im Freiland kultiviert wird, gedeihen die sehr frostempfindlichen Gurkenpflanzen in kühleren Regionen fast nur im Treibhaus. Botanisch gesehen ist die Gurke ein Fruchtgemüse mit fleischigen Beerenfrüchten in vielerlei verschiedenen Formen und Größen. Sie sind anfangs grün und verfärben sich mit zunehmender Reife weiß, gelblich, orangegelb oder gelbbraun und können bis zu 1 1/2 kg schwer werden. Gurken werden etwa 40 cm lang und etwa 10 cm dick. Die Oberfläche junger Früchte ist mit stacheligen Warzen bedeckt, die aber mit zunehmender Reife verschwinden. Nennenswerte Formen der Salatgurke sind die besonders aromatische **Minigurke,** die festfleischige **Schmorgurke,** die bei uns seltene japanische **Kurigurke** sowie die ebenfalls raren **gelben** und **weißen Gurken.** Ideal für alle Sorten: in Scheiben, gehobelt oder geraspelt für Salate. Auch gut: mit Fleischfüllung kurz überbacken, als Tomaten-Gurken-Gemüse, Gurkensuppe. Ungeeignet: für Gerichte mit sehr langer Garzeit. **Einlegegurke** *(Cucumis sativus)*, engl. gherkin, franz. cornichon. Die Einlegegurke, eine weitere Gurken-Varietät, wird fast ausschließlich im Freiland kultiviert und mit einer Länge von 5 bis 20 cm geerntet. Hauptsaison für Einlegegurken ist die Zeit von Mitte August bis Mitte September, wenn die ersten Früchte eine Länge von etwa 9 cm erreicht haben. Fast die gesamte Ernte der alten Bundesländer von rund 36000 t jährlich gelangt nicht in den Handel, sondern die Sauerkonserven-Industrie verarbeitet sie. Zusätzlich wurden 1990 noch etwa 62000 t importiert. Man unterscheidet grundsätzlich zwischen Fruchttypen mit fast glatter Haut und solchen mit warziger oder stacheliger Oberfläche. Einlegegurken werden lediglich nach ihrer Größe, der Art der Konservierung bzw. der Zubereitung benannt. Cornichons heißen die nicht voll entwickelten Gürkchen (etwa 6 cm Länge), die in Essig eingelegt oder zu "Pfeffergurken" verarbeitet werden. Delikateßgurken (6 bis 12 cm Länge) werden vorwiegend ungeschält in Essig eingelegt. Saure Gurken können bis zu 15 cm und mehr erreichen; der typische Geschmack entsteht durch Milchsäuregärung. Unter Industriegurken versteht man sterilisierte Gurkenstücke, -scheiben, -würfel oder -streifen, die mit Essig und Gewürzen aufgegossen werden. Dazu zählen auch Senfgurken sowie Zucker- und Honiggurken, denen die Würzung ihre Namen gibt. Für Einlegegurken gilt wie für Salat- und Schmorgurken: Sie sind sehr kälteempfindlich und sollten daher nicht im Kühlschrank gelagert werden. Da sie sich zudem durch das von Tomaten und Obst ausströmende Ethylengas gelb verfärben, besser separat lagern.

**Einlegegurken** werden aufgrund ihrer Größe und Art der Konservierung oder Würzung benannt: **Cornichons** (ganz unten links), **Delikateßgurken** (rechts unten und Mitte rechts) oder **Industriegurken** (oben und linke Seite). Letztere werden von der Konservenindustrie in besonders vielfältiger Weise zubereitet. Am bekanntesten sind Senf- und Honiggurken sowie Gurkenrädchen, -scheiben oder -streifen. Beim Einkauf von Gurken zum Selbsteinmachen sollte man unbedingt auf eine glatte, makellose Schale achten, da die Früchte sonst faulen und die Konserven verderben.

# Kürbis

## DER GELBE RIESE - RUND UM DEN GLOBUS GROSS GEFRAGT

In Süd- und Zentralamerika soll es schon vor mehr als 10 000 Jahren Kürbisse gegeben haben. Bester Beweis für seine große Bedeutung als Nahrungsmittel ist die Tatsache, daß der Kürbis der ganzen großen Familie der Kürbisgewächse seinen Namen gegeben hat. Für seinen Wert spricht auch, daß man die 5 botanischen Arten der Kulturkürbisse heute rund um den Erdball überall in den Tropen, Subtropen sowie in den wärmeren Teilen der gemäßigten Breiten anbaut - in vielen Ländern gehört der Kürbis sogar zu den wichtigsten Gemüsearten überhaupt.

Junge Kürbisblätter sind eine hervorragende Vitamin-C- und ß-Carotin-Quelle. In Italien und vor allem Asien und Afrika werden sie als Kochgemüse geschätzt.

**Riesenkürbis vorbereiten:**

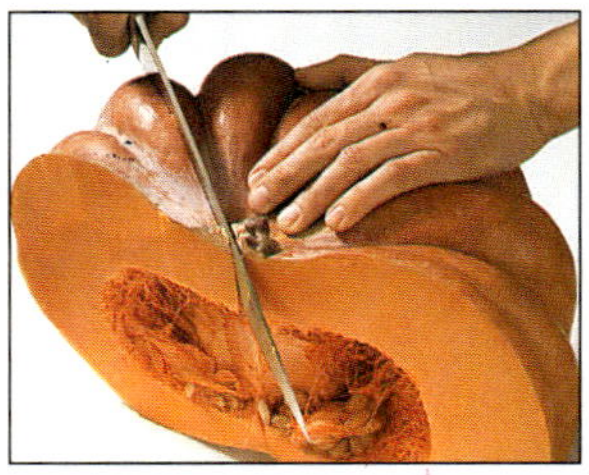

Um größere Kürbisse bequem verarbeiten zu können, schneidet man sie zunächst in Spalten oder Segmente. Am besten geht das mit einem großen Kochmesser.

Mit einem scharfrandigen Eßlöffel lassen sich die Kerne sowie das faserige Innere aus den Fruchtfleischspalten gut herausschaben. Geröstete Kerne kann man knabbern!

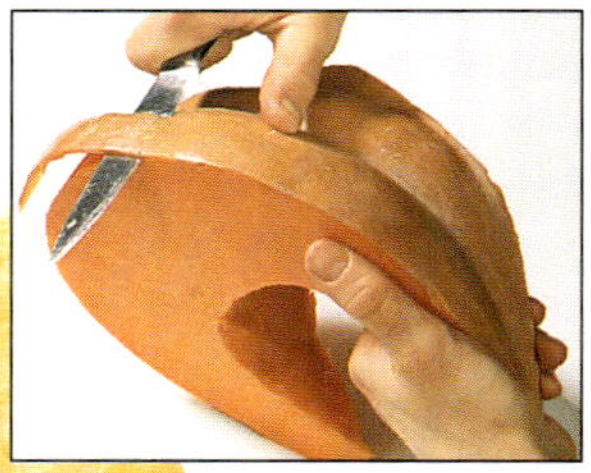

Zum Schluß die Kürbisschale streifenweise mit einem scharfen Küchenmesser ablösen und das Fleisch je nach Rezept zerkleinern.

**Aus den Kernen** des Riesenkürbisses wird das aromatische Kürbiskernöl hergestellt.

**Riesenkürbis, Speisekürbis** *(Cucurbita maxima)*, engl. pumpkin, winter squash, franz. potiron, courge. Dieser in Südamerika beheimatete Kürbis ist besonders gut für die Tropen geeignet und auch gut haltbar. Er wird unter anderem in China, Japan, Ägypten, Argentinien, Mexiko, Spanien, Rumänien und der Türkei kultiviert. Wichtigste Anbauländer Europas sind Frankreich, Griechenland und Italien. In Deutschland ist die großblättrige, einjährige Pflanze hingegen hauptsächlich in Klein- und Hausgärten vertreten, wo sie typischerweise für die Beschattung von Komposthaufen genutzt wird. Die botanisch als Beeren zu bezeichnenden Einzelfrüchte der frostempfindlichen, stark rankenden Riesenkürbispflanze sind meist kugel- bis walzenförmig. Der Name veranschaulicht sehr gut die enorme Größe der bis zu 75 kg und mehr wiegenden Riesenkürbisse. Unter ihrer festen, dicken und ungenießbaren Schale steckt weiches, saftiges Fruchtfleisch, dessen Farbe von weiß über gelb bis zu orangerot variiert. Es enthält neben fast 95% Wasser vor allem Kohlenhydrate, Eiweiß, Calcium, Eisen, Vitamin C und verschiedene B-Vitamine. Aus den sehr nährstoffreichen Kürbiskernen wird - vorwiegend in Osteuropa - ein dunkelgrünes, äußerst aromatisches Öl gepreßt, das vorzüglich für Salate aller Art geeignet ist. In Südeuropa sind die Kerne getrocknet und eventuell geröstet eine beliebte Knabberei; die zarten Kürbisblüten schätzt man gefüllt oder in Teig gehüllt und ausgebacken als Delikatesse. Auf den deutschen Markt kommen ab September bis in den späten Winter hinein hauptsächlich die Sorten "Gelber Zentner", "Riesen Melonen" und "Rouge vif d'Etampes". Kleine Speisekürbisse werden meist im ganzen, große Riesenkürbisse dagegen aufgeschnitten nach Gewicht verkauft. Qualitätsmerkmale sind eine glatte, saubere Schale ohne Flekken sowie der noch vorhandene, etwa 10 cm lange Stiel. Das Fruchtfleisch ist äußerst vielseitig verwendbar. Ideal: süß-sauer eingemacht, als Chutney oder Kompott, als Püree zu Geflügel oder Schweinefleisch. Auch gut: im Auflauf oder Eintopf, mit Sahne und Brühe gekocht als Cremesuppe, im Ofen gebacken. Nicht geeignet zum Rohessen. **Moschuskürbis** *(Cucurbita moschata)*, engl. pumpkin, winter squash, franz. courge musquée. Archäologisch ist der Moschuskürbis, von dem keine Wildform bekannt ist, seit etwa 1000 bis 3000 v.Chr. aus Neu Mexiko und Peru bekannt. Wegen seiner Unempfindlichkeit gegen hohe Temperaturen ist er der am meisten verbreitete Kürbis der Tropen beider Hemisphären. Die Früchte besitzen keine harten Schalen und sind außerordentlich vielfältig in ihrer Form. Das Fruchtfleisch ist durch seinen reichen Karotingehalt dunkelgelb gefärbt, etwas gelatineartig in der Konsistenz und verströmt einen angenehmen Duft (daher der Name). Der Moschuskürbis ist sowohl als schmackhaftes Nahrungsmittel als auch als Tierfutter beliebt. Hervorzuheben ist vor allem auch seine hervorragende Haltbarkeit, die Wochen, ja sogar Monate betragen kann. Zu den zahlreichen Moschuskürbissen gehört beispielsweise der "Butternußkürbis", in den USA als "Butternut" wegen seines buttrig-

**"Acorn squash"** ist der englische Name des Eichelkürbisses. In Amerika wird der hartschalige Winterkürbis mit seinem hellorangefarbenen, süßlichen Fruchtfleisch gern gefüllt und im ganzen gebacken gegessen. Ebenfalls beliebt ist ein mit viel Butter verfeinertes Püree aus gekochtem "Acorn squash".

Die kultivierten Kürbisse verteilen sich auf 5 botanische Arten der Gattung *Cucurbita (C.)*: Der Riesenkürbis *(C. maxima, 1)* wird heute vor allem in den USA in vielen Sorten kultiviert. Der Feigenblattkürbis *(C. ficifolia)* hat als Gemüse kaum Bedeutung; er findet vorwiegend als Veredelungsunterlage von Gurken und Melonen Verwendung. Die Formen des in Zentral- und Südamerika weit verbreiteten Ayote *(C. mixta)* sind besonders vielfältig. Der Moschuskürbis *(C. moschata, 2, 3, 4, 7, 8)*, der in Zentralamerika, China sowie Indien eine bedeutende Rolle spielt, ist sehr vielfältig in Form, Farbe und Größe und besitzt ausgesprochen aromatische Früchte. Der Gartenkürbis *(C. pepo, 5, 6, 9, 10)* schließlich ist weltweit die von allen Arten am weitesten verbreitete. Grob unterteilt werden diese Kürbisarten trotz ihres ganzjährigen Anbaus in Sommer- und Winterkürbisse. Dabei werden erstere generell zur Art *C. pepo* gezählt und sind an ihrem kleinen Wuchs, dem hellen Fruchtfleisch sowie ihren weichen Kernen zu erkennen. Wegen der stets dünnen Haut können junge Sommerkürbisse, zum Beispiel Zucchini oder Patissons, ungeschält gekocht oder gedünstet werden. Winterkürbisse gehören generell zu den Arten *C. maxima* oder *moschata* und werden nur ausgereift geerntet. Kürbisse der Art *C. maxima* haben eine harte Schale und sind nicht komplett eßbar. Kürbisse der Art *C. moschata* dagegen haben eine feste Schale, die mitverzehrt werden kann.

**Der Butternußkürbis** erhielt seinen Namen wegen der butterartigen Konsistenz seines Fruchtfleischs und wegen seines nußartigen Geschmacks. Er gehört zu den Moschuskürbissen (im Bild ganz oben). Bei diesem **Riesenkürbis** mit seiner grünen, rauhen Schale handelt es sich um ein etwas kleingewachsenes Exemplar (Bild Mitte). Dieser **Spaghetti-Kürbis** ist noch unreif und weiß (im Bild oben).

**Dieses glockenförmige, stark gerippte Exemplar** ist ein gutes Beispiel für die Formenvielfalt der Moschuskürbisse.

weichen Fleischs sehr geschätzt. Zubereitung wie Riesenkürbis. **Gartenkürbis, Gemüsekürbis,** Sommerkürbis, Schmuckkürbis *(Cucurbita pepo)*, engl. marrow, vegetable marrow, summer squash, franz. courge pépon. Der Gartenkürbis stammt vermutlich von dem in Mexiko und Texas wild vorkommenden **Texaskürbis** *(Cucurbita pepo* ssp. *texana)* ab und ist heute der weltweit am meisten verbreitete aller Kürbisse. Er ist sowohl in den Tropen und Subtropen als auch in den gemäßigten Breiten anzutreffen. Er wird vom 60. Breitengrad in Skandinavien oder der Sowjetunion bis in die 2500 m hoch liegenden Gebirgstäler Asiens angebaut. Wegen seiner Raschwüchsigkeit und der Kältetoleranz wird er in den subtropischen Bergländern und den temperierten Klimazonen dem kälteempfindlicheren Riesenkürbis im Anbau vorgezogen. Bereits 50 Jahre nach Columbus' Entdeckung der Neuen Welt war der Gartenkürbis in ganz Europa bekannt; schon 1543 wurden in einem berühmten deutschen Kräuterbuch mehrere Sorten erwähnt. Heute existieren weltweit unzählige Varietäten, die als Abkömmlinge des Gartenkürbisses alle an gemeinsamen Merkmalen zu erkennen sind: Das faserige Fruchtfleisch zerfällt beim Kochen nicht, und der Fruchtstiel ist stets kräftig entwickelt und weist tiefe Rillen auf. Zu den wichtigsten Vertretern gehören Patisson, Spaghettikürbis, Rondini und Zucchini. **Patisson, Squash,** Kaiser-, Bischofsmütze *(Cucurbita pepo* ssp. *pepo* convar. *patissonina)*, engl. custard marrow, scallop, squash, franz. patisson. Diese vermutlich aus einer Kreuzung von Gurke und Kürbis entstandene Kürbisart wurde bereits von den Indianern des präkolumbianischen Amerika angebaut und ist noch heute in den USA ein verbreitetes, geschätztes Gemüse. Charakteristisch für die Früchte der einjährigen, rankenden Kriechpflanze ist ihre flache, plattrunde, etwa handtellergroße Form. Die Farbe variiert von weiß über elfenbeinfarben und gelb bis zu hellgrün. Es gibt nur wenige Sorten, die alle unter dem Namen "Squash" gehandelt werden. Aus Frankreich, Chile, Südafrika und mittelamerikanischen Ländern (wie Guatemala) werden seit kurzem auch Mini-Squashs importiert. Patissons werden gewaschen, aber ungeschält zubereitet. Ideal: mit Zwiebeln und Tomaten geschmort; ausgehöhlt und mit Hack gefüllt überbacken. **Spaghetti-Kürbis** *(Cucurbita pepo)*, engl. vegetable spaghetti, spaghetti squash, franz. spaghetti végétal, coloquintes. Ihren Namen erhielt diese aus Japan stammende Kürbisart durch die Eigenart des Fruchtfleischs, mit der Reife spaghettiähnliche Fäden auszubilden. Nach dem Kochen lösen sich die einzelnen Stränge voneinander und werden noch deutlicher sichtbar. Da die Frucht im ganzen gekocht wird, variiert die empfohlene Kochzeit zwischen 20 bis 50 Minuten, abhängig von der Größe der Frucht. Man ißt das Fruchtfleisch wie die "echten" Nudeln mit Tomatensauce und Parmesan. Hauptvorteil dabei ist der im Vergleich zur Pasta viel niedrigere Kaloriengehalt. Spaghetti-Kürbis ist in geringen Mengen, meist aus französischen und israelischen Importen, von August bis Dezember auf dem Markt.

**Dieser flachrunde, gefleckte Moschuskürbis** stammt aus Thailand.

**Der Spaghetti-Kürbis** (im Bild ganz oben) verfärbt sich mit der Reife gelb und bildet ein faseriges, spaghettiähnliches Fruchtfleisch. Neben den großen weißen Patissons kommen in letzter Zeit vermehrt auch die sehr zarten **Mini-Patissons** in den Farben gelb und hellgrün auf den Markt (im Bild oben und rechts).

**"Butterball",** eine japanische Hybridsorte des Riesenkürbisses, mißt im Durchmesser nur etwa 15 cm. Die grüne Schale verfärbt sich bei der Reife oft orangefarben. Das Fruchtfleisch läßt sich nach dem Kochen gut pürieren. Dieses in Farbe und Geschmack an Kastanien bzw. Maronen erinnernde Püree schmeckt hervorragend zu Kurzgebratenem und Geflügel.

**Gelber Zentner,** eine Riesenkürbissorte, macht ihrem Namen Ehre: 50 kg und mehr bringt der bei uns wohl bekannteste Riesenkürbis auf die Waage! Da Normalhaushalte solche Mengen kaum bewältigen, wird er zerteilt nach Gewicht verkauft. In den USA werden in die ausgehöhlten Kürbisse "Gesichter" geschnitzt - so präpariert gehören sie zu "Halloween".

**Rondini** (im Bild ganz oben) und **runde Zucchini** (im Bild oben) ähneln sich zwar im Aussehen sehr stark, gehören aber zu unterschiedlichen Varietäten des Gemüsekürbisses. Der für den Verbraucher wichtigste Unterschied ist, daß sich Rondini im Gegensatz zu Zucchini nicht zum Rohverzehr eignen.

Im ganzen Mittelmeerraum ist die Auswahl an Zucchini in diversen Farben und Größen riesig. Zu den Regionen mit der größten Anbauvielfalt gehört vor allem Italien.

**Diese hellgrüne Zucchinisorte** aus der Türkei ist sehr schmackhaft und wird im Mittelmeerraum und im Nahen Osten bevorzugt.

**"Goldrush"** nannten die Amerikaner diese leuchtend gelbe Zucchinisorte sehr treffend, die inzwischen, obgleich noch selten, auch bei uns zu bekommen ist.

**Zucchini, Gemüsekürbis,** Gurkenkürbis, Cocozelle *(Cucurbita pepo* ssp. *pepo* convar. *giromontiina)*, engl./franz. courgette. Botanisch gesehen handelt es sich bei der Zucchini um die fleischigen Beerenfrüchte einer rasch wachsenden, nicht kriechenden und sehr frostempfindlichen Pflanze. Der Name ist die Verkleinerungsform des italienischen "Zucca" (Kürbis). Tatsächlich stammen Zucchini ursprünglich vom Riesenkürbis ab; sie werden heute unter anderem in den Mittelmeerländern, den Niederlanden, den USA sowie in Großbritannien und Frankreich kultiviert. In Deutschland noch Mitte der 70iger Jahre nahezu unbekannt, haben Zucchini heute als Gemüse sowohl in Kleingärten als auch im Erwerbsanbau durchaus Bedeutung. Die Anbaufläche gilt als stetig wachsend. Kultiviert werden Zucchini überwiegend im Freiland; der Unterglasanbau ist relativ gering. Die Schale der bis zu 40 cm langen und bis zu 2 kg schweren Zucchini ist in der Regel hell- bis dunkelgrün und hellgrau gesprenkelt oder gelb gestreift, weshalb sie ihrer botanischen Verwandten, der Gurke, im Aussehen ähnelt. Es gibt zahlreiche Sorten, darunter auch weiße, cremefarbige und gelbe Zucchini, die zumeist aus Italien, Frankreich und der Türkei importiert werden. Eine besondere Varietät ist die runde Zucchini; "Minizucchini" sind nur sehr jung geerntet, keine spezielle Sorte. Bei uns nur im Sommer und sehr selten zu haben sind Zucchini mit ihrer Blüte; die Blüten sind gefüllt oder ausgebacken eine besondere Delikatesse. Allen Sorten und Typen gemeinsam ist das weiße bis hellgrüne Fruchtfleisch, welches an das der Gurke erinnert, jedoch wegen seines geringeren Wassergehalts wesentlich fester ausfällt. Im Geschmack ist es roh genossen als leicht nußartig, ansonsten eher als neutral zu bezeichnen. Die zahlreichen weichen, hellen Kerne werden mitverzehrt. Wichtigste Inhaltsstoffe der Zucchini sind neben Kohlenhydraten und Eiweiß vor allem die Mineralstoffe Phosphor und Eisen sowie Provitamin A und Vitamin C. Geerntet werden sie halb ausgewachsen mit einer Länge von etwa 15 bis 20 cm. Sie sind ganzjährig im Angebot. Beim Einkauf sollte man auf gerade, feste Früchte mit makelloser Schale achten. Im Gemüsefach des Kühlschranks (nicht unter 10°C) halten sie sich gut bis zu drei Wochen frisch. Da Zucchini empfindlich auf von Obst und Tomaten abgegebenes Ethylen reagieren, lagert man sie am besten separat. Ideal: geschmort, gedünstet, gebraten; in Ratatouille; mit Hackfleisch, Käse, Reis gefüllt und überbacken. Auch gut: als Gratin, für herzhafte Kuchen, roh als Salat, fritiert.

**Rondini** *(Cucurbita pepo)*, engl./franz./ital. rondini. Die Rondini stammt vermutlich aus den Subtropen Asiens und Afrikas; in Europa ist sie ein relativ neues Gemüse mit noch wenig Marktbedeutung. Die Rondini sind zwar mit der Zucchini botanisch nah verwandt (gleiche Art), jedoch von runden Zucchinisorten, die der Rondini sehr ähneln, zu unterscheiden. Rondini-Pflanzen klettern, Zucchini-Pflanzen dagegen sind buschförmig. Rondini färben sich bei der physiologischen Reife orangerot, Zucchini bleiben grün bis gelblich. Geerntet werden Rondini nur im unreifen, grünen Zustand.

**Die ganz jungen "Baby"-Zucchini** werden im Sommer mit ihren Blüten angeboten - ein hübscher Farbtupfer für Salate!

**Die besonders großen weiblichen Zucchiniblüten** (im Bild ganz oben) mit der gerade angesetzten, nur fingerlangen Frucht eignen sich am besten zum Füllen. Die **kleineren männlichen Blüten** hingegen (im Bild oben) werden meist ausgebacken oder fritiert. Die buschförmig wachsende **Zucchinipflanze** (im Bild rechts) ist äußerst ergiebig und bringt im Verlauf des Sommers jede Menge Früchte hervor.

# Zucchini

## DIE GRÜNEN ZWERGE - JE KLEINER, JE LIEBER!

Seid fruchtbar und mehret Euch - das könnte das Motto der Zucchinipflanze sein. Denn so anspruchslos sie gegenüber den Anbaubedingungen ist, so reichlich blüht und gedeiht sie andererseits. Kaum verwunderlich also, daß die im Mittelmeerraum seit altersher kultivierte Zucchini in den letzten Jahren auch im kühlen Deutschland bei den Gemüseanbauern stetig an Beliebtheit gewonnen hat. Gleichzeitig stieg auch die Nachfrage, denn das kalorienarme Gemüse ist konkurrenzlos vielseitig und äußerst anpassungsfähig. In Scheiben oder Stifte geschnitten, verträgt es sich mit so gut wie jeder anderen Zutat - Fleisch, Fisch, Eier, Gemüse, Kräuter und nahezu alle Gewürze können hervorragend mit den im Aroma sehr zurückhaltenden Zucchini kombiniert werden. Am zartesten sind übrigens junge Zucchini.

**Die dunkelgrünen,** mehr oder minder silbergrau gesprenkelten Zucchinisorten, wie hier die "Elite", sind in Deutschland am bekanntesten und am weitesten verbreitet.

# Wasserkastanien

## IN DER CHINESISCHEN KÜCHE UNENTBEHRLICH

Mit der echten Kastanie hat die Chinesische Wasserkastanie außer einer entfernten äußerlichen vor allem geschmackliche Ähnlichkeit. Botanisch gehören die Namensvettern allerdings verschiedenen Welten an - die Wasserkastanie zählt zur Familie der Riedgrasgewächse und wird in stehenden Gewässern kultiviert. Die Sproßknollen reifen langsam und sind nur in mühsamer Handarbeit zu ernten. Dennoch erfreuen sich Wasserkastanien vor allem in Ostasien großer kulinarischer Beliebtheit. In der chinesischen Region Kanton verwendet man pürierte Wasserkastanien als feine Fülle für die Spezialität "Dim Sum", kleine Teigtaschen, die in Wasserdampf gegart und als Imbiß genossen werden. In der europäischen Küche sind Wasserkastanien, in Schinken gehüllt und gegrillt, als pikante Vorspeise bekannt. Wer die dunkelbraun- oder schwarzschaligen Knollen nicht frisch bekommt, kann auf chinesische und japanische Konserven zurückgreifen, die es bei uns im gut sortierten Handel gibt.

**Wasserkastanien vorbereiten:**

Die gut gewaschenen Wasserkastanien befreit man mit einem scharfen Messer - ähnlich wie einen Apfel - von der Schale.

Gelbliche, schlaffe Knollen aussortieren. Bei den übrigen mit dem Messer den zähen Stielansatz entfernen.

Nun die geschälten Wasserkastanien je nach Rezept im ganzen oder kleingeschnitten weiterverarbeiten.

**Auf chinesischen Märkten** bieten die Händler Wasserkastanien ungeschält in der erdigen Kruste an, denn diese hält das unter der Schale liegende, weiße Fruchtfleisch auch ohne Kühlung lange frisch.

**Den Erdmandeln** gab ihr mandel- bis nußartiger Geschmack den Namen. Die eichelgroßen, kastanien- bis schwarzbraunen Sproßknollen sind von einer runzligen Haut überzogen.

***Cyperaceae* (Riedgrasgewächse).** Diese Familie umfaßt vorwiegend Nutzpflanzen wie die bei uns wild vorkommenden Binsen, Seggen, Wollgräser sowie die beliebte Zimmerpflanze Zypergras. Als Gemüse werden die Sproßknollen der Erdmandel und der Chinesischen Wasserkastanie genutzt. **Erdmandel, Chufa,** Chufanuß *(Cyperus esculentus)*, engl. chufa, tiger nut, earth almond, franz. amande de terre, souchet comestible. Die Araber brachten das Zypergrasgewächs aus Afrika nach Südeuropa. Die ausdauernde Staude, die wie die Kartoffel unterirdische Ausläufer treibt, wird in den meisten warmen Ländern wegen der kriechenden, sich rasch ausdehnenden Wurzeln als Unkraut gefürchtet. Lediglich in Nordafrika und Spanien werden ihr hoher Nährwert sowie ihr nußartiger Geschmack geschätzt und die Pflanze in geringem Umfang angebaut. **Chinesische Wasserkastanie** *(Eleocharis dulcis)*, engl. Chinese water chestnut, waternut, franz. liseron d'eau. Die Heimat der im Wasser kultivierten Sumpfpflanze liegt in Westafrika, Madagaskar, Indien, auf den Pazifischen Inseln sowie in ganz Ostasien. Vor allem in China hat sie große Bedeutung für die Küche: Die an den Wurzeln sitzenden dunkelbraunen oder schwarzen Knollen werden wegen ihres süßlichen, festen, weißen Fruchtfleischs als Zutat für süße Gerichte geschätzt.

***Dioscoreaceae.*** Diese Familie wurde nach ihrer wichtigsten Gattung *Dioscorea* (Yam) benannt, die mit rund 600 Arten in den Tropen verbreitet ist. **Yam, Yamswurzel,** Brotwurzel *(Dioscorea* ssp.), engl. yam, franz. igname. Die Ursprungsgebiete liegen in Afrika, Asien und Amerika. 95% der Weltanbaufläche befinden sich in Afrika, wo Yam aufgrund des hohen Stärkegehalts ein wichtiges Nahrungsmittel ist. Die Kultur ist arbeitsaufwendig und teuer, weshalb Yam mehr und mehr durch Maniok und Süßkartoffel verdrängt wird. Die meisten der rund 150 Yam-Arten sind rechts- oder linkswindende Kletterpflanzen, deren Knollen in Form, Farbe und Größe (2 bis 5 kg) stark differieren. Zu den bedeutendsten Yam-Arten gehören **Wasser-Yam** *(D. alata)* mit einem Gewicht bis zu 60 kg pro Knolle, **Japanischer Yam** *(D. japonica)* sowie **Asiatischer Yam** *(D. esculenta)* und **Cush-Cush-Yam** *(D. trifida)*, die sich durch besonderen Wohlgeschmack auszeichnen.

***Euphorbiaceae* (Wolfsmilchgewächse).** Zu dieser Familie zählen Ziergewächse wie der Weihnachtsstern. Wichtigste Knollenpflanze ist jedoch **Maniok, Kassave,** Kassavawurzel *(Manihot esculenta)*, engl. cassava, manihot, franz. manioc. Aufgrund der problemlosen Kultur steigt die Weltproduktion stetig an; größter Produzent ist Thailand, gefolgt von Brasilien und den afrikanischen Ländern. Die Wurzelknollen des mehrjährigen Strauchs sind in den Tropen nach Zuckerrohr, Reis und Mais der viertwichtigste Energielieferant; weltweit steht er als Nahrungsmittel an sechster Stelle. Hauptgrund ist die reichlich enthaltene Stärke, doch ist auch der Gehalt an Vitamin C, Eiweiß und Mineralstoffen sehr hoch. Auch die Blätter können gegessen werden. Rohe Knollen enthalten Blausäure, die sich jedoch durch Erhitzen verflüchtigt.

**Der Wasser-Yam,** auch "Großer Yam" genannt, ist die am weitesten verbreitete Art. Die oft enorm großen Knollen haben meist weißes bis gelbliches, seltener rötliches Fleisch.

**Der Japanische Yam,** in Japan "Yamatoimo" genannt, unterscheidet sich durch seine Form und die schneeweiße Farbe von anderen Arten. Er wird meist gerieben verwendet.

**Der Chinesische oder Asiatische Yam** besitzt besonders kleine, aromatische Knollen, die wie Kartoffeln gekocht werden. In der Form erinnern sie an Bataten.

**Der Cush-Cush-Yam** stammt aus dem nördlichen Südamerika und wird heute vorwiegend in der Karibik angebaut. Diese spindelförmigen Knollen kommen aus Costa Rica.

**Maniokwurzeln** werden bis zu 1 m lang. Ihr nährstoffreiches Fleisch ist stets weiß und von einer braunen Korkschale umhüllt.

**Mini- oder Babymais** nennt man die jung geernteten, nur knapp 10 cm langen, unreifen Zuckermais-Kölbchen. Während man sie hierzulande lange nur als Sauerkonserve kannte, sind die feinen Kleinen in Asien seit jeher ein beliebtes Frischgemüse. Inzwischen jedoch freunden sich auch deutsche Genießer zunehmend mit den fast weißen, zarten Kölbchen an.

Nur beste Qualität wird akzeptiert, wenn die Vertragsbauern, hier in Thailand, die neue Mini-Mais-Ernte vorführen.

# Zuckermais

## SOWOHL RIESENKOLBEN ALS AUCH MINIATURAUSGABEN - EIN FEINES GEMÜSE

In Deutschland kennt man den jungen Verwandten des uralten Futtermaises erst seit dem Zweiten Weltkrieg - doch die Beliebtheit von Zuckermais wächst auch hierzulande stetig. Kaum verwunderlich, wenn man bedenkt, daß die goldgelben Kolben nicht nur zuckersüß schmecken, sondern auch an Nährstoffen so viel zu bieten haben wie nur wenige andere Gemüse: Sie sind ähnlich gehaltvoll wie Erbsen; Hauptinhaltsstoffe sind Kohlenhydrate, Eiweiß, Fett, Calcium, Kalium, Eisen, Provitamin A, die Vitamine $B_1$, $B_2$, $B_3$, $B_6$ sowie sehr viel Vitamin C. Dies gilt nicht nur für die ausgewachsenen Exemplare, sondern auch für die wunderbar zarten Mini-Maiskölbchen!

**Frischer Zuckermais** ist zweifellos eine Delikatesse, die allerdings rasch an Aroma verliert, wenn sie zu lange oder falsch gelagert wird. Bei Temperaturen von etwa 5°C büßen die Kolben innerhalb weniger Stunden rund die Hälfte ihres Zuckergehalts ein. Man sollte daher nur gut gekühlte Ware kaufen und diese so rasch wie möglich verbrauchen.

**Der Anbau** von Zuckermais erfolgt fast ausschließlich in Plantagen, hier eine Mini-Mais-Plantage in Thailand. Zuckermais ist ein einjähriges Gras, dessen markerfüllter Halm bis 2,5 m hoch wird. Die Bewässerungsgräben sorgen für eine ausreichende Bodenfeuchtigkeit, die für die optimale Kolbenentwicklung besonders wichtig ist.

**Zuckermaiskolben** befinden sich im "Milchreife"-Stadium, wenn sich die herausragenden Narbenfäden braun färben: Die Körner sind vollrund und glatt, hell- bis dunkelgelb und enthalten einen milchweißen Saft. Ältere oder zu spät geerntete Kolben werden pappig, ihre Körner schrumpfen und verlieren schnell an Süße, da der Zucker in Stärke umgewandelt wird.

***Labiatae* (Lippenblütler).** Diese Familie umfaßt etwa 200 Gattungen mit rund 3000 Arten. Die meisten zählen zu den Kräutern oder Halbsträuchern, viele werden als Zierpflanze, etliche als Gewürz-, Tee- und Heilpflanze angebaut. Drittgrößte Gattung ist *Stachys* mit etwa 300 Arten. **Ziestknollen, Knollenziest,** Japanische Kartoffel, Japanziest, Chinesische Artischocke *(Stachys affinis)*, engl. chinese artichoke, franz. crosnes du Japon, crosne. In Japan und China werden die Wurzelkörper des Staudengewächses mit ihrem an Schwarzwurzeln und Artischocken erinnernden Geschmack in relativ großem Umfang angebaut; nennenswerte europäische Kulturen gibt es nur in Frankreich. In Deutschland kommen nur selten geringe Importmengen auf den Markt. Da sich die Rhizome hauptsächlich zwischen, nicht an den Knoten selbst verdicken, entstehen Wurzelkörper, deren mittlere Glieder stärker anschwellen als die Basis und Spitze. So entsteht durch ringsum verlaufende Einschnürungen die typische, an Raupen erinnernde Form. Zubereitet werden die Knöllchen wie Teltower Rübchen oder Spargel.

***Gramineae* (Gräser).** Die Familie der Gräser ist mit 600 Gattungen und rund 10000 Arten eine der umfangreichsten überhaupt; zu ihr zählen so wichtige Nahrungsquellen wie alle Getreide, Reis, Hirse, Mais sowie Zuckerrohr. **Zuckermais, Gemüsemais,** Süßmais, Zuckerkorn, Goldmais *(Zea mays* convar. *saccharata)*, engl. sweet corn, franz. mais sucré. Im Gegensatz zu dem seit Jahrtausenden als Futterpflanze bekannten und aus Mexiko stammenden Mais gibt es den als Gemüse genutzten Zuckermais erst seit Mitte des vorigen Jahrhunderts. Vom Futtermais unterscheiden ihn die frühere Reife, die kleineren Kolben und die zarten, zuckerreichen Körner, die ihm den Namen gaben. Hauptanbauland sind heute die USA, wo Zuckermais gut 17% der gesamten Gemüseanbaufläche bestreitet und in großem Umfang exportiert wird. In Europa wird er vor allem in England, Frankreich, Spanien und den Niederlanden, also den gemäßigten Klimazonen, kultiviert; in Deutschland ist der Anbau zwar gering, aber die Tendenz steigend. Die einjährige Maispflanze wächst bis zu 2,50 m hoch. Die männlichen Blüten stehen als Rispe an der Spitze, die weiblichen Blüten befinden sich in mehreren achselständigen Kolben, die von Scheidenblättern umhüllt sind. Die herausragenden, fadenförmigen Griffel werden durch Pollenflug befruchtet, woraufhin sich an den Kolbenachseln die Körner entwickeln. Bekannt sind rund 300 - fast ausschließlich amerikanische - Zuckermaissorten; am verbreitetsten sind besonders zukkerreiche Züchtungen wie "Early Extra Sweet", "Tasty Sweet" und "Florida Stay Sweet". Einige Sorten eignen sich gut zum Anbau von "Mini-Mais", den maximal 10 cm langen, fast weißkörnigen Kölbchen, die vor allem in Mixed Pickles Verwendung finden. Ideal: im ganzen in Salzwasser gekocht oder gegrillt; Maiskörner gedünstet oder in Sahne als Beilage; als Gemüse mit Erbsen oder Paprikaschoten gemischt. Auch gut: in Salaten, mit Sahne püriert als Cremesuppe, in Pfannkuchenteig ausgebacken oder roh als Knabberei.

**Ziestknollen** sind die maximal fingerlangen, weißgelben, zarten, saftigen Ausläuferknöllchen der aus China stammenden Pflanze.

**Ziestknollen vorbereiten:** Die Knöllchen gut unter fließendem Wasser abbürsten, dann putzen. Sie werden in der Schale in kochendem Wasser blanchiert und für Salate verwendet oder gekocht und in Rahmsauce angerichtet.

**Zuckermaiskolben** werden gewaschen, ihre Enden abgeschnitten und die Körner mit einem Messer abgeschabt. Die abgelösten Körner können anschließend gekocht, gedünstet oder anderweitig als Gemüse zubereitet werden. Die Kolben können aber auch als Ganzes gekocht oder mit Butter bestrichen und in Alufolie gewickelt über dem Grill gegart werden.

Frische Bambussprossen gehören zu den bevorzugten Gemüsearten in der fernöstlichen Küche, wenngleich sie auch dort nicht gerade billig angeboten werden.

**Bambussprossen, Bambusschößlinge** *(Phyllostachys pubescens)*, engl. bamboo shoots, franz. pousses de bambou. Da manche Bambus-Arten viele Jahre, manchmal sogar Jahrzehnte benötigen, um zur Blühreife zu gelangen, wurden viele Arten nur nach vegetativen Merkmalen beschrieben, so daß die botanische Einordnung bis heute unsicher ist. Die verholzten Bambus-Baumstämme werden seit altersher im tropischen Asien unter anderem für die Herstellung von Möbeln, Haushalts- und Küchengeräten, Eßstäbchen sowie zur Errichtung ganzer Häuser verwendet, während die Sprossen als Gemüse genutzt werden. *Phyllostachys pubescens* ist nur eine von über 200 Arten, eignet sich aber am besten für den plantagenmäßigen Anbau zur späteren Sprossengewinnung. Sie stammt aus Südchina und wird heute hauptsächlich auf Taiwan und in Japan kultiviert, wo man die ansonsten wenig nährstoffhaltigen Schößlinge wegen ihres sehr hohen Kieselsäureanteils als Naturheilmittel gegen nervöse Leiden sowie wegen ihres delikaten Geschmacks als Gemüse schätzt. Das europäische Klima ist wenig geeignet für den Bambussprossen-Anbau; dennoch hat man in Norditalien mit erfolgreichen Kultur-Versuchen begonnen: Das Val Fontanabuona bei Genua bietet mit seinen milden Wintern und heißen, feuchten Sommern durchaus gute Bedingungen für die Bambuszucht. Dort wurden sechs Jahre nach der Errichtung einer 4 Hektar kleinen Plantage die ersten Schößlinge geerntet. Bambussprossen sind die jungen Sprosse und Triebe immergrüner tropischer Gräser verschiedener Gattungen. Die Pflanzen sind ausdauernd, holzig und von strauch- oder baumartigem Wuchs. Die aus den Niederblattachseln junger Pflanzen entstehenden, blassen Schößlinge werden ähnlich wie Spargel gestochen, wenn sie noch zart, süß und nicht verholzt sind. Die besten Sprosse sind die sehr früh geernteten ("winter bamboo"), die gestochen werden, sobald sich die Spitzen an der Erdoberfläche zeigen. Wachsen die Sprosse weit aus dem Boden, verlieren sie ihren zarten Geschmack. Die etwa 30 cm langen, spitz zulaufenden Sprosse wiegen etwa 200 g. Frische Bambusschößlinge sind von bleichen, eiförmig zugespitzten Niederblättern schuppenartig umhüllt. Sie werden gewaschen, geputzt, geschält und je nach Rezept zerkleinert. Ideal: wie Kohlrabi gedünstet; in fernöstlichen Reisgerichten. Auch gut: kurz blanchiert in asiatischen Salaten mit gebratenem Hühnerfleisch oder Shrimps und Glasnudeln. Ungeeignet: zum Rohessen, für Gerichte mit langer Garzeit. Frische Bambussprossen kommen bei uns nur sehr selten auf den Markt. Wesentlich häufiger und in großer Auswahl werden Bambussprossen als Konserve aus China, Taiwan, anderen asiatischen Ländern sowie den USA gehandelt. In Dosen oder Vakuum-Gläsern kommen die jungen Sprossen zerkleinert auf den Markt. Man verwendet sie direkt aus der Dose und läßt sie lediglich abtropfen. Ideal: für exotische Reis- und Nudelpfannen; in asiatischen Suppen und Salaten. Auch gut: mit einem scharfen Dip als Vorspeise oder als eßbare Dekoration für kalte Platten.

Auch bei den Bambussprossen gibt es mehr als eine Saison: Im Gegensatz zu den etwa 30 cm langen **Frühlingssprossen** (im Bild oben) erreichen ihre kleinen Verwandten nur eine Länge von 10 bis 15 cm, weshalb sie sich auch gut zum Garen im ganzen eignen. **Winter-Bambusschößlinge** (im Bild unten) sind wegen ihrer besonderen Zartheit auf asiatischen Märkten sehr begehrt. In der ehemaligen Bundesrepublik sind Importe von Winter-Schößlingen noch seltener als die der normalgroßen, frischen Bambussprossen.

# Bambussprossen

## EINE DER WICHTIGSTEN NUTZPFLANZEN ASIENS LIEFERT AUCH EIN FEINES GEMÜSE

Die Bambusgräser *(Bambusoideae)* bilden mit etwa 45 Gattungen und mehr als 200 Arten eine Unterfamilie innerhalb der Familie der Gräser *(Gramineae)*. Wegen seiner bei einigen Arten bis zu 30 m hohen Pflanzen bezeichnet man Bambus als "Baumgras". Für die Einwohner des tropischen und subtropischen Asiens ist der Bambus die bedeutendste Nutzpflanze: Er dient als Baustoff für Brücken und Gebäude, als Material für Mobiliar, Haushaltsgeräte und Musikinstrumente sowie als Rohstoff für die Papierherstellung. Und nicht zuletzt sind die jungen Schößlinge bestimmter Bambusarten ein in ganz Asien verbreitetes, beliebtes Gemüse. Eine große Rolle als Gemüse spielen vor allem die Arten der Gattungen *Bambusa, Dendrocalamus* und *Phyllostachys*. Letztere wird hier - weil auf dem europäischen Markt vorherrschend - stellvertretend für alle übrigen ausführlich vorgestellt.

**Aus Plantagen** oder aus den natürlichen Bambushainen kommen frische Bambusschößlinge auf Asiens Märkte. Während sie bei uns eine seltene Delikatesse darstellen, sind sie vor allem in China, Taiwan und Japan ein häufig angebotenes und bevorzugtes Feingemüse, wenngleich sie auch dort nicht eben billig sind. Auch in Korea, Thailand, Indonesien und auf den Philippinen findet man Bambussprossen in vielen Gerichten.

## ZUBEREITUNG DER BAMBUSSPROSSEN UND DEREN BESONDERHEIT

Da die rohen Bambussprossen ein giftiges Blausäureglykosid enthalten, das nur durch Erhitzen zerstört wird, müssen sie stets kurz gegart werden. Vorher schneidet man mit einem scharfen Messer die Spitzen ab und ritzt die Sprossen dann der Länge nach einmal ein. So lassen sich die harten Hüllblätter gut entfernen (Bildfolge rechts). Schließlich wird noch der nicht eßbare Sproß-Ansatz abgeschnitten, das Gemüse kurz gewaschen, nach Wunsch zerkleinert und gegart. Je nach Größe der Stücke, Streifen oder Würfel genügt eine Garzeit von 5 bis 10 Minuten - sie sollten noch knackigen "Biß" besitzen.

**Die reifen Bambussprossen** werden früh morgens geerntet. Bevor sie zu mehreren für den Transport in Holzkisten verpackt werden können, gibt es viel zu tun: Per Hand wird die Grasmulchschicht entfernt; die Sprosse werden mit einer Hacke freigelegt und dann wie Spargel aus der Erde gestochen. Schließlich müssen noch die rund um die Schnittfläche vorhandenen Wurzelreste sowie die unteren Niederblätter abgeschnitten bzw. abgezupft werden.

**Im ganzen gekochte Bambussprossen** (im Bild unten) sind besonders dekorativ. Sie sollten etwa 40 Minuten in sprudelndem Salzwasser garen.

Wildwachsende Avocadobäume werden bis zu 20 m hoch; veredelte Plantagenbäume erreichen hingegen selten mehr als 8 m Höhe. Bis der Baum die ersten Früchte trägt, dauert es 4 bis 7 Jahre. Die an langen Stielen wachsenden Avocados werden am Baum nicht reif und weich, so daß sie stets in hartem Zustand geerntet werden.

***Lauraceae* (Lorbeergewächse)**. Zu dieser überwiegend in den Tropen beheimateten Familie gehört neben Kampfer, Lorbeer und Zimt auch der Avocadobaum. Er liefert als einzige Art dieser Familie Früchte. **Avocado, Avocadobirne,** Butterfrucht, Alligatorbirne *(Persea americana)*, engl. avocado, franz. avocat. Die Frucht des großen, immergrünen Avocadobaums ist ein Zwitterwesen: Botanisch zählt sie zwar zu den Früchten, doch zubereitet wird sie zumeist wie Gemüse. Ihren Namen erhielt die ursprünglich aus dem tropischen und subtropischen Mittelamerika stammende Avocado von den Azteken, die sie "ahuacatl" ("Butter des Waldes") nannten. Für sie war die Frucht, die bis zu 30% Fett enthält, eines der wichtigsten Nahrungsmittel. Erstmals erwähnt wurde die Avocado um 300 v. Chr.; nach Europa gelangte sie im 16. Jahrhundert durch den spanischen Eroberer Cortes. Heute sind die Hauptanbaugebiete neben der Urheimat Mexiko die USA, Brasilien, Westindien, Peru, Kenia, Australien, Südafrika, Indonesien und Spanien. Der überwiegende Teil der zu uns importierten Avocados kommt von September bis Mai aus Israel, während die sogenannten "Sommer-Avocados" hauptsächlich aus afrikanischen Ländern stammen. Weltweit werden rund 400 Avocadosorten kultiviert, von denen manche nur pflaumengroß (sogenannte "Mini- oder Cocktailavocados"), andere bis zu 2 kg schwer sind. Zu den wichtigsten Sorten gehören "Bacon", "Edranol", "Ettinger", "Fuerte", "Hass", "Nabal", "Pinkerton", "Reed", "Ryan" und "Wurtz". Angebaut und exportiert werden jedoch Früchte mit einem Gewicht zwischen 150 und 400 g. Je nach Sorte sind die Beerenfrüchte etwa 10 bis 12 cm lang und haben in der Regel die Form einer Birne (daher und wegen ihrer Konsistenz auch der Name "Butterbirne"), sie können jedoch auch apfel- oder gurkenförmig sein. Die Schale variiert sortenbedingt farblich von hell- und dunkelgrün über auberginefarben bis zu schwarz, kann dünn oder dick und glatt oder rauh sein. Das zartgrüne bis gelbliche, cremige Fruchtfleisch umschließt den großen, braunen, ungenießbaren Samenkern. Neben wertvollen, mehrfach ungesättigten Fettsäuren enthält es reichlich Vitamine der B-Gruppe, Vitamin E sowie Mineralstoffe wie Eisen, Calcium und Kalium. Da Avocados fast immer unreif in den Handel kommen, sollte man sie stets 1 bis 3 Tage bei Zimmertemperatur nachreifen lassen oder sie zur Beschleunigung des Reifeprozesses in Zeitungspapier einwickeln und mit einem Apfel oder einer Banane aufbewahren. Erst wenn sie sich weich anfühlen und die Schale (bei Vollreife) auf leichten Druck nachgibt, entfaltet sich das feine Aroma des Fruchtfleischs - vorher schmeckt es nur fade bis bitter. Umgekehrt kann man die Reifung bereits vollreifer Früchte durch die Lagerung im Gemüsefach des Kühlschranks für einige Tage stoppen. Bei Temperaturen unter 6°C verderben sie allerdings. Ideal: zum Frischverzehr; mit Krabbenfleisch, Räucherlachs oder Thunfisch gefüllt; in Scheiben mit Schinken angerichtet; mit Vinaigrette als Salat angemacht. Auch gut: pikant gewürzt und püriert als Brotaufstrich; kurz gegart

**Avocados vorbereiten:**
Die Frucht mit einem Messer rund um den Samen einschneiden.

Mit beiden Händen nun die Hälften gegeneinander drehen, so daß eine Hälfte vom Samen abgelöst wird. Dabei behutsam vorgehen, um die Frucht nicht zu zerdrücken.

Sitzt der Samen sehr fest und läßt sich nicht ohne weiteres aus der einen Avocadohälfte lösen, vorsichtig mit einem spitzen Küchenmesser nachhelfen.

Um zu vermeiden, daß sich das Fleisch bräunlich verfärbt, empfiehlt sich das Beträufeln oder Einpinseln mit Zitronen- oder Limettensaft sofort nach dem Aufschneiden.

Sollen die Avocadohälften nicht gefüllt, sondern für Salat klein geschnitten oder püriert werden, können sie mit einem Sparschäler geschält werden.

Bei sehr weichem Fruchtfleisch ist es zu empfehlen, die Avocado nicht zu schälen, sondern das Fruchtfleisch mit einem Löffel herauszuheben.

**Wurtz** heißt diese schlanke, birnenförmige Sorte, die neuerdings im März und April aus Israel auf den Markt kommt. Das Fruchtfleisch ist hellgelb und enthält einen großen, etwas spitz zulaufenden Samen.

# Avocado

## "BUTTER DES WALDES"

Bei den Azteken und den mexikanischen Mayas wurde sie als "Wunderfrucht" verehrt - und bis zum heutigen Tag hat sie an Wohlgeschmack und Nährwert keineswegs verloren. Ganz im Gegenteil: die sich seit Jahrtausenden entwickelnde Veredelung der Avocado hat zu ständiger qualitativer Verbesserung geführt. Und zu einer schier unübersehbaren Sortenvielfalt; rund 400 sind es weltweit. Obgleich es sich bei der Avocado botanisch um eine Frucht handelt, wird sie sowohl in ihrer mittel- und südamerikanischen Heimat als auch überall sonst auf der Erde eher wie ein Gemüse zubereitet.

**Nabal** heißt diese fast kugelrunde, glattschalige Frucht aus Israel. Sie weist den geringsten Fettgehalt auf.

**Fuerte** ist zugleich die am häufigsten kultivierte und beliebteste Sorte - sie gilt als besonders aromatisch.

**Ettinger,** birnenförmig und von ausgezeichnetem Geschmack, kommt von September bis Dezember aus Israel.

**Hass** ist gelbfleischig, klein, runzlig und dunkelschalig. Sie gilt aufgrund des nußartigen Aromas als beste Sorte.

**Edranol** gehört zu den guatemaltekischen Rassen. Hauptlieferant ist Südafrika von Juni bis Oktober.

**Ryan,** eine rauhschalige Avocado, kommt nur gelegentlich aus Südafrika zu uns (September bis Dezember).

**Bacon** wird aus Spanien importiert. Sie ist als früheste Sorte in Deutschland schon ab Oktober erhältlich.

**Mini-Avocados** sind kleine, gurkenförmige Früchte, die keinen Samen enthalten, da sie ohne Befruchtung entstehen.

**Benik,** eine Avocadosorte aus Israel, kommt Ende Januar in geringen Mengen auf den deutschen Markt. Sie gehört zu den Sorten, bei denen sich bei der Reife die Fruchtschale dunkel verfärbt, was bei vielen anderen Sorten ein Zeichen für Verderb ist.

**Pinkerton** ist eine Sorte, die bisher nur aus Israel im Februar und März geliefert wird. Sie ist an ihrer schlanken Form und rauhen Schale zu erkennen.

**Reed,** eine späte Avocadosorte, stammt aus Guatemala. Sie ist sehr ertragreich und wird daher seit einiger Zeit auch in Israel angebaut. Die dickschalige, rund-ovale Frucht besitzt dunkelgelbes, vollaromatisches Fruchtfleisch und wird mit einem Gewicht von etwa 300 g von April bis September angeboten. Sie soll zwar das Sommerloch schließen, ist aber genaugenommen nur bis Juni auf dem Markt.

und mit Sahne püriert als Cremesuppe; in gemischten Salaten und Obstsalaten. Ungeeignet: für Gerichte mit längerer Garzeit.

***Leguminosae (Fabaceae)* (Hülsenfrüchtler).** Nach den Compositen und den Orchideen sind die Hülsenfrüchtler mit etwa 700 Gattungen und rund 18000 Arten unter den Blütenpflanzen die drittgrößte Familie. Man findet sie in den gemäßigten Breiten, den feuchten Tropen, aber auch in Trockengebieten, Savannen und Gebirgen. Alle Leguminosen tragen Hülsenfrüchte, deren Form äußerst vielfältig ist: rund, flach oder geflügelt, lang oder kurz, dick oder dünn, gerade oder gebogen, papierartig oder ledrig, verholzt oder fleischig. Ihre Länge variiert von stecknadelkopfgroß bis zu mehr als 1 m. Die Hülsen platzen in aller Regel bei der Reife an einem oder beiden Enden der Länge nach auf und geben die Samen - die eigentlichen Früchte - frei. Die Bedeutung vieler Leguminosen liegt in ihrem hohen Eiweißgehalt, der zwei- bis dreimal so hoch ist wie der von Getreide. Insbesondere in den Entwicklungsländern, in denen tierisches Eiweiß nur bedingt zur Verfügung steht, tragen sie nicht unerheblich zur Eiweißversorgung der Menschen bei. Einige Arten, wie Erdnuß, Soja- und Goabohne, sind zudem reich an Fett. Bevor die Kartoffel in Europa eingeführt wurde, machten Hülsenfrüchte einen erheblichen Teil der Nahrung der sogenannten armen Leute aus. **Sojabohne** *(Glycine max)*, engl. soybean, soya bean, franz. soya, soja. Ob die Sojabohne seit 800 oder gar seit 2700 v. Chr. in China kultiviert wird, ist unter Experten umstritten. Fest steht jedenfalls, daß sie erst Ende des 18. Jahrhunderts nach Europa und Amerika gelangte. Heute ist die Sojabohne eine der bedeutendsten Weltwirtschaftspflanzen und weltweit die wichtigste Quelle für pflanzliches Protein sowie Öl. Größter Sojaerzeuger und -exporteur ist Nordamerika, weitere Anbaugebiete von Bedeutung liegen in China, Indien, Indonesien, den Philippinen, Afrika, Zentral- und Südamerika und der UdSSR. Die Sojabohne ist weltweit die bedeutendste Leguminosenfrucht. Die einjährige Sojapflanze ähnelt einer Buschbohne und wird 20 bis 100 cm hoch. Die stark behaarten, gelben, grauen oder schwarzen Hülsen enthalten zwei bis fünf runde oder flache Samen von 5 bis 12 mm Durchmesser. Ihre Farbe ist in der Regel cremeweiß, es gibt jedoch auch Sorten mit grünen, roten oder schwarzbraunen Samen. Die Ernte erfolgt vor dem Aufplatzen der Hülsen. Ausgereifte Samen sind praktisch unbeschränkt haltbar, wenn sie an einem kühlen, trokkenen Platz aufbewahrt werden. Grünreife Hülsen lassen sich im Kühlschrank einige Tage frisch halten. **Parkia** *(Parkia javanica)*, thail. Karieng, malays. Alai, ind. Khorial. Mindestens fünf Arten dieser Gattung, alles Bäume, werden in Asien und Afrika kultiviert. Ihre bis zu 20 m hohen Bäume dienen als Schattenspender, ihre Hülsen werden als Viehfutter und die Samen als Gemüse und Gewürz genutzt. Die bekannteste Art ist die *Parkia filicoidea*, die in Afrika als "African Locust Bean" bezeichnet und vorwiegend in Nigeria wegen der eßbaren Früchte und Samen angebaut wird.

# Sojabohnen und Sojaprodukte

## EINE HÜLSENFRUCHT, DIE AN VIELSEITIGKEIT KAUM ZU ÜBERBIETEN IST

Die Sojabohne ist im wahrsten Sinn des Wortes ein vollwertiges Lebensmittel - wer will, kann sich ohne weiteres ausschließlich von den Hülsenfrüchten und daraus hergestellten Produkten ernähren. Denn die kleinen Samen der Sojabohne liefern alles, was zum Überleben notwendig ist: Sie enthalten bis zu 48% hochwertiges Eiweiß, rund 11% Kohlenhydrate und etwa 18% wertvolles Öl. Deshalb sind Sojabohnen nicht nur frisch oder getrocknet als Gemüse ein bedeutendes Nahrungsmittel, sondern spielen vor allem als Grundstoff für eine ganze Reihe von Lebensmitteln eine gewichtige Rolle. Zunächst wird das Öl durch Pressung oder Extraktion entzogen; es enthält die besonders wertvolle essentielle Linolsäure. Neben der Verwendung als Speiseöl stellt man daraus Back-, Brat- und Streichfette her. Nebenprodukt der Ölraffination ist Lecithin, welches als Emulgator von der Lebensmittelindustrie sehr gefragt ist. Übrig bleibt der sogenannte "Preßkuchen", aus dem in Asien seit Jahrtausenden Sojamehl, Sojamilch, Sojakäse (z.B. Tofu oder Miso) und Sojajoghurt hergestellt werden. Neueren Ursprungs sind Teigwaren und Fleischersatz (z.B. Bratlinge) aus Soja. Traditionsreich hingegen und auch bei uns seit langem beliebt: die besonders vitaminreichen Sojabohnen-Sprossen bzw. -Keimlinge und die würzige Sojasauce. Besonders vielseitig zu verwenden ist der Tofu (großes Bild rechts unten), den es pur oder mit Kräutern gewürzt in Reformhäusern und Naturkostläden zu kaufen gibt. Denn wegen des hohen Eiweißgehalts einerseits und des zurückhaltenden Eigengeschmacks andererseits läßt sich mit diesem Sojakäse sowohl Süßes als auch Pikantes zubereiten: Püriert und mit Sahne gemischt ist Tofu eine hervorragende Basis für Cremes und Süßspeisen; mit Knoblauch und Kräutern in Öl mariniert schmeckt er als Vorspeise; gewürfelt und mit verschiedenen Gemüsen gebraten ergibt er eine ebenso sättigende wie leichte, vegetarische Hauptmahlzeit. Tofu harmoniert aber auch mit Fisch vorzüglich und stellt - mit Salz, Pfeffer und Gewürzen aromatisiert und püriert - einen eiweißreichen Brotaufstrich dar.

**Nur als Trockenfrucht** sind Sojabohnen auf dem europäischen Markt bekannt. In den USA und Ostasien spielen frische Sojabohnen mit noch in den Hülsen verbliebenen Samen eine wesentlich größere Rolle. Dort werden die unreifen Samen aus den grünreifen Hülsen gepalt und wie frische Bohnen oder Erbsen als Frischgemüse gekocht.

Die Hülsen der in Ostasien kultivierten *Parkia javanica* werden bis zu 45 cm lang; ihre Samen werden in Fisch- und Fleischgerichten mitgegart oder geröstet und gut gesalzen; in dieser Form schmecken sie nußähnlich.

**Erbsen,** hier Zuckererbsen, sind einjährige, nicht standfeste, kahle Kräuter, deren Wickelranken die Stütze eines Gerüsts benötigen, um Halt zu finden.

**Die Zuckererbse** (im Bild ganz oben) zeichnet sich durch ihren hohen Zuckergehalt und das Fehlen der ungenießbaren Pergamentschicht an der Innenseite der Hülse aus. Es kann daher die fleischige, zarte Hülse mit den darin befindlichen, unreifen Samen im ganzen gegessen werden.
**Markerbsen** (im Bild oben) sind die bevorzugten Frischmarkterbsen. Doch man verwendet nicht die zähe Hülse, sondern nur die ausgepalten Samenkörner. Da sie auch im Kälteschlaf Aroma, Nährwert und Form bewahren, sind Markerbsen sehr gut zum Einfrieren geeignet.

**Spargelerbsen** entwickeln sich aus leuchtend roten Blüten. Den 5 bis 6 cm langen, fast viereckigen, hellgrünen Hülsen verleihen ihre seitlichen Ausstülpungen ein geflügeltes Aussehen ("Flügelerbse"). Die jungen Hülsen schmecken im ganzen kurz gedünstet entfernt wie Spargel. Früher dienten ihre getrockneten, gerösteten Samen als Kaffee-Ersatz.

**Trockenerbsen** sind alle Erbsen, meist aber Schalerbsen, die an der Pflanze ausreifen. Es gibt weiße, gelbe, grüne, graue und marmorierte; in der Schale und geschält sowie ganz oder halbiert - in jedem Fall ist ihr Nährwert höher als der von Frischerbsen. Da die äußere Samenschale hart und unverdaulich ist, werden Trockenerbsen meist geschält. Durch das Schälen wird ihre Oberfläche stumpf, weshalb sie anschließend geschliffen und poliert werden. Dabei zerfällt ein Teil der Körner in die zwei Keimblätter, die als geschälte halbe Erbsen preiswerter in den Handel kommen.

**Kapuzinererbsen** (im Bild links) und **Graue Erbsen** (im Bild rechts) sind Trockenerbsenspezialitäten, die äußerlich eher an bestimmte Bohnensorten denn an Schalerbsen erinnern. Sie gelten in Ostfriesland und den Niederlanden als ganz besondere Delikatesse. Es gibt mehrere Sorten, darunter eine aufgrund ihrer blauen Hülsen im Holländischen "Blauwschokkers" genannte. In Deutschland werden Trockenerbsen allgemein nach ihrer (runden) Form als "Rosinenerbsen" oder (kantig) als "Schockerbsen" bezeichnet und nach ihrem Durchmesser gehandelt. Großkörnige Trockenerbsen mit einem Durchmesser von mehr als 7 mm heißen auch "Viktoriaerbsen".

**Goabohne, Flügelbohne,** Flügelhülse, Vierwinklige Bohne *(Psophocarpus tetragonolobus)*, engl. winged bean, four-angled bean, goa bean, franz. haricot dragon, pois ailé, pois carré. Die mehrjährige Staude wird in ganz Asien, West- und Ostafrika sowie in der Karibik seit Jahrhunderten angebaut. Als Kochgemüse verzehrt werden außer den Samen auch die Hülsen, die jungen Blätter, die Blüten und die Triebe. In einigen Ländern schätzt man auch die sehr eiweißreichen Wurzelknollen. Auf den europäischen Markt gelangen Goabohnen kaum. **Spargelerbse, Flügelerbse,** Kaffee-Erbse *(Tetragonolobus purpureus)*, engl. asparagus pea, winged pea, franz. pois asperge, pois café, lotier rouge, lotier cultivé, lotier tetragone. In Südeuropa beheimatet, wird die Spargelerbse heute fast ausschließlich als Liebhabergemüse in Kleingärten in Westeuropa angebaut. Sehr geringe Mengen werden von Juni bis Oktober angeboten. **Erbse, Gartenerbse,** Pflückerbse *(Pisum sativum* ssp. *sativum)*, engl. pea, franz. pois. Die Erbse ist die älteste Nutzpflanze unter den Leguminosen sowie eines der ältesten Kulturgemüse überhaupt. Die Erbse stammt von der Wildform *Pisum elatius* ab, die im östlichen Mittelmeerraum sowie in Vorder- und Mittelasien beheimatet ist. Heute wird sie in fast allen Ländern der Erde angebaut und ist das viertwichtigste Gemüse; die größten Anbauflächen liegen in Europa, den USA und Indien. Die nur geringe Kulturfläche bei uns beschränkt sich weitgehend auf Norddeutschland. Der Anbau erfolgt fast ausschließlich im Freiland. Nur knapp 5% der Erbsenernte gelangt auf den Frischmarkt, der große Rest wandert in die Lebensmittelindustrie. Die eigentlichen Erbsen sind die in den Hülsen sitzenden Samen. Bezüglich des Wachstums der Pflanze gibt es nur zwei Sorten: Buscherbsen (niedrig wachsend) und Reisererbsen (bis zu 2 m hoch). Der Handel unterscheidet in Mark-, Schal- und Zuckererbsen. **Markerbsen** *(Pisum sativum* ssp. *sativum* convar. *medullare)*, engl. wrinkled pea, franz. pois ridé. Sie sind besonders süß und zart und haben große, runzlige Samen. Da sie beim Kochen nicht weich werden, werden sie nur als Frischgemüse gehandelt. Eindeutig von Schalerbsen sind sie nur an der Form ihres Stärkekorns zu unterscheiden, wozu allerdings ein Mikroskop nötig wäre. **Schal-, Palerbsen,** Kneifel-, Brockel-, Roller-, Auskernerbsen, Glatte Erbsen *(Pisum sativum* ssp. *sativum* convar. *sativum)*, engl. round pea, franz. pois rond. Zu erkennen an ihrem meist glatten, runden Samenkorn. Die hartschaligen, grünen Hülsen werden geerntet, solange die Samen noch klein und zart sind oder als Trockenerbsen, wenn das Korn vollreif, trocken und gelb oder grün ist. Wegen ihres hohen Stärkegehalts schmecken Schal- bzw. Trockenerbsen leicht mehlig und weniger süß als Mark- oder Zuckererbsen. **Zuckererbse, Kefe,** Kaiserschote, Kiefelerbse *(Pisum sativum* ssp. *sativum* convar. *axiphium)*, engl. sugar pea, snow pea, sugar-snap pea, franz. pois mangetout, pois sans parchemin. Darunter versteht man unreif geerntete Erbsenhülsen und Erbsensamen, die einen besonders hohen Zuckergehalt aufweisen.

**Die Goabohne,** sowohl Hülse als auch Knolle, stellt für die Bewohner Ostasiens eine Eiweißquelle (37%) ersten Ranges dar. Ihren Zweitnamen verdankt die "Flügelbohne" den entlang ihren 6 bis 40 cm langen Hülsen verlaufenden, gewellten Flügeln.

**Grüne Bohnen** sind in riesiger Vielfalt auf dem Markt. Ideal geeignet für die sogenannten "Schnippelbohnen" sind breite Stangenbohnen.

**Die Stangenbohne** ist eine einjährige, linkswindende Schlingpflanze, die nicht ohne Gerüst bzw. Stangen als Wachstumsstütze auskommt. Sie ist aufgrund ihrer hohen Qualität besonders für den Frischmarkt von Bedeutung, muß aber per Hand geerntet werden.

**Gartenbohne, Grüne Bohne** *(Phaseolus vulgaris* ssp. *vulgaris)*, engl. french bean, franz. haricot. Als Varietäten unterscheidet man Stangen- und Buschbohnen. **Stangen-** bzw. **Kletterbohne** *(Phaseolus vulgaris* ssp. *vulgaris* var. *vulgaris)*, engl. climbing french bean, franz. haricot à rames. Ihre zahlreichen Typen werden nach Farbe und Form der Hülsen unterschieden. Wichtige Sorten sind die gelbe "Wachsbohne" und die "Breite Bohne", relativ selten auf dem Markt ist die "Blaue Bohne". **Buschbohne, Fisole** *(Phaseolus vulgaris* ssp. *vulgaris* var. *nanus)*, engl. dwarf french bean, franz. haricot nain. Sie ist eine zufällig entstandene Mutation aus rankenden Kulturformen. Man unterscheidet die Sorten nach Hülsenfarbe, -länge und -querschnitt; zu den wichtigsten zählen die zarte "Prinzeßbohne", die etwas größere "Delikateßbohne", die "Wachsbohne", "Brechbohne" und "Zuckerbohne". **Prunkbohne, Feuerbohne,** Türkische Bohne *(Phaseolus coccineus)*, engl. (scarlet) runner bean, franz. haricot d'Espagne. Aus den scharlachroten oder weißen Blüten entwickeln sich bis zu 30 cm lange, rauhe Hülsen. Gegessen werden die jungen, zarten Hülsen; von größerer Bedeutung sind aber die bunten, meist rot-schwarz gefleckten Samen. **Limabohne, Mondbohne** *(Phaseolus lunatus* var. *lunatus)*, engl. Lima -, butter bean, franz. haricot de Lima. Die Samen der im tropischen Amerika beheimateten Limabohne sind groß und weiß bis cremeweiß. Obwohl weiße Sorten meist frei von Bitterstoffen sind, können besonders dunklere Sorten das Blausäureglykosid Linamarin enthalten. Dies erfordert zweimaliges Einweichen und etwa eineinhalbstündiges Kochen. **Dicke Bohne, Puffbohne,** Große Bohne *(Vicia faba* ssp. *faba* var. *faba)*, engl. broad bean, franz. fève (de Marais). Botanisch gehört die Dicke Bohne zu den Wicken. Gegessen werden nicht die Hülsen, sondern die großen, grünen, bräunlichen oder auch roten Samen. Sie sollten immer gekocht werden, da sie giftige Substanzen enthalten können. **Reisbohne** *(Vigna umbellata)*, engl. rice bean, franz. haricot riz. Die Reisbohne wird in allen Teilen des tropischen Asiens und Afrikas angebaut. Sie ist eine typische Zwischenfrucht im Reisanbau, die durch ihre Schnellwüchsigkeit zwischen einer Reisernte und der nächsten Pflanzung heranreift. **Spargelbohne, Strumpfbandbohne,** Langbohne, Spargelfisole *(Vigna unguiculata* ssp. *sesquipedalis)*, engl. yardlong bean, asparagus bean, franz. dolique asperge, haricot kilomètre. Diese in Südasien beheimatete Bohne schmeckt süßer und kerniger als unsere Gartenbohne. Zubereitung wie heimische Bohnen. **Augenbohne, Kuherbse,** Kuhbohne *(Vigna unguiculata* ssp. *unguiculata)*, engl. black-eyed pea, cowpea, franz. haricot dolique. Die Augenbohne stammt aus West- oder Zentralafrika, wo sie noch heute eine bedeutende Nahrungspflanze ist. Verwendung als Kochgemüse oder Trockenkochbohne, in den USA in sehr großem Umfang konserviert. **Motten-, Mückenbohne,** Mattenbohne *(Vigna aconitifolius)*, engl. moth bean, mat bean. Die ausgereiften Hülsen enthalten 4 bis 9 Samen, die nur etwa 5 mm lang und 2 mm breit sind.

**Buschbohnen,** die es in vielen Formen und Größen gibt, sind die Hauptbasis für die Konserven- und Tiefkühlindustrie - nicht zuletzt deshalb, weil sie maschinell geerntet werden können.

**Die sogenannten "Blauen Bohnen"** sind eigentlich violettschalig. Die Hülsenfarbe der seltenen Busch- oder Stangenbohnenspezialität verschwindet aber beim Erhitzen sofort.

**Als Keniabohnen** werden Sorten mit fast stricknadeldünnen, zarten und samenlosen Hülsen bezeichnet, die aus Afrika importiert werden. Sie sind sehr begehrt, aber kostspielig.

**Wachs- oder Butterbohnen** sind gelbhülsige Busch- oder Stangenbohnen. Die Farbintensität variiert; fast weiße Bohnen werden zu Konserven bzw. Sauerkonserven verarbeitet.

# Frische Bohnen

## BUCHSTÄBLICH EIN ALLER-WELTS-GEMÜSE: IN VIELEN LÄNDERN SEHR BEGEHRT

Bezüglich der Herkunft und Evolution der verschiedenen Bohnenarten gibt es zahlreiche, oft widersprüchliche Angaben. Einerseits sind insbesondere tropische Bohnensamen oftmals nur schwer zu unterscheiden, zum anderen wird der Begriff Bohne in den tropischen Ländern für mehrere Gattungen wie *Phaseolus, Vigna, Vicia, Cajanus, Dolichos* oder *Lablab* benutzt. Europäer dagegen verstehen unter Bohnen in der Regel die Gattung *Phaseolus*. Bohnen sind in vielen Ländern ein wichtiges Grundnahrungsmittel und gehören zu den wichtigsten Gemüsepflanzen überhaupt; der Anbau liegt schwerpunktmäßig in Europa und Ostasien.

**Dicke Bohnen** enthalten mehr oder weniger große Samen, die ausgesprochen kohlenhydrat-, eiweiß- und mineralstoffreich sind. Die Sorten werden nach der Blütenfarbe unterschieden.

**Bobby-Bohnen** nennt der Handel grüne Bohnen mit rundlichem Querschnitt und einer größeren Anzahl von Samen. Außerhalb unserer Saison werden sie aus Afrika importiert.

**Die rotbraun gesprenkelten Borlotto-Bohnen** schätzt man in Italien frisch oder getrocknet für Salate und Suppen. Bei uns gibt es sie meist getrocknet, seltener frisch zu kaufen.

Alle Bohnen sollten immer mindestens 10 Minuten gekocht werden. Denn der enthaltene giftige Eiweißstoff Phasin wird nur beim Kochen abgebaut.

**Prinzeßbohnen** werden jung gepflückte, kurzhülsige, grüne Buschbohnen genannt, die - fadenfrei und nur kleine, dünne Samen enthaltend - die wertvollsten Konserven ergeben.

**Die Reisbohne** erhielt ihren Namen wegen ihres Verwendungszwecks und der nur 5 bis 8 mm kleinen Samen. Als Trockenbohne wird sie zu oder anstelle von Reis verzehrt.

**Stangenbohnen** mit flachen, breiten Hülsen werden als "Coco-Bohnen" oder "Breite Bohnen" gehandelt. Ihr Hauptvorteil ist der geringe Aufwand beim Putzen der Hülsen.

**Die Spargelbohne** wurde wegen ihrer Länge (bis zu 90 cm) so benannt. Die schnürbandartigen, meist grünen bis graugrünen Hülsen enthalten 10 bis 30 eßbare Samen.

**Die Perlbohne,** auch kleine weiße Bohne genannt, ist mehligkochend. Sie ist sehr beliebt für Suppen und Eintöpfe.

**Die Cannellino** ist eine mittelgroße, weichkochende, mehlige Bohnensorte, die ganz besonders in Italien beliebt ist.

**Die Limabohne** wird beim Kochen weich und mehlig, zerfällt aber nicht. Daher ist sie gut für Salate geeignet.

**Die Wachtelbohne** ist mehlig, jedoch festkochend. Sie erhielt ihren Namen wegen der Wachtelei-ähnlichen Sprenkel.

**Die Schwarze Bohne** mit weißem Kern ist weichkochend und besitzt ein angenehm würzig-süßliches Aroma.

**Die Augenbohne** wurde wegen des schwarzen "Auges" so benannt. Sie nimmt Gewürze und Aromen gut auf.

**Die kleine Borlotto-Bohne** aus Italien ist weichkochend. Im Geschmack ist sie typischerweise bittersüß.

**Die große Borlotto-Bohne** gehört in viele italienische Gerichte und ist eine unverzichtbare Zutat für die Minestrone.

**Berglinsen** (rechts oben) sind von einer braungrünen, festen Schale umgeben und wegen ihres kräftigen Geschmacks besonders beliebt. Bei uns am weitesten verbreitet sind **Grüne Linsen** (ganz rechts oben), die beim Kochen sehr gut ihre große, feste Form behalten.

# Hülsenfrüchte: Bohnen und Linsen

## AUF DREI KONTINENTEN WICHTIGE GRUNDNAHRUNGSMITTEL

Auf der Welt werden jährlich weit über 150 Millionen t Hülsenfrüchte angebaut, ein Großteil davon in Hausgärten und bäuerlichen Kleinbetrieben. Neben den als Ölfrucht industriell genutzten Sojabohnen *(Glycine max)* und Erdnüssen *(Arachis hypogaea)* spielen Bohnen weltweit die Hauptrolle. Bezeichnenderweise ist diese Hülsenfrucht in den drei Kontinenten Afrika, Asien und Südamerika der wichtigste Eiweißlieferant für die arme Landbevölkerung. Und für rund 600 Millionen mehr oder weniger vegetarisch lebende Inder sind Dal, so die Bezeichnung für Hülsenfrüchte auf Hindi, als Grundnahrungsmittel absolut unentbehrlich. Neben Erbsen sind es hauptsächlich die vielen Linsen- und Bohnensorten, die den Menschen dieses Riesenlandes das dringend benötigte Protein liefern, weil sie aus religiösen Gründen oft weder Fleisch, Fisch, Eier noch Milchprodukte zu sich nehmen. Zusammen mit Reis oder Weizenbrotfladen gegessen, bieten die scharf gewürzten Bohnen- und Linsencurries eine aus ernährungswissenschaftlicher Sicht absolut ideale Nährstoffkombination aus hochwertigem Protein, viel Kohlenhydraten in Form von Stärke und einem hohen Gehalt an Ballaststoffen. Die indische, aber auch südamerikanische Art der Zubereitung mit einer Vielzahl von Gewürzen ist nicht nur kulinarisch vorbildlich, sondern hilft auch dem Körper, mit den sonst als schwer verdaulich bekannten Leguminosensamen fertig zu werden. Gewürze locken nämlich zusätzliche Verdauungssäfte. Und auf diese Weise mildern sie die unangenehmen Folgen des in Bohnen und Linsen enthaltenen unverdaulichen Kohlenhydrats Stachyose, das zu Blähungen und Unpäßlichkeiten führen kann, falls man, wie in Indien, Südamerika und Teilen Afrikas üblich, regelmäßig große Mengen an Bohnen oder Linsen ißt. Die indische Küche kennt ebenso wie die europäische eine zweite Methode, die unerwünschten Nebenwirkungen von Bohnen und Linsen zu mildern: Man verwendet sie geschält. Nach dem Entfernen der harten, ballaststoffreichen Schalen zerfallen die stärkereichen Samen zwar beim Kochen sehr schnell und haben meist auch ein weniger ausgeprägtes Aroma, weil die Geschmacksstoffe hauptsächlich in der Schale sitzen, doch sind sie dann erheblich leichter verdaulich.

**Geschälte rote Linsen** zerfallen schnell, schmecken aber sehr fein.

**Ungeschälte rote Linsen** haben ein deutlich kräftigeres Aroma.

**Geschälte grüne Linsen** sind ideal für Suppen: sie zerfallen leicht.

**Die Mottenbohne,** in Indien beheimatet, ist die trockenheitsresistenteste Bohnenart und dort Grundlage vieler Gerichte.

**Die Flageolet** ist aufgrund ihrer Zartheit in Frankreich in Kombination mit Lammfleisch oder in feinen Salaten beliebt.

**Die Braune Bohne** paßt wegen ihres herzhaften Geschmacks ganz hervorragend in Suppen und Eintöpfe.

**Die Rote Kidneybohne** ist mehligkochend und süßlich. Sie ist die Grundlage des "Chili con carne".

**Die Prunkbohne** oder Feuerbohne wird in den subtropischen Gebirgslagen Mittelamerikas seit Jahrtausenden kultiviert.

**Die Dicke Bohne** stellt durch ihren hohen Nährwert ein manchmal schwer verdauliches "Kraftfutter" dar.

**Die ungeschälte Urdbohne** ist bei uns nur getrocknet im Handel. Junge, grüne Hülsen werden als Kochgemüse genutzt.

**Die geschälte Urdbohne** zerfällt oft in ihre zwei Hälften. Gemahlen wird sie zu Brot und Gebäck verbacken.

**Die Adzukibohne,** vor allem Trockenkochbohne, wird beim Kochen sehr zart. Im Geschmack ist sie leicht süßlich.

**Die Sojabohne** ist durch ihren hohen Eiweiß-, Kohlenhydrat- und Ölgehalt eine sehr wertvolle Nährstoffquelle.

**Die schwarze Sojabohne** unterscheidet sich nur äußerlich, nicht im Geschmack, von der weißen oder gelben Sojabohne.

**Die grüne Mungbohne** und nicht etwa eine der Sojabohnen wird für die beliebte "Sojasprossen"-Zucht gekeimt.

**Die Yamsbohne** verdankt ihren Namen den bohnenartigen Hülsen und Yam-ähnlichen Knollen. Letztere haben einen Durchmesser bis zu 30 cm und ein Gewicht bis zu 10 kg. Das leicht süßliche, frisch sehr wäßrige Gemüse kann roh gegessen werden; ältere, getrocknete Knollen nutzt man zur Mehlgewinnung.

**Die Kudzu-Bohne** wurde ursprünglich wegen ihrer bis zu 30 kg schwer werdenden, stärkereichen Knollen und als Faserpflanze angebaut. Früher ein Grundnahrungsmittel, wurde sie von der Süßkartoffel verdrängt. Ihr Fleisch ist weiß und süß, allerdings auch hart und daher erst nach zweistündiger Kochzeit genießbar.

**Kichererbsen vorbereiten:**

Getrocknete Kichererbsen sollten mindestens 5, besser noch 8 Stunden in kaltem Wasser eingeweicht werden, damit sie beim späteren Kochen weich werden.

Nach dem Einweichen spült man die Hülsenfrüchte unter fließendem Wasser gründlich ab.

**Kichererbsen vom "Kabuli-Typ":** bei uns am häufigsten. Sie sind wegen ihres hohen Nährwerts in vielen der Anbauländer ein wichtiges Grundnahrungsmittel, bei uns jedoch kaum von Bedeutung.

**Urdbohne** *(Vigna mungo)*, engl. black gram, urd, mung bean, franz. haricot mungo. Man unterscheidet zwei Sortengruppen: die frühreifen mit großen, schwarzen Samen und die später reifenden mit kleineren, olivgrünen Samen. **Adzukibohne** *(Vigna angularis)*, engl. adzuki bean. Sie wird heute in großem Umfang in Japan und China angebaut. Die 6 bis 12 cm langen und 0,5 cm breiten, zylindrischen Hülsen enthalten 5 bis 12 relativ feine, dunkelrote Samen. **Mungbohne, Mungobohne** *(Vigna radiata* var. *radiata)*, engl. green gram, golden gram, mung bean, franz. haricot doré, haricot mungo. Von dieser Bohne mit dem wohl größten Verbreitungsgebiet gibt es zwei Sortengruppen, die gelbe oder (bei uns bekannter) grüne Samen hervorbringen. **Linse, Erve,** Linsenerve *(Lens culinaris)*, engl. lentil, franz. lentille. Die schon seit 8000 bis 10000 Jahren in Ägypten angebaute Linse ist eine der ältesten Kulturpflanzen. **Yamsbohne, Knollenbohne** *(Pachyrhizus erosus)*, engl. yam bean, potato bean, franz. dolique bulbeux. Ursprungsgebiet ist Mittel- und Südamerika, heute wird sie auch in Asien angebaut. Reife Hülsen und Samen gelten als giftig, junge Hülsen können als Kochgemüse zubereitet werden. **Kudzu-Bohne, Kopou-Bohne** *(Pueraria lobata)*, engl. kudzu. Die ostasiatische Pflanze wird wegen ihrer stärkereichen Knollen angebaut, die hauptsächlich der Stärkegewinnung dienen. **Kichererbsen, Kaffee-Erbse,** Echte Kicher *(Cicer arietinum)*, engl. chick pea, gram, franz. pois chiche. Der "Desi-Typ" mit kleinen, dunklen, stark runzligen Samen kommt aus Indien und der "Kabuli-Typ" mit größeren, rundlichen, beigen Samen aus dem Mittelmeergebiet. **Helm-, Faselbohne** *(Lablab purpureus* ssp. *purpureus)*, engl. hyacinth -, Egyptian bean, franz. dolique d'Egypte. Obwohl aus Afrika stammend, wird die Helmbohne heute fast ausschließlich in Indien und Südostasien angebaut. Die 5 bis 15 cm langen, etwa 1,5 cm breiten, flachen Hülsen enthalten 3 bis 6 runde oder ovale Samen, die weiß, rot, braun, schwarz oder gefleckt sind. **Guar, Guarbohne** *(Cyamopsis tetragonoloba)*, engl. cluster bean, guar, franz. guar. Das aus den Samen hergestellte Guarmehl dient als Basis für Klebstoffe, Kosmetika und Dickungsmittel. **Wassermimose** *(Neptunia oleracea)*, engl. water mimosa. Die Wurzelsprosse werden vor allem im tropischen Asien ähnlich wie Reis in stehenden Gewässern kultiviert. **Tamarinde, Indische Dattel,** Sauerdattel *(Tamarindus indica)*, engl. tamarind, franz. tamarin. Reife Hülsen liefern die begehrte süß-saure Fruchtpulpe, die unreifen Hülsen werden als Gemüse gegessen. **Turibaum** *(Sesbania grandiflora)*, engl. cork wood tree, franz. fagotier. Von Südostasien bis Australien schätzt man den schnellwachsenden Baum als Schatten- und Windschutz. Die Samen gehören zu den eiweißreichsten Leguminosen. **Cha-om** *(Acacia pennata* var. *insuavis)*. In Zentralthailand dienen die jungen Triebspitzen dieses Akazienbaums als Gemüse. **Wilde Tamarinde** *(Leucaena leucocephala)*, engl. wild tamarind. Der aus Mittelamerika stammende Baum oder Strauch dient in den Tropen als Schattenspender, Dünger und Viehfutter.

**Die Hülsen der Helmbohne** werden als Kochgemüse zubereitet, die jungen Blätter in Südostasien gern wie Spinat. Die reifen Samen enthalten einen Bitterstoff, der sich erst bei längerem Kochen zersetzt. Sie können auch zur Anzucht von Sprossen verwendet werden. Namensgebend waren die helmartig geformten Ringwülste, die die Samen umgeben.

**Die unreifen Hülsen,** die angenehm säuerlichen bis sauren jungen Blätter sowie die Blüten des Tamarindenbaums finden Verwendung als Würze von Curries, Suppen und Stews. Die reifen Hülsen enthalten eine süß-saure Fruchtpulpe, die als Basis für süße Getränke und Speisen dient. In Indien sind die getrockneten Hülsen ein bekanntes Gewürz.

**Von Wilden Tamarinden** werden nur die jungen Blätter, Blüten, Hülsen und Samen in Südostasien als Kochgemüse geschätzt. Das Samengummi findet in der Nahrungs- und Pharmaindustrie Verwendung.

**Die Guarbohne,** eine buschige, aufrecht wachsende Pflanze, stammt vermutlich aus Afrika; seit altersher kultiviert man sie in Indien und Pakistan. In den USA gibt es seit rund 40 Jahren Guaranbau. Die 5 bis 11 cm langen, bei der Reife aufrecht stehenden Hülsen enthalten 5 bis 12 erbsengroße Samen. Hülsen und Samen vor dem Verzehr gut kochen.

**Die riesigen Blüten des Turibaums** werden bis 10 cm groß. Sie gelten in Asien als besondere Delikatesse. Man kocht oder dünstet sie nur ganz kurz, nachdem das bittere Herz entfernt wurde. Ebenfalls geschätzt werden die sehr eiweißreichen Blätter und Hülsen, die man wie Kochgemüse zubereitet. Auf dem deutschen Markt sind sie allerdings kaum zu bekommen.

**Die Wassermimose** ist besonders reich an Mineralstoffen und Vitamin C. Die Blätter der Wassermimose werden auf asiatischen Märkten mit den Wurzelsprossen angeboten; junge Blätter, Sproßspitzen sowie junge Hülsen bereitet man als Kochgemüse zu. Die Wurzeln finden in der asiatischen Volksmedizin als Naturheilmittel Verwendung.

**Cha-om** heißt ein Akazienbaum in Thailand, dessen Ableger oder Stecklinge für den Gemüseanbau eingepflanzt werden. Man erntet die jungen Triebspitzen bzw. Sprossen der einjährigen Pflanze und verwendet sie als Gemüse, das wegen des feinwürzigen Aromas und sehr hohen Gehalts an Mineralien, Eiweiß, Kohlenhydraten sowie Vitamin C sehr geschätzt ist.

**"Meterlauch"** werden bis zu 80 cm lange Porreesorten scherzhaft genannt, die zum Beispiel aus der Türkei, aufrecht in Kisten verpackt, zu uns kommen. **Die Schaftstärken** differieren je nach Sorte und Jahreszeit. Winterlauch kann bis zu 5 cm Durchmesser erreichen, Frühlauch dagegen kommt schon ab 1 cm Stärke auf den Markt.

# Porree und Lauchzwiebeln

## EINE BEREICHERUNG DES SPEISEPLANS RUND UMS JAHR

Besonders zarten Lauch bzw. Porree gibt es im späten Frühjahr und Sommer; kräftiger schmeckt er im Herbst und Winter. Die sogenannte Frühlingszwiebel ist ebenfalls zu allen Jahreszeiten zu haben: Unter diesem etwas irreführenden Namen werden alle jung und mit Laub geernteten Zwiebeln gehandelt. Aufgrund ihrer äußerlichen und geschmacklichen Verwandtschaft mit dem Porree wird sie deshalb auch zutreffender "Lauchzwiebel" genannt. Botanisch korrekter ist dagegen die ebenfalls gebräuchliche Bezeichnung "Bund- oder Bündelzwiebel". Ihren typischen, aromatischen Geschmack verdanken Porree und Lauchzwiebeln verschiedenen ätherischen Ölen (vor allem Allylsenföl) und Aromastoffen. Der hohe Gehalt an Kalium, Calcium, Phosphor, Natrium, Eisen sowie den Vitaminen $B_1$, $B_2$ und C (30 mg) und Provitamin A machen die beiden Vertreter der Gattung Allium zu einem gesunden "Genußmittel"; seine schwefelhaltigen Inhaltsstoffe wirken darüber hinaus als natürliches Antibiotikum. In der Zubereitung sind Porree und Lauchzwiebeln äußerst vielseitig: Sie eignen sich als Rohkost; gedünstet oder gekocht als Gemüsebeilage; als Suppenbasis oder -einlage; für Eintöpfe und Aufläufe; als Belag für herzhafte Kuchen und Quiches und zum Überbacken mit Schinken und Käse. Das Laub der Lauchzwiebeln ist außerdem, wie Schnittlauch in Röllchen geschnitten, ein hervorragendes Gewürz für Kräuterquark, Saucen und Salate. Auch als herzhafter Belag fürs Butterbrot ist es nicht zu verachten!

**Lauch und Lauchzwiebeln** gehören trotz vieler Ähnlichkeiten unterschiedlichen Arten an. Erkennungszeichen ist die Blattform: Lauch (im Bild ganz oben) besitzt breite, flache Blätter, Lauchzwiebeln dagegen schmale, röhrenförmige Blätter (Bild

***Liliaceae* (Liliengewächse)**. Zu dieser Familie gehören etwa 220 Gattungen mit rund 3500 Arten, darunter so bekannte Zierpflanzen wie Tulpen, Lilien und Hyazinthen. Nur sehr wenige Gattungen können gemüsebaulich genutzt werden; die bedeutendste Gattung mit mehreren als Gemüse und Gewürz genutzten Arten ist *Allium*. Weitere gemüseliefernde Gattungen sind *Lilium*, *Muscari* und *Asparagus*. **Lauch, Porree,** Küchen-, Winter-, Breit-, Beißlauch *(Allium porrum* var. *porrum)*, engl. leek, franz. poireau. Der Porree hat sich vermutlich aus dem im östlichen Mittelmeerraum und Vorderasien vorkommenden Acker- oder Sommerknoblauch entwickelt und wurde schon im Altertum angebaut. Heute wird er in ganz Europa kultiviert. Anbauschwerpunkte liegen in Frankreich und Deutschland; auch Belgien, die Niederlande, Italien, Spanien, Ägypten und die Türkei kultivieren größere Mengen. Der robuste Porree gedeiht überwiegend im Freiland; nur für frühe Ernten wird er in Gewächshäusern oder Folientunneln angebaut. Man unterscheidet Sommer-, Herbst- und Winterporree, die in der Schaftlänge und dessen Festigkeit sowie geringfügig in ihrer Geschmacksintensität differieren. Die zweijährige Porreepflanze entwickelt im ersten Jahr aus der zwiebelähnlichen Verdickung eine Laubblattrosette. Stengelbasis und Blattscheiden bilden den bis zu 40 cm langen, weißen bis grünweißen Schaft - das eigentliche Gemüse - mit nach oben hin breiten, grünen Blättern. Der Schaft wird gebleicht, indem die Pflanze in bis zu 20 cm tiefe Furchen gesetzt wird, die während des Wachstums nach und nach mit Erde aufgefüllt werden. Qualitätsmerkmale sind ein kräftiger, schneeweißer und gerader Schaft ohne zwiebelartige Verdickung und dunkelgrünes Laub. Gelegentlich kommt auch gebleichter Lauch aus der Schweiz in den Handel, der sehr mild ist. **Winterzwiebel, Winterheckzwiebel,** Grober Schnittlauch, Schnittzwiebel, Röhrenlauch *(Allium fistulosum)*, engl. welsh onion, spring onion, franz. ciboule, ail fistuleux, oignon d'hiver. Auch die Winterzwiebel ist wie Porree in ihrer Wildform unbekannt; man vermutet ihre Heimat in Zentral- und Westchina. Dort sowie in Japan ist sie bis heute von großer Bedeutung als Gewürz- und Gemüsepflanze. Bei uns wurde sie schon im Mittelalter von der Speisezwiebel verdrängt. Einige der besonders langschäftigen Sorten werden bei uns als Lauch- bzw. Frühlingszwiebeln angeboten. Der Begriff "Frühlingszwiebel" ist zwar in Gebrauch, bezeichnet aber nur eine Zwiebel, die mit Laub gegessen und ganzjährig angeboten wird. Der Gemüsebau unterscheidet Speisezwiebeln (schärfer, ohne Laub), Gemüsezwiebeln (mild, ohne Laub) und Bund-, Schalotten- oder Lauchzwiebeln (vorzeitig mit grünem Laub geerntete, bestimmte Speisezwiebelsorten); dazu kommen die auch als Lauchzwiebeln bezeichneten Sorten der Winterzwiebel. In Aussehen und Geschmack erinnert die sehr viel zartere Winterzwiebel stark an Porree. Sie unterscheidet sich von der Speisezwiebel durch ihre runden Röhrenblätter und geringe Bulbenbildung.

Mitte und unten). Wie ihr Name schon sagt, handelt es sich um bestimmte Sorten unserer Speisezwiebel oder auch Winterzwiebel. Die Lauchzwiebel bildet keine richtige Zwiebel aus - bei ihr schätzt man das zarte, aromatische Laub mehr.

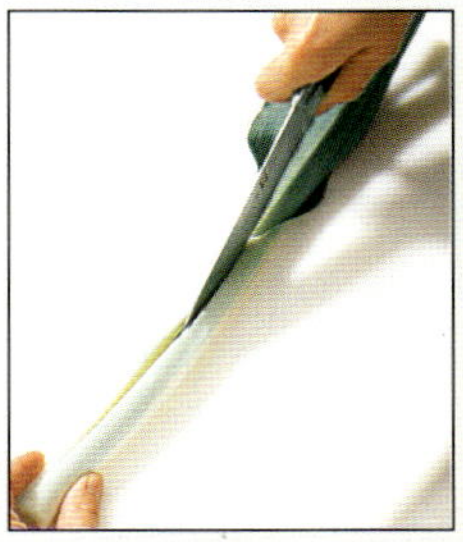

Da zwischen den Porreeblättern oft Sand steckt, schneidet man die Stangen vor dem Waschen der Länge nach bis knapp über das Schaftende ein.

Anschließend spült man die Lauchstangen unter fließendem Wasser sehr gründlich ab, wobei man am besten die Blätter mit den Fingern auseinanderspreizt - auf diese Weise entfernt man Sand und Erde am zuverlässigsten.

**Schnittknoblauch, China-Lauch,** Chinesischer Schnittlauch, Nira, Knolau *(Allium tuberosum)*, engl. Chinese chives, Chinese leeks, flowering chives, garlic chives, franz. ciboulette chinoise. Der Öffentlichkeit bei uns erst seit 1985 bekannt, ist der Schnittknoblauch in Südostasien und Indien seit Jahrhunderten eine beliebte Kulturpflanze. Die mehrjährige Staude entwickelt im Gegensatz zum Knoblauch keine Knolle, sondern eine kräftige Wurzel. Die bis zu 50 cm hohen, grasähnlichen Blätter haben ein nur mildes Knoblaucharoma und können wie Schnittlauch verwendet werden. **Schnittlauch, Schnittling,** Gras-, Binsen-, Bris-, Spaltlauch, Schnitt-, Jakobszwiebel *(Allium schoenoprasum)*, engl. chives, franz. ciboulette, civette. Die vermutlich aus Zentralasien stammende Wildpflanze wird als Küchenkraut heute in fast allen Ländern der Erde kultiviert. Die röhrenförmigen, 15 bis 60 cm langen Blätter verdanken ihren zwiebelähnlichen Geschmack dem hohen Gehalt an Lauch- und Senföl; das sehr reichlich enthaltene Vitamin C macht Schnittlauch zu einem besonders gesunden Gewürz. Geerntet wird von Mai bis Oktober vom Freiland, im Winterhalbjahr kommt Schnittlauch aus dem Treibhaus. Man unterscheidet zwischen fein-, mittelfein- und grobröhrigen Sorten. Erstere werden winters mit dem Wurzeiballen in Töpfen gehandelt, letztere kommen im Frühjahr und Sommer meist bundweise auf den Markt. **Bärlauch, Bärenlauch,** Waldlauch, Rams, Wilder Knoblauch *(Allium ursinum)*, engl. bear's garlic, ramsons, franz. ail de ours. Früher in Nord- und Mitteleuropa als Heil-, Gewürz- und Gemüsepflanze kultiviert, ist der Bärlauch heute praktisch in Gesamteuropa bis zum 64. Breitengrad und in Asien heimisch. Seine Blätter ähneln denen des Maiglöckchens, haben aber aufgrund ihres Allicingehaltes ein intensives Knoblaucharoma. **Knoblauch, Knofel,** Knufloch, Knobel, Chnöbli *(Allium sativum* var. *sativum)*, engl. garlic, common garlic, franz. ail. Knoblauch, eine der ältesten Kulturpflanzen, stammt vermutlich aus Südwestasien. Schon in der Antike war er eine beliebte Heil- und Gewürzpflanze; nach Westeuropa gelangte er über den Vorderen Orient. Mit einer Jahresproduktion von rund 3 Millionen t gehört Knoblauch heute zu den 20 wichtigsten Gemüsearten der Welt. Angebaut wird er weltweit dort, wo es heiß und trocken ist. Das größte Anbaugebiet liegt im kalifornischen Santa-Clara-Tal um Gilroy - der "Weltstadt des Knoblauchs" -, wo alljährlich ein großes Knofel-Festival stattfindet. Weitere bedeutende Flächen liegen in Spanien, Ägypten, Frankreich, Italien. Die Knoblauchzwiebel bildet sich am Grunde der ausdauernden Pflanze und ist umhüllt von mehreren trockenen, weißen bis rötlichen Schalen. Sie setzt sich zusammen aus bis zu 12 Tochterzwiebeln - auch "Zehen" genannt" -, die ihrerseits von papierartigen Häuten umgeben sind. Den hohen gesundheitlichen und kulinarischen Wert sowie den typischen Geschmack bekommen die Zehen durch das schwefelhaltige ätherische Öl Allicin. Weitere Inhaltsstoffe sind Kohlenhydrate, Eiweiß, Fett, Calcium, Phosphor, Eisen, Magnesium, mehrere B-Vitamine und Vitamin C.

**Schnittknoblauch** wird in Asien für Pfannengerührtes oder als Beilage zu Fisch geschätzt. Als Delikatesse gelten die Blütenstiele mit den noch geschlossenen weißen Blütenknospen, die ein honigartiges Aroma besitzen. Bei uns frisch und eingelegt im Glas erhältlich.

**Schnittlauch** verliert durch Trocknen fast vollständig sein Aroma, das bei frischer Ware am besten zur Geltung kommt. Die Blüten werden nicht mitgegessen - doch die würzig-scharfen Röhrenblätter des Schnittlauchs dienen in der ganzen Welt als beliebte Zutat für Eierspeisen, Salate, Suppen, Saucen, Quarkspeisen und Kräuterbutter.

**Nira** nennt man Schnittknoblauch in Japan, wo er als aromatischer Ersatz für Schnitt- und Knoblauch sowie für Schalotten Verwendung findet. Dort wird auch gebleichter Schnittknoblauch angeboten, der noch milder schmeckt als sein kräftig grüner Verwandter. Nira ist auch ein beliebtes Gewürz für Frühlingsrollen-Füllungen.

**"Head garlic"** ist eine thailändische Spezialität: Der Knoblauch wird so dicht gepflanzt, daß er klein bleibt und nicht die typische Knolle mit mehreren Zehen bildet. Die kleinen Zwiebelchen verwendet man in Thailand gern roh oder gibt sie beispielsweise an scharfe Pickles oder zu gedünsteten Garnelen. Bei uns ist der Miniknoblauch so gut wie unbekannt.

**Auf Asiens Märkten** ein beliebtes Alltagsgemüse ist Schnittknoblauch mit seinen weißen Blüten sowie auch der gebleichte, besonders zarte Schnittknoblauch.

# Knoblauch & Co.

## GEMÜSE UND GEWÜRZ IN EINEM

Berühmt-berüchtigt ist der Knoblauch im wahrsten Sinn des Wortes, denn dank des reichlich enthaltenen ätherischen Öls Allicin strömt dieses Mitglied der Familie der Liliengewächse einen mehr oder minder intensiven Duft aus. Verantwortlich ist dieses stark schwefelhaltige Öl nicht nur für Würze in Speisen aller Art, sondern auch für die gesundheitsfördernde Wirkung des Knoblauchs: es wirkt wie ein natürliches Antibiotikum gegen vielerlei Entzündungsprozesse und kann - in großen Mengen - dazu beitragen, einen erhöhten Cholesterinspiegel oder Blutdruck zu senken. Doch gerade dieses segensreiche Öl macht den Knofel - so beliebt er in der ganzen Welt ist - bei besonders Geruchsempfindlichen zum "anrüchigen", verpönten Gewürz oder Gemüse. Aber auch für sie ist buchstäblich ein Kraut gewachsen: der Schnittknoblauch, der des Knofels gute Eigenschaften mit einem wesentlich milderen Aroma vereint. Er ist quasi der kulinarische Kompromiß zwischen Knoblauch und Schnittlauch, während der nur noch wild vorkommende Bärlauch wiederum sehr stark "knofelig" schmeckt und duftet. Für welchen Vertreter der Gattung man sich auch entscheidet - fest steht: sowohl als Gewürz für Speisen aller Herren Länder als auch als Gemüse sind sie vorzüglich zu gebrauchen.

**Der Bärlauch** ist eng mit dem Knoblauch verwandt, mit dem er das intensive Aroma gemeinsam hat. Bei uns wächst er wild in feuchten Laubwäldern und, an schattigen, feuchten Plätzen, auch in Hausgärten. Die Blätter pflückt man vor der Blüte im Mai und gibt sie gehackt in Salate, Quarkspeisen, Suppen, Saucen sowie zu Gemüsegerichten.

**Den frischen Knoblauch** gibt es wie den getrockneten mit weißen oder rötlich-violetten Knollen (im Bild rechts). Erkennungszeichen für diesen besonders milden Knofel sind die saftiggrünen Stiele. Frischer Knoblauch ist nur etwa zwei Wochen haltbar; er kann jedoch auch getrocknet oder in Öl eingelegt werden. Auf den Markt kommt er zum Saisonbeginn der jeweiligen Herkunftsländer - Hauptangebotszeit ist das Frühjahr und der Sommer.

**Rote Zwiebeln** stammen vorwiegend aus Italien. Ihre dünne, rote bis violette Schale und das rötliche, milde Fleisch machen sie als dekorative Salatzwiebel besonders beliebt.

**Weiße Zwiebeln** werden in Deutschland kaum angebaut. In Italien und Spanien hingegen schätzt man sie aufgrund des süßlichen Geschmacks und der nur milden Schärfe.

**Die rote Semianzwiebel** ist eine in Italien gern kultivierte Form der roten Zwiebel. Sie fällt durch ihre ungewöhnliche länglich-schmale Form auf und wird bis zu 30 cm lang.

**Diese flachrunde, große weiße Zwiebel** ist ein weiteres Beispiel für die Formenvielfalt der Speisezwiebel, wie man sie unter anderem in Italien in einigen Regionen des Landes anbaut.

# Zwiebeln

## DIE KLEINEN UND GROSSEN SCHARFMACHER FÜR ALLE KULINARISCHEN FÄLLE

Ihrem unscheinbaren Äußeren zum Trotz hat die Speisezwiebel eine ehrwürdige Tradition: Bereits vor mindestens 5000 Jahren zählte sie in Zentralasien, Pakistan, Nordwest-Indien und im Mittelmeerraum zu den bedeutendsten Heil- und Gemüsepflanzen. Ihren hohen Wert wußten auch die Ägypter zu schätzen, die die Zwiebel als Opfergabe darbrachten und sie obendrein den Sklaven beim Bau der Pyramiden zur Stärkung reichten. Heute ist das scharfe Gemüse vor allem wegen seines unverwechselbaren Geschmacks beliebt, für den die reichlich enthaltenen schwefeligen ätherischen Öle verantwortlich zeichnen. Dabei enthalten die kleinen, dunklen Zwiebeln in der Regel davon mehr und sind daher schärfer als große, helle Exemplare. Die große Familie der Speisezwiebel hat für jeden Geschmack und Zweck die passende Vertreterin zu bieten: von der braunen Küchenzwiebel über die rote und die weiße Zwiebel bis zur edlen Schalotte, um nur die wichtigsten zu nennen, gibt es das Liliengewächs in allen möglichen Farben, Formen und Größen.

**Nicht wegzudenken aus unserer Alltagsküche:** Die braunschalige Küchenzwiebel mit mehr oder minder scharfem Aroma gibt es klein und groß, kugelrund wie länglich zu jeder Jahreszeit. Am feinsten und dünnhäutigsten ist sie allerdings im Frühsommer aus der ersten heimischen Ernte. Für sie wie für alle Speisezwiebeln gilt: immer erst kurz vor der Verwendung abziehen und zerkleinern, sonst verliert sie an Geschmack.

**Speisezwiebel, Küchenzwiebel,** Gemüsezwiebel, Zipolle *(Allium cepa* var. *cepa)*, engl. onion, franz. oignon. Schon vor mehr als 5000 Jahren zählte die Speisezwiebel in Zentralasien, Pakistan, Nordwest-Indien und im Mittelmeerraum zu den bedeutendsten Gemüse- und Heilpflanzen. Ins nördliche Europa gelangte sie erst im frühen Mittelalter im Gepäck römischer Soldaten. Heute wird die Zwiebel, die zu den ältesten aller kultivierten Pflanzen gehört, in vielen verschiedenen Formen vorwiegend in den wärmeren Subtropen und der gemäßigten Klimazone aller Erdteile angebaut. Größte Erzeugerländer sind China, die UdSSR, Indien, die USA, die Türkei und Spanien. Die deutsche Produktion ist vergleichsweise gering. Dennoch sind Zwiebeln nach Tomaten das zweitwichtigste Gemüse Deutschlands; der hohe Bedarf wird überwiegend durch Importe gedeckt. Botanisch ist die Zwiebel ein unterirdischer Sproß mit scheibenförmig abgeflachter Achse und dicht übereinanderliegenden, fleischig verdickten Blättern, den sogenannten Zwiebelschuppen. Die im Durchmesser bis etwa 10 cm messenden, runden, platten oder hochovalen Zwiebeln werden von mehreren trockenen Häuten umhüllt. Ihre Farbe variiert von gelb oder braun über rot bis zu weiß. Die eigentlich ausdauernde Pflanze wird bei uns ein- und zweijährig kultiviert. Wie beim Knoblauch ist bei der Speisezwiebel das ätherische Öl Allicin verantwortlich für den mild bis beißend scharfen, die Schleimhäute reizenden Geschmack sowie für die gesundheitlichen Vorzüge als natürliches Antibiotikum. Weitere Inhaltsstoffe sind neben etwa 8% Glukose und Saccharose bis zu 90% Wasser, außerdem Eiweiß, Calcium, Schwefel, Fluor, Provitamin A, die Vitamine $B_1$, $B_2$, $B_6$, E sowie C. Die Formenvielfalt der Speisezwiebel ist enorm. Je nach Farbe und Größe gibt es beträchtliche Unterschiede auch im Geschmack. So sind rote Zwiebeln wegen ihrer geringen Schärfe und des mildsüßlichen Aromas beliebt für Salate und Rohkost. Die großen, 200 g und mehr wiegenden Gemüsezwiebeln sind eine spanische Spezialität: Ihr sehr mildes, süß-würziges Fleisch eignet sich gut zum Schmoren, für Salate und zum Füllen. Weiße Zwiebeln gedeihen vorwiegend in wärmerem, trockenem Klima. Diese ebenfalls sehr milden Zwiebeln kommen daher hauptsächlich aus südlichen Gefilden, vor allem aus Italien und Spanien, zu uns.

**Luftzwiebel, Etagenzwiebel,** Ägyptische Zwiebel, Catawissazwiebel *(Allium* x *proliferum)*, engl. tree onion, Egyptian onion, top onion, franz. oignon d'Egypte. Die Luftzwiebel, eine Kreuzung aus Winter- und Speisezwiebel, hat keine Marktbedeutung, ist jedoch bei Hausgärtnern sehr beliebt. Ihre Besonderheit liegt darin, daß sie keine Blüten ausbildet und daher nicht über Samen zu vermehren ist. Sie bildet bereits an der Pflanze kleine Brutzwiebeln aus, die in luftiger Höhe beginnen, Wurzeln auszutreiben und - wenn man lange genug wartet - zu neuen Pflanzen heranwachsen, nachdem der Stiel sich auf den Boden geneigt hat. Der Hauptvorteil der Luftzwiebel liegt jedoch in ihrer Winterhärte. Außerdem können das frische Laub und die kleinen Brutzwiebeln verwendet werden.

**Die Luftzwiebel** bildet anstelle von Blüten an den Schlotten kleine Brutzwiebeln aus, die einen intensiven, entfernt an Knoblauch erinnernden Geschmack haben.

Zwiebeln gebündelt: So lassen sie sich dekorativ zuhause lagern.

**Solche kleinen Speisezwiebeln** oder Haushaltszwiebeln nennt man in England wegen des bevorzugten Verwendungszwecks als Einlegezwiebel auch "Pickling Onions". Darüber hinaus eignen sie sich auch hervorragend für Stews, Ragouts und Kasserollen, denen man sie geschält im ganzen zufügt und mitschmort. Auch gut zum Mitgaren bei Braten!

**Solche runden, braunschaligen Schalotten** (hier die aus der Bretagne stammende Sorte "Bretonne Ronde") sehen der Küchenzwiebel täuschend ähnlich. Runde Schalotten sind wegen eben dieser besagten Ähnlichkeit nicht so beliebt wie andere, deutlich zu unterscheidende Sorten, haben jedoch in puncto Aroma ebensoviel zu bieten.

**Silberzwiebeln** erreichen einen Durchmesser von lediglich 15 bis 35 mm. Wer sie aus israelischen oder niederländischen Exporten frisch bekommt, kann sie nicht nur - wie es die Industrie tut - einlegen, sondern auch sehr gut schmoren und zu Kurzgebratenem servieren: ihr mild-würziger Geschmack macht sie zu einer besonderen Delikatesse.

**Lange Bretonin** ("Bretonne Longue") heißen diese länglichen Schalotten in Frankreich. Während dort große Mengen angebaut werden, spielt der erwerbsmäßige Anbau bei uns keine nennenswerte Rolle. Hier ist man auf Importe, auch aus Italien und den Niederlanden, angewiesen. Vereinzelt werden Schalotten in Kleingärten für den Eigenbedarf angepflanzt.

**Extra kleine rote Zwiebeln** sind in Thailand sehr beliebt. Während man die Minizwiebelchen bei uns nur sehr vereinzelt bekommt, sind sie dort üblicher Bestandteil des Marktangebotes.

**Die plattrunden Speisezwiebeln** gehören zu den frühen Sorten, die Anfang Mai von den Kanarischen Inseln nach Deutschland kommen. Junge Zwiebeln eignen sich aufgrund ihrer zurückhaltenden Schärfe besonders gut zum Rohessen und für Zwiebelsuppen, -kuchen oder -gemüse. Die ersten Zwiebeln aus deutscher Ernte kommen ab Mitte Mai auf den Markt.

**"Grise de Bagnolet"** werden graue Schalotten in Frankreich genannt. Bei uns sind sie weniger häufig als braune oder rote Schalotten im Angebot. Zubereiten kann man sie wie alle anderen Schalotten auch. Die Franzosen schätzen sie nicht nur zum Verfeinern von Salaten und Gerichten aller Art, sondern aromatisieren damit auch gerne Weißwein- oder Rotweinessig.

**Silberzwiebel** *(Allium cepa* var. *cepa* und *fistulosum)*, engl. pearl -, silverskin onion, franz. petit oignon blanc. Diese besonders kleine Speise- oder Winterzwiebelart wird nur selten frisch auf den Markt gebracht; ihr Anbau erfolgt überwiegend für die Industrie, die diese sehr milden Zwiebeln für Mixed Pickles oder andere Sauerkonserven verwendet. **Perlzwiebel, Echte Perlzwiebel** *(Allium porrum* var. *sectivum)*, engl. pearl onion. Obgleich Perlzwiebeln und Silberzwiebeln sich fast zum Verwechseln ähneln, gehören sie botanisch unterschiedlichen Arten an. Echte Perlzwiebeln sind nahe mit dem Porree verwandt, wohingegen sogenannte Unechte Perlzwiebeln tatsächlich aus Porree gewonnen werden. Auch Perlzwiebeln finden vor allem in Mixed Pickles Verwendung. **Schalotte, Schlotte,** Eschlauch, Aschlauch, Kartoffelzwiebel *(Allium cepa* var. *ascalonicum)*, engl. shallot, franz. échalotte. Die mildeste und feinste aller Speisezwiebeln hat ihren Namen von der palästinensischen Stadt Askalon. Dennoch gilt als ursprüngliche Heimat der Schalotte das tropische Asien. Weitere Anbaugebiete sind Westafrika, Südamerika, die Karibik und Europa. Vor allem in Frankreich ist sie wegen ihres edlen Aromas unverzichtbar in der feinen Küche. Besonders gefragt sind auch in Deutschland rosa- oder kupferfarbene, halblange, birnenförmige Schalotten. **Wildzwiebel, Schopf-Traubenhyazinthe** *(Muscari comosum)*, ital. lampagioni. Zur Gattung *Muscari* gehören 20 Arten, 3 von ihnen kommen wild in Deutschland vor, darunter auch die oben genannte Art. Die Pflanze wird bis zu 60 cm hoch und blüht im Mai/Juni blauviolett mit einem Blütenstand in Form einer Traube. Die oberen Blüten bilden einen Schopf und sind - im Gegensatz zu den unteren Blüten - unfruchtbar. Während die Wildzwiebel in den Mittelmeerländern gesammelt und als Gemüse gegessen wird, fällt sie in Deutschland unter die per Bundesverordnung besonders geschützten Arten. Sie kommt daher nur sehr selten und zu sehr hohen Preisen als Import aus Italien, Spanien oder Portugal auf den deutschen Markt. **Lilienzwiebel** *(Lilium* spp.). Mehrere der bei uns nur als Zierpflanze bekannten Lilienarten werden in Südostasien wegen ihrer sehr stärkereichen Zwiebeln als Gemüse angebaut, vor allem in China und Japan. Zu den bekanntesten der so genutzten Lilien zählt die Tigerlilie *(Lilium lancifolium)*, deren frische Zwiebel rund 18% Stärke sowie immerhin gut 2% Eiweiß aufweist. Werden diese mild-süßlichen Zwiebeln getrocknet, erhöht sich der Stärkegehalt auf mehr als 60%, was sie zu einem besonders nahrhaften Gemüse macht. Getrocknete Lilienblüten finden als Suppengewürz Verwendung. **Hopfensprossen, Hopfenspargel** *(Humulus lupulus, **Moraceae**)*, engl. hop sprouts, franz. pousses de houblon. Obgleich Hopfen nicht zu den Liliengewächsen gehört, ähneln seine Sprossen jungem Spargel in Aussehen und Geschmack verblüffend und werden wie dieser zubereitet. Hopfen ist eine Staude, deren oberirdische Teile im Herbst absterben. Die frostharten Wurzeln überwintern im Boden und treiben im Frühjahr neu aus. Diese Triebe liefern die Hopfensprossen.

**Wildzwiebeln** von der Schopf-Traubenhyazinthe gelten in Deutschland per Bundesartenschutzverordnung als besonders geschützt. In den Mittelmeerländern - vor allem Italien, Spanien und Portugal - sind sie eine begehrte Gemüseart: Sie wachsen dort unter anderem auf Äckern, in Weingärten und Olivenhainen und werden in geringen Mengen auch kultiviert.

**Lilienwurzeln oder Lilienzwiebeln** werden in Südostasien wegen ihres Nährstoffgehalts und des würzigen Geschmacks als Gemüse angebaut, während die dafür verwendeten Lilienarten - zum Beispiel die Tigerlilie - in Deutschland nur als Ziergewächse bekannt sind. Besonders herausragend ist ihr Stärkegehalt: getrocknet bringen sie es auf mehr als 60%.

**Hopfensprossen** wurden schon im Mittelalter als Gemüse geschätzt. Und bis heute spielt der "Hopfenspargel" aufgrund seines feinen Geschmacks in Frankreich, Belgien, England und Italien eine relativ große kulinarische Rolle. Bei uns hingegen kannte man den Hopfen mit seinen Blüten lange Zeit nur als Grundstoff für die Bierherstellung.

Die zarten Hopfensprossen müssen aufwendig per Hand geerntet werden, damit sie nicht zerbrechen. Sie sollten maximal 8 cm lang und weiß bis gelblich - nicht grün! - sein.

**Sind die Spargelköpfe** erst durchs Erdreich gebrochen, verfärben oder öffnen sie sich rasch. Sie sollten vielmehr dann gestochen werden, wenn sich erste feine Risse im Erdreich zeigen.

# Spargel

## DAS KOSTBARSTE GEMÜSE DES FRÜHJAHRS

Schon vor etwa 2000 Jahren war Spargel aufgrund seiner blutreinigenden und entwässernden Eigenschaften als Naturheilmittel bekannt und wurde in Klostergärten als Heilpflanze angebaut. Heute hingegen schätzt man ihn vor allem wegen seines ungemein feinen Geschmacks und seiner Zartheit rund um den Erdball - in Europa wie in Amerika, in Asien wie in Afrika. Doch das Wort "andere Länder, andere Sitten" gilt auch beim Spargel: Während die zarten Stangen in Deutschland "ganz in weiß" am begehrtesten sind, liebt man sie anderswo meist würzig-aromatisch als Grünspargel. Dies besitzt wahrhaft königliche Tradition, denn noch im 17. Jahrhundert war der Grüne Spargel uneingeschränkter Herrscher auf den Tischen der europäischen Fürstenhäuser und Klöster. Die Methode, den Spargel durch das Kultivieren unter der Erde zu bleichen, kam erst gegen Ende des vorigen Jahrhunderts in Mode. Inzwischen ist die Zahl der Spargelrezepte längst Legion, wobei er frisch gestochen am allerbesten mundet. Dennoch ist Spargel auch ein bedeutendes Gemüse für die Konservenindustrie; vor allem in China, Taiwan, Spanien und den Niederlanden wird ein großer Teil der Ernte geschält in Glas oder Dose konserviert.

**Bleichspargel** wächst auf leichten, sandigen Böden in den im zeitigen Frühjahr aufgeworfenen Erddämmen. Ein- bis zweimal täglich wird er dann in der Hauptsaison gestochen. Die erntereifen Stangen werden mit den Händen frei gegraben und dann mit speziellen Messern gestochen. Anschließend wird die Dammoberfläche mit einer Kelle wieder glatt gestrichen.

**Spargel, Gemüsespargel** *(Asparagus officinalis)*, engl. asparagus, franz. asperge. Ursprünglich vermutlich aus Osteuropa, Vorder- und Mittelasien stammend, ist der Spargel heute in allen Ländern der gemäßigten und warmen Klimazonen als Kulturpflanze verbreitet. Wichtige Anbauländer sind Deutschland, Frankreich, Spanien, die Niederlande, Belgien und Griechenland. Deutsche Anbauschwerpunkte liegen in Nordbaden, der Lüneburger Heide, Rheinland-Pfalz, Südhessen und Bayern, also überall dort, wo ein leichter, warmer Boden ideale Bedingungen für die aufwendige Spargelkultur bietet. Die so begehrten Spargelstangen sind die mit feinen, schuppenförmigen Schutzblättern bedeckten Sprosse einer Staude, die sich jedes Jahr aufs neue aus dem ausdauernden Wurzelstock bilden und dem Feingemüse seinen deutschen Namen geben: Er leitet sich aus dem griechischen "spargan" ("sprossen") ab. Geerntet wird vorzugsweise frühmorgens und stets per Hand, was die Stangen relativ teuer macht. Traditionell dauert die Ernte in Deutschland von Anfang Mai bis zum 24. Juni: Nach dem St. Johanni-Tag läßt man die Sprosse "ins Kraut schießen". Das reich verzweigte Spargelkraut bildet dann Reservestoffe, die im Wurzelstock gespeichert werden und für eine gute Ernte im nächsten Frühsommer sorgen. In Frankreich, Italien und Spanien ist die Spargelsaison länger; sie erstreckt sich dank des wärmeren Klimas von März bis Ende Juni. Im Herbst und Winter wird Spargel aus Südafrika und Süd- und Mittelamerika importiert. Grundsätzlich gilt: Die Farbe des Spargels sagt nichts über die Sorte, doch alles über die Art des Anbaus. Weißer oder Bleich-Spargel wird in aufgeworfenen Erddämmen, vor der Sonne geschützt, kultiviert; Grüner Spargel wächst auf ebenen Beeten unter voller Lichteinwirkung. Spargelstangen mit violetten oder grünen Köpfen kommen aus Hügelbeeten, waren aber kurze Zeit der Sonne ausgesetzt. Ausnahmen sind spezielle rosa- bis purpurfarbene Sorten, die in Frankreich und Kalifornien angebaut werden, aber bei uns keine Bedeutung haben. Im Handel werden Stangenspargel, Brechspargel (mit oder ohne Köpfe) und Kopfabschnitte bzw. Spargelköpfe unterschieden. Je gleichmäßiger gewachsen die Stangen, desto höher die Qualität. Auch die Dicke des Spargels ist ein Qualitätsindiz: sehr dünne Stangen bringen nicht nur viel Abfall, sondern deuten auch auf zuviel Trockenheit während des Wachstums oder erschöpfte Pflanzen hin. Beste Spargelqualität bieten gerade gewachsene Stangen mit festen, geschlossenen Köpfen und hellen, frischen Schnittenden ohne Einschrumpfungen oder Verfärbungen. Falsch gelagerten, minderwertigen Spargel erkennt man an grauen oder gelben Verfärbungen oder Flecken, am "muffigen" Geruch sowie am fehlenden "Knistern" beim Aneinanderreiben der Stangen. Frischer Spargel von guter Qualität kann - in ein feuchtes Tuch eingewickelt - im Kühlschrank einige Tage aufbewahrt werden. Einfrieren ist ebenfalls möglich, doch werden die Stangen wegen ihres Wassergehalts von 95% nach dem Auftauen leicht "schlapp".

**Der "echte" Grünspargel** ist vollkommen grün gefärbt, auch die Schuppenblätter zeigen keine violette Färbung. Aufgrund seines hohen Chlorophyllgehalts besitzt er ein kräftiges Aroma und enthält mehr Vitamin C als Weißer Spargel. Auch Grünspargel wird nach Dicke, Form und Kopffestigkeit in drei Güteklassen offeriert.

Violett-grüner Spargel wächst im Gegensatz zu Bleichspargel in vollem Sonnenlicht, bei warmer Witterung mit enormer Geschwindigkeit. Einmal täglich kann dann geerntet werden, wobei die Stangen dicht unter der Erde abgeschnitten oder -gebrochen werden.

**Spargel putzen:** Das untere Ende abschneiden und die Stangen mit einem speziellen Sparschäler von oben nach unten schälen. Dabei dicht unter dem Kopf ansetzen und nach unten hin dicker schälen.

TIP: Spargel ist ein Gemüse, das weich gekocht werden sollte und nicht bißfest gegessen wird. Die durchschnittlichen Kochzeiten variieren je nach Stärke zwischen 10 und 15 Minuten.

**Spargel vorbereiten:**

Den geputzten, geschälten Spargel vor dem Zubereiten in kaltes Wasser legen - so trocknen vor allem größere Mengen nicht so leicht aus.

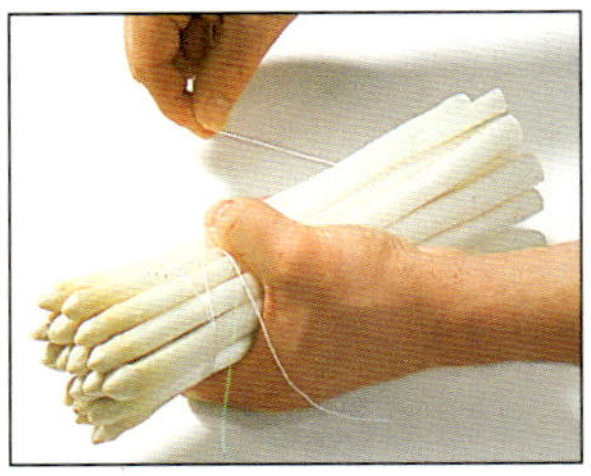

Dann den Spargel zu Bündeln von 500 g verschnüren. Am besten geht das mit einem dicken Zwirnsfaden oder speziellem Küchengarn, das man rundum schnürt.

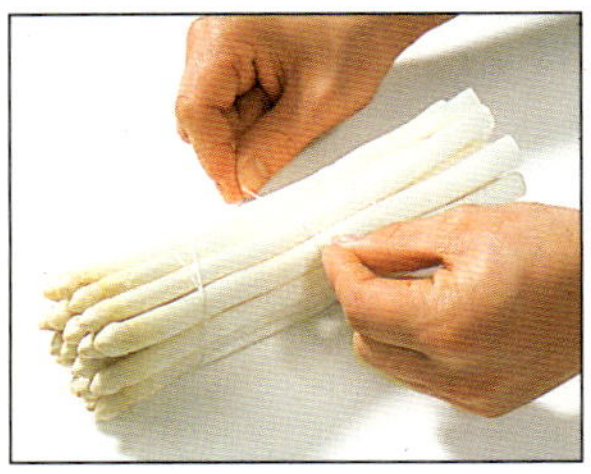

Zum Schluß das gleichmäßig umgewickelte Garn fest verknoten oder zu Schleifchen binden, damit das Bündel beim Kochen nicht auseinander fallen kann.

Sollten die Spargelstangen unterschiedlich lang sein, empfiehlt es sich, schon der Optik zuliebe, sie an den Enden auf gleiche Länge zu stutzen.

Schließlich gibt man die Spargelbündel vorsichtig nacheinander mit einer Schaumkelle ins kochende, mit Salz, Zucker und etwas Zitrone gewürzte Wasser.

**Weißer und Grüner Spargel,** mit frischer Butter verfeinert und eventuell mit Schinken oder Lachs serviert, ist nicht nur für die Augen ein Genuß: der geschmackliche Kontrast zwischen dem mild-feinen Geschmack der weißen und dem herzhaft-aromatischen der grünen Stangen bereitet auch der Zunge Vergnügen. Eine gute Idee auch für Suppen, Salate, Kalte Platten!

**Grünen Spargel putzen:**

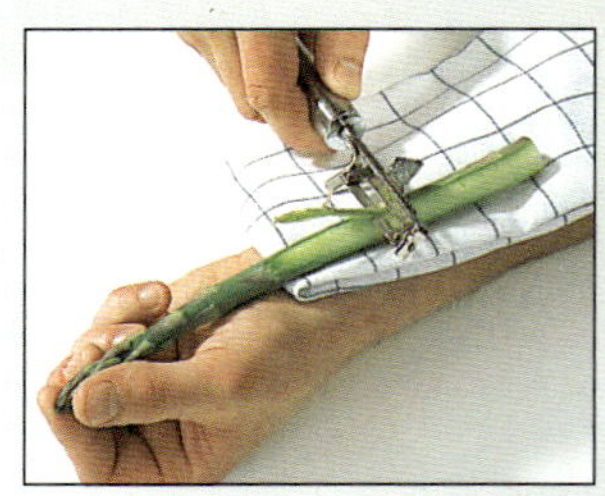

Nur wenn die Schale sehr dick und unansehnlich ist, muß Grüner Spargel wie sein weißer Verwandter geschält werden.

Üblicherweise genügt es, die Stielenden abzuschneiden und eventuell das untere Drittel dünn abzuschälen.

**Spargel stehend kochen:** Die zarten Köpfe sind die empfindlichste Stelle des Spargels - sie brechen beim Garen leicht ab. Solche hohen, schmalen Spargeltöpfe aus Edelstahl mit passendem Siebeinsatz schonen das Beste an den feinen Stangen: Nach dem Kochen kann man sie im Sieb einfach aus dem Wasser heben.

**Violetten Spargel** erhält man aus Sorten, die den Farbstoff Anthocyan enthalten. Es kann manchmal auch das obere Drittel der Stangen gefärbt sein. Dieser violette Spargel schmeckt deutlich bitterer als schneeweißer und ist in Deutschland nicht so beliebt. Er wird vorwiegend aus Frankreich, Spanien und Griechenland importiert.

**Besonders schonend und gleichzeitig praktisch** ist die Methode, Spargel liegend zu garen. Dafür gibt es spezielle flache Spargeltöpfe mit heraushebbarem Siebeinsatz. Dieser ist außerhalb der Spargelsaison auch für das Dünsten ganzer Fische oder zum Pochieren von großen, zarten Fleischstücken sehr gut geeignet.

**Spargelschalen kochen:**

Die abgeschälten, gewaschenen Spargelschalen ergeben, 10 bis 15 Minuten ausgekocht, eine aromatische Basis für eine Suppe oder dienen als Kochsud für die Stangen.

Nach dem Auskochen gibt man die Schalen in ein Haarsieb und drückt mit einem Kochlöffel die Flüssigkeit gut heraus, um nichts zu verschwenden.

**Als "Wildspargel"** oder Mini-Grünspargel wird dieser Spargel, der rar und entsprechend teuer ist, vom Handel bezeichnet. Er stammt aus Spezialkulturen in Frankreich, wo man ihn wegen seines leicht herben Aromas besonders schätzt. Er wird nur gewaschen, nie geschält.

Aus den gelben Blüten des Okra-Strauches entwickeln sich die etwa fingerlangen, grünen Kapselfrüchte, die es sowohl frisch als auch konserviert bei uns zu kaufen gibt.

**Die jungen, kantigen Okrafrüchte** enthalten zahlreiche weiße Samen, die man mitessen kann. Die Schoten sondern beim Kochen, wenn sie nicht wie unten verarbeitet werden, einen milchigen Schleim ab. Er verhält sich zwar geschmacklich neutral, ist aber nicht jedermanns Sache. Andererseits kann er bei bestimmten Gerichten die gewünschte nötige Bindung geben.

TIP: Blanchiert man Okras einige Minuten in kochendem Essigwasser und schreckt sie dann unter kaltem Wasser ab, bleibt der austretende Schleim im Blanchierwasser zurück; nun kann man das Gemüse nach Rezept weiterverarbeiten. Okras werden roh als Salat, jedoch meist gekocht als Gemüsebeilage zu Fisch, Fleisch und Geflügel oder in Schmor- und Eintopfgerichten gegessen.

**Okraschoten zubereiten:**

Am Stielansatz mit einem kleinen, scharfen Messer bleistiftspitzenförmig zuschneiden, ohne die Frucht zu verletzen.

Durch dieses spezielle Zuschneiden bleibt die Schote geschlossen. Bei einem geraden Schnitt würde die Flüssigkeit auslaufen.

Nach dem Putzen die Okras in mit Zitrone angereichertes Wasser geben und bis zur Weiterverarbeitung aufbewahren. Dadurch wird ein Platzen während des Kochvorgangs vermieden.

***Malvaceae* (Malvengewächse).** Zu dieser Familie gehören Sträucher und ein- bis mehrjährige Kräuter wie Malve, Eibisch und der Hibiscus, mit dem die heute eigenständige Gattung *Abelmoschus* eng verwandt ist. **Okra, Eßbarer Eibisch,** Gemüse-Eibisch *(Abelmoschus esculentus)*, engl. lady's finger, gumbo, franz. gombo. Die Okra - beheimatet in Äthiopien - ist eines der ältesten Gemüse; es hat sie schon im zweiten Jahrtausend v. Chr. gegeben. Heute ist sie vor allem in Afrika, aber auch in Indien, Thailand, im tropischen Asien, in ganz Amerika, in Vorderasien, im Balkan- und Mittelmeerraum, in Frankreich und im Vorderen Orient ein geschätztes Gemüse. Die ein- oder mehrjährige, bis zu 2,50 m hohe Pflanze trägt schotenartige Früchte bzw. schmale, fingerdicke, mehrkantige Samenkapseln. Die Schale ist gelbgrün bis dunkelgrün und von einem feinen Flaum bedeckt. Geerntet werden die unreifen, nicht ausgewachsenen Früchte, die beim Kochen einen milchartigen Saft absondern. Ideal: gekocht oder gedünstet. Auch gut: in Eintöpfen, Fleischragouts und Schmorgerichten sowie Curries.

***Moraceae* (Maulbeergewächse).** Die Familie der Maulbeergewächse umfaßt rund 60 Gattungen und mehr als 1500 Arten von Bäumen und Sträuchern, die vorwiegend in den Tropen vorkommen. Nur wenige werden als Obst genutzt (Feige, Maulbeere). Brot- und Jackfrucht sind Obst und Gemüse zugleich. **Brotfrucht** *(Artocarpus communis)*, engl. breadfruit, franz. fruit à pain. Der aus Polynesien stammende Brotfruchtbaum ist heute in den gesamten Tropen heimisch. Seine bis zu 2 kg schweren Früchte enthalten neben Wasser, Eiweiß, Fett, verschiedenen B-Vitaminen und maximal 50 mg Vitamin C bis zu 28% Stärke. Dies macht die Brotfrucht zu einem wertvollen, kohlenhydratreichen Grundnahrungsmittel, das in der Küche vielseitig zu verwenden ist: unreif geerntet gekocht, gebacken oder geröstet und getrocknet zu Mehl verarbeitet. **Jackfrucht, Nangka** *(Artocarpus heterophyllus)*, engl. nangka, jackfruit, franz. fruit de Jacques. Die Jackfrucht stammt aus Indien und gehört zu den größten Früchten, die in den Tropen Asiens angebaut werden. Reife Früchte des Jackbaums werden überwiegend als Obst genutzt, doch dienen unreif geerntete Früchte als Gemüse. Das Fruchtfleisch kommt kleingeschnitten und getrocknet als Gemüse, in Suppen oder Pickles auf den Tisch der Ärmeren. Samen werden gekocht und geröstet. Das Kochwasser weggießen, da es giftig sein soll.

***Moringaceae* (Moringagewächse).** Diese Familie besteht nur aus einer Gattung, nach der sie auch benannt wurde und deren Baumpflanzen vorwiegend in den asiatischen Tropen wachsen. **Pferderettichbaum, Meerrettichbaum** *(Moringa oleifera)*, engl. horse radish tree. Von diesem trockenresistenten Vielzweckbaum können die kresseähnlichen Blätter, die Blüten und die nicht ausgereiften Früchte als Gemüse genutzt werden. Die Wurzeln enthalten ein Senföl-Glykosid und werden zum daher Würzen genutzt; das fette Samenöl dient als Speiseöl, Schmiermittel für technische Zwecke sowie zur Seifenherstellung.

**Der Brotfruchtbaum** (im Bild ganz oben) mit dunkelgrünen, gefiederten Blättern wird 15 bis 20 m hoch. Er gedeiht heute auf fast jeder karibischen Insel. Die Brotfrucht (im Bild unten) ist durch ihren hohen Nährstoffgehalt nach der Gemüsebanane das wichtigste Grundnahrungsmittel für die Bevölkerung Westindiens. Seine samenlosen Früchte, die in grünem, unreifem Zustand geerntet werden (im Bild oben), sind ein vielseitiges Gemüse mit hohem Nährstoffreichtum. Das Fruchtfleisch ist feinfaserig und saftig, im Geschmack mild und zurückhaltend.

**Die Jackfrucht,** gleichzeitig Obst und Gemüse, beeindruckt vor allem durch ihre Größe. Oft wiegen die Früchte über 40 kg und sind bis zu 90 cm lang und 50 cm breit. Neben den Kürbissen sind sie die größten Früchte der Welt. Unter der grünen, genoppten Schale sitzen zahlreiche Fruchtsegmente, die in eine geleeartige Haut eingebettet sind. Im Geschmack ist sie fruchtig und mild.

**Jackfrucht vorbereiten:**
Die Frucht mit einem Küchenbeil oder schweren Messer quer halbieren, so daß man die einzelnen Fruchtfleischsegmente entnehmen kann.

Von jedem Segment sorgfältig die faserige Umhüllung entfernen, bis das glatte, gelbe Fruchtfleisch zum Vorschein kommt. Es wird jeweils halbiert und entkernt.

**Drumsticks** ("Trommelstäbe") heißen die langen (15 bis 120 cm), hülsenfruchtähnlichen Früchte des Pferderettichbaums im Englischen. Dieser dient von der Wurzel bis zur Blüte als Nutz- und Nahrungspflanze.

Die eigentlichen Früchte entwickeln sich aus den weiblichen Bananenblüten. Doch die männlichen Blüten bleiben am Ende des Blütenstengels stehen und sind in Asien ein beliebtes Gemüse. Bananen wachsen zuerst nach unten, wenden sich dann aber hormonbedingt dem Licht zu, biegen also ihre Spitzen nach oben: so wird die Banane krumm!

**Bananenblüten zubereiten:** Zunächst entfernt man die rötlichen Hüllblätter; anschließend kappt man mit einem Messer die Stielansätze. Die Bananenblüten können so in kochendem Salz-Zitronenwasser in 15 bis 20 Minuten gegart werden.

# Bananenblüte und Früchte

## AFRIKAS KARTOFFEL-ÄQUIVALENT

Die Kochbanane enthält zwar nur sehr wenig Eiweiß, Mineralstoffe und Vitamine. Doch ihr hoher Stärkegehalt macht sie in ganz Afrika zu einem bedeutenden Grundnahrungsmittel. Ähnlich wie bei uns die Kartoffel wird sie auf dem schwarzen Kontinent sowohl gebraten, gebacken, geröstet als auch gekocht genossen.

**Bananenblüten** (im Bild oben) kommen nur selten, meist aus Thailand, auf den deutschen Markt. Als **Matok-Bananen** (im Bild unten) werden diese kleinen, grünen Gemüsebananen gehandelt. Sie werden stets gekocht, zum Beispiel für Curries, verwendet. Diese **Gemüsebananen** (im Bild ganz unten) sind die typischen Vertreter der Kochbananen, die auch bei uns im Handel zu finden sind. Bei der Reife werden sie gelb, man braucht sie nur entsprechend lange zu lagern. Sie eignen sich ebenfalls nicht zum Rohverzehr.

***Musaceae* (Bananengewächse).** Die kleine Familie mit nur 6 Gattungen und etwa 220 Arten ist in den Tropen und Subtropen heimisch. 50 bis 60 Arten entfallen auf die Gattung *Musa*, die wiederum in 2 Sektionen unterteilt wird: *Australimusa* hat im Welthandel kaum Bedeutung; zu *Eumusa* zählt die bei uns beliebte Obstbanane, aber auch die weniger bekannte Gemüsebanane. **Gemüsebanane, Kochbanane,** Pferdebanane, Plantain *(Musa* x *paradisiaca)*, engl./franz. plantain. In ihrer asiatischen Heimat gehören Bananen zu den ältesten Kulturpflanzen; erst seit 1885 sind sie jedoch in Europa bekannt. Neben der weltweit bedeutenderen Obstbanane spielt vor allem in den Ländern der Dritten Welt die Kochbanane eine große Rolle als Grundnahrungsmittel. Ein Hauptgrund dafür ist der hohe Nährwert: Kochbananen sind äußerst reich an Stärke. Größter Produzent von Gemüsebananen ist mit 75% Afrika; danach folgen Südamerika (28%), Nord- und Mittelamerika (21%) und Asien (5%). Der Name leitet sich vom arabischen "banan" (Finger) ab, denn die Früchte wachsen an der Staudenpflanze in Form einer Hand mit jeweils 10 bis 20 "Fingern" bzw. Bananen. Kochbananen unterscheiden sich deutlich von ihren Obst-Verwandten: Sie können bis doppelt so groß werden und sind oft kantiger. Auch unter den Gemüsebananen gibt es eine große Formenvielfalt, die sich in Größe (bis 50 cm), Form, Farbe (grün, gelb, rot bis violett) und Geschmack (mehlig-trocken, süßlich oder süß-sauer) ausdrückt. Kochbananen werden unreif geerntet und bis zum Gelbwerden (bei grünen Früchten) gelagert. In ihrer mehligen Konsistenz ähneln Gemüsebananen der Kartoffel und werden auch ganz ähnlich zubereitet: geschält und gekocht, fritiert, gebraten oder püriert, aber niemals roh. Die im Geschmack recht zurückhaltende Kochbanane verträgt die Kombination mit würzigen Schmorgerichten besonders gut. **Bananenblüten** *(Musa* x *paradisiaca)*, engl. banana flower, franz. fleur de banane. Dies sind die männlichen Blüten der Bananenpflanze, die bei uns nur selten am Markt zu finden sind. Man kann sie ähnlich wie Artischocken zubereiten, also die gekochten, fleischigen Blätter in würzige Saucen dippen, oder im ganzen kochen oder rösten.

***Nymphaeaceae* (Seerosengewächse).** Zu dieser Familie der Wasser- oder Sumpfpflanzen mit rundlichen Schwimmblättern und kräftigen Unterwasser-Rhizomen gehört neben der Seerose *(Nymphaea)* und der Teichrose *(Nuphar)* die Indische Lotosblume. **Lotoswurzel, Indischer Lotus,** Indische Lotosblume *(Nelumbo nucifera)*, engl. Indian lotus root, franz. lotus sacré, lotier. Ursprünglich aus dem Wolgadelta, Iran und Indien (wo sie bis heute als heilig gilt) stammend, ist die Lotoswurzel heute überwiegend in Südostasien verbreitet. Charakteristisch für die ausdauernde Wasserpflanze sind die drei bis vier Zwischenknotenstücke des Rhizoms, die zur optimalen Sauerstoffversorgung von kleinen und großen Röhren durchzogen sind. Der Anbau erfolgt in Teichen oder auf gefluteten Feldern, ganz ähnlich wie im Reisanbau; geerntet werden die Lotoswurzeln von Ende September bis in das Frühjahr hinein.

# Lotoswurzeln

## OSTASIENS GEMÜSE MIT SYMBOLWERT

Die indische Lotosblume gilt in Ostasien als Symbol für Wiedergeburt, Reinheit und Vollkommenheit. Gleichzeitig ist sie ganz "weltlich" von ebenso großer Bedeutung als Nahrungsmittel: Ihre Blätter und die Blüten (im Bild rechts) werden als Feingemüse zubereitet, die geschälten Samen ißt man als Knabberei oder stellt Mehl daraus her. Sogar die Hüllblätter finden in China als Grundstoff für einen Heiltee Verwendung. Für die Wurzel schließlich gibt es schier unendliche Zubereitungsformen. Man gewinnt daraus nicht nur Stärkemehl, sondern verwendet die gut gewaschene, geschälte und in Scheiben geschnittene Lotoswurzel für vielerlei Gerichte und Spezialitäten der asiatischen Küche. In Deutschland dürften frische Lotoswurzeln nur selten zu finden sein; doch Konserven gibt es im gut sortierten Handel durchaus: Man kann die schon fertig vorbereiteten Lotosscheiben hervorragend für exotische Reisgerichte oder indische Curries verwenden. Vorteil der Konserve ist neben der Arbeitsersparnis die sehr geringe Kochzeit - kurzes Erhitzen genügt. Frische Wurzeln - zumal im ganzen gegart - benötigen längere Garzeiten, sollten aber stets noch etwas "Biß" behalten, denn so schmecken sie am besten.

**Die dekorative Lotoswurzel** wird gekocht, gebacken oder geschmort als Gemüse gegessen. Die Chinesen servieren sie traditionell kandiert als Süßigkeit zum Neujahrsfest; die Japaner schätzen sie in Öl angebraten und dann in Zitronenwasser gegart. Die Inder verwenden sie für scharfe Pickles. Bei uns ist das exotische Gemüse vor allem als Konserve zu haben.

**Lotoswurzeln zubereiten:** Lotoswurzeln werden bei uns bereits gewaschen angeboten. Die Enden abschneiden und die Wurzel am besten mit einem Sparschäler schälen.

# Frische Oliven

## DIE STEINFRÜCHTE MIT DEM HOHEN NÄHRWERT

Spätestens seit biblischer Zeit ist der Öl- oder Olivenbaum das Symbol schlechthin für Wohlstand und Frieden - gegeben haben soll es ihn in Palästina jedoch schon in der Bronzezeit. Fest steht, daß die Frucht des Ölbaums, die Olive, seit Jahrtausenden ein wahrer Segen für die Bauern des Mittelmeerraums ist. Denn die Steinfrüchte liefern ein äußerst wertvolles und schmackhaftes Öl. Große, fleischige Speiseoliven werden im Gegensatz zu den kleinen Sorten allerdings nicht zur Ölgewinnung genutzt. Auf dem Markt sind grüne, violette und schwarze Oliven - "frisch" im eigentlichen Sinne sind sie jedoch nicht. Denn die unreif oder halbreif geernteten Ölfrüchte enthalten einen Bitterstoff, der sich erst durch das Behandeln mit alkalischen und Kochsalzlösungen verflüchtigt. Schwarze Oliven werden zwar reif geerntet, aber der Farbintensität wegen fermentiert und oxidiert.

**"Barba di frate"** nennen die Italiener den Kapuzinerbart, der bei uns keine Rolle als Gemüse- oder Salatpflanze spielt. In Italien hingegen schätzt man die grasähnlichen, langen, noch an den Wurzeln hängenden Blätter sehr als Zutat für Salate. Gedünstet schmeckt er ähnlich wie Spinat.

***Labiatae*** **(Lippenblütler). Shiso, Schwarznessel,** Öl-Perilla *(Perilla frutescens)*, engl. perilla, shiso, beefsteak plant, holl./jap. shiso. Aus dem Gebiet vom Himalaja bis China und Burma stammend, wird die Schwarznessel seit langem in ganz Asien sowie im Iran und in Südeuropa als Öl-, Gewürz-, Heil-, Duft- und Zierpflanze kultiviert. Die ganze Pflanze ist vielseitig nutzbar. In China, Korea und Japan sind die Jungpflanzen, die Blüten, Blätter und Samen ein beliebtes Gemüse. Knospen und Samen werden zum Würzen verwendet. Die Samen enthalten ein fettes, schnell trocknendes Öl, das für die Herstellung von Farben, Lakken und japanischem Ölpapier geeignet ist.

***Oleaceae*** **(Ölbaumgewächse).** Zu dieser Familie gehören Zierpflanzen wie Flieder, Forsythie, Jasmin und Liguster. Benannt wurde die Familie nach dem Oliven- oder Ölbaum. **Olive** *(Olea europaea* var. *europaea)*, engl./franz. olive. Der Olivenbaum verbreitete sich von Palästina und Griechenland aus in den gesamten Mittelmeerraum. Heute wird er weltweit in geeigneten Klimazonen angebaut; 97% aller Olivenbäume stehen jedoch nach wie vor rund ums Mittelmeer, wo sie als Lieferant für Olivenöl große Bedeutung haben. Die Ölfrüchte selbst werden vor allem in Italien, Spanien, Griechenland und der Türkei geerntet und für den Export verarbeitet oder eingelegt.

***Phytolaccaceae*** **(Kermesbeerengewächse). Kermesbeere, Amerikanische Kermesbeere,** Schminkbeere *(Phytolacca americana)*, engl. pokeweed, skoke, franz. raisin d'Amerique. Aus Nordamerika wurde diese Art im 18. Jahrhundert nach Deutschland eingeführt. Im Mittelmeerraum und in Indien wird die Kermesbeere vor allem als Nutzpflanze kultiviert: mit dem Saft färbt man Weine, Liköre und Gebäck, die jungen Sproßspitzen und Blätter werden als Gemüse gegessen.

***Plantaginaceae*** **(Wegerichgewächse).** Die wichtigste Gattung dieser Familie ist der Wegerich *(Plantago)*, bei uns ein bekanntes Unkraut. Einige Arten dienen auch medizinischen Zwecken. **Kapuzinerbart, Schlitzwegerich** *(Plantago coronopus)*, engl. buck's horn plantain, franz. corne de cerf. Diese Wegerichart wird in Italien als Salatpflanze kultiviert und gelegentlich auch auf unseren Märkten angeboten.

***Polygonaceae*** **(Knöterichgewächse).** Diese Familie umfaßt rund 30 Gattungen mit 750 Arten, von denen die bedeutendsten der Buchweizen, der Sauerampfer und der Rhabarber sind. **Rhabarber** *(Rheum rhabarbarum* und *rhaponticum)*, engl. rhubarb, franz. rhubarbe. Als Heilpflanze hatte der Rhabarber bereits vor etwa 4000 Jahren in China eine große Bedeutung; als Gemüse kennt man ihn erst seit Mitte des 18. Jahrhunderts. Die sogenannte Rhizomstaude mit knollig verdickten, fleischigen Wurzeln wird weltweit in allen gemäßigten Klimazonen angebaut. Obgleich er zum Gemüse zählt, wird Rhabarber in aller Regel jedoch wie Obst zubereitet. **Sauerampfer, Garten-Sauerampfer** *(Rumex rugosus)*, engl. garden sorrel, franz. oseille. Dieses in Europa, Asien und Amerika in Feuchtgebieten wildwachsende, ausdauernde Kraut wird in geringem Umfang auch kultiviert.

**Shisoblätter** (im Bild ganz oben) gibt es in grün und purpurrot. Letztere verwendet man in Japan vorwiegend als Lebensmittelfarbstoff, wie zum Färben von eingelegtem Obst und Gemüse; die grünen dienen als Gewürz oder Garnierung. In beiden Farben hat ein niederländischer Produzent **Shiso-Keimlinge** (im Bild oben) auf den Markt gebracht, die sich wie andere Sprossengemüse verwenden lassen.

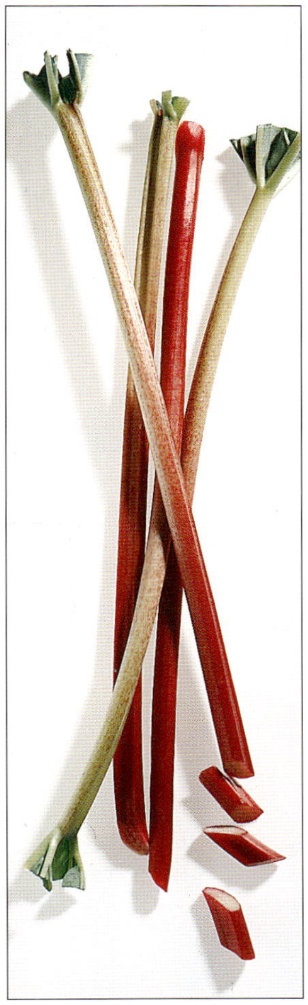

**Himbeerrhabarber** werden im Handel alle Sorten mit hellrotem Fleisch, grünem Stielende und mildem Aroma genannt (im Bild links). Herber im Geschmack ist der sogenannte **Blutrhabarber** (im Bild rechts), der seinen Namen dem dunkelroten Fleisch verdankt. Rotfleischige Sorten enthalten weniger Oxalsäure als grünfleischige; zusätzlich kann diese Säure auch durch die Beigabe von Zucker gemildert werden.

**Die Kermesbeere** ist in Deutschland fast ausschließlich als Zierpflanze bekannt. Vor allem in den Mittelmeerländern und Indien dient ihr Saft zum Färben von Lebensmitteln, die Sproßspitzen der jungen Pflanze liefern ein spargelähnliches Gemüse.

**Der vorwiegend wildwachsende Sauerampfer** ist ein enger Verwandter des Rhabarbers und enthält wie dieser reichlich Oxalsäure. Am besten schmecken junge Blätter, ältere sind unangenehm scharf. Die aromatisch-säuerliche Kulturform ist klassischer Bestandteil der Frankfurter Grünen Soße, schmeckt auch in Mischsalaten oder wie Spinat zubereitet.

Palmito-Gewinnung auf Martinique: Nach dem Fällen einer Kokospalme werden die großen Blätter abgeschlagen und die Nüsse entfernt. Dann wird das über dem Ansatz der Blätter sitzende Mark oder Herz herausgeschlagen und von den faserigen Blatthüllen befreit.

# Luxusgemüse Palmenherzen

## FÜR DIESE DELIKATESSE MÜSSEN BÄUME IHR LEBEN LASSEN

Die Gewinnung der Palmitos geht buchstäblich zu Herzen: Verwendet wird das Mark bzw. Palmenherz, das über dem Ansatz der großen Blätter sitzt. Um 1 kg Palmenherzen zu gewinnen, braucht man ein bis zwei Palmen, die 10 bis 15 Jahre alt sind. Sehr häufig ist das Mark lediglich "Abfallprodukt", wenn Palmen gefällt oder von Stürmen entwurzelt werden. Doch müssen oft auch intakte Kokos- und Assaipalmen ihr Leben lassen für die begehrte Delikatesse, denn die Entfernung des Vegetationskegels bedeutet ihr Absterben. Dies ist der Hauptgrund für den hohen Preis von Palmenherzen, die in Deutschland ausschließlich als Konserve zu bekommen sind. Das zarte, weiße Mark zeichnet sich durch seine knackige Konsistenz und das intensiv nußartige Aroma aus, weshalb es roh - beispielsweise als Salat - besonders geschätzt wird.

**Das Herz** einer etwa 10 m hohen Kokospalme wiegt 2 bis 3 kg. Es ist von einer Reihe ungenießbarer, faseriger Blatthüllen umgeben, die vollständig entfernt werden müssen, bis das Mark freiliegt. Dieses ist äußerst zart, dennoch in der Struktur knackig. Es läßt sich mit der Hand in seine einzelnen Blätter zerlegen.

Palmherzen, die einen intensiven, nußartigen Geschmack besitzen, schmecken roh am besten. Werden sie samt den umhüllenden, jungen und noch nicht entfalteten Blättern gekocht, spricht man von "Palmkohl". Eingelegt und vergoren, nennt man ihn "Palmkäse".

***Oxalidaceae* (Sauerkleegewächse). Glücksklee** *(Oxalis tetraphylla)*, engl. lucky clover, goodluck plant. Das aus Mexiko stammende Kraut wird in Europa seit Beginn des 18. Jahrhunderts als Zier- und Gemüsepflanze kultiviert. Zum Verzehr geeignet sind sowohl die rübenförmigen Wurzeln als auch die säuerlichen Blättchen. **Knollen-Sauerklee** *(Oxalis tuberosa)*, lateinamerik. Ibia, Oca, Cuiba. In Lateinamerika als Nahrungsmittel von großer Bedeutung, ist diese Staudenpflanze in Europa kaum bekannt. Sie bildet unterirdische Wurzelknollen, die unserer Kartoffel in Nährwert und Geschmack ähneln.

***Palmae* (Palmengewächse).** Nur sehr wenige der etwa 225 Gattungen mit rund 2600 Arten werden als Gemüse genutzt. Am bedeutendsten sind Palmenherzen, die von circa 20 verschiedenen Palmenarten gewonnen werden. **Palmenherzen** *(Euterpe edulis* und *oleracea)*, engl. hearts of palm, franz. coeurs de palmier. Palmenherzen werden aus der Assai-Palme gewonnen, der einzigen Palmenart, die zu diesem Zweck in Brasilien, Argentinien und Paraguay in Plantagen kultiviert wird. Ansonsten sind die Herzen ein willkommenes Nebenprodukt beim Fällen von Palmen.

***Piperaceae* (Pfeffergewächse).** Diese Familie mit 10 Gattungen und mehr als 1000 Arten ist vorwiegend in den Tropen heimisch. Die namengebende Gattung *Piper* umfaßt rund 650 Arten, wovon die wichtigste der Pfeffer *(Piper nigrum)* ist. **Bengalpfeffer, Langer Pfeffer** *(Piper longum)*, engl. (Indian) long pepper. Bengalpfeffer wächst wild in den Vorbergen des Himalaja und wird vor allem in Indien und Sri Lanka angebaut. Im Altertum wurde er wegen des milden Geschmacks (die Harze fehlen) dem Pfeffer vorgezogen, ist heute aber im Welthandel von diesem verdrängt worden.

***Polypodiaceae* (Tüpfelfarngewächse). Adlerfarn** *(Pteridium aquilinum)*, jap. Warabi. Verbreitet ist der wildwachsende und bis zu 2 m hoch werdende Adlerfarn von den gemäßigten Breiten bis zu den Tropen, aber vor allem in Asien und den angelsächsischen Ländern beliebt. Dort werden auch die jungen Sprosse anderer Farne als Gemüse gegessen und zu diesem Zweck auch kultiviert.

***Portulacaceae* (Portulakgewächse).** Vorwiegend in den Tropen und Subtropen beheimatet sind die 30 Gattungen und 300 Arten dieser Familie. **Portulak, Sommerportulak,** Gewürz-, Gemüseportulak, Burzelkraut *(Portulaca oleracea* ssp. *sativa)*, engl. purslane, common/kitchengarden purslane, franz. pourpier. Die nußartig-säuerlichen Blätter dieser meist wildwachsenden, nur in Frankreich, Belgien und den Niederlanden in geringem Umfang angebauten Pflanze kommen nur selten (von März bis Oktober) in den Handel. Sie können wie Spinat zubereitet oder roh als Würze verwendet werden. **Winterportulak, Kuba-Spinat,** Tellerkraut *(Montia perfoliata)*, engl. winter purslane, miner's lettuce, franz. pourpier d'hiver, claytone de Cuba. Aus Nordamerika stammend, wird Winterportulak heute in England, Frankreich und Deutschland unter Glas angebaut. Die vitamin- und mineralstoffreichen, zartfleischigen Blätter kommen von November bis April auf den Markt.

**Cha-Plu** wird der Bengalpfeffer in Thailand genannt, wo man die scharfen Blätter für Gemüsesuppen, pfannengerührte Gerichte oder als Hülle für Shrimps oder Ingwerwürfel verwendet. In Indien und Sri Lanka hingegen kultiviert man den Bengalpfeffer, dessen Früchte wesentlich milder als die des schwarzen Pfeffers sind, vorwiegend als Gewürz- und Heilpflanze.

**Portulak** ist ein einjähriges, schnellwachsendes Kraut mit eiförmigen, dicken, fleischigen Blättern. Er wurde schon im alten Ägypten geschätzt und in Deutschland bereits im Mittelalter angebaut, geriet aber im Lauf der Jahrhunderte weitgehend in Vergessenheit. Heute ist der Portulak nur Kennern als delikates Gemüse ein Begriff.

**Winterportulak** wird meist geerntet, solange die Blätter noch jung und klein sind. Sie enthalten zwischen 30 und 60 mg Vitamin C pro 100 g - rund dreißigmal soviel wie die ebenfalls eßbaren Stengel. Winterportulak kann sehr gut wie Spinat zubereitet werden, doch auch als Salat - solo oder gemischt - kommt sein Geschmack gut zur Geltung.

**Die zarten Blättchen des Glücksklees** eignen sich hervorragend als Würze für Salate und feine Suppen. Leider sind sie nur sehr selten auf dem Markt - als Ersatz kann eventuell der bei uns wildwachsende Waldsauerklee verwendet werden. Gar nicht in den Handel kommen die rübenförmigen Kleewurzeln, die man wie Teltower Rübchen zubereiten kann.

**Ibia** nennt man die verdickten Wurzelsprosse des Knollen-Sauerklees. Die Farbe der mit Vertiefungen versehenen Knollen reicht von gelblich über orange bis purpur.

**Tellerkraut** wird der Winterportulak auch genannt. Läßt man die Pflanzen etwas länger wachsen, zeigen sich die Folgeblätter mit ihrer typischen schüssel- oder tellerförmigen Gestalt (daher auch der Name) und bereits die Blüten. Um den hohen Vitamin-C-Gehalt und die zarte Struktur zu erhalten, sollte man die Blätter nur kurz garen.

**Farnsprosse** erinnern in Aussehen und Geschmack an grünen Spargel. Seine noch fest eingerollten Triebe sind eine ganz besondere Delikatesse, die vor allem in Japan, China und Korea als Frühlingsgemüse geschätzt wird. In angelsächsischen Ländern sind Farnsprosse auch als Konserve auf dem Markt, in Deutschland jedoch so gut wie unbekannt.

# Paprika

## IN ALLEN FARBEN

Der Gemüsepaprika hat in Deutschland eine wahrlich steile Karriere gemacht: Noch bis Ende des Zweiten Weltkriegs so gut wie unbekannt, gehört er heute zu den beliebtesten Gemüsearten hierzulande. So stiegen die Importe in den letzten fünf Jahren um 23% - und die Tendenz steigt stetig weiter. Nicht zuletzt dank der in Deutschland arbeitenden Italiener, Türken und Spanier wurde so aus einem Exoten in relativ kurzer Zeit ein Alltagsgemüse. Die Anbaufläche in Deutschland ist dennoch verschwindend gering; 95% des Verbrauchs stammen aus Importen. Vor allem die Niederländer haben sich um den Paprika verdient gemacht. Sie kultivieren die - fälschlicherweise auch "Schoten" genannten - Früchte im großen Maßstab und haben auch für die inzwischen große Farben- und Formenvielfalt gesorgt. Aus holländischen Treibhäusern kommen nicht nur grüner, gelber und roter Paprika, sondern in den letzten Jahren auch schwarze, violette, braune und orangefarbene Sorten. Der rote, besonders aromatische Tomatenpaprika hingegen stammt aus dem klassischen Land des Gewürz- und Gemüsepaprikas: Ungarn. Er hat vor allem für die Lebensmittelindustrie Bedeutung und wird unter anderem für Sauergemüse verwendet.

**Orangefarbener und violetter bis schwarzer Gemüsepaprika** gehören zu den neuesten Züchtungen der Niederländer. Roh sind sie eine attraktive Bereicherung für Salate und Kalte Platten. Gart man sie jedoch, verlieren sie ihre dekorative Färbung schnell. Geschmacklich und bezüglich der Inhaltsstoffe unterscheiden sie sich kaum von andersfarbigem Gemüsepaprika.

**Die Beerenfrüchte der krautigen Paprikapflanze** hängen dicht an dicht an den bis zu 1 m hoch wachsenden Pflanzen (im Bild ganz oben). Da Paprika viel Wärme braucht, gedeiht er in unseren Breiten nur unter Glas oder Folie, wo 6 bis 10 Wochen nach Anzucht geerntet werden kann (im Bild oben). Die Ernte erfolgt per Hand und ist unabhängig von der Jahreszeit.

***Solanaceae* (Nachtschattengewächse).** Zu der Familie der Nachtschattengewächse zählen etwa 85 Gattungen mit rund 2000 Arten; die aufrechten oder rankenden Kräuter, Sträucher oder kleinen Bäume sind weltweit verbreitet. Jedoch kommen die meisten Arten in den Tropen vor. Benannt ist die Familie nach der Gattung *Solanum* (Nachtschatten), zu der eine Vielzahl von Arten gerechnet werden: bei den Früchten die Lulo und Pepino, beim Gemüse die Aubergine und die Kartoffel. Weitere bedeutende Kulturpflanzen anderer Gattungen der Familie der Nachtschattengewächse sind der Tabak, die Tomate und der Gemüsepaprika. **Paprika, Gemüsepaprika,** Süßpaprika, Spanischer Pfeffer *(Capsicum annuum* var. *annuum)*, engl. capsicum, sweet pepper, bell pepper, franz. poivron, piment doux. Die spanischen Eroberer brachten die aus den Tropen Süd- und Mittelamerikas stammende Pflanze im 16. Jahrhundert nach Europa und von dort nach Asien, was ihr den Zweitnamen "Spanischer Pfeffer" einbrachte. Ursprünglich nur als Zierpflanze angebaut, entwikkelte sich der Paprika relativ spät zur als Gemüse genutzten Pflanze. Erst zu Beginn dieses Jahrhunderts haben sich durch intensive Züchtungsversuche die relativ milden, mehr oder weniger capsaicinfreien, großfrüchtigen Sorten entwickelt, wie sie uns heute bekannt sind, und die man als Gemüse verzehren kann. Bis zu diesem Zeitpunkt handelte es sich beim Spanischen Pfeffer ausschließlich um brennend scharfe, pfefferartige Früchte, wie sie für die Gewürzgewinnung verwendet werden. Heute wird die an Licht und Wärme hohe Ansprüche stellende Paprikapflanze im Freiland als Sommerkultur in zahlreichen Ländern mit heißem und sonnigem Klima angebaut. Zu den wichtigsten Anbauländern zählen Italien, Spanien, Südfrankreich, Griechenland, Israel, Ungarn, Bulgarien, Rumänien, Jugoslawien sowie etliche afrikanische, asiatische, mittel- und südamerikanische Länder. In Mitteleuropa, überwiegend in den Niederlanden, erfolgt der Anbau fast ausschließlich unter Glas oder Folie. Obgleich auch oft und gern "Paprikaschoten" genannt, sind die Früchte der einjährigen, krautigen Pflanze, die 30 bis 100 cm hoch wird, botanisch gesehen Beeren, die in Form, Farbe und Größe sehr unterschiedlich sein können. Paprikafrüchte erreichen Faustgröße und bis zu 250 g Gewicht, sind flachrund, kugelig, walzen- bis kegelförmig, mehr oder minder dreieckig, herz- oder trapezförmig, stumpf oder spitz auslaufend. Nach der EG-Qualitätsnorm für Gemüsepaprika werden grundsätzlich vier Handelstypen unterschieden: länglich-spitz, eckig-spitz bzw. kreiselförmig, eckig-abgestumpft bzw. "Blocktyp" und platt (Tomatenpaprika). Die Farbe der glänzenden Haut variiert von grün und rot über gelb, orange und weiß bis zu violett und sogar schwarz. Grüne Paprikaschoten sind grundsätzlich unreif geerntete Früchte, die bei entsprechender Nachreife noch rötlich nachfärben können, aber niemals so gleichmäßig rot werden wie vollreif geerntete Früchte. Alle anderen "Spielarten" sind aus den intensiven Zuchtversuchen entstanden, die vor allem die Niederländer in den ver-

**Roten Paprika** läßt man an der Pflanze ausreifen, was nicht nur den Geschmack angenehm mildert, sondern außerdem den Vitamin-C-Gehalt stark erhöht.

**Paprika in Ringe schneiden:**

Will man eine Paprika im ganzen füllen oder in dünne Ringe schneiden, erst den Stielansatz kreisförmig herausschneiden.

Mit einem Kugelausstecher die Kerne und die weißen Scheidewände herausziehen.

Die Paprikafrucht kurz unter fließendem Wasser waschen und mit einem scharfen Messer in Ringe schneiden.

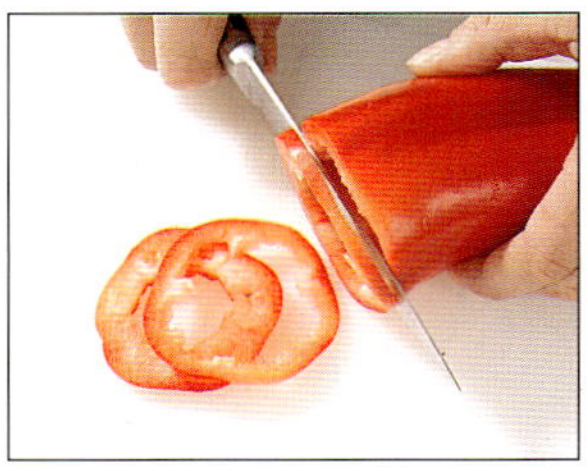

**Paprika entkernen:**

Die Frucht quer oder der Länge nach halbieren und mit dem Küchenmesser Kerne und Scheidewände herausschneiden. Kurz waschen und nach Belieben kleinschneiden.

**Charleston** oder "Carliston" (im Bild unten) heißt dieser dünnwandige, zarte Paprika aus der Türkei, der dort ein Viertel der Gesamtproduktion ausmacht. **Tomatenpaprika** (im Bild ganz unten) besitzt den höchsten Vitamin-C-Gehalt unter den Frischgemüsen. Seinen Namen verdankt er der Ähnlichkeit mit Fleischtomaten. Es gibt ihn auch gelb. Wegen seines intensiven Aromas ist er besonders von der Industrie begehrt.

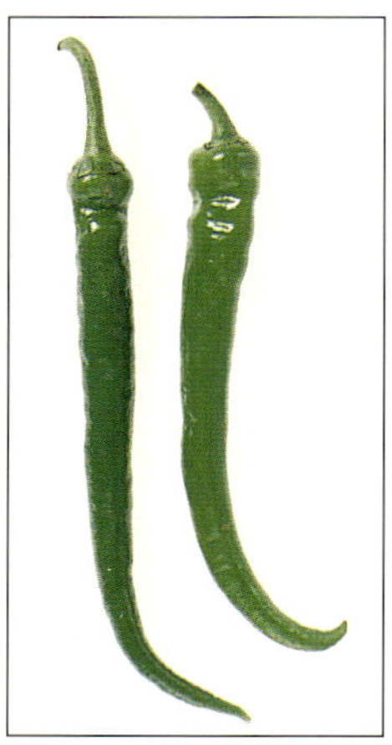

**Dieser länglich-spitze Paprika** aus der Türkei gehört zum Gemüsepaprika. Doch Vorsicht beim Probieren: der scharfe Gewürzpaprika ist äußerlich kaum von ihm zu unterscheiden.

gangenen zehn Jahren mit Erfolg unternommen haben. Ausnahme ist der sogenannte **Tomatenpaprika,** neben dem Gemüse- und Gewürzpaprika ein weiterer Typ. Es handelt sich um eine vor etwa 100 Jahren in Ungarn entwickelte Abart mit angenehm süßlich-scharfem Aroma. Man könnte Tomatenpaprika rein äußerlich für eine Kreuzung zwischen Gemüsepaprika und gerippter Tomate halten. Die Fruchtkammern und Kerne der Paprikafrüchte werden durch dünne, weißliche Scheidewände ("Paprika-Adern") voneinander getrennt, in denen sich der Hauptteil des Alkaloids Capsaicin befindet, das für den scharfen Geschmack des Paprikas verantwortlich ist. Weitere bedeutende Inhaltsstoffe sind das Vitamin P und das Vitamin C. Ersteres wurde von einem ungarischen Wissenschaftler nach dem Paprika benannt, in dem es in sehr großen Mengen enthalten ist. Vitamin P wirkt positiv auf den gesamten Blutkreislauf. Beim Vitamin-C-Gehalt gilt der Paprika als absoluter Spitzenreiter unter den Gemüsen wie auch bei den Früchten: Je nach Reifezustand bringt er es pro 100 g auf 150 mg (grüner Paprika) bis 300 mg (roter Paprika). Tomatenpaprika enthält sogar bis zu 400 mg Vitamin C. Aufgrund seiner vielen wertvollen Inhaltsstoffe besitzt der Paprika auch eine gewisse Heilkraft. So wirkt er appetitanregend und fördernd auf die Verdauung, harntreibend und außerdem desinfizierend auf die Schleimhäute. Der Paprika war bei uns bis Ende des Zweiten Weltkriegs so gut wie unbekannt, inzwischen hat er sich als "Alltagsgemüse" eingebürgert. Die Nachfrage nach Gemüsepaprika steigt ständig, und bereits rund 95% unseres Bedarfs müssen aus Importen gedeckt werden. Gemüsepaprika ist bei uns mittlerweile ganzjährig erhältlich; Hauptsaison ist aber der Sommer und Herbst mit Einfuhren aus Italien, Spanien, vom Balkan, aus der Türkei und den Niederlanden; doch ist Paprika auch im Winterhalbjahr reichlich am Markt (Hauptlieferanten: Spanien, Ungarn, Niederlande, Türkei, Kanarische Inseln, Israel, Ägypten, Kenia, Kalifornien). Beim Einkauf sollte man darauf achten, daß die Paprikafrüchte fest, glatt, glänzend und makellos sind - Runzeln oder Flecken deuten auf zu lange Lagerung hin, was Vitamin- und Aromaverlust bedingt. Im Gemüsefach des Kühlschranks (jedoch nicht unter etwa 7°C) kann man Paprika gut ein bis zwei Wochen lagern, allerdings nur, wenn man Vitamineinbußen in Kauf nimmt. Vor der Zubereitung halbiert man die Früchte, entfernt die Kerne und die Scheidewände sowie die bitteren Rippen, wäscht das Gemüse und schneidet es schließlich - je nach Rezept - eventuell in Streifen oder Würfel. Für die feinere Küche sowie für Empfindliche empfiehlt sich das Abziehen der etwas schwer verdaulichen Paprikaschale. Es gibt schier unzählige Rezepte für Paprika und etliche, gut geeignete Zubereitungsarten. Ideal: roh im Salat; als Eintopf mit anderen Gemüsen gemischt; mit Tomaten und Zwiebeln geschmort. Auch gut: in Schmorgerichten wie zum Beispiel Szegediner Gulasch; in Nudelsaucen; im Rührei; halbiert, gefüllt (zum Beispiel mit Hackfleisch oder Thunfisch) und überbacken oder sauer eingelegt.

Dieser hellgelbe, zarte Vertreter des Typs "eckig-spitz" wurde früher vorwiegend aus Ungarn importiert und kommt heute auch aus den Niederlanden und anderen Anbauländern zu uns. Läßt man ihn an der Pflanze ausreifen, färbt auch er sich rot.

Ein Indiz für Frische ist neben der glatten, prallen Haut auch der Stiel, der grün und knackig sein sollte. Früher oft gebrochen, wird Paprika heute meist geschnitten, um Verletzungen zu vermeiden.

**Paprika häuten:**

Ob grün, gelb oder rot - Paprika schmeckt gehäutet feiner. Die ganzen Früchte im Backofen bei 220°C backen, bis die Haut "Blasen wirft" und bräunt.

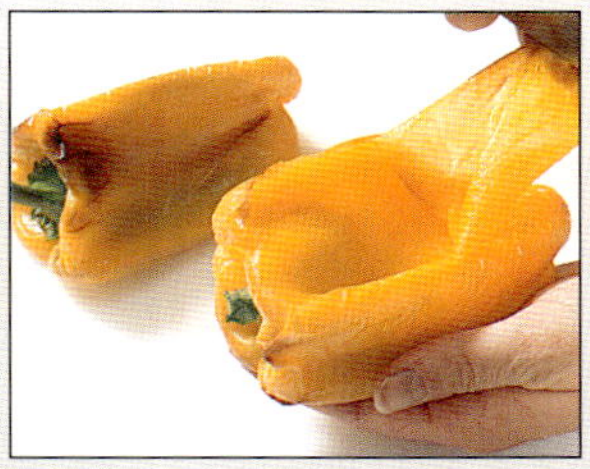

Kurz abkühlen lassen oder eventuell unter kaltem Wasser abschrecken. Die Haut mit einem Küchenmesser von oben nach unten abziehen.

Nun die Paprikafrüchte mit dem Messer der Länge nach halbieren. Dabei aufpassen, daß das weiche Fruchtfleisch nicht zerdrückt wird.

Die Paprikahälften vom Stielansatz befreien und - wenn nötig - Scheidewände und Kerne herausschneiden. Übrig bleiben soll das reine Fruchtfleisch.

Die so vorbereiteten Hälften kann man nun nochmals halbieren, vierteln oder, je nach Rezept, in Streifen oder Würfel jeder gewünschten Größe schneiden.

**Dieser gelbe Paprika,** der sogenannte "Rokoto-Pfeffer" (im Bild ganz oben), ist ein sehr scharfer Gewürzpaprika, der aus Peru stammt und dort auch in grün und rot angebaut wird. Er ist auf den ersten Blick nicht von Gemüsepaprika zu unterscheiden. Daher ist gegenüber unbekanntem Paprika beim Probieren Vorsicht geboten. **Grünen Gemüsepaprika** (Bild Mitte) gibt es in vielen, unterschiedlichen Formen - vor allem Freilandware kann recht skurril geformt sein. **Dieser dünnwandige und zarte Paprika** mit dem Namen "Dolma" (im Bild oben) kommt aus der Türkei zu uns. Er gehört zu den kleinsten Sorten des sogenannten "Blocktyps" - eckig-abgestumpfter Paprika - und ist mit seiner besonders leicht verdaulichen Schale sehr gut für Rohkostsalate geeignet.

Bis zu 1 m Länge erreichen die hellgrünen oder auch gestreiften Sorten der Auberginen-Varietät "serpentinum", die in Indien und Thailand angebaut werden. Sie sind teilweise auch schlangenartig gewunden gewachsen.

**Typisch italienisch** sind diese leuchtend purpurfarbenen Auberginen mit dem häufig weißen Rand unterhalb des Blütenkelchs (im Bild ganz oben). **In Asien sind Auberginen** nicht aus dem Gemüseangebot wegzudenken. Bis heute spielen sie auf den Märkten wie hier in Singapore zur Zeit des "Mooncake"-Festes eine wichtige Rolle (im Bild oben).

**Diese hellvioletten, langen Früchte** sind in Asien auf allen Märkten zu finden. Während diese Farbe als typisch für diese Sorte gilt, würde eine normal dunkelviolette Sorte aus Europa mit diesem Farbton bereits überreif sein.

# Auberginen

## IN JEDER FARBE, FORM UND GRÖSSE EIN VIELSEITIGER GENUSS

Auch wenn hierzulande die Aubergine noch vor kurzem fast als Exotin galt - in ihrer Heimat Indien sowie in China ist das Nachtschattengewächs seit Jahrtausenden bekannt. Die Ur-Aubergine, die von den dort heute noch zahlreich vorkommenden Wildformen abstammt, hatte die Form und Farbe eines Hühnereis, was den aus dem Englischen kommenden Zweitnamen "Eierfrucht" (eggplant) hinreichend erklärt. Die Araber brachten die Aubergine im 13. Jahrhundert nach Europa, wo sie wegen ihres außerordentlich großen Sonnen- und Wärmebedarfs vor allem im Süden heimisch wurde. In Italien wurden Auberginen bereits um 1550 kultiviert; andere südliche Länder folgten. Heute gehört die Aubergine rund ums Mittelmeer so selbstverständlich zur Alltagsküche wie Tomate, Knoblauch oder Zwiebel. Auf die Märkte und Tische Südeuropas und

***Solanum torvum*** ist eigentlich keine Aubergine, wird aber im Englischen irreführenderweise als "pea aubergine" bezeichnet. Ihre bitter schmeckenden Früchte werden nur 5 bis 15 mm groß.

Asiens kommt keineswegs nur die bei uns übliche violette Aubergine - die immerhin auch einem Farbton ihren Namen gab -, sondern eine schier unüberblickbare Formen- und Farbenvielfalt: schlanke, lange, hellgrüne oder gestreifte Exemplare neben dicken, runden oder langen violetten Auberginen; kleine, eiförmige Auberginen sind in weiß, gelb, orangerot oder weiß-grün gestreift zu haben. Entsprechend groß ist die Palette der Rezepte aus aller Herren Länder. Neben so berühmt gewordenen Gerichten wie der französischen "Ratatouille", der griechischen "Moussaka" oder dem türkischen "Imam bayildi" gibt es unzählige Zubereitungsmöglichkeiten. Das vielleicht Schönste an der Aubergine ist ihre Anpassungsfähigkeit: Ihr weißes, sehr mildes Fruchtfleisch verträgt sich mit nahezu jeder anderen Zutat. Besonders gut harmoniert es mit kräftiger Würze wie Knoblauch, Zimt, Piment oder duftenden Kräutern. Gegrillt oder gebacken munden Auberginen vorzüglich mit einer Tomaten- oder Joghurtsauce; füllen läßt sie sich nicht nur mit Rinder- oder Lammhackfleisch sowie mit gemischtem Hack, sondern ebenfalls mit Reis und Pinienkernen, mit einer Käsemasse, mit Pilzen oder auch mit Fisch. Auch in Schmorgerichten sind Auberginen ein kulinarischer Gewinn. Nur roh essen sollte man sie nicht. Erstens schmeckt sie dann pappig-fade, und zweitens kann das giftige Solanin Magen- und Darmprobleme verursachen. Übrigens: durch Salzen werden dem schwammartigen Fruchtfleisch gleichzeitig Wasser und Bitterstoffe entzogen.

Auberginen im Gewächshaus: An den Blütenständen der etwa 1 m hohen, buschförmigen Pflanzen entwickeln sich jeweils ein bis zwei Früchte, bei denen es sich übrigens auch um Beeren handelt.

**Länglich-ovale, dunkelviolette Auberginen** mit grünem Kelch und glänzender Haut (im Bild unten) sind bevorzugt auf dem deutschen Markt. Sie bringen durchschnittlich 250 bis 300 g auf die Waage. In den südlichen Anbauländern geschätzt sind tiefviolette, jedoch **lange und schlanke Auberginen** (Bild Mitte), die inzwischen auch in kleinen Mengen nach Deutschland exportiert werden. **Japanische Auberginen**, "Konasu" (im Bild ganz unten), mit ihrem deutlich anders geformten Kelch hingegen sind hierzulande kaum zu finden. Sie werden nur etwa 10 cm lang und schmecken deutlich milder und süßer als westliche Sorten.

**Die kleinen, schneeweißen Auberginen** gibt es in Asien schon seit Tausenden von Jahren. Inzwischen werden sie - wie auch große, lange weiße Sorten - in Europa ebenfalls gezüchtet. Ihre Haut enthält im Gegensatz zu violetten, grünen, gelben oder roten Auberginen keinerlei Farbstoff, so daß das weiße Fruchtfleisch durchschimmern kann.

Die Aubergine ist wie die Tomate ein Selbstbefruchter. Sie entwickelt 3 bis 5 cm große, meist hellviolette (selten weiße) Blüten.

**Auberginen vorbereiten:**

Exemplare mit makelloser Haut müssen nicht geschält werden. Abwaschen und das Entfernen des Kelchs genügen.

Sollen sie gefüllt werden, halbiert man sie der Länge nach. Für andere Zubereitungsarten anschließend in Würfel oder Scheiben schneiden.

Damit sich das schneeweiße Fruchtfleisch an der Luft nicht braun verfärbt, am besten gut mit Zitronensaft einpinseln.

Um das etwas zähe Fleisch problemlos aus den Hälften höhlen zu können, schneidet man es vorsichtig (ohne die Schale zu verletzen) in Rauten und hebt es heraus.

**Aubergine, Eierfrucht,** Melanzenapfel, Spanische Eier *(Solanum melongena)*, engl. aubergine, egg plant, madapple, franz. aubergine, melongène, béringène, mayenne. Aus Indien stammend, ist die Aubergine heute in ganz Asien und fast allen tropischen, subtropischen und gemäßigten Klimazonen verbreitet. Auberginen können im Freiland nur in wärmeren Gebieten kultiviert werden, da sie Temperaturen zwischen 22 und 30°C benötigen. So ist bei uns der Anbau fast ausschließlich auf Gewächshäuser begrenzt. Dieses mehrjährige Nachtschattengewächs, das im Erwerbsanbau nur einjährig kultiviert wird, trägt bis zu 30 cm lange, 5 bis 13 cm dicke und bis zu 500 g (und mehr) schwere Früchte. Während bei uns rundovale, dunkelviolette Auberginen marktbeherrschend sind, variieren Formen und Farben in den Anbauländern beträchtlich. Es gibt ei- und tropfenförmige, längliche, keulenförmige, gurken- bis schlangenartige Auberginen mit violetter bis fast schwarzer, aber auch grüner, gelber, orangeroter, weiß-grün gestreifter oder weißer Haut. Unabhängig von der Färbung der Haut ist das Fruchtfleisch stets weiß; es enthält zahlreiche, eßbare Kerne, die ebenfalls milchigweiß sein sollten: bräunlich verfärbte Kerne deuten auf mangelnde Frische oder Überreife hin. Auberginen enthalten 92% Wasser und nur wenige Nährstoffe (Calcium, Eisen, Vitamin B und C); unreife Früchte können außerdem größere Mengen des giftigen Solanins enthalten, das sich allerdings durch längeres Erhitzen weitgehend verflüchtigt. Angeboten werden Auberginen rund ums Jahr aus den verschiedenen Anbauländern; Hauptsaison für heimische Früchte ist vom Spätsommer bis in den Herbst hinein. Langes Lagern nach dem Kauf bekommt ihnen nicht, vor allem im Kühlschrank wird die Schale schnell fleckig, und das Fruchtfleisch verfärbt sich bräunlich. Da Auberginen empfindlich auf das von Früchten und Gemüsen ausströmende Ethylengas reagieren, sollte man sie separat aufbewahren. **Kartoffel, Erdapfel,** Grumbiere, Grundbirne, Krumbeere *(Solanum tuberosum)*, engl. potato, Irish potato, franz. pomme de terre. Ob die Kartoffel überhaupt zu den Gemüsen zählt, ist nicht unumstritten: Streng genommen gehört sie zu den landwirtschaftlichen Kulturen. Wegen ihrer umfassenden Bedeutung und speziellen Verwendung wird sie aber dennoch als Gemüse betrachtet. Ihr Ursprung liegt in den Anden-Staaten Südamerikas, wo sie schon vor rund 2000 Jahren kultiviert wurde. In Europa bereits gegen Ende des 16. Jahrhunderts eingeführt, wurde das "Gold der Inkas" als Nahrungsmittel in Deutschland erst etwa 200 Jahre später populär, als die Bevölkerung die Skepsis gegenüber der bis dahin als giftig verdächtigten Kartoffeln überwinden mußte, um die große Hungersnot einigermaßen unbeschadet zu überstehen. Heute ist die Speisekartoffel - eines der sieben wichtigsten Grundnahrungsmittel weltweit - auch bei uns von größter Bedeutung. Der Pro-Kopf-Verbrauch liegt bei etwa 70 kg jährlich, wovon nur rund 10% aus heimischer Ernte stammen. Der große Rest kommt aus den Niederlanden, Italien, Zypern und Frankreich

# Die Kartoffel

## HOCHWERTIGES GRUNDNAHRUNGSMITTEL MIT LANGER TRADITION

Seit die Deutschen das ursprünglich nur als Zierpflanze genutzte Nachtschattengewächs im 18. Jahrhundert nach anfänglicher Skepsis als Gemüse entdeckt haben, hat die Kartoffel Karriere gemacht. Aus der deutschen Küche ist die aus den südamerikanischen Anden stammende Knolle längst nicht mehr wegzudenken: "Aus Kartoffeln kann man alles machen", sagt der Volksmund und hat - wie so oft - recht. Denn das stärke-, mineralstoff-, vitamin- und eiweißreiche Grundnahrungsmittel und Gemüse eignet sich für Salate, Suppen, Beilagen verschiedenster Art, Aufläufe und Gratins, Eintöpfe und sogar zur Alkoholherstellung. Als Dickmacher ist die Kartoffel übrigens zu Unrecht verschrien: Mit rund 75 Kalorien auf 100 g ist sie im Gegenteil ausgesprochen figurfreundlich.

**Vorwiegend festkochende Kartoffelsorten** sind die idealen Pellkartoffeln - mit Salz und Butter schmecken sie am besten. Doch eignen sie sich auch hervorragend für Beilagen wie Salz- oder Bratkartoffeln. Mit Crème fraîche und Kaviar werden sie zur hochwertigen Delikatesse.

**Diese Sieglinde** aus dem sizilianischen Syrakus kommt als eine der ersten Frühkartoffeln zu uns. Sie wird unter dem Namen "Siracusa" gehandelt.

**Christa** ist eine deutsche, sehr frühe, gelbfleischige Sorte. Vorwiegend festkochend, zeichnet sie sich durch besonders herzhaften Geschmack und schöne Knollenform aus.

**Ukama,** eine vorwiegend festkochende Frühkartoffel aus den Niederlanden, besitzt ein mildes, aber ausgeprägtes Aroma. Da sie flache Augen hat, läßt sie sich sehr gut schälen.

**Désirée,** eine mittelfrühe, vorwiegend festkochende niederländische Sorte, mit rundovalen Knollen wird überwiegend in Süddeutschland angebaut. Sie eignet sich gut für Pommes frites.

**Bintje,** eine mehligkochende niederländische Sorte, ist eine klassische Pommes-frites- und Chips-Lieferantin. Sie kommt im Frühjahr in großen Mengen auf den deutschen Markt.

**Spunta** ist eine mittelfrühe, festkochende Sorte aus den Niederlanden und wird gern und viel im Mittelmeerraum angebaut. Von dort wird sie als Frühkartoffel zu uns importiert.

**Sieglinde,** eine festkochende deutsche Sorte, behält beim Kochen Form und Farbe. Deshalb und wegen ihres feinen Geschmacks ist sie eine der beliebtesten Sorten überhaupt.

**Maja,** eine mittelfrühe deutsche Sorte, besitzt rundovale Knollen mit vorwiegend festkochendem, gelbem Fleisch. Ihre Schale wird bei Trockenheit leicht rauh und rissig.

**Primura,** eine Frühkartoffel aus den Niederlanden mit regelmäßiger Knollenform, ist vorwiegend festkochend.

**Cavaillon** ist nicht die Sorten-, sondern Herkunftsbezeichnung für bestimmte Sorten aus der Provençe.

**Grenailles** nennen Franzosen die kleinste Kartoffelsortierung (25 bis 35 mm) - bei uns als "Drillinge" bezeichnet.

**Granola,** eine mittelfrühe deutsche Sorte, ist vorwiegend festkochend. Im Geschmack ist sie besonders mild.

**Linda,** eine mittelfrühe deutsche Sorte. Sie ist festkochend, daher ideal für Salz-, Pell- und Bratkartoffeln.

**Trüffelkartoffeln,** hier die Sorte "Vitelotte noire", sind edle, rare Kartoffeln aus Frankreich mit feinem Nußaroma.

**Grata,** eine mittelfrühe deutsche Sorte, ist vorwiegend festkochend. Hochwertig mit ausgeprägtem Geschmack.

**Roseval,** eine mittel- bis sehr späte französische Sorte, ist vorwiegend festkochend. Rote Schale, gelbes Fleisch.

**Ratte** ist eine mittelfrühe, festkochende Sorte aus Frankreich und eine gute Salatkartoffel. Typisch: die spitze Form.

**Quarta,** eine mittelfrühe, vorwiegend festkochende deutsche Sorte, hat große Knollen mit kräftigem Geschmack.

**Nicola,** eine mittelfrühe, festkochende deutsche Sorte, ist eine beliebte Salatkartoffel. Feiner Geschmack.

**Bamberger Hörnle** ist eine Spezialität aus dem Bamberger Raum. Sie besitzt die gleichen Eigenschaften wie "Ratte".

**Aula,** eine späte bis sehr späte deutsche Herbstkartoffelsorte mit kräftig gelbem, mehligkochendem Fleisch. Sie schmeckt mild bis kräftig.

**Chugauas** sind relativ kleine Kartoffeln aus Kolumbien. Sie wurden nach ihrem Herkunftsort benannt.

**Paramuna** ist ebenfalls eine Sorte aus Kolumbien. Auch ihr Name ist eine Herkunfts-, nicht Sortenbezeichnung.

**Tuquerrea** ist eine mehligkochende Sorte aus Südkolumbien. Häufig für Pürees und zum Braten verwendet.

**Pastusa,** eine Kartoffel mit dunkelgelbem Fleisch, wurde nach ihrer Herkunftsregion Pasto in Kolumbien benannt.

**Tocarena,** eine mehligkochende Kartoffel, wurde ebenfalls nach ihrer Herkunftsregion in Kolumbien benannt.

**Capiro** zeichnet sich durch besonders saftiges, festkochendes Fleisch und ihre leicht rötliche Schale aus.

**Ica huila** ist eine kolumbianische Neuzüchtung. Sie eignet sich zur Pommes-frites- und Chips-Verarbeitung.

**Sabanera** ist eine der beliebtesten Sorten in Kolumbien. Geeignet zum Braten, Dämpfen und Backen.

# Kartoffeln

## SPEZIALITÄTEN AUS LATEINAMERIKA: INTERESSANT FÜR DEN GOURMET

Ganz einfache Kartoffeln aus Übersee zu importieren, läßt zunächst einmal auf reichlich Snobismus schließen. Wer aber schon einmal in den Anden-Staaten Südamerikas die unterschiedlichen Sorten dieser profanen Frucht bewußt gekostet hat, wird seine Meinung sehr schnell ändern. In der Tat gibt es dort noch Sorten, übrigens auch Neuzüchtungen, die ein kulinarisches Erlebnis versprechen und den ideenreichen Koch zu neuen Kreationen inspirieren können. Vor allem die kleinfrüchtigen Sorten wie "Purace" und "Chugauas" lassen sich ohne weiteres mit der Schale essen. Sie werden einfach gekocht oder gedämpft, besser noch in Asche oder auf dem Grill gegart. Natürlich müssen sie vorher sehr sorgfältig gewaschen werden. Eine Verkostung dieser Kartoffel-Spezialitäten lohnt sich also und bringt einige geschmackliche Farbtupfer in die europäische Kartoffellandschaft.

## KARTOFFELN LAGERN:

Ob man eine größere oder auch nur eine kleine Menge einlagern will, folgende Punkte sollten beachtet werden:
- Nur völlig unbeschädigte Kartoffeln ohne Druckstellen einlagern.
- Vor Licht (Tages- und Kunstlicht) schützen, sonst bekommen sie grüne Stellen und werden ungenießbar.
- Luftig lagern! Am besten auf Lattenrosten.
- Vor Frost schützen. Unter 0°C bekommen sie einen süßlichen Geschmack. Die ideale Lagertemperatur liegt zwischen 3 bis 6°C.

**Purace,** eine neue kolumbianische Sorte, eignet sich, wie der Name schon sagt, vor allem für Pürees.

**Criolla,** eine Sorte aus Kolumbien, wird in 2000 m Höhe angebaut und stets mit ihrer Schale gebraten oder gekocht.

zu uns. Weitere wichtige Anbauländer sind die Sowjetunion, Polen, China, England und etliche andere. Als Kartoffeln werden die verdickten Teile der unterirdischen Sprosse der einjährigen Pflanze bezeichnet. 10 bis 25 Sproßknollen bringt jede Pflanze hervor. Ihre Vermehrung erfolgt nicht durch die Samen der weißen oder violetten Blüten, sondern durch das Einpflanzen der überwinterten Knollen ("Saatkartoffeln"). Das Fruchtfleisch der runden, ovalen oder nierenförmigen Kartoffel ist in aller Regel weiß oder gelb in unterschiedlicher Intensität, während die Farbe der Schale je nach Sorte von weißlich, hellgelb oder ockergelb über hellrot bis zu violett variieren kann. Grundsätzlich wird zwischen sehr frühen, frühen, mittelfrühen und mittelspäten bis sehr späten Sorten unterschieden. Die ersten Frühkartoffeln kommen schon im Januar aus Israel, dann aus Marokko, Tunesien, Griechenland und Zypern. Im April liefern Spanien und Italien, im Mai Frankreich. Die deutsche Ernte beginnt Ende Juni und endet im Oktober. Während Frühkartoffeln möglichst rasch verbraucht werden sollten, können späte Sorten wochen- und monatelang gelagert werden. Optimal eignet sich ein kühler, aber frostfreier Keller. Da das Kartoffelangebot inzwischen rund ums Jahr ausreichend groß ist, lohnt sich das Einkellern allerdings kaum noch. Von besonderer Bedeutung für die Zubereitung ist die Kocheigenschaft: "Festkochende" Sorten behalten beim Garen ihre feste Struktur und eignen sich daher sehr gut für Salate, Bratkartoffelgerichte, Aufläufe und Gratins sowie als Pellkartoffeln. Als "vorwiegend festkochend" bezeichnet man Sorten, die eine mittelfeste bis leicht mehlige Konsistenz aufweisen; sie sind ideal als Beilage für Gerichte mit viel Sauce, für Salz-, Pell- und Bratkartoffeln. Ideal für Suppen, Pürees, Klöße, Reibekuchen, Rösti und Kroketten sind "mehligkochende" Kartoffeln wegen ihres hohen Stärkegehalts. Zu den schmackhaftesten bzw. bekanntesten der sehr zahlreichen Kartoffelsorten zählen folgende in- und ausländische Sorten: "Sieglinde", "Linda", "Christa", "Clivia", "Granola", "Bamberger Hörnle", "Maja", "Nicola", "Quarta", "Grata", "Aula" (Deutschland); "Ukama", "Bintje", "Désirée", "Spunta", "Primura" (Niederlande); "Ratte", "Roseval" (Frankreich). Eine besondere Spezialität, die "Trüffelkartoffel", kommt, allerdings selten, ebenfalls aus Frankreich. Die da "Truffes de Chine" genannten kleinen, violettschaligen Knollen besitzen angenehm süßliches Fleisch mit einem leichtem Nußaroma. Rot- und Violettfärbung des Fleischs ist kein Qualitätsmangel, sondern sortentypisch. Als vielversprechend gelten die Sorten "Adretta" (mehlig), "Arkula" (vorwiegend fest), "Liu" (vorwiegend fest) und "Likaria" (mehlig) aus der ehemaligen DDR, die im Geschmack alle als besonders hochwertig eingestuft werden. Aus ihrer kolumbianischen Urheimat stammen die Sorten "Chugauas", "Paramuna", "Pastusa", "Purace", "Ica huila", "Criolla", "Richi","Tuquerrea", "Tocarena", "Capiro" und "Sabanera", sind bei uns nur selten am Markt. Für die Züchtung hingegen haben sie aufgrund ihrer Resistenz gegenüber Pilz- und Viruserkrankungen große Bedeutung.

**Adretta, Likaria, Liu und Arkula** (von oben nach unten) sind Sorten, die aus der ehemaligen DDR stammen. Sie zeichnen sich sämtlich durch großen Wohlgeschmack aus.

# Tomaten

## MITTEN IM DEUTSCHEN WINTER UNTER SÜDLICHER SONNE GEREIFT:

Im November und Dezember läuft auf den Kanarischen Inseln die Tomatenernte auf Hochtouren. Die "Paradiesäpfel" sind das mit Abstand wichtigste Exportprodukt der Kanaren: Rund 200000 t Tomaten kommen pro Saison aus Teneriffa, Lanzarote und Fuerteventura ins kühle Nordeuropa. Der überwiegende Teil wird nach den Niederlanden verschifft, von wo aus die Fracht in die Nachbarländer - zum Beispiel nach Deutschland - weitergeleitet wird. Geringere Mengen importieren Großbritannien, Skandinavien und das spanische Festland.

## FREILANDANBAU AUF DEN KANARISCHEN INSELN: ALLES PARADIESISCH?

Dank der konstant rund 22°C betragenden Durchschnittstemperatur können die Tomaten auf Teneriffa und den Nachbarinseln im Freiland angebaut werden. Die Pflanzen werden an Schnüren gezogen und durch Stockspaliere gestützt (im Bild unten links). Große Plantagen sind mehrreihig angelegt (im Bild unten rechts). Entscheidend für den Erfolg ist die Bewässerung, da ohne gleichmäßige Wasserversorgung Probleme im Fruchtwachstum (Aufplatzen) auftreten können. Die von Hand geernteten Tomaten werden in Packhäusern automatisch nach Farbe und Größe sortiert und in Sechs-Kilogramm-Steigen verpackt (im Bild ganz unten Mitte). Wenn sie palettiert per Kühlschiff nach den Bestimmungshäfen gesandt werden, sind sie allerdings noch grün. Denn trotz der kurzen Transportzeit von etwa 5 Tagen würden sie die Reise in vollreifem Zustand kaum unbeschadet überstehen. Damit verbunden sind leider geschmackliche Kompromisse, denn unreif geerntete Tomaten können aller südlichen Sonne zum Trotz nicht so aromatisch sein wie ausgereifte Exemplare. Auch Kühlschäden können dem Genuß Abbruch tun: Grünreife Tomaten sind kälteempfindlicher als reife Früchte, sie dürfen nicht unter 13°C gelagert werden. Kälteschäden können sich in mangelnder Ausfärbung (hellrot bis gelblich), vorzeitigem Weich- und Glasigwerden und schnellerem Verderb äußern.

## TOMATEN AUS DEM GLASHAUS: SO SCHLECHT WIE IHR RUF?

Den Unterglasanbau von Tomaten haben vor allem die Niederländer im Laufe der Jahrzehnte mehr und mehr perfektioniert. Unter gleichmäßig warmen Bedingungen werden die Pflanzen wie im Freiland an Schnüren gezogen; ihre optimale Ernährung wird jedoch nicht durch das Pflanzen in Erde, sondern in Torfsubstrat, Steinwolle oder Fließrinnen mit Nährlösung (der sogenannten Nährfilmtechnik) gewährleistet. Zum Pflücken bedient man sich der auf den Heizungsrohren rollbaren Erntewagen (im Bild rechts Mitte und unten). In größeren Gewächshäusern erfolgt der Weitertransport zur Größen- und Farbsortierung in Wasserkanälen (im Bild ganz rechts), was den Vorteil hat, daß Transportschäden wie Quetschungen so gut wie völlig vermieden werden können. Die solcherart sorgfältig kultivierten Tomaten müssen den außerhalb der deutschen Saison geernteten Freilandtomaten keineswegs unterlegen sein. Denn gerade die Niederländer optimieren ihr Produkt mehr und mehr. Ständige Verbesserungen der angebauten Tomatensorten durch gezielte Kreuzungen, die ständige Überwachung der optimalen Ernährung und die biologische Schädlingsbekämpfung sorgen in den niederländischen Glashäusern für - den Freilandtomaten durchaus ebenbürtige, unter Umständen sogar überlegene - "Paradeiser". Voraussetzung ist allerdings auch beim Unterglasanbau, daß die Früchte möglichst spät geerntet werden.

**Freilandtomaten: So reifen sie nach.** Um den Kanarischen Tomaten ein Maximum an Aroma abzugewinnen, läßt man sie am besten noch einige Tage nachreifen. Das gelingt besonders gut, wenn man sie bei Zimmertemperatur mit reifem Obst lagert.

**Im Tomatenanbau unter Glas** sind neben den Belgiern die Niederländer seit vielen Jahren führend. Zahlreiche, riesige Glashäuser sind über das ganze Land verteilt (im Bild ganz oben), in denen fast das ganze Jahr hindurch bei gleichbleibenden klimatischen Bedingungen geerntet werden kann. Die Ernte per Erntewagen sorgt für geringe Unkosten, aber auch für die Unversehrtheit der Tomaten (im Bild Mitte und oben): Die Pflücker fahren damit die langen Reihen der in Nährlösung "badenden" Pflanzen ab, pflücken die nicht ganz ausgereiften Früchte per Hand und bringen sie dann in den Wagen auf den Weg zur Sortierung und Verpackung.

Der Transport der Tomaten zur Farb- und Größensortierung in Wasserkanälen (im Bild ganz oben) spart Zeit, Arbeitskraft und ist besonders schonend. Am Ende des Kanals werden die Früchte von Förderbändern aufgenommen (im Bild oben).

Alte Landsorten aus dem Ursprungsgebiet wie diese kolumbianischen Kulturtomaten bringen stark gerippte, oft verwachsene Früchte mit Gewichten bis zu 1 kg hervor. Sie sind in der Regel äußerst ertragreich und krankheitsresistent.

**Flaschentomaten,** längliche Buschtomaten aus dem Freiland, zählen zu den Roma- und Napoli-Typen. Sie werden überwiegend für die Verarbeitung zu Konserven, Tomatensaft und -mark verwendet.

**Runde Tomaten** (im Bild ganz oben) mit 2 bis 3 Fruchtkammern und vielen gelblichen Samen in einer gallertartigen Masse sind nach wie vor die am häufigsten angebaute Sorte, die vor allem in Deutschland auch den Markt dominiert. **Fleischtomaten** (Bild Mitte) sind großfrüchtig, rund bis halbrund und leicht bis stark gerippt. Sie besitzen mehr als 4 Fruchtkammern, mehr Fruchtfleisch und weniger Samen und sind besonders schnittfest. Sogenannte **Eiertomaten** (im Bild oben) stammen aus dem Freilandanbau der südlichen Länder. Ihr hoher Fleischanteil und ihr intensives Aroma machen sie ideal für Saucen, Suppen, Salate und viele Gerichte der Mittelmeerküche.

**Tomate, Liebesapfel,** Paradies-, Goldapfel *(Lycopersicon esculentum)*, engl. love apple, tomato, franz. tomate, pomme d'amour. Die Tomate ist nach der Kartoffel die weltweit wohl bedeutendste Nutzpflanze aus der Familie der Nachtschattengewächse. Auch geschichtlich gibt es Ähnlichkeiten zur Kartoffel: als Ursprungszentrum der Tomate gilt Peru/Ecuador; die ersten Kulturformen entstanden vermutlich in Mexiko, von wo aus die spanischen Eroberer die in Lateinamerika "tomatl" genannten Pflanzen und Früchte im 16. Jahrhundert nach Europa brachten. Sie breiteten sich von hier in die ganze Welt aus. Es dauerte allerdings weitere 200 Jahre, bis die Europäer die vermeintlich giftige Zier- zur Gemüsepflanze machten. In Deutschland blieb die Tomate jedoch bis zum Ersten Weltkrieg ein Exot. Heute steht sie in Deutschland beim Gemüseverbrauch mit knapp 460000 t jährlich an allererster Stelle - noch vor Zwiebeln oder Gurken. Der Anbau von Tomaten ist in Deutschland äußerst gering; so wird fast der gesamte Bedarf aus Importen gedeckt. Die wichtigsten Freiland-Anbauländer sind Italien, Spanien, Türkei, Griechenland und Bulgarien. Im Unterglasanbau führen Belgien und die Niederlande in Europa. Weltweit größte Tomatenerzeuger sind die USA, die UdSSR, China und Ägypten. Die einjährig kultivierte Tomatenpflanze, eigentlich eine Staude, wächst bis zu 1,50 m hoch. Die mit Drüsenhaaren besetzten Stengel und Blätter verleihen den Früchten ihren typischen Geruch. An den mehr oder minder verzweigten Stengeln hängen in Trauben die gelben Blüten und die gelben, rosa, orangefarbenen, roten oder violetten Beerenfrüchte. Es gibt etliche Sorten, die sich vor allem in Form, Größe und Gewicht unterscheiden. Am meisten gefragt sind runde oder hochrunde Tomaten, die bis zu 100 g wiegen. Für die Färbung maßgebend ist die Farbe der Fruchthaut und des Fruchtfleischs, die hauptsächlich durch Lycopin und Carotin hervorgerufen wird. Die Farbintensität wird durch Licht gefördert und durch zu hohe oder zu niedrige Temperaturen gehemmt. Den Geschmack bestimmt hauptsächlich das Verhältnis von Zucker und Fruchtsäuren. Während der Reife nimmt der Zuckergehalt zu, während gleichzeitig die Gesamtsäure abnimmt. Vom Verzehr unreifer, grüner Tomaten ist abzuraten, da sie das Alkaloid Solanin enthalten, welches Kopfschmerzen und andere Beschwerden verursachen kann. **Cocktailtomate, Kirschtomate** *(Lycopersicon esculentum* var. *cerasiforme)*, engl. cherry tomato, franz. tomate cerise. Neben der bei uns bekanntesten Kirschtomate gibt es drei weitere Varietäten: *L. esculentum* var. *pyriforme*, die so groß wie Kirschtomaten sind, aber birnenförmig; var. *pruniforme* ist von gleicher Größe, aber pflaumenförmig; var. *ribesiforme* ist die kleinste aller Tomaten. **Tomatillo, Mexikanische Blasenkirsche** *(Physalis philadelphica)*, engl. jamberry, Mexican husk tomato. Heimat der Wildformen und Anbaugebiet der heutigen Kulturformen sind die Regionen von Südtexas bis Guatemala. Die tomatenähnlichen Verwandten der Kap-Stachelbeere *(Physalis peruviana)* werden nur bis zu 5 cm groß.

**Gelbe, runde Tomaten,** hier die Sorte "Goldene Königin" (im Bild ganz oben), sind noch selten auf dem deutschen Markt. Sie besitzen eine dicke Schale und einen besonders süßen Geschmack. **Gelbe, pflaumenförmige Cocktailtomaten** (im Bild oben) sind im Gegensatz zu den immer häufiger angebotenen roten, runden Kirsch- oder Cocktailtomaten noch rar.

**Die Cocktailtomate** erfreut sich steigender Beliebtheit und starker Ausweitung der Anbaugebiete. Dies hängt mit ihrem deutlich besseren Geschmack zusammen, der auf höhere Zuckergehalte, aber auch mehr Säure zurückzuführen ist. Der Anbau erfolgt vorwiegend in Italien, Spanien, Israel und Übersee; neuerdings auch zunehmend in den Niederlanden.

**Die Tomatillo** oder Grüne Tomate ist in Mexiko beliebt für Chilis, Eintöpfe, Saucen und Suppen. In den USA häufiger zu bekommen, ist sie bei uns kaum zu finden. Die Beeren, die nur gekocht gegessen werden, wachsen und reifen von einem papierartigen Kelch geschützt heran.

**Wie hier in Neapel** (im Bild rechts) werden sonnengereifte, hocharomatische Tomaten zum Trocknen aufgehängt. In Deutschland gibt es diese getrockneten, würzigen Tomaten in Öl eingelegt als "Antipasto". **Eine wahre Tomatenschwemme** füllt die südlichen Märkte (im Bild unten) während der langen Saison. Bei uns gibt es vergleichbare Mengen vollreifer Tomaten allenfalls im August und September.

**Die Kapuzinerkresse** mit ihren trichterförmigen, orangefarbenen bis roten Blüten und flachen Blättern ist nicht nur eine Zierde für Gärten. Sie schmückt auch Salate, Suppen sowie feine Eierspeisen und bereichert sie mit ihrem pikanten Geschmack. Bei uns ist Kapuzinerkresse nur sehr selten von Juli bis Oktober, z.B. aus französischen Importen, auf dem Markt zu finden.

**Das mehlig-süße Fleisch der Kerbelrübe** kann man wie Kartoffeln rösten oder kochen. Auch die Zubereitung wie Teltower Rübchen ist möglich. Trotz ihres Wohlgeschmacks und hohen Mineralstoffgehalts werden Kerbelrüben kaum kultiviert. Die seltenen Marktangebote kommen im Spätsommer und Herbst fast ausschließlich aus Kleingärten.

**Von der Edeldistel Fitweed** dienen ausschließlich die scharf gezähnten Blätter als Gemüse. Die krautige Staude wird ganzjährig angebaut. In Thailand beispielsweise schätzt man sie in scharfen und sauren Suppen oder mit Hackfleisch, geröstetem Reismehl, Limettensaft und diversen Gewürzen zubereitet. Bei uns kommt sie so gut wie nie in den Handel.

**Pastinaken** sind das klassische amerikanische Weihnachtsgemüse. Auch in den anderen Hauptanbauländern England, Frankreich, Skandinavien, Ungarn und den Niederlanden sind die aromatischen Wurzeln beliebt. Bei uns hingegen sind sie in Vergessenheit geraten; erst die Vollwertküche entdeckt sie nach und nach neu. Geerntet wird erst ab Oktober.

# Doldenblütler

## GEMÜSE, GEWÜRZ- UND HEILPFLANZEN

Die bei und als Gemüse genutzten Arten stammen aus dem asiatischen und mediterranen Raum, einige Arten sind in Europa auch als Wildpflanzen vertreten. Es handelt sich bei den Pflanzen um ein-, zweijährige oder ausdauernde Kräuter oder Stauden. Diese zeichnen sich durch einen hohen Gehalt an Vitaminen, Mineral- und Aromastoffen sowie besonders an ätherischen Ölen in Samen, Blättern und Wurzeln aus. Deshalb sind fast alle Pflanzen aus dieser Familie nicht nur Gemüse, sondern auch Gewürz- und teilweise auch Heilpflanzen. Anis und Dill, Kerbel und Koriander, Kümmel und Liebstöckel, Pimpinelle, Kreuzkümmel und Engelwurz: sie und noch andere mehr sind uns als Küchenkräuter und Gewürzpflanzen vertraut.

**Die Arracacha** ist eine bis zu 1 m große Pflanze mit sellerieähnlichen Blättern und 15 bis 20 cm langen und 4 bis 8 cm dicken Wurzeln. Verzehrt werden sie noch jung und zart. Aufgrund ihres hohen Stärkegehaltes von 20 bis 25% haben sie auch große Bedeutung als Kranken- und Kindernahrung sowie für die Stärkegewinnung. Bei uns so gut wie nie im Handel.

***Tropaeolaceae* (Kapuzinerkressengewächse).** Namensgeber für diese Familie der neuweltlichen Kletterpflanzen ist die Gattung *Tropaeolum*, deren rund 35 Arten sämtlich aus Südamerika stammen. **Kapuzinerkresse, Blumenkresse** *(Tropaeolum majus)*, engl. (common) nasturtium, franz. capucine, cresse du Pérou. Die den meisten von uns als Zierpflanze bekannte Kapuzinerkresse sowie ihre knollenbildenden Schwester *T. tuberosum* können auch als Gemüse genutzt werden. Die flachen, schild- bis nierenförmigen Blätter der Staudenpflanze enthalten neben Mineralstoffen vor allem Vitamin C sowie ein natürliches Antibiotikum. Ihren leicht scharfen Geschmack verdanken sie einem Senföl-Glykosid. Auch die großen, orangegelben bis scharlachroten Blüten sind eßbar.

***Umbelliferae (Apiaceae)* (Doldenblütler).** Die Familie der Doldenblütler umfaßt etwa 300 Gattungen mit rund 3000 Arten, davon etwa 75 als Kulturpflanzen. **Fitweed** *(Eryngium foetidum)*, engl. fitweed. Die bei uns geschützte Stranddistel ist eine enge Verwandte dieser Edeldistel, die aus Süd- und Mittelamerika stammt. Sie dient als Gemüse, Gewürz und Droge. Angebaut wird Fitweed heute in Kuba, Liberia, Brasilien, Kambodscha und Thailand. **Arracacha, Peruanische Möhre** *(Arracacia xanthorrhiza)*, engl. Peruvian parsnip, Peruvian carrot, span./südamerik. Arracacha. Diese indianische Kulturpflanze sieht dem Sellerie sehr ähnlich. Schon von den Inkas wegen ihrer wohlschmeckenden Wurzeln kultiviert, wird sie heute in den Hochländern Perus, Boliviens, Kolumbiens, Ecuadors und Venezuelas angebaut. **Kerbelrübe, Knollenkerbel,** Rübenkerbel, Erdkastanie *(Chaerophyllum bulbosum* ssp. *bulbosum)*, engl. turnip-rooted chervil, franz. cerfeuil tubéreux. Die Kerbelrübe stammt aus dem Gebiet von Nord- und Mitteleuropa bis Kleinasien. Das bei uns wildwachsende Kraut gilt als eine besondere Delikatesse. Der als Gemüse genutzte Pflanzenteil ist die Hauptwurzel, die gerade, eiförmig-länglich-dick, spindelförmig, knollig bis fast kugelig sein kann. 1,5 bis 10 cm lang, wird sie bis zu 200 g schwer. **Pastinake, Pasterna,** Moorwurzel *(Pastinaca sativa* ssp. *sativa)*, engl. parsnip, franz. patenais. Die zu den ältesten Sammelpflanzen der eurasischen Urbevölkerung zählende Pastinake war bis zu ihrer Verdrängung durch Kartoffel und Möhre Mitte des 18. Jahrhunderts ein wichtiges Grundnahrungsmittel. Von dieser würzigen, nährstoffreichen Wurzel gibt es bei uns nur wenige Kulturen. **Wurzelpetersilie, Petersilienwurzel** *(Petroselinum crispum* convar. *radicosum)*, engl. Hamburg parsley, parsley root, franz. persil racine. Die kräftigen, aromatischen Rüben der Wurzelpetersilie ähneln der der Pastinake stark. Sie dienen vorwiegend als Suppengewürz; ihre Blätter können wie Blattpetersilie verwendet werden. **Petersilie, Blattpetersilie,** Schnittpetersilie *(Petroselinum crispum* convar. *crispum)*. Man unterscheidet glatt- und krausblättrige Petersilie. Beide verdanken ihren würzigen Geschmack dem ätherischen Öl Apiol. Neben dem hohen Eisen- und Eiweißgehalt zeichnet sich die Blattpetersilie auch durch ihren Vitamin-C-Gehalt aus (166 mg/100 g).

**Die Wurzelpetersilie,** im südöstlichen Mittelmeerraum beheimatet, wird heute weltweit im Freiland und unter Glas angebaut. Ihr gelblichweißes bis hellbraunes Fleisch würzt keineswegs nur Suppen, es läßt sich als Kochgemüse oder püriert als Cremesuppe zubereiten. Ab Oktober/November im Handel, sind Petersilienwurzeln ein typisches Wintergemüse.

**Die krausblättrige Blattpetersilie** (im Bild rechts) eignet sich besonders gut zum Garnieren von Salaten, Suppen und Kalten Platten, während die **Glatte Petersilie** (im Bild rechts unten) aufgrund ihres stärkeren Aromas das bessere Gewürz ist. Der typische Petersiliengeschmack paßt zu praktisch jedem Gericht.

# Sellerie

## EIN GEMÜSE FÜR ALLE FÄLLE: SUPPENGRÜN, KOCHGEMÜSE, GEWÜRZ UND ROHKOST

Zum Sellerie fällt manchem zuallererst ein nicht tot zu kriegendes Sprüchlein von der aphrodisierenden Wirkung des Gemüses ein. Vielleicht trägt die bereits im Altertum gehegte und bis heute unbewiesene Vermutung einer sexuell anregenden Wirkung zur Beliebtheit des Selleries bei. Ärzte und Ernährungsfachleute jedenfalls dementieren selten, weil sowohl die Sellerieknolle als auch der Stauden- und Schnittsellerie durch den hohen Gehalt an ätherischen Ölen, Vitaminen und Mineralstoffen der Gesundheit sehr förderlich - und somit vielleicht auch gut für die Liebe sind. Staudensellerie, noch bis vor 10 Jahren eine Spezialität angelsächsischer Länder, hat inzwischen auch hierzulande Fuß gefaßt und wird mit dem Trend zu Salaten und Rohkost immer beliebter. Importe mit steigender Tendenz sprechen dafür. Die intensiv schmeckenden Knollen sind dagegen etwas ins Abseits geraten und werden überwiegend industriell sauer eingelegt. Der Privatverbraucher nutzt Knollensellerie meist nur als Suppengemüse und Eintopfeinlage, obwohl sich seine Qualität durch Zuchterfolge in den letzten Jahren erheblich verbessert hat. So bleiben die Knollen beim Kochen heute weißfleischig, während früher durch eine chemische Reaktion der ätherischen Öle mit dem Kochwasser oft schwärzliche Verfärbungen eintraten.

**Staudensellerie:** Die kräftig grünen ungebleichten Stangen (im Bild ganz oben) schmecken fast immer ebenso zart wie die hellen, gelblichen Stauden des **gebleichten Selleries** (im Bild oben) oder der sogenannten selbstbleichenden Sorten, die hauptsächlich aus England und den USA stammen. Je nach Herkunft wiegen die Stauden 500 bis 1000 g und werden rund ums Jahr aus verschiedenen Ländern importiert. Wichtigstes Qualitätsmerkmal für alle Sorten: makellose, knackig frische Stiele ohne Verfärbungen und eingetrocknete Stellen.

**Schnittsellerie** ähnelt äußerlich der Glatten Petersilie. Die Blätter schmecken jedoch intensiv nach Sellerie, dienen als Suppenwürze und lassen sich vorzüglich trocknen.

**Knollensellerie** gehört zu den deftigen heimischen Gemüsearten und hat seinen Stammplatz in der gutbürgerlichen Küche. Neuerdings geht der Verbrauch allerdings leicht zurück. Vielleicht, weil heute viele Verbraucher den saftig-milden Staudensellerie mit seiner kurzen Garzeit dem Knollensellerie sogar für Eintöpfe und Gemüsesuppen vorziehen.

Die Wildform, *Apium graveolens* var. *graveolens*, aus der sich unser Sellerie entwickelt hat, stammt aus dem Mittelmeergebiet. Drei Varietäten davon werden heute als Gemüse gehandelt: Stauden-, Knollen- und Schnittsellerie. **Staudensellerie, Bleichsellerie,** Stiel-, Stangensellerie *(Apium graveolens* var. *dulce)* engl. celery, franz. célerie à côtes, célery-branche. Der Staudensellerie bildet nur schwach angedeutete Knollen aus, der Wuchs erfolgt hauptsächlich oberirdisch. Bei vielen, meist älteren Sorten mußte der Sellerie durch Anhäufeln von Erde oder Abdecken gebleicht werden, bei neueren selbstbleichenden Sorten ist dies nicht mehr nötig. Er schmeckt roh ebenso gut wie gekocht, geschmort oder im Wok gebraten. **Knollensellerie, Wurzelsellerie** *(Apium graveolens* var. *rapaceum)*, engl. celeriac, franz. céleri-rave, céleri pomme. Er wird vom Mittelmeer bis Skandinavien angepflanzt. Hauptproduzenten der faustgroßen, kugeligen Wurzelknollen mit der rauhen, gelblichweißen oder graubraunen Schale sind neben Frankreich und Deutschland zunehmend die Niederlande und Belgien. Knollensellerie wird zu 50% von der Industrie zu Essiggemüse verarbeitet. Das Fleisch ist weißlich und schwammig bis fest. **Schnittsellerie** *(Apium graveolens* var. *secalinum)*, engl. cutting celery, soup celery, franz. céleri à couper. Schnittsellerie ist dem Wildsellerie noch sehr ähnlich. Wie Bleichsellerie bildet er keine Knolle, sondern wird wegen seiner aromatischen Blätter angebaut. Er wird im Treibhaus gezogen oder auf Feldern im Freiland, wo er maschinell geerntet werden kann. **Möhre, Karotte,** Mohrrübe, Wurzel, (Gelbe) Rübe *(Daucus carota* ssp. *sativus)*, engl. carrot, franz. carotte. In Südeuropa und Asien häufig anzutreffende Wildformen lassen auf ein ausgedehntes Ursprungsgebiet der Möhre auf zwei Kontinenten schließen. Sie ist heute eines der wichtigsten Gemüse überhaupt und wird global angebaut. 1989 lag die Weltproduktion bei weit über 13 Millionen t, davon wuchs etwa ein Drittel in Europa. Die Farbe der Wurzeln variiert von weiß bis gelblich und orangerot. Es gibt auch asiatische Sorten mit violetter Schale. Wesentliches Merkmal für die Beurteilung der Qualität von Möhren ist das Verhältnis zwischen dem saftigen, nährstoffreichen Fruchtfleisch der Rinde und dem Holzkörper genannten Inneren, das auch als Mark oder Herz bezeichnet wird. Ein hoher Rindenanteil und ein kleiner, zarter Holzkörper in möglichst gleicher Farbe wie die Rinde gilt als besonders erstrebenswert. Je kräftiger die Farbe, desto höher ist ihr Gehalt an Carotin, der Vorstufe des Vitamin A. Der Zuckergehalt mit durchschnittlich etwa 6% liegt bei frühen Sorten, die im Bund angeboten werden, etwas höher als bei den im Herbst und Winter verkauften Waschmöhren. Beide Sorten, Bund- und Waschmöhren, sollten immer ungewaschen gelagert werden, da sie gewaschen auch gekühlt nicht lange haltbar sind. Nur die ungewaschenen "Sandmöhren" können wie Kartoffeln im Freien eingemietet und so monatelang kostengünstig gelagert werden; CA-Lagerung ist jedoch nachteilig für die Qualität. Unter Ethyleneinwirkung werden Möhren bitter.

**Als Bundmöhren** werden meist frühe Sorten, die im Frühling und Sommer jung geerntet werden, mit ihrem Grün angeboten. Die **länglichen Möhren** (im Bild ganz oben) erntet man etwas später als die sehr süßlichen, runden **Pariser Karotten** (im Bild oben), die überwiegend für die Konservenindustrie angebaut werden.

**Waschmöhren** kommen von Grün und Erde befreit ab Juli lose oder in Beutel verpackt auf den Markt. Häufig werden dafür zylindrisch geformte, glatte Sorten wie "Amsterdamer Treib" und "Nantaise-Typen" gewählt.

**Möhrenernte in Sizilien:** Hier werden in der Umgebung von Syrakus, dem Hauptanbaugebiet von Möhren in Italien, kräftig orangerot gefärbte, sehr festfleischige Möhren für den Frischmarkt angebaut. Aus diesem Anbaugebiet werden sie in den Wintermonaten zu uns importiert und kommen, meist in Poly- oder Netzbeuteln verpackt, in den Handel.

Junge, noch winzige, längliche Knollen, dafür aber mit Wurzeln und viel Grün, so wird Fenchel in seiner süditalienischen Heimat auf dem Markt von Palermo angeboten.

**Fenchelknollen** haben je nach Sorte unterschiedliche Formen: schmale, langgestreckte (im Bild ganz oben) oder rundliche, fast kugelige (im Bild oben), die sich jedoch geschmacklich nicht unterscheiden. Angeboten werden sie meist mit einem Gewicht von 250 bis 300 g. Wichtige Qualitätskriterien: Das fedrige Grün sollte frisch und leuchtend grün aussehen und die Schnittstellen an den Stielen nicht eingetrocknet sein.

**Fenchelknollen zubereiten:** Die Knollen waschen. Den Wurzelansatz abschneiden und angetrocknete Schuppenblätter entfernen. Von der Schnittstelle ausgehend die feinen Fäden nach oben hin abziehen. Dann die Knolle je nach Verwendung oder Rezept halbieren oder vierteln und den harten Kern keilförmig so herausschneiden, daß die Blätter sich nicht ablösen.

**Fenchel** *(Foeniculum vulgare)* stammt aus Vorderasien und dem Mittelmeergebiet, wo er in trokkenen, steinigen Gegenden wild wächst. Neben dem Pfefferfenchel (ssp. *piperitum*), der in Italien auch als Gemüse kultiviert wird, dem süßen (var. *dulce*) und dem bitteren (var. *vulgare*) Fenchel, ist hauptsächlich der Knollen- oder, genauer gesagt, der Zwiebelfenchel von Interesse. **Gemüsefenchel, Knollenfenchel,** Zwiebelfenchel, Italienischer Fenchel *(Foeniculum vulgare* ssp. *vulgare* var. *azoricum)*, engl. (Florence) fennel, franz. fenouil de florence. Hauptanbaugebiete sind Süditalien, Südfrankreich, Spanien, Griechenland und Nordafrika. Um das im Sommer durch die langen Tage hervorgerufene Ausschossen zu vermeiden, ist Fenchel im Mittelmeerraum zu einer Winterpflanze geworden mit der Haupterntesaison von Oktober bis Mai. Die gerippten Blätter sind an der Basis fleischig verdickt und bilden eine zwiebelförmige Knolle, die weiß bis grünlichweiß ist.

***Urticaceae.*** **Brennessel** *(Urtica)*, engl. nettle, franz. ortie. Sie ist in den gemäßigten Zonen aller Erdteile zu finden. Die **Große Brennessel** *(Urtica dioica)* wird bis zu 1,50 m hoch, die **Kleine Brennessel** *(Urtica urens)* bringt es nur auf etwa 30 cm. Beide Sorten haben mit Nesselgift gefüllte Brennhaare und hinterlassen bei Berührung juckende Ausschläge auf der Haut. Sie gelten als potentes Heilkraut, sind erstaunlich vitamin- und mineralstoff-, aber leider auch sehr nitratreich.

***Valerianaceae.*** **Feldsalat, Rapunzel,** Vogerlsalat, Ackersalat, Nüsslisalat *(Valeriana locusta)*, engl. corn salad, franz. doucette. Das anspruchslose Kraut ist in Europa und Asien weit verbreitet, wird erst seit Beginn dieses Jahrhunderts kultiviert und nur roh als Salat gegessen.

***Vitaceae.*** **Weinblätter, Traubenblätter** *(Vitis vinifera)*, engl. vine leaves. Die Blätter von Weinpflanzen kommen bei uns fast nie in den Handel, aber jung geerntet kann man sie in Griechenland und der Türkei auf allen Märkten finden.

***Zingiberaceae*** **(Ingwergewächse).** Diese Familie umfaßt 47 Gattungen und 1400 Arten mehrjähriger tropischer Stauden mit stärkehaltigen, fleischigen Rhizomen. Pflanzen dieser Familie sind oft reich an ätherischen Ölen und wegen ihrer würzenden Eigenschaft geschätzt. **Ingwer** *(Zingiber officinale)*, engl. ginger, franz. gingembre. Den fruchtig-scharf schmeckenden Ingwer kultiviert man heute in vielen tropischen Gebieten. Importe der getrockneten Wurzeln, aber zunehmend auch der frischen, kommen aus Indien, Formosa und Nigeria. **Myoga, Japan-Ingwer** *(Zingiber mioga)*, engl. Japanese ginger, mioga ginger. In Japan und China beheimatet, wird er heute dort und auf Hawaii kultiviert. Die Wurzeln gelten im Vergleich zu Ingwer als minderwertig, jedoch zählen Blütenstände und Knospen zu den Delikatessen. **Großer Galgant, Galangawurzel,** Thai-Ingwer *(Alpinia galanga)*, engl. greater galangal, franz. galanga de l'Inde. Man pflanzt den Großen Galgant wegen seines stark würzigen und angenehmen Geruchs sowie des Geschmacks seiner Wurzeln (Rhizome) hauptsächlich in Malaysia und auf Java an. Die Ernte ist schon nach 6 Monaten möglich.

**Ein Weinblatt** wie dieses kann man hierzulande kaum frisch auf dem Markt kaufen. Dagegen gehören die Blätter im Nahen Osten und einigen Mittelmeerländern, wie zum Beispiel Griechenland und der Türkei, zum selbstverständlichen Angebot. Sie dienen hauptsächlich als Hülle für Fleisch- und Reisfüllungen.

**Feldsalat,** ein frosthartes Kraut, stellt keine großen Ansprüche an Boden und Klima, sondern nur an die Geduld beim Putzen und Verlesen der Blattrosetten. Diese können je nach Sorte und Erntezeitpunkt sehr unterschiedlich in der Größe und in der Form der Blätter ausfallen. Hauptsaison hat diese gesunde Salatsorte im Winter und Vorfrühling, in den übrigen Monaten kommt sie kaum auf den Markt.

**Die Kleine Brennessel** wird nicht nur als Wildkraut am Wegrand geerntet, in der Westschweiz sät man sie sogar als Gemüse aus. Weil die Blätter schnell welken, kommen die Pflanzen in Saatschalen und mit einer Höhe von 10 cm in den Handel. So kann der Verbraucher die zarten Blättchen nach und nach für Salate und Suppen ernten.

**Die Knospen des Japan-Ingwers** (im Bild unten) gelten in ihrer Heimat als Delikatesse und sind ein beliebtes Suppengewürz. Auch seine jungen Blätter und Triebe werden als Gewürz genutzt. Stiele, Blätter und junge Wurzeln des **Großen Galgant** (im Bild ganz unten) - hier für den Verkauf gebündelt - sind milde. Man kocht sie in Gemüsegerichten. Ältere Galgant-Wurzeln haben einen scharf-bitteren, ingwerähnlichen Geschmack und werden als Gewürz vor allem für Currypasten verwendet.

Ingwerernte auf Sri Lanka: Die schilfähnliche Ingwerstaude wird ein Jahr nach dem Anbau ausgegraben und die knollig verzweigten, bis zu 50 cm langen Wurzeln (Rhizome) frisch oder getrocknet verkauft.

**Um Nori-Blätter** zu erhalten, werden die frischen Algen gehackt, zwischen Bambusmatten gepreßt und entweder in Trockenkammern oder in der Sonne getrocknet. Gutes Nori ist mild, tiefschwarz mit einem violetten Schimmer und luftdicht verpackt. **Arame,** eine Braunalge, ist eine der nährstoffreichsten Pflanzen überhaupt.

**Die besten Kombu-Sorten** wachsen in den kühlen Gewässern vor der Küste der nördlich gelegenen japanischen Insel Hokkaido. Ihre breiten Thalli (Blätter) werden bis zu 10 Meter lang und schmekken süßlich.

**Hijiki,** ein vielfach verzweigtes schwarzes Seegras ist so hart, daß es nach dem ersten Trocknen bis zu 4 Stunden unter Druck gekocht wird und dann erneut trocknen muß. Sein Aroma ist eigenartig streng, dabei etwas nußähnlich.

**Kombu** muß vor der Zubereitung gründlich in kaltem Wasser eingeweicht werden, damit die getrockneten, dicken Blätter genügend aufquellen können. Danach können sie gekocht, sautiert und sogar fritiert werden.

Die unter dem Namen Algen (von lateinisch alga, Seegras) bekannten eßbaren Meerespflanzen gehören ganz unterschiedlichen Familien an.
Rund 30 verschiedene Rot- und Grünalgen, hauptsächlich *Porphyra*-Arten, werden unter dem Namen **Nori** gehandelt. Die bedeutendsten: *Porphyra umbilicalis, Porphyra tenera, Porphyra yezoensis* und *Porphyra haitanensis*. Nori ist wichtig aus kulinarischer wie auch aus wirtschaftlicher Sicht: Die jährliche Ernte des auf floßähnlichen Gittern kultivierten Meeresgemüses liegt in Japan bei 300000 t Frischgewicht. Die weit verbreitete Art *Porphyra umbilicalis* ist nicht nur in Japan zuhause, sondern auch an den Küsten des Atlantiks, der Nord- und Ostsee, den pazifischen Küsten Nord- und Südamerikas bis hin zu ostasiatischen Küsten und den Stränden Hawaiis. Sie heißt in Irland Sloke, in Wales Laver und wird dort frisch als Gemüse gegessen. In Großbritannien liegt die Ernte immerhin bei 200 t pro Jahr. **Susabi-Nori** *(Porphyra yezoensis)* gedeiht am besten an Küsten mit kalter Strömung und ist heute in allen japanischen Anbaugebieten vorherrschend.
**Kombu** *(Laminaria japonica)*, engl. kelp, dt. Zukkerriementang. Diese bekannteste Kombu-Art mit breiten, glänzenden Blättern gedeiht in kühlen Gewässern bis höchstens 25°C vor Japans, Koreas und Sibiriens Küste, aber auch in der Bretagne. Kombu wird seit etwa 40 Jahren intensiv kultiviert, in Japan bereits seit 300 Jahren. Durch den hohen Gehalt an geschmacksverstärkender Glutaminsäure läßt sich daraus eine intensiv schmekkende Suppenbrühe (Dashi) zubereiten.
**Wakame** *(Undaria pinnatifida),* eine der neben Nori wichtigsten Arten auf dem japanischen Speisezettel, wird getrocknet und frisch gegessen. Der Nährwert der Blätter ist mit 13% Eiweiß und erheblichen Mengen an Calcium beachtlich. Getrocknet und zerstoßen ergibt Wakame ein mineralstoffreiches Würzmittel für Reis und Getreide.
**Hijiki** *(Hizikia fusiformis)* ist eine der mineralstoffreichsten Pflanzen: Sie enthält beispielsweise vierzehnmal soviel Calcium wie Kuhmilch.
**Arame** *(Eisenia bicyclis)* wird in Europa wegen ihrer leicht eichblattähnlichen Blätter auch Meereseiche genannt. Sie wächst an vielen Pazifikküsten wild auf Felsengestein wenige Meter unter der Wasseroberfläche.
**Dulse** *(Palmaria palmata)* gedeiht in den kalten Küstengewässern des Atlantiks und des Pazifiks. Heute wird die Alge an der bretonischen Küste mit gutem Erfolg kultiviert und frisch für die Gastronomie auch zu uns exportiert.
**Haricot vert de mer, Meeresspaghetti** *(Himanthalia elongata),* erfolgreich in der Bretagne kultivierte, lange, dunkle Algen, die reich sind an Spurenelementen und Vitaminen. Sie werden zunehmend für die Gastronomie frisch exportiert.
**Laitue de mer, Meeressalat,** Ulve *(Ulva lactuca)*, engl. sea lettuce, jap. Aosa. Diese Grünalge wird aus der Bretagne frisch exportiert, bei uns ist sie erst seit einiger Zeit im Handel. Laitue de mer ist mild im Geschmack, erinnert getrocknet in Geruch und Aussehen an Spinat und frisch, wie der Name andeutet, an Salat.

# Meeresgemüse

## FRISCHE UND GETROCKNETE ALGEN: BEREICHERUNG DES GEMÜSEANGEBOTS

Von allen exotischen Pflanzen scheinen Arten, die ausschließlich im Meer wachsen, mit Abstand die fremdartigsten zu sein. Tatsächlich aber haben die Japaner schon vor 10000 Jahren die pflanzlichen Reichtümer der Meere erschlossen und in ihre Küche aufgenommen. Getrocknete Wakame-Algen, die sich in Tontöpfen als Grabbeigaben fanden, belegen dies. Auch in Nordwesteuropa ist das Verspeisen von Algen so ungewöhnlich nicht. Einzelne Arten stehen schon seit über 1000 Jahren an unseren Küsten auf dem Speisezettel. So wurde die Rotalge **Dulse** (im Bild rechts ganz unten) schon von Kelten und Wikingern geschätzt und bis ins 20. Jahrhundert hinein von Irland bis Island an den Stränden bei Ebbe geerntet, an der Luft getrocknet und in der Suppe gekocht. Seit einiger Zeit baut man Algen in der Bretagne und der Normandie an und importiert sie frisch auch nach Deutschland. So werden **Haricot vert de mer** (im Bild ganz oben), **Nori** (im zweiten Bild von oben), **Laitue de mer** (im dritten Bild von oben) und Dulse in Frankreich mit Erfolg gezüchtet und - wegen der guten Qualität - zu einem guten Teil nach Japan exportiert.

**Wakame,** eine Braunalge, wächst in Wassertiefen von 6 bis 10 m. Man erntet sie gewöhnlich mit langen Haken vom Boot aus. Sie werden frisch verkauft oder in der Sonne getrocknet. Weil die Algen für den Transport eingesalzen werden, muß man sie vor dem Verzehr zuerst unter fließendem Wasser gründlich wässern. Danach in kochendes Wasser geben, 1/2 Minute aufkochen und in Eiswasser abschrecken. Die Blätter ausbreiten und die harte Mittelrippe entfernen.

**Haricot vert de mer,** auch Meeresspaghetti genannt, ist eine vitaminreiche, lange Alge. Vor der Zubereitung muß man unter fließendem Wasser das Salz entfernen.

# Gemüse-Küchenpraxis

## DER GENIESSER LIEBT BEIM GEMÜSE FRISCHE UND QUALITÄT. DIE BESTE BASIS: DER PERFEKTE UMGANG MIT DEN ZUTATEN

Was noch vor dem Kochen kommt, ist das Thema dieses ersten Kapitels der Küchenpraxis. Es zeigt die Methoden der optimalen Vorbereitung im Detail und erleichtert mit wichtigen Basis- und Grundrezepten den Einstieg in die anspruchsvolle "Gemüseküche". Sechs weitere Kapitel erklären alle Zubereitungsarten in Wort und Bild: von den einfachen Grundtechniken wie Kochen, Dünsten, Schmoren und Braten bis hin zu klassischen und ungewöhnlichen Rezepten der internationalen Küche. Das Spektrum reicht von edlen Suppen und Saucen, italienischen Risotti, französischen Gratins und Quiches bis hin zu fernöstlichen Spezialitäten aus dem Wok. Eine Fülle von Hintergrundinformationen macht das Lesen für jeden kreativen Koch interessant und inspiriert zum Ausprobieren und Abwandeln der Rezepte.

Alle Rezepte sind für 4 Portionen berechnet, sofern nicht anders angegeben.

# Waschen und Schälen

## BLÄTTER, STIELE, KNOLLEN UND WURZELN ZUM ZERKLEINERN VORBEREITEN

Mit Schmutz und Schale verschwindet auch der größte Teil eventuell anhaftender Pestizide. Wichtig zur Planung beim Einkauf: Die Menge des Abfalls richtet sich vor allem nach der Qualität der Rohware. Damit beim Waschen lösliche Vitamine und Mineralstoffe nicht im Ausguß landen, das Gemüse möglichst noch vor dem Schälen abspülen.

**Salat waschen:** Den Stielansatz herausschneiden und die Blätter ablösen. In einer Schüssel mit Wasser vorsichtig bewegen, damit sich der Schmutz löst. Bei Freilandsalaten bringt ein Schuß Essig vorhandenes Ungeziefer an die Oberfläche.

**Salat trocknen:** Die Blätter in einen speziellen Drahtkorb geben, an den Griffen nehmen, über dem Ausguß kräftig hin und her drehen, damit das Wasser herausschleudert; im Freien ist dies auch durch kreisende Armbewegung möglich. Es gibt auch geschlossene Salatschleudern, die man mit einer Kurbel betätigt.

**Elsa:** Diese große elektrische Salatschleuder findet in der Gastronomie Verwendung und kann Riesenmengen Salat innerhalb von 10 bis 15 Sekunden trocknen. Das Gerät ist für alle Blattsalate, -gemüse und Kräuter geeignet. Zentrifugalkräfte entfernen das an den Blättern haftende Wasser schonend und gründlich.

**Mangold vorbereiten:** Den Wurzelansatz mit einem großen scharfen Messer entfernen. Einzelne Blätter flach auf die Arbeitsfläche legen und den hellen Stiel mitsamt der Blattrippe herausschneiden. Den oberen Ansatz des Stiels so einschneiden, daß man die innere zarte Schale greifen und in Richtung Wurzelansatz abziehen kann. Bei den Neuzüchtungen braucht diese Schale nicht entfernt werden.

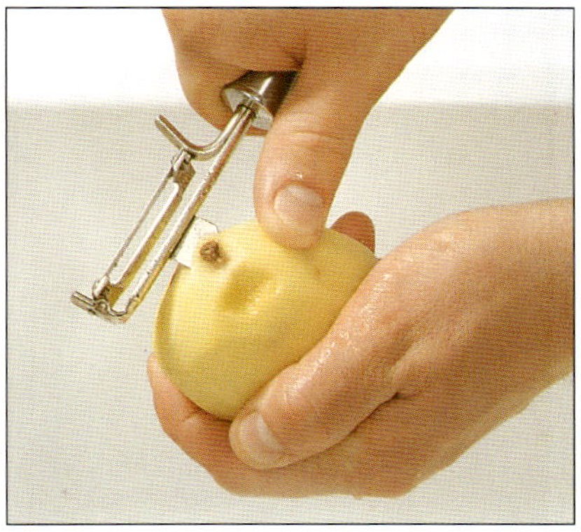

**Knollensellerie waschen:** Die schrumpelige Schale mit einer harten Bürste unter fließendem Wasser säubern. Falls viel festgebackene Erde anhaftet, den ungeschälten Sellerie für kurze Zeit in Wasser legen, damit sich der Schmutz löst. Kleinere Exemplare im ganzen mit einem mittelgroßen scharfen Messer in dicken Streifen schälen. Sehr große Knollen lassen sich geviertelt oder in dicke Scheiben geschnitten leichter bearbeiten.

**Kohlrabi putzen:** Zuerst die Blattstiele abschneiden. Zarte Blättchen eventuell zum Würzen und Dekorieren zurücklegen. Bei jungen Exemplaren läßt sich die Haut noch problemlos abziehen, dabei immer vom Blattansatz ausgehen. Ausgewachsene Knollen werden besser geschält.

**Kartoffeln schälen**: Entweder vorher waschen und dann schälen oder die Schale unter fließendem Wasser entfernen. Am besten geht es mit einem Sparschäler, dessen Klingenabstand die Schalenstärke bestimmt. Augen können mit einem am Messerrücken sitzenden Dorn entfernt werden. Die geschälten Kartoffeln bis zur Weiterverarbeitung in Wasser aufbewahren, um eine Braunfärbung zu vermeiden.

**Rettiche, Zucchini und andere Gemüse,** deren Schalen mitgegessen werden, besonders gründlich unter fließendem Wasser sauberbürsten. So wird nicht nur Schmutz, sondern zum Beispiel auch giftiges Blei entfernt, das sich bei Gemüseständen in Straßennähe auf der Schale ablagert.

# Schneiden oder tournieren

## SOLL GEMÜSE ZUGLEICH DEKORATION SEIN, REICHT EINFACHES SCHNEIDEN NICHT AUS

Scheiben, Würfel und Streifen entstehen beim Schneiden je nach Form der Gemüsesorte fast von selbst. Wie grob oder fein sie geraten sollen, bestimmt der spätere Verwendungszweck. Je kleiner die Stücke, desto kürzer die Garzeit und größer der Arbeitsaufwand. Wichtig: Geschnittenes Gemüse nicht lange stehen lassen, denn licht- und wärmeempfindliche Vitamine gehen verloren. Falls es unvermeidlich sein sollte, das Gemüse mit Folie bedeckt kalt stellen. Allein fürs Auge bringt man Wurzel-, Knollen- und Fruchtgemüse in gefällige, gleichmäßige Formen. Die zusätzlich anfallenden Tournierreste, können in Füllungen, Cremesuppen und Pürees Verwendung finden. Dekorativ Gezacktes entsteht mit dem Buntmesser, Kugeln formt man mit einem speziellen Ausstecher. Für die meisten anderen Formen reicht ein scharfes, leicht gebogenes Küchenmesser, auch Tourniermesser genannt.

**Karotten schneiden:** Zuerst der Länge nach in feine Scheiben, dann in lange Streifen und zuletzt in Würfeln teilen. Alle drei so entstehenden Formen können je nach Rezept und gewünschter Optik verwendet werden. Je dünner anfangs die Scheiben, desto feiner später die Würfel.

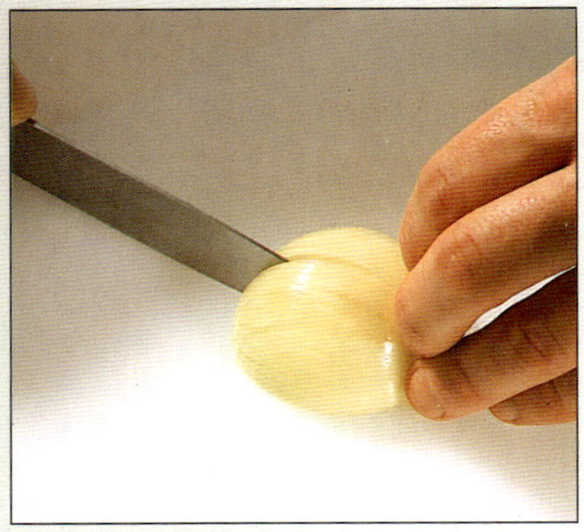

**Zwiebeln würfeln:** Auf die Schnittfläche legen, mit den Fingerspitzen festhalten und viele Schnitte eng nebeneinandersetzen. Ein- bis zweimal parallel zur Schnittfläche so einschneiden, daß die Zwiebel noch zusammenhält. Dann Scheiben abschneiden, die zu Würfeln zerfallen.

**Mirepoix:** Diese klassische Gemüsemischung aus der französischen Küche hat Ähnlichkeit mit unserem Suppengrün und besteht in der Regel aus Karotten, Sellerie und Zwiebeln oder Lauch. Zu welchen Anteilen die einzelnen Sorten verwendet werden, ist Geschmackssache. Manchmal kommt noch eine Petersilienwurzel dazu und als Gewürz ein Stück Lorbeerblatt und ein Thymian- oder Petersilienzweig. Eine Mirepoix schwitzt man in Butter bei kleiner Hitze hell an und verwendet sie als Würzgemüse in Saucen, Eintöpfen und Schmorgerichten. Die Stückgröße der Zutaten richtet sich nach dem Verwendungszweck: grob gewürfelt für Gerichte mit langer Schmorzeit, fein für schnelle Saucen und Suppen.

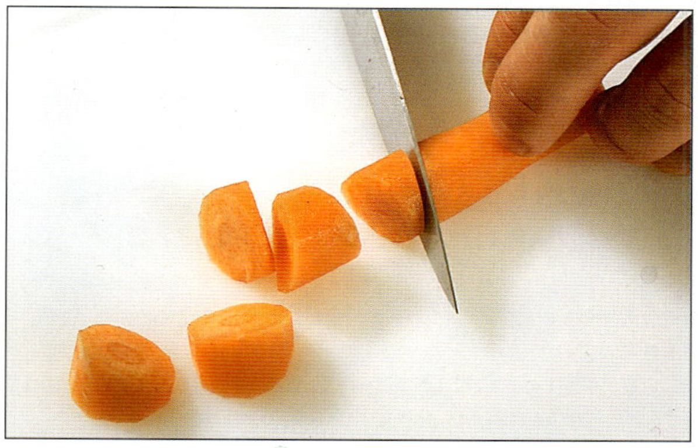

**Runde Gemüse schneiden:** Zum Beispiel Mairüben, Kugelmöhren, Rote Bete oder Kohlrabi je nach Größe vierteln, achteln oder in Spalten schneiden. Wichtig ist die gleichmäßige Größe, damit alle Stücke zur selben Zeit gar werden. Bei Karotten und anderen länglichen Wurzelsorten bietet sich der Rollschnitt an. Er stammt aus der asiatischen Küche und liefert gleichmäßige Stücke mit großer Oberfläche, wie man sie zum Braten im Wok benötigt. Das Gemüse diagonal zur Längsachse in Scheiben schneiden. Dabei gibt man der Wurzel nach jedem Schnitt eine Vierteldrehung und schneidet dann weiter. WICHTIG: die richtige Fingerhaltung beim Schneiden! Damit auch beim schnellen Arbeiten die Verletzungsgefahr möglichst gering bleibt, die Fingerspitzen senkrecht aufsetzen und leicht nach innen knicken, sodaß das Messer am zweiten Fingergelenk entlang gleitet und die Kuppen "vesteckt" sind. Auf diese Weise kann man gleichzeitig die Schnittstärke bestimmen.

**Längliche Gemüse in Form bringen:** Am einfachsten mit dem Buntmesser in Scheiben schneiden. Für Fächer das der Länge nach halbierte Gemüse in feinen Scheiben so einschneiden, daß eine Seite noch zusammenhält. Bei Stiften an einer Seite ein Stück Schale stehen lassen.

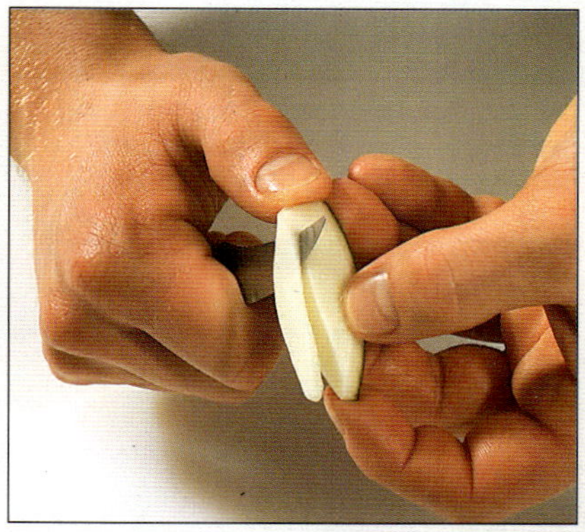

**Klassich tourniert:** Das Gemüse erhält einen ovalen olivenförmigen Zuschnitt. Die Größe ist sehr variabel, deshalb große Stücke erst einmal grob zurechtschneiden, dann zu den Enden hin abrunden. Insgesamt sieben Schnitte schreibt die französische Methode vor.

**Kugeln oder Oliven** werden mit halbkugelförmigen Messern ausgestochen, die der Handel in unterschiedlichen Größen anbietet. Bei Tourniermessern darauf achten, daß die Klinge dünn ist, um ein Auseinanderbrechen des Gemüses zu vermeiden.

# Sprossen

## KNACKIGE KEIMLINGE - EINE NÄHRSTOFFREICHE ERGÄNZUNG ZU VIELEN GERICHTEN

Die asiatische Volksmedizin sagt den verschiedenen Sprossen zahlreiche Heilwirkungen nach. Bewiesen ist immerhin, daß sich beim Auskeimen der Samen ihr Gehalt an Vitaminen innerhalb kurzer Zeit vervielfacht. Zusätzlich sorgen ätherische Öle und Ballaststoffe für einen hohen kulinarischen und gesundheitlichen Wert. Die Anzucht ist einfach: Sauber verlesene und naturbelassene Getreide-, Kräuter- oder Gemüsesamen werden für einige Stunden eingeweicht. Der Samen keimt unter dem Einfluß von Licht, Feuchtigkeit und Wärme innerhalb von 2 bis 5 Tagen. Eine konstante Temperatur von etwa 20°C und regelmäßiges sparsames Wässern sind Voraussetzung für das Wachstum. Bei Mangel an Feuchtigkeit vertrocknen die Sprößlinge. Liegen sie jedoch im Wasser, ersticken und verschimmeln sie. Getreide- und Gemüsesamen können nach gründlichem Abspülen mit kaltem oder heißem Wasser ohne weitere Bearbeitung verzehrt werden. Die Sprossen von Hülsenfrüchten blanchiert man besser, um unverträgliche Stoffe zu neutralisieren.

**Die unterschiedlichen Keimtechniken:** Der Handel bietet inzwischen eine Vielfalt von fertigen Sprossen an. Radieschenkeimlinge (links) zum Beispiel werden ähnlich wie Kresse in Pappschalen verkauft. Für das eigene Anzüchten von Sprossen gibt es eine Reihe von Geräten, die die Prozedur leichter und hygienischer machen sollen. Obwohl sie recht unterschiedlich konstruiert sind, ist ihre Funktion immer ähnlich: die Samen zwar gleichmäßig mit Feuchtigkeit zu versorgen, aber Staunässe zu vermeiden. Bei stapelbaren Schalen aus lichtdurchlässigem Plastik (oben mit gekeimten Mungbohnen) verteilen Rillen und kleine Syphons das Wasser gleichmäßig über alle Stufen und überschüssige Flüssigkeit sammelt sich in einem Behälter. Vorteil der Klarsichtbehälter: Die Samen sprießen im Licht und lagern weniger Nitrat ein. Schleimabsondernde Samen wie Kresse, Leinsamen und Senf am besten auf einem flachen Teller aussäen und drei- bis viermal täglich mit einer Sprühflasche anfeuchten. Der Schleim macht Keimgeräte schnell unbrauchbar. Einfach und problemlos gelingen Keimlinge in einem Weckglas (Bild Mitte mit Kichererbsen).

**Keimen im Weckglas:**

Kichererbsen oder andere Samen einige Stunden mit lauwarmem Wasser bedeckt stehen lassen. Mit einem Mulltuch zubinden.

Das Wasser ausgießen, mehrmals durchspülen. Dann frisches Wasser einfüllen und 10 Minuten stehen lassen. Abgießen und abtropfen lassen.

Mehrmals täglich abspülen. Kurz im Wasser stehen lassen, dann die Flüssigkeit gründlich abfließen lassen.

**Rettich:** Einmal täglich wässern. Nach spätestens 4 Tagen fertig gekeimt. Der Samen wirkt antibakteriell und verhindert Schimmel.

**Kichererbsen:** Fertig ausgekeimt nach 3 bis 5 Tagen. Vor dem Essen einige Minuten blanchieren oder kurz mitkochen.

**Kresse:** Flach ausgebreitet zwei- bis dreimal täglich wässern. Weckgläser und Keimapparate sind wegen Schleimbildung ungeeignet.

**Mungbohnen:** Leicht zum Keimen zu bringen und nach 3 bis 5 Tagen und täglich zweimaligem Wässern fertig. Müssen blanchiert werden.

**Kürbiskerne:** Die Sprossen sind nach 3 bis 4 Tagen fertig. Nur einmal täglich wässern. Geraten besonders gut im Weckglas.

**Adzuki-Bohnen,** auch kleine rote Sojabohnen. Zweimal täglich wässern. Nach 5 Tagen fertig. Vor dem Verzehr blanchieren.

**Alfalfa:** Ohne Einweichen im Weckglas 4 Tage keimen. Die winzigen Sprossen verstopfen im Keimapparat die Wasserrinnen.

**Linsen:** Bis zu 10 Stunden einweichen, zweimal täglich wässern. Nach 4 Tagen fertig. Nur ungeschälte Linsen verwenden.

**Erbsen:** 12 Stunden einweichen und 5 Tage keimen lassen. Zweimal täglich wässern. Auch geschälte Erbsen sind keimfähig.

**Senf:** Die Samen in flachen Schalen oder auf Tellern keimen lassen, dabei täglich einmal wässern. Nach 4 Tagen eßfertig.

Grundfonds lassen sich gut in größeren Mengen zubereiten und einfrieren. Meist ist es ratsam, die Flüssigkeit in kleine Gefäße portionsweise abzufüllen. Gut entfettete Fleischfonds halten sich gefroren etwa 6 Monate. Gemüsebrühe kann bis zu einem Jahr gelagert werden, verliert allerdings mit der Zeit etwas an Aroma.

## TOMATENESSENZ

Bei dieser anspruchsvollen Mischung aus Gemüsebrühe und Fleischessenz geben die Tomaten Farbe und Aroma. Natürlich nur, wenn es sich um aromatische Freilandfrüchte handelt. Schältomaten aus der Dose leisten ebenfalls gute Dienste. Feinzerkleinertes Rindfleisch klärt das Ganze, und die dabei austretenden flüssigen Eiweißstoffe geben der entstehenden Essenz eine geschmackliche Intensität, die mit Gemüse allein nicht zu erreichen ist.

| |
|---|
| *200 g Karotten, 100 g Staudensellerie* |
| *400 g Rinderhesse, 100 g Lauch* |
| *je 1/2 gebräunte Zwiebel und Knoblauchzehe* |
| *2 Zweige Thymian, 1 Zweig Rosmarin* |
| *1 Zweig Basilikum, 1 Lorbeerblatt* |
| *1 Nelke, 5 Pimentkörner* |
| *10 bis 12 weiße Pfefferkörner* |
| *10 zerstoßene Eiswürfel, 8 Eiweiße* |
| *800 g kleingeschnittene Fleischtomaten* |
| *1 kg Schältomaten aus der Dose* |
| *1 Prise Salz, 1/4 l Weißwein* |
| *1 EL Aceto Balsamico* |

Die angegebenen Mengen sind für 1,2 bis 1,5 l berechnet. Der Arbeitsablauf wird im folgenden gezeigt:

**Tomatenessenz:** Karotten und Sellerie schälen und mit der Rinderhesse durch die mittlere Scheibe des Fleischwolfs drehen. Feingeschnittenen Lauch, Gewürze, Eiswürfel und Eiweiße unterrühren. Fleisch- und Schältomaten dazugeben. Salzen. Wein und Essig untermischen. In einen flachen Topf geben und unter ständigem Rühren zum Kochen bringen. Wenn sich weißer Schaum bildet und das Klärfleisch nach oben kommt, die Hitze reduzieren und weitere 15 Minuten köcheln. Durch ein Tuch gießen, erneut aufkochen und das Fett entfernen.

## GEMÜSEFOND

So kraftvoll und extraktreich wie eine Fleischbrühe ist er nicht. Dafür jedoch leicht, aromatisch und fettarm. Putz- sowie Tournierreste fast jeder Gemüsesorte können verwendet werden. Allerdings verursacht zuviel Kohl einen penetranten Geschmack. Auch Sellerieknolle schmeckt fein dosiert besser. Spargel- und Pilzabfälle dagegen heben das Aroma. Tomatenwürfel und Karotten geben dem Gemüsefond eine angenehme goldgelbe Farbe.

| |
|---|
| *2 Gemüsezwiebeln* |
| *20 g Butter* |
| *100 g Brokkolistiele* |
| *250 g Lauch, 300 g Karotten* |
| *200 g Staudensellerie, 150 g Zucchini* |
| *1/4 l Weißwein, 3 l Wasser* |
| *1/2 gebräunte Zwiebel* |
| *je ein Zweig Thymian und Rosmarin* |
| *1 Lorbeerblatt, 1/2 Knoblauchzehe* |
| *1 Nelke* |

Die angegebenen Mengen sind für 1,5 bis 2 l berechnet. Der genaue Arbeitsablauf wird in der Bildfolge unten ausführlich beschrieben:

TIP: Grundfonds und -brühen wie diese sollte man erst bei der Weiterverarbeitung salzen, denn durch weiteres Reduzieren könnten sie sonst zu kräftig werden.

**Gemüsefond:** Die Gemüsezwiebeln schälen, in grobe Ringe schneiden und in heißer Butter hell anschwitzen. Alle übrigen Gemüse waschen, kleinschneiden, zu den Zwiebeln geben und kurz mitschwitzen. Mit dem Weißwein ablöschen und das Wasser dazugießen. Die gebräunte Zwiebel und die Gewürze zugeben. Bei mittlerer Temperatur erhitzen und etwa 30 bis 40 Minuten köcheln lassen, dabei den entstehenden Schaum des öfteren abheben. Den Gemüsefond durch ein Tuch in einen Topf passieren und bis auf etwa 1,5 l reduzieren.

**Gemüsefonds** sind keine Klassiker wie Fonds aus Fleisch und Geflügel. Kreative Köche, die sich mit gesunder Ernährung ernsthaft beschäftigen, haben jedoch hervorragende Rezepte im vegetarischen Bereich entwickelt.

# Brühen und Fonds

## DIE AROMATISCHE BASIS FÜR ASPIK, SAUCEN, SUPPEN UND GESCHMORTES

In der rein vegetarischen Küche benutzt man Brühen aus Gemüsemischungen und Kräutern. Essenzen und Fonds auf Fleisch- oder Geflügelgrundlage machen aber viele Gemüsegerichte gehaltvoller und "runder".

| GEFLÜGELFOND |
|---|
| *1 Suppenhuhn* |
| *3,5 l Wasser* |
| *1 Karotte, 1 Stange Staudensellerie* |
| *1/2 Stange Lauch* |
| *1/2 Knoblauchzehe* |
| *1 Zweig Thymian, 1 Lorbeerblatt, 1 Nelke* |
| *1/2 gebräunte Gemüsezwiebel* |

Die angegebenen Mengen sind für 1,5 bis 2 l berechnet. Nach diesem Rezept entsteht mit 1 kg Kalbs- oder Rinderknochen und einem Kalbsfuß anstelle des Suppenhuhns ein extraktreicher Fleischfond. Wichtig bei allen Varianten: Vorsichtig und möglichst erst nach Fertigstellung des Gerichts würzen, sonst wird die Flüssigkeit beim Reduzieren zu intensiv. Als Beispiel für einen hellen Fond wird der Arbeitsablauf für einen Geflügelfond in der Bildfolge rechts genau gezeigt:

**Geflügelfond zubereiten:**

Das Suppenhuhn mit kaltem Wasser ausspülen und in einen Topf geben. Mit etwa 3,5 l Wasser bedecken und zum Kochen bringen.

Bei kleiner Hitze 40 Minuten leicht köcheln lassen. Mit einem Löffel den Schaum hin und wieder abheben und dabei das Fett abschöpfen.

Die Gemüse und Gewürze mit einem Faden zum Bouquet garni verschnüren. Mit der Zwiebel in die Suppe geben.

Eine weitere Stunde bei kleinster Hitze köcheln lassen, dann das Huhn mit Hilfe einer Schaumkelle herausheben.

Den Fond vorsichtig durch ein Tuch in einen sauberen Topf passieren. Falls nötig, noch einmal entfetten.

Den klaren Fond im offenen Topf je nach Verwendungszweck bis auf etwa die Hälfte oder ein Drittel reduzieren.

Gebräunte Zwiebel: Beim fettfreien Rösten karamelisieren die in der Zwiebel enthaltenen Zucker- und Eiweißstoffe und verbinden sich (Maillard-Reaktion). Ein doppelter Effekt: mehr Farbe und mehr Aroma für die Brühe.

# Dashi

## AUS DER JAPANISCHEN KÜCHE: EINE FEIN AROMATISIERTE, FAST KLARE BRÜHE

Die Leichtigkeit und Subtilität der japanischen Kochkunst spiegelt sich in diesem Extrakt aus Fisch und Algen. Denn im Gegensatz zu einem europäischen Fond, der stundenlang vor sich hin köcheln muß, entsteht bei der Dashi-Zubereitung in wenigen Minuten Siedezeit eine klare, völlig fettfreie Flüssigkeit mit fein differenziertem Geschmack. Kombu, eine für Dashi typische Sorte getrockneter Seetang-Blätter mit mildem Geschmack, setzt man in kaltem Wasser auf und erhitzt die Mischung so langsam, daß beim Aufsteigen der ersten Blasen am Topfrand der Kochprozeß schon endet, weil das Aroma aus dem Tang ins Wasser übergegangen ist. Für den zweiten Arbeitsgang benötigt man Katsuobushi. Das sind geschabte Flocken von getrocknetem Bonito, einem dem Thunfisch ähnlichen Meeresfisch. Die klare Algenbrühe hat nach kurzem Aufkochen mit dem Trockenfisch dessen Aroma angenommen und kann nach dem Passieren als Basis für Suppen, Saucen, asiatische Fondues und Gemüsemischungen weiterverwendet werden. Das Verhältnis von Wasser, Seetang und Fischflocken ist variabel. Sehr würzig schmeckt die Brühe, wird sie zum Beispiel mit einigen getrockneten Shii-take-Pilzen aromatisiert. In der Bildfolge unten wird der Arbeitsablauf genau beschrieben:

**Dashi zubereiten:** Für 800 ml Brühe 20 g Kombu (Seetang) mit einem feuchten Tuch vom weißen Puder befreien. In 1 l Wasser bei kleiner Hitze in 10 bis 15 Minuten zum Kochen bringen. Wenn Blasen aufsteigen, mit dem Fingernagel prüfen, ob der Tang weich ist. Sonst noch 1 bis 2 Minuten ziehen lassen. Den Tang entfernen. Die Flüssigkeit mit 80 ml Wasser abkühlen. 30 g Bonitoflocken zugeben. Sobald die Brühe wieder kocht, den Topf vom Herd nehmen, warten bis der Fisch abgesunken ist und die Brühe durch ein Tuch gießen.

## BAGNA CAODA

Diese Piemonteser Saucenspezialität wird heiß auf einem Stövchen serviert und dient als aromatisches Bad für rohes und gekochtes Gemüse. Es eignen sich Fenchel, Chicorée, Radicchio di Treviso, Paprika, Zucchini, Karotten, aber auch Kardy, Topinambur, Staudensellerie und fast jedes andere Gemüse der Saison. Wie bei vielen anderen regionalen Gerichten auch, variieren die Rezepte für eine Bagna Caôda von Haus zu Haus und von Koch zu Koch. Das Grundrezept aus bestem Olivenöl und Butter, gewürzt mit Knoblauch und Sardellen, erhält oft durch einen Schuß Sahne, Milch oder regional typische Rotweinsorten wie Barbera und Barolo mehr Leichtigkeit. Weiße Trüffeln geben der intensiven Sauce zusätzliches Aroma.

| (für 4 bis 6 Portionen) |
|---|
| *12 Sardellenfilets* |
| *200 ml kaltgepreßtes Olivenöl* |
| *6 Knoblauchzehen* |
| *160 g kalte Butterwürfel, 1 Prise Salz* |

Die Sardellenfilets etwa 1/2 Stunde wässern, trockentupfen und fein hacken. Das Olivenöl leicht erwärmen und den feingeschnittenen Knoblauch zugeben. Butterwürfel mit einem Schneebesen nach und nach so einrühren, daß eine gleichmäßige Emulsion entsteht. Die feingehackten Sardellen untermischen. Die Bagna Caôda auf einem Stövchen warm halten. Die Sauce darf nicht kochen, sonst trennt sich die Butter vom Öl.

TIP: Um die Temperatur zu regulieren, einen Schuß Rotwein oder Milch in die Sauce rühren, bevor sie auf das Stövchen kommt. Dann bleibt die Fettmischung bei etwa 100°C so lange konstant, bis die Flüssigkeit verdampft ist. In der heißen Sauce allein wird der Knoblauch sonst leicht zu dunkel und bitter. Hält man die Sauce längere Zeit warm, trennt sich die Emulsion. Geschmacklich ist dies allerdings kein Nachteil.

# Grüne Saucen zum Gemüse

## KLASSIKER DER MEDITERRANEN KÜCHE - MIT KRÄUTERN UND KNOBLAUCH

Eine typische Sommersauce ist die Salsa verde aus dem Piemont (im Bild oben). Kalt zubereitet ergänzt sie neben pochiertem Fleisch (klassisch: Salsa verde zu Bollito misto) und kaltem Fisch oder Geflügel auch als Dip ein al dente gekochtes oder in Teig ausgebackenes Gemüse. Das ligurische Pesto (im Bild unten) profitiert von den Aromen eines unvergleichlich harmonischen Quartetts: Basilikum, Knoblauch, Olivenöl und Parmesan. Die im Mörser oder aber - weniger stilvoll, doch bequemer - im Mixer hergestellte Paste läßt sich auch mit anderen Kräutern zubereiten und paßt ganz vorzüglich zu Gemüseterrinen, Pasta und Fisch.

### SALSA VERDE

(für 4 bis 6 Portionen)

*2 EL Rotweinessig*

*1 Prise Salz, frisch gemahlener weißer Pfeffer*

*200 ml Olivenöl*

*2 Schalotten, 1 Knoblauchzehe*

*je 20 g krause und glatte Petersilienblätter*

*10 g Basilikumblätter*

*3 Sardellenfilets, 3 geschälte Cornichons*

*10 g geröstete Pinienkerne, 1 EL Kapern*

Den Essig mit Salz und Pfeffer verrühren, bis sich das Salz gelöst hat. Olivenöl hinzufügen. Die restlichen Zutaten feinschneiden und nacheinander zugeben.

### PESTO

*140 g Pinienkerne*

*3 Knoblauchzehen, 15 g Salz*

*300 g Basilikumblätter*

*60 g geriebener Pecorino*

*180 g geriebener Parmesan*

*1/2 l Olivenöl*

Pinienkerne, geschälte Knoblauchzehen und Salz in einem Mörser fein zerreiben. Das Basilikum zufügen und ebenfalls zerkleinern. Die Masse in eine Schüssel geben und die Käse hinzufügen. Das Olivenöl mit einem Kochlöffel einrühren und die Paste kühl stellen.

TIP: Ein Pesto hält sich mit Öl bedeckt einige Tage im Kühlschrank. Allerdings schimmelt es umso leichter je höher sein Feuchtigkeitsgehalt ist. Deshalb die Basilikumblätter rechtzeitig vorher waschen, so daß sie vor dem Verarbeiten vollkommen getrocknet sind. Nur frisch geriebenen Parmesan verwenden. Alte, sehr trockene Sorten saugen sich im Mörser mit Kräutersaft voll, senken so den Wassergehalt und erhöhen die Haltbarkeit.

### PESTO AUS BÄRLAUCH

Der kräftige Geschmack des Bärlauchs gibt dieser Paste eine ganz eigenwillige Note. Jedenfalls ist sie nicht zu verwechseln mit dem Original, das mit Basilikum und Knoblauch zubereitet wird.

(ohne Abbildung)

*140 g Pinienkerne*

*15 g Salz*

*150 g Bärlauch*

*150 g glatte Petersilienblätter*

*60 g geriebener Pecorino*

*200 g geriebener Parmesan*

*1/2 l Olivenöl*

Pinienkerne mit Salz in einem Mörser fein zerreiben. Bärlauch- und Petersilienblätter hinzufügen und ebenfalls im Mörser zerkleinern. Die Mischung in eine Schüssel geben und die geriebenen Käse untermischen. Das Olivenöl mit einem Kochlöffel einrühren.

**Tomatensauce zubereiten:** Die Schalotte und den Knoblauch im Öl glasig schwitzen. Karotten und Sellerie kurz mit angehen lassen. Dann die Kräuter und Gewürze zugeben. Tomatenwürfel zufügen und mit Weißwein und Essig ablöschen. Im offenen Topf 15 bis 20 Minuten einkochen lassen. Vor dem Servieren grob durchpassieren. Eventuell nochmals reduzieren.

## TOMATENSAUCE

(im Bild oben)

*100 g Staudensellerie*
*120 g Karotten*
*1 kg Tomaten*
*1 Schalotte*
*1/2 Knoblauchzehe*
*2 EL Olivenöl*
*je 1 Zweig Rosmarin, Basilikum und Thymian*
*1 Lorbeerblatt, 1 Nelke, 3 Pimentkörner*
*10 weiße Pfefferkörner, 1 Prise Salz*
*1 TL Aceto Balsamico, 50 ml Weißwein*

Die angegebenen Mengen sind für 500 bis 600 ml berechnet. Sellerie und Karotten schälen und kleinschneiden. Tomaten vom Strunk befreien und das Fruchtfleisch würfeln. Schalotte und Knoblauch feinschneiden. Wie in den Arbeitsschritten links beschrieben weiterarbeiten:
TIP: Falls keine aromatische Freilandtomaten zu haben sind, besser Schältomaten aus der Dose als Treibhausprodukte verwenden. Denn der Geschmack der Sauce steht und fällt mit der Qualität der verwendeten Früchte.

## KÜRBISSAUCE

(in der Bildmitte)

*600 g Kürbis*
*1 Schalotte, 20 g Butter*
*1 TL Curry, 1 Prise Salz*
*frisch gemahlener weißer Pfeffer*
*2 cl weißer Portwein, 100 ml Weißwein*
*250 ml Gemüsefond*
*100 ml Sahne*
*1 EL geschlagene Sahne*

Den Kürbis schälen, das Kerngehäuse entfernen und das Fruchtfleisch in kleine Stücke schneiden. Die Schalotten kleinschneiden. Wie rechts beschrieben, weiterarbeiten:
TIP: Eine harmonische Kombination ensteht auch durch das Mitkochen eines säuerlichen Apfels. Auf das Würzen mit Curry kann dann verzichtet werden.

**Kürbissauce zubereiten:**

Die Schalotte in Butter glasig schitzen, den Kürbis zugeben und mitschwitzen. Mit Curry bestauben und würzen. Nicht zu stark erhitzen, sonst verbrennt das Gewürzpulver.

Mit Wein und Portwein ablöschen und den Fond zugießen. Auf die Hälfte reduzieren, dann die Sahne zugießen. Den Kürbis garen. Pürieren, passieren und mit der geschlagenen Sahne abrunden.

# Saucen auf Gemüsebasis

### PASSEN ZU FISCH, FLEISCH UND VEGETARISCHEM

Die wohl beliebteste Gemüsesauce der Welt, die Tomatensauce, steht Pate für viele Varianten: Das jeweilige Gemüse wird manchmal mit einem Fond, immer mit Kräutern und Gewürzen gekocht, mehr oder weniger reduziert und durch ein Sieb passiert. Substanz bekommen die Saucen hauptsächlich durch den Stärke- und Pektingehalt ausgereifter Gemüse. Früh- und Treibhaussorten geben oft nicht genügend Aroma und Bindung.

## MEERRETTICHSAUCE

Blindtext. Die wohl beliebteste Gemüsesauce der Welt, die Tomatensauce, steht Pate für viele Varianten: Das jeweilige Gemüse wird manchmal mit einem Fond, immer

(im Bild unten)

*300 ml Gemüsefond*

*je 150 ml Milch und Sahne*

*160 g Meerrettich*

*50 g entrindetes Weißbrot*

*1 Prise Salz, frisch gemahlener weißer Pfeffer*

*1 Spritzer Zitronensaft*

*1 EL geschlagene Sahne*

Den Meerrettich schälen und auf einer Reibe fein raspeln. Das Weißbrot in Würfel schneiden. Weiterarbeiten, wie rechts gezeigt:

TIP: Meerrettich ganz frisch geraspelt zugeben. Kurze Zeit nach dem Zerkleinern nimmt nämlich das Aroma der Wurzel schon stark ab.

**Meerrettichsauce zubereiten:**

Den Gemüsefond mit Milch und Sahne zum Kochen bringen und etwa 5 Minuten leicht köcheln lassen. Weißbrotwürfel darin kurz aufkochen.

Den Topf vom Herd nehmen und Meerrettich zugeben. Ziehen lassen, damit sich der Meerrettichgeschmack entwickeln kann.

Passieren und abschmecken. Noch einmal erhitzen, aber nicht kochen, sonst könnte der Meerrettich sein Aroma verlieren und bitter werden. Die geschlagene Sahne unterziehen.

## GELBE PAPRIKASAUCE

Natürlich kann man die Sauce auch aus roten oder grünen Paprikaschoten zubereiten. Ein besonders attraktiver Farbeffekt entsteht, wenn man sie gleichzeitig in allen drei Farben zubereitet und einen Spiegel für pochierten Fisch, Eier oder Fleisch gießt.

(ohne Abbildung)

*1 Schalotte, 1/2 Knoblauchzehe*

*20 g Butter*

*450 g gelbe Paprikaschoten*

*1 Zweig Thymian, 1 Lorbeerblatt*

*1 Prise Salz, frisch gemahlener weißer Pfeffer*

*4 cl Sauternes (süßer, sehr gehaltvoller Weißwein)*

*50 ml Weißwein, 150 ml Gemüsefond*

*50 ml Sahne*

Die Sauce wie in den Bildfolgen unten zubereiten:

TIP: Man kann auch eine Mischung aus Paprika und Zwiebeln verwenden, dann wird die Sauce etwas deftiger. Dafür mit dem Anschwitzen der Zwiebeln beginnen und zugedeckt bei kleiner Hitze garen. Dann wie im Rezept zubereiten. Die Paprika-Zwiebelsauce schmeckt mit Chayennepfeffer und Paprikamark scharf abgeschmeckt ausgezeichnet zu milden Gemüsesorten wie Kürbis, Chayote und Zucchini.

**Paprikasauce zubereiten:**

Feingewürfelte Schalotte und Knoblauchzehe in Butter glasig schwitzen. Die gewürfelte Paprikaschote und die Gewürze zufügen. Mit Wein und Fond ablöschen.

Das Gemüse bei schwacher Hitze garen. Wenn der Fond bis auf die Hälfte eingekocht ist, die Sahne dazugießen und weiterkochen, bis die Paprikstücke weich sind.

Die Sauce mit einem Pürierstab im Kochtopf zerkleinern. Durch ein feines Sieb passieren und vor dem Servieren nochmals abschmecken.

## SAUCE HOLLANDAISE

Für die Reduktion:
*1 Schalotte*
*je 1 Zweig Estragon und Petersilie*
*1/2 Lorbeerblatt*
*4 bis 6 weiße Pfefferkörner*
*2 EL Weißweinessig*
*2 EL Wasser, 8 EL Weißwein*
Zum Aufschlagen:
*3 Eigelbe, 180 g Butter*
*je 1 Prise Salz und Cayennepfeffer*
*1 Spritzer Zitronensaft*

Die angegebenen Mengen sind für etwa 250 ml berechnet. Zum Aufschlagen der Sauce die Butter vor der Verwendung so lange kochen, bis sich die Molke abgesetzt hat und zum größten Teil verdampft ist. Wenn sich hellbraune Flocken bilden, die Butter sofort vom Herd nehmen und leicht abkühlen lassen. Alle Arbeitsschritte werden in der Bildfolge unten genau beschrieben:

## VELOUTE

*20 g Butter*
*1 Schalotte*
*20 g Mehl*
*1/2 l Gemüsefond (Grundrezept Seite 154)*
*1/4 l Sahne*
*1 Prise Salz*
*frisch gemahlener weißer Pfeffer*

Die angegebenen Mengen sind für etwa 750 ml berechnet. Diese klassische mehlgebundene Sauce paßt zu fast jeder Gemüsesorte. Sie läßt sich vorzüglich abwandeln, wie mit geriebenem Käse oder Kräutern. Anstelle des Gemüsefonds eignet sich als Basis je nach Verwendungszweck auch Geflügel- oder Kalbsfond. Die Qualität der Velouté steht und fällt mit der Kochzeit. Läßt man die Sauce nur kurz aufwallen, bleibt ein klebriger Mehlgeschmack zurück. Erst nach etwa 5 bis 10 Minuten Kochen ist die Stärke im Mehl genügend aufgeschlossen, und die Sauce wird samtig. Die Zubereitung wird in den Arbeitsschritten unten im Detail beschrieben:

**Sauce Hollandaise zubereiten:**

Für die Reduktion alle Zutaten in einen Topf geben, aufkochen lassen und bis auf ein Viertel reduzieren.

Durchpassieren und in die Schüssel geben, in der die Sauce aufgeschlagen werden soll. Eigelbe zufügen.

Im heißen Wasserbad aufschlagen, bis die Spuren des Schneebesens gut erkennbar sind. Herausnehmen und die Butter erst tropfen-, dann fadenweise unterschlagen.

Wichtig: Die Butter und die Eigelbe sollten etwa die gleiche Temperatur haben, bevor die Butter untergeschlagen wird. Die Sauce erst ganz am Schluß abschmecken.

Die Butter schmelzen und die feingeschnittene Schalotte darin glasig schwitzen. Mehl darüberstauben und mitschwitzen, ohne daß es Farbe nimmt.

Den kalten Gemüsefond dazugießen und mit der Mehlmischung (Roux) glattrühren. Die Sauce einige Minuten gut durchkochen lassen.

Die Sahne zugeben und die Sauce weitere 5 bis 10 Minuten bei kleiner Hitze köcheln lassen, damit der Mehlgeschmack völlig verschwindet.

Die Velouté nach Belieben würzen und durch ein feines Sieb passieren. Eventuell zum Gratinieren noch mit einer Liaison (Eigelb und geschlagene Sahne) verfeinern.

Samtig glänzend muß eine gelungene Velouté vom Löffel fließen. Durch eine genügend lange Kochzeit verschwinden die Klebrigkeit und der Geschmack des Mehls völlig.

# Saucen zum Gemüse

## VIER TRADITIONSREICHE REZEPTE, DIE VIELE GERICHTE ERST VERVOLLKOMMNEN

Die Velouté verdankt ihre samtige Beschaffenheit einer gut angeschwitzten Mehl-Butter-Mischung. Die Rotwein-Schalotten-Butter wird mit kalter Butter aufmontiert. Hollandaise und Sabayon bekommen durch das Aufschlagen mit Eigelb ihre luftige Konsistenz. Im Gegensatz zur Hollandaise muß ein fertiges Sabayon (im Bild links) sofort gratiniert werden, sonst fällt es zusammen.

### ROTWEIN-SCHALOTTEN-BUTTER

| |
|---|
| *5 g Butter* |
| *150 g Schalotten* |
| *1 Zweig Thymian* |
| *12 cl roter Portwein* |
| *500 ml Rotwein (z.B. Bordeaux, Burgunder)* |
| *90 g kalte Butterwürfel* |
| *1 Prise Salz* |
| *frisch gemahlener weißer Pfeffer* |
| *3 EL Rote-Bete-Saft* |

Die angegebenen Mengen sind für etwa 300 ml berechnet. Die Butter schmelzen und die feingeschnittenen Schalotten darin glasig schwitzen. Den Thymian zugeben und mit dem Portwein und dem Rotwein ablöschen. Den Fond bei schwacher Hitze so weit reduzieren, daß die Schalottenwürfel nur noch leicht mit Flüssigkeit bedeckt sind. Den Thymian entfernen und die kalten Butterwürfel nach und nach einrühren. Die Sauce darf jetzt nicht mehr kochen, sonst verliert sie die Bindung. Mit Salz und Pfeffer würzen und kurz vor dem Servieren den Rote-Bete-Saft zugeben.

Für die Rotwein-Schalotten-Butter zuerst Rot- und Portwein zusammen mit den Schalottenstückchen extrem stark reduzieren. Je kräftiger und aromatischer der Rotwein, desto gehaltvoller die Sauce. Durch das Aufschlagen mit gekühlten Butterwürfeln entsteht eine cremige Emulsion. Rote-Bete-Saft verleiht der Sauce zusätzlich Farbe, die allerdings durch zu langes Stehen oder erneutes Aufkochen verblaßt.

### SABAYON

| |
|---|
| Für die Reduktion: |
| *1 Bund Kräuter (z.B. Koriander oder andere Sorten)* |
| *1/4 l Weißwein* |
| *50 ml Geflügelfond (Grundrezept Seite 155)* |
| *1 Schalotte, 4 bis 5 weiße Pfefferkörner* |
| Zum Aufschlagen: |
| *3 Eigelbe, 1 Prise Salz, 1 Spritzer Zitronensaft* |

Die angegebenen Mengen sind für etwa 200 ml berechnet. Ein Sabayon läßt sich beliebig variieren. So können Kräuter durch andere Würzzutaten oder Fonds ersetzt werden. Geschmacksakzente lassen sich zum Beispiel mit Kümmel, Honig und Schalotten, Ingwer und Orangen oder Limetten, Senf, Meerrettich, Alt- oder Malzbier setzen. Falls Kräuter verwendet werden, die Blättchen abzupfen und beiseite legen. Die Stiele mit den restlichen Zutaten für die Reduktion aufkochen. Bis auf die Hälfte reduzieren und durch ein feines Sieb gießen.

**Sabayon zubereiten:**

Die leicht abgekühlte Reduktion mit den Eigelben im heißen Wasserbad aufschlagen, bis die Spuren des Schneebesens gut sichtbar sind.

Mit Salz und Zitrone abschmecken. 1 EL Kräuterblätter zugeben und das Sabayon sofort zum Gratinieren bereits gegarter Gemüse weiterverwenden.

# Salate, Vorspeisen und Kalte Suppen

## GEMÜSEGERICHTE, DIE KALT ZUBEREITET, SERVIERT ODER VERZEHRT WERDEN

Anders als die Küche der Mittelmeerländer kann die deutsche in puncto Salat kaum auf große Küchentraditionen zurückblicken. Nicht zufällig heißt die wichtigste Salatsauce der Welt Vinaigrette und ist französischer Herkunft. Die berühmte Gazpacho, eine kalte Suppe aus rohem Gemüse, kommt aus Spanien. Dips und Dressings sind Anregungen aus der amerikanischen Küche, die wohl auch als Vorbild gedient hat, als vor dem Essen anstelle einer heißen Suppe große Salatteller bei uns in Mode kamen. Nicht nur kulinarisch bieten rohe Gemüse viel, auch die Ernährungsfachleute plädieren für mindestens eine derartige Mahlzeit täglich, denn hier zeigt sich Gemüse von seiner gesündesten Seite: Empfindliche Vitamine und Mineralstoffe sind voll erhalten und dazu noch manche heilkräftige Komponente, die sonst durchs Kochen verloren geht.

SALAT VON WILDGEMÜSE: Die Zutaten für diesen Wildkräutersalat kann man bei einem Frühlingsspaziergang am Wegrand finden. Hier sind 200 g Brunnenkresse, 100 g Bärlauch, 250 g Löwenzahn und 100 g Sauerampfer geputzt, gewaschen und getrocknet in der Schüssel vermischt. 80 g junge Brennesselblätter gehören auch hinein. Aber Vorsicht: Damit sich die Brennhärchen legen, erst einmal zwischen zwei Tücher legen und vorsichtig mit dem Nudelholz darüberfahren. 50 g Spitzwegerich, 20 g Gänseblümchen und 40 g Löffelkraut vorbereiten und mit den übrigen Kräutern mischen. Für die Sauce den Saft von 1 Zitrone mit Salz, Pfeffer und 1 Prise Zucker verrühren. 100 ml Distelöl einrühren und über die Wildkräuter geben. Durchmischen und servieren.

## TOMATENVINAIGRETTE

500 g Fleischtomaten waschen, die Strünke entfernen und das Fruchtfleisch würfeln. 1 gewürfelte Schalotte und 1/2 Knoblauchzehe in 50 g Butter glasig schwitzen. Tomaten, die Blätter von 1 Thymianzweig, 1 Prise Salz, Pfeffer und 1/2 feingeschnittene Chilischote zugeben und 6 bis 8 Minuten einkochen lassen. Die Sauce auf ein flaches Sieb geben und vollständig abtropfen lassen. Die abtropfende Flüssigkeit in einer Schüssel sammeln. Nach dem Auskühlen 2 EL Rotweinessig zugeben und 60 ml Olivenöl einrühren. 1 EL Tomatenwürfel und 1 EL geschnittenen Schnittlauch hinzufügen und die Tomatenvinaigrette mit Salz und Pfeffer nachwürzen.

## KRÄUTERSAUCE

Je 150 g Joghurt und Crème fraîche mit 1 Prise Salz, frisch gemahlenem Pfeffer und dem Saft von 1/2 Zitrone verrühren. 80 g Kräuter, zum Beispiel Kerbel, Estragon, Basilikum, Petersilie, Brunnenkresse, Sauerampfer, Dill und Majoran, getrennt waschen und feinschneiden. Sofort in die Sauce geben, damit sie nicht grau werden und ihr Aroma verlieren. Je nach Saison können auch andere Kräuter verwendet werden. Geschmacklich dominante Kräuter wie Dill, Liebstöckel oder Majoran sollte man besser nur in geringer Dosierung verwenden.

## THUNFISCHSAUCE

150 g Thunfisch in Öl abtropfen lassen und im Mixer fein pürieren. In einer Schüssel mit 3 EL Mayonnaise glattrühren. 2 EL Kapern hacken und zusammen mit 1 EL feingeschnittenem Schnittlauch beigeben. Nach Geschmack mit Salz und Pfeffer nachwürzen.

# Dressings, Dips und Saucen

## ZUM EINTUNKEN: FEIN ABGESTIMMTE SAUCEN FÜR ROHES GEMÜSE

Was die Franzosen Crudités nennen, würde bei uns Rohkostplatte heißen: eine Auswahl geputzter, handlich zerkleinerter Gemüse, auf einem großen, flachen Teller dekorativ angerichtet. Geeignet sind alle Sorten, die man gut in die Hand nehmen kann, also Staudensellerie, Salatherzen, Karotten, Paprikastreifen, Blumenkohlröschen, Gurken, Kohlrabi und viele mehr. Man sucht sich ein Stück heraus, stippt es in eine der kräftig gewürzten, dicklichen Saucen und knabbert es aus der Hand. Diese vergnügliche und gesunde Art, Gemüse zum Aperitif, also noch vor der Vorspeise zu servieren, setzt sich zunehmend auch in der gehobenen Gastronomie durch und verkürzt oft schon das Warten auf die Speisekarte.

### SCHWARZE OLIVENSAUCE

3 EL schwarze Olivenpaste (Tapenade) mit 60 ml lauwarmem Geflügelfond glattrühren. 3 EL Aceto Balsamico und 100 ml Olivenöl untermischen. Mit frisch gemahlenem schwarzem Pfeffer würzen.

### AVOCADO-BASILIKUM-DIP

2 weiche, vollreife Avocados (à etwa 200 g) halbieren, den Stein entfernen und das Fruchtfleisch mit einem Löffel aus der Schale heben. Etwa 2 EL der Frucht in kleine Würfel schneiden und den Rest mit dem Saft von 1 Zitrone, 1/2 Knoblauchzehe, 1 Prise Salz und weißem Pfeffer fein pürieren. Die Avocado-Würfel und 1 EL feingeschnittenes Basilikum untermischen. Die Sauce mit Salz und Pfeffer nach Geschmack nachwürzen.

### MAYONNAISE

Die Mayonnaise ist die Basis vieler klassischer kalter Saucen, wie zum Beispiel der Remouladensauce, Cocktailsauce, Chantillysauce oder Tatarensauce. Eine Mayonnaise wird wie unten zubereitet:

3 Eigelbe in eine Schüssel geben und mit 1 Msp. Senf, 1 Prise Salz, frisch gemahlenem weißem Pfeffer und 1 Spritzer Zitronensaft verrühren.

Etwa 1/3 von 500 ml Speiseöl tropfenweise unter ständigem Rühren zugeben. Es ist wichtig, daß alle Zutaten die gleiche Temperatur haben, da sie sich nur so homogen verbinden.

Der Rest des Speiseöls kann anschließend in einem dünnen Strahl, aber ebenfalls unter ständigem Rühren zugegeben werden.

Zum Schluß 1 EL warmes Wasser unterrühren, damit die Emulsion der Mayonnaise stabilisiert wird. Die fertige Mayonnaise muß von halbfester Konsistenz sein.

AIOLI: Diese Knoblauch-Mayonnaise ist wohl die bekannteste der kalten provençalischen Saucen. Sie paßt zu rohen wie auch gekochten Gemüsen und besteht als einfachste Ableitung der Mayonnaise aus: 10 EL Mayonnaise, 2 bis 3 zerdrückten Knoblauchzehen und 1 Prise Cayennepfeffer.

**Radieschen** im Rot-Weiß-Kontrast: Ein Schachbrettmuster wird hier tief eingeschnitten (im Bild Mitte hinten). Große, zackenförmige Einkerbungen zeigen viel Weiß (im Bild links). Senkrechte, schmale Keile regelmäßig herausgelöst, lassen Radieschen lampionähnlich aussehen (im Bild rechts). Fertig geschnitzte Radieschen "blühen" in Eiswasser auf.

**Gurken** schön aufgefächert. Für alle Garnituren nimmt man etwa 3 bis 4 cm lange Stücke von der Salatgurke. Sie werden halbiert und auf unterschiedliche Weise eingeschlitzt und gekerbt. Die große Arabeske (im Bild oben), die zarte Rosette (im Bild rechts) und der flache, gekerbte Fächer (im Bild vorn) sind auf diese Weise entstanden.

# Frische Garnituren aus rohem Gemüse

## MAN BRAUCHT: ETWAS ZEIT, EINE RUHIGE HAND UND SCHARFE MESSER

Früher galten geschnitzte Radieschen und Tomatenrosen als Zeichen für anspruchsvolle Gastronomie, gerieten dann aber deutlich ins Abseits der kulinarischen Moden. Heute gehören perfekt geschnitzte Garnituren wieder zum Handwerk der Könner, was sicher auch dem Einfluß der dekorbewußten japanischen Küche zu danken ist.

**Radieschen schnitzen:**

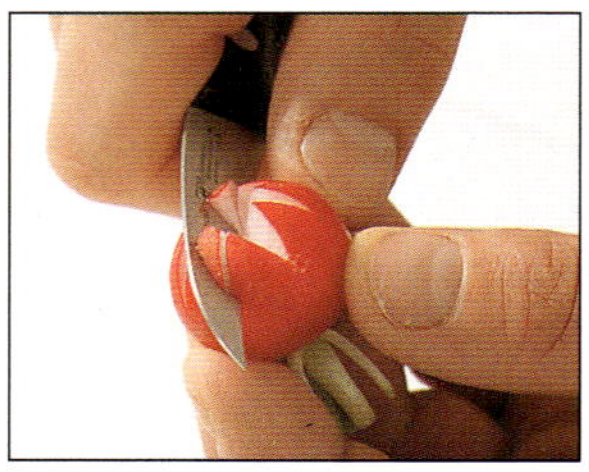

Das Radieschen am Grün festhalten, die Wurzel entfernen und von der Mitte aus kreuzweise einkerben.

Dann rund um die Mitte kleine Dreiecke einkerben. Auf diese Weise bleibt ein schmaler roter Streifen stehen.

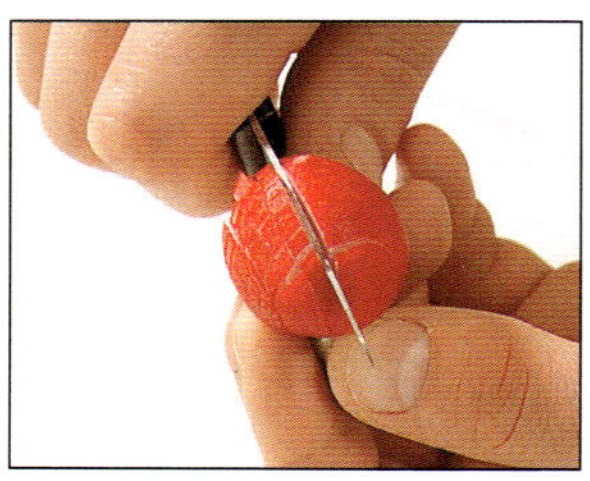

Oder: Das Radieschen am Grün halten und maximal bis zur Mitte der Frucht ein enges Gitter einschneiden.

Für Lampions die rote Schale rundherum so einkerben, daß nur schmale, senkrechte Stege stehen bleiben.

**Gurken auffächern:**

Fächer: 3 cm lange Gurkenstücke halbieren. Die Schale einkerben. Das Stück quer in Scheiben schneiden, die an einer Seite zusammenhängen. Flach legen und auffächern.

Eine Fortsetzung ist die Rosette, dabei die Schale 4 mm dick von einer Seite her abschneiden. An der anderen Seite nicht ganz durchtrennen.

Die Fächer vorsichtig auseinanderbiegen und jedes zweite Segment zur Mitte hin umbiegen.

**Tomaten:** Wie aufgeblühte Rosen - hier in den Farben rot und gelb - oder wie eine noch geschlossene Knospe lassen sich die Früchte in Form bringen. Die Rosen gelingen ohne große Übung; man rollt sie aus der abgeschnittenen Schale einer festfleischigen Tomate. Die Knospen (siehe unten) sind dagegen aufwendiger - sozusagen Millimeterarbeit.

**Frühlingszwiebeln:** Diese attraktiven, bizarr geformten Büschel entstehen ohne viel Aufwand aus jungem Zwiebelgrün. Wichtig ist es allerdings - ebenso wie bei den Radieschen - die fertig zugeschnittenen Zwiebeln für kurze Zeit in Eiswasser zu legen. Denn erst dann rollen sich die Stengel zu dekorativen Rosetten, und die Garnitur ist fertig.

**Tomatenknospe:**

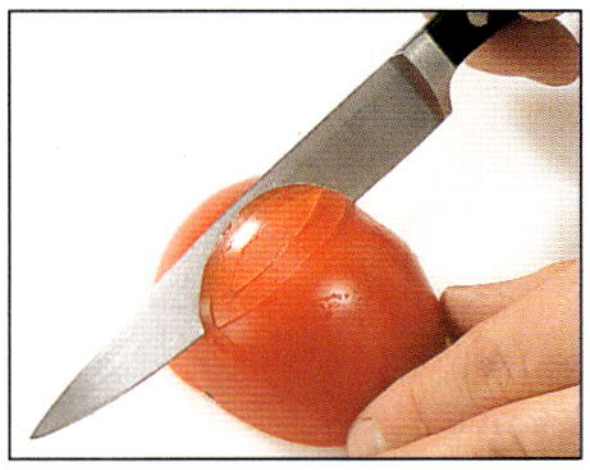

Aus der Rundung einer Fruchthälfte keilförmige Stücke so herausschneiden, daß sie abnehmbar sind.

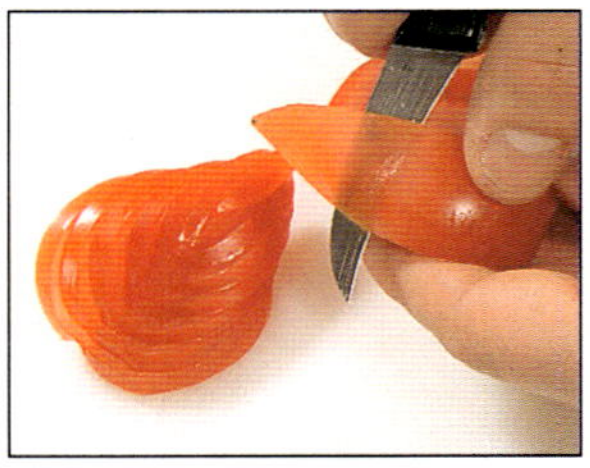

Die Schalen der dickeren Seitenteile etwa 1 mm stark vom Fruchtfleisch ablösen und nach außen biegen.

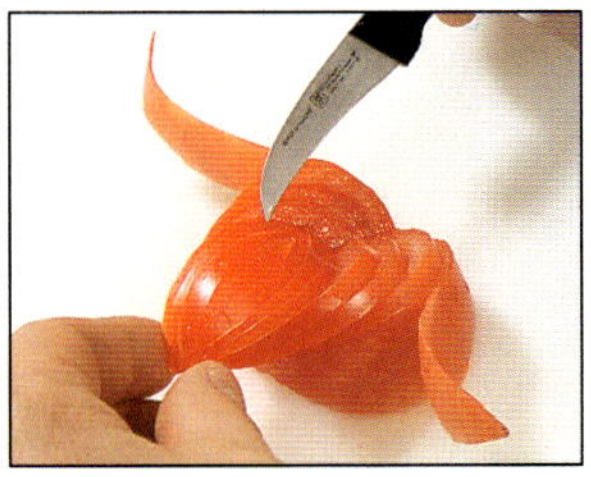

Die einzelnen Keile fächerförmig nach oben verschieben, damit die spitze, knospenähnliche Form entsteht.

**Tomatenrose:**

Die Frucht in einem gleichmäßig breiten Streifen abschälen. Je länger der Streifen ist, desto besser.

Den Streifen ganz eng so aufrollen, daß die glänzende Schalenseite außen liegt. Zu einer Rose zurechtrücken.

Den festen Teil einer Frühlingszwiebel von oben kreuz und quer einschneiden. Je tiefer die Schnitte, desto mehr rollt sich das Grün.

**Rohkostsalate** schmecken besser, wenn die Zutaten fein zerkleinert sind. Sie wirken dann allerdings weniger attraktiv als Salate mit größeren Stücken und benötigen eine Garnitur. Auf dem hellen Kohlrabisalat mit Joghurt-Dressing macht sich das Ensemble aus geschnitzten Radieschen, dem Gurkenfächer und dem jungen Kohlrabiblatt besonders gut.

**Löwenzahnsalat mit Walnußdressing:** Je 300 g gebleichten und grünen Löwenzahn putzen und waschen. Salz in 40 ml Sherryessig auflösen. Frisch gemahlenen Pfeffer zugeben und 80 ml Walnußöl einrühren. 2 EL Walnußkerne in Milch blanchieren, abziehen, hacken und zufügen. Die abgetropften Löwenzahnblätter mit dem Walnußdressing vermischen.

**Spinat in Sesamvinaigrette:** 250 g jungen Spinat putzen, waschen und trocknen. Salz in 40 ml rotem Reisessig lösen. 80 ml Sesamöl unterrühren. Mit Pfeffer und abgeriebener Zitronenschale würzen. 2 EL geschälte Sesamsaat in einer trockenen Pfanne hell anrösten und zur Vinaigrette geben. Die Marinade über den Spinat geben, vermengen und anrichten.

**Feldsalat mit Kartoffeldressing:** 450 g Feldsalat putzen und waschen. Für das Dressing 60 g gekochte Kartoffeln durch ein Sieb streichen und mit 100 ml warmem Geflügelfond, 20 ml Weißweinessig, 20 ml Weißwein, Salz und Pfeffer verrühren. Weitere 40 g gekochte Kartoffeln würfeln und untermischen. Das Dressing noch lauwarm über den Salat geben.

**Chicoréesalat mit Kürbisvinaigrette:** 8 Chicorée-Stauden (à 120 g) putzen und waschen. Salz in 20 ml Weißweinessig lösen. Je 40 ml Distel- und Kürbiskernöl einrühren. Mit etwas frisch gemahlenem Pfeffer würzen. 1 bis 2 EL Kürbiskerne in einer trockenen Pfanne anrösten und hacken. Zur Sauce geben und den Chicorée damit marinieren.

**Friséesalat mit Knoblauch-Speck-Dressing**: 100 ml Olivenöl mit 40 ml Rotweinessig, 1 zerdrückten Knoblauchzehe und 60 g ausgelassenen, abgeseihten Speckstreifen mischen. Salzen, pfeffern und über die vorbereiteten Blätter von 2 Köpfen Frisée geben. 2 Scheiben Toastbrot würfeln, in 20 g Butter rösten und noch warm über den Salat geben.

**Eiskrautsalat mit Roquefortdressing:** 400 g Eiskraut putzen und waschen. 30 g Roquefort durch ein feines Sieb streichen. 60 ml Sahne und 40 g Crème fraîche mit dem Käse glattrühren. Mit Salz, Pfeffer und dem Saft von 1/2 Zitrone würzen. Das Eiskraut mit dem Roquefortdressing anrichten und 1 1/2 EL geschnittenen Schnittlauch darüberstreuen.

# Salate - frisch und blättrig

## IN ALLEN GRÜNTÖNEN: BLATTSALATE MIT RAFFINIERTEN DRESSINGS

Hier ist absolute Frische die Voraussetzung für den Genuß. Ein harmonisch gewürztes Dressing - auf gut deutsch: eine Salatsauce - erschließt den milden bis herb-würzigen Geschmack der verschiedenen Sorten. Milchprodukte sind die Basis leichter, cremiger Dressings. Und schon mit vier Zutaten gelingt die traditionelle Sauce Vinaigrette, gemischt nach der Faustregel: ein Teil Essig, drei Teile Öl, Salz und Pfeffer nach Geschmack. Aromatische Essigsorten, Zitronensaft und kaltgepreßte Öle sorgen für Abwechslung. Kräuter setzen ebenfalls Akzente, ganz gleich ob im Ensemble oder solo. Etwas Senf stärkt nicht nur Aroma und Verträglichkeit, sondern sorgt auch als Emulgator für eine glatte Sauce.

**Brunnenkresse mit Himbeeren:** 300 g Brunnenkresse verlesen und putzen. 1 EL Honig, Salz und frisch gemahlenen Pfeffer in 20 ml Himbeeressig lösen. 1 bis 2 EL Zitronensaft zugeben. 60 ml Traubenkernöl langsam einrühren. Die Kresse mit 100 g Mungbohnenkeimlingen vermischen. Die Vinaigrette darübergeben und mit 50 g frischen Himbeeren garnieren.

**Raukensalat mit Trüffelvinaigrette:** 350 g Rauke putzen und waschen. 40 ml Trüffelsaft mit je 20 ml rotem und weißem Portwein mischen, auf ein Drittel reduzieren. Abgekühlt mit 20 ml Aceto Balsamico, Salz, Pfeffer und 80 ml Sojaöl verrühren. Über die Rauke geben. 10 g schwarze Trüffel in feine Streifen schneiden, zufügen und über den Salat geben.

**Feine Blattsalate mit Perlhuhneiern:** Hier sind in einer großen Schüssel angerichtet: 1 Kopf Frisée, 1 Staude gebleichter Löwenzahn, je 1 Kopf roter und grüner Cicorino, 150 g Eiskraut, 150 g Feldsalat und 1 Kopf roter Batavia. Außerdem 50 g Mönchsbart (Barba di Frate), geputzt und blanchiert. Zuerst alle Salate putzen, waschen, mundgerecht zerteilen und gut trocknen. Für das Dressing 20 ml Sherryessig mit dem Saft von 1/2 Zitrone, Salz, Pfeffer und 1 Msp. Dijonsenf verrühren. Dann 100 ml Olivenöl langsam mit einem Schneebesen einrühren, bis eine glatte Vinaigrette entstanden ist. Die Sauce über die Salatblätter geben und vorsichtig durchheben. Mit 4 siebenminütig gekochten, halbierten Perlhuhneiern anrichten.

DICKE-BOHNEN-KERNE MIT PINZIMONIO: Für diese toskanische Spezialität werden 200 g grüne Dicke-Bohnen-Kerne mit Pinzimonio, einer italienischen Variante der Vinaigrette aus 1 EL Aceto Balsamico, Salz, Pfeffer und 50 ml Olivenöl, übergossen. In der Toskana ißt man die Bohnen traditionell roh, obwohl sie unverträgliche Stoffe enthalten. Der Salat schmeckt jedoch auch mit blanchierten Bohnenkernen.

**Radieschensalat mit Schnittlauchvinaigrette:** 400 g Radieschen waschen und in schmale Stifte schneiden. Mit Salz und frisch gemahlenem Pfeffer würzen und 5 Minuten ziehen lassen. 20 ml Weißweinessig mit 80 ml Sonnenblumenöl verrühren. 1 EL feingeschnittenen Schnittlauch zugeben. Die Vinaigrette über den Salat geben und vermengen.

**Karottensalat mit Orangendressing:** 500 g Karotten schälen und auf einem Gemüsehobel fein raspeln. 40 ml Apfelessig und 100 ml Orangensaft vermengen. Mit Salz, 1 Prise Zucker und frisch gemahlenem Pfeffer würzen. 80 ml Distelöl in das Dressing einrühren und über den Salat gießen. Die Filets einer Orange auslösen und unterheben.

**Rotkrautsalat mit Apfel:** 500 g Rotkraut feinschneiden. Mit dem Saft von je 1 Orange und Zitrone, 80 ml Rotwein und 40 ml Aceto Balsamico übergießen. Salzen und pfeffern. Mit 1/2 geraspelten Apfel und der blanchierten Schale von 1 Orange vermischen und leicht pressen. 1 Stunde ziehen lassen. 100 ml Distelöl und 1/2 gewürfelten Apfel untermischen.

**Gurkensalat mit Joghurt-Dill-Sauce:** Eine Salatgurke von etwa 500 g waschen, eventuell schälen und in Scheiben hobeln. Je 80 g Joghurt (1,5% Fett) und Sauerrahm mit Salz, frisch gemahlenem Pfeffer, dem Saft von 1/2 Zitrone und 1 TL feingeschnittenem Dill verrühren. Die Sauce über die Gurkenscheiben verteilen. Zum Schluß mit Dill garnieren.

**Selleriesalat "Waldorf":** 500 g Knollensellerie schälen und in Streifen raspeln oder schneiden. Unmittelbar danach den Saft von 1/2 Zitrone, um eine Braunfärbung zu vermeiden, und einen in Streifen geraspelten Apfel zugeben und vermischen. 50 g Mayonnaise und 80 g Crème fraîche mit Salz und Pfeffer würzen. 40 g Walnüsse abziehen und zufügen.

**Bambussprossensalat mit Curry-Kokos-Dressing:** 450 g gekochte Bambussprossen vierteln. 1 rote Paprikaschote würfeln und blanchieren. 100 ml Sahne mit 2 EL Kokosnußcreme, Saft und Schale von 1/2 Limette, 1 Msp. geriebenem Ingwer, 1 Msp. Knoblauch, 1 TL Curry, Salz, Pfeffer und 1 Msp. Chili verrühren. Sprossen und Paprika damit übergießen.

# Aus rohen und gekochten Zutaten

FARBIG, ERFRISCHEND UND GESUND: KALTE GEMÜSE MIT WÜRZIGEN SALATSAUCEN

Rohkost: Schon das Wort klingt knackig und einen Hauch gesundheitsbewußt. Gemeint sind feinzerkleinerte, rohe Gemüse, insbesondere Sorten, die man sonst eher gegart auf dem Teller findet. Heute tischt man Rohkost ebenso wie Blattsalate zunehmend vor dem Essen auf, anstelle einer Vorspeise. Was ist aber dann ein Salat? Alles, was mit einem Dressing umhüllt angerichtet und kalt oder lauwarm gegessen wird. Ein Salat kann rohes Gemüse enthalten, gekochtes oder auch beides. Er schlüpft sogar manchmal in die Rolle eines Hauptgerichts, besonders wenn er aus gehaltvollen Zutaten besteht. Typisches Beispiel: der gute alte Kartoffelsalat.

**Avocadosalat mit Joghurt-Pfefferminz-Sauce:** 2 Avocados auslösen. 3 Fruchthälften in Fächer schneiden und mit etwas Zitronensaft beträufeln. 150 g Joghurt und 1 EL geschnittene Minzeblättchen mischen. Salzen, pfeffern und mit Zitronensaft würzen. Über die Avocadofächer geben. Mit der gewürfelten, vierten Fruchthälfte und Minzeblättern garnieren.

**Avocados auslösen:** Weiche Früchte halbieren und den Kern entfernen. Mit Hilfe eines Löffels die Avocado aus der Schale herauslösen. Damit die Avocados nicht braun werden, sofort mit etwas Zitronensaft bestreichen.

**Linsensalat mit Gemüsevinaigrette:** Je 150 g rote und grüne Linsen getrennt 3 Stunden einweichen, dann kochen. 100 g Karotten, 60 g Sellerie und 100 g Lauch feinschneiden und blanchieren. Aus 30 ml Rotweinessig, 80 ml Sojaöl, Salz, Pfeffer und 1 EL Schnittlauch eine Vinaigrette rühren. Mit Linsen und Gemüse mischen. 10 Minuten durchziehen lassen.

**Kartoffelsalat:** 600 g Pellkartoffeln in Scheiben schneiden und mit 60 ml lauwarmer Rinderbrühe begießen. 40 ml Weinessig mit 1 Msp. Senf, Salz, Pfeffer und 80 ml Öl verrühren und über die Kartoffeln geben. 40 g feingeschnittenen durchwachsenen Speck mit 50 g Zwiebelwürfeln anbraten und mit 1 EL gehackter Petersilie vorsichtig unter den Salat heben.

**Zuckerschoten-Topinambur-Salat:** Aus dem Saft von 1 und dem Abrieb von 1/2 Limette, 10 ml Rotweinessig, 1/2 EL Tannenhonig, 60 ml Distelöl, Salz und Pfeffer eine Vinaigrette rühren. 250 g gekochte Topinambur schälen, in Scheiben schneiden und in Erdnußöl anbraten. Mit 250 g blanchierten Zuckerschoten anrichten und die Vinaigrette darübergeben.

**Bohnen-Artischocken-Salat:** 300 g gekochte grüne Bohnen längs halbieren. 140 g gekochte Artischockenböden in Ecken schneiden. Aus 20 ml Sherryessig, 10 ml Aceto Balsamico, 10 ml Sherry Cream, Senf, Salz, Zucker, Pfeffer, 2 gewürfelten Schalotten, je 20 ml Erdnußöl und Traubenkernöl eine Vinaigrette rühren und über das Gemüse geben.

# Antipasti

## MIT KRÄUTERN UND ÖL MARINIERT: DIE ITALIENER SIND UNSCHLAGBAR

Antipasti verkürzen im italienischen Menü die Wartezeit auf die Pasta, das unvermeidliche Nudelgericht. Obwohl in einigen Regionen Schinken, Salami und Meeresfrüchte überwiegen, gelten doch würzig eingelegte Gemüse als die eigentlich typischen Antipasti. Sie werden kalt serviert, genauer gesagt wohltemperiert, niemals aus dem Kühlschrank. Richtig köstlich ist es, wenn von diesen meist simplen Gerichten mehrere zur Wahl stehen. Ein einziges, ein Antipasto also, macht wenig Eindruck. Erst die Auswahl reizt den Feinschmecker. Weich gegarte Gemüse, frische Mittelmeerkräuter, Knoblauch nach Bedarf und bestes Öl, so einfach ist das Rezept. Je feiner das Öl, desto großzügiger darf es verwendet werden. Es ist nämlich Gewürz und Frischhaltemittel in einem. Mit zartgrünem, duftendem Olivenöl verschwenderisch übergossen, werden blanchierte grüne Bohnen mit etwas Knoblauch zum Erlebnis - und halten sich im Kühlschrank mehrere Tage frisch. Kreative Köche nutzen das Prinzip und machen jedes denkbare Gemüse von der Karotte bis zum Spinat zum italienisch inspirierten Genuß.

### ARTISCHOCKEN MIT TOMATEN

(im Bild links)

*6 Artischocken mit Stiel (à 180 g)*
*2 Schalotten, 60 ml Olivenöl*
*125 ml Weißwein, 1/2 Zitrone*
*2 Zweige Thymian, 1 Zweig Rosmarin*
*1 Lorbeerblatt, 1 1/2 Knoblauchzehen*
*Salz, 5 weiße Pfefferkörner, frisch gemahlener Pfeffer*
*2 Fleischtomaten, 20 ml Rotweinessig*

Artischocken putzen, halbieren und das Heu entfernen. Die Schalottenwürfel in 1 EL Olivenöl anschwitzen. Mit Wein und Zitronensaft ablöschen. 1,5 l Wasser zugießen.

Tomaten mit Mozzarella: ebenso köstlich wie einfach. Sonnenreife Tomaten, in Scheiben geschnitten, abwechselnd mit Büffel-Mozzarella anrichten. 1 Prise Salz, etwas Pfeffer, Basilikum und einige Oliven darübergeben. Mit gutem Olivenöl beträufeln.

1 Zweig Thymian, Rosmarin, Lorbeer, 1/2 Knoblauchzehe, Salz und Pfefferkörner zugeben. Aufkochen und die Artischocken darin garen. Tomaten häuten, entkernen und würfeln. Essig mit 1 EL vom Kochsud, 1 TL Thymianblättchen, Salz und Pfeffer mischen. Gewürfelte Knoblauchzehen und restliches Öl unterrühren. Abgetropfte Artischocken und Tomaten mit der Sauce übergießen und mindestens 30 Minuten ziehen lassen. TIP: Der Kochsud für die Artischocken wird noch interessanter durch 1 Nelke und 2 Pimentkörner.

## PAPRIKA MIT KNOBLAUCH

(in der Bildmitte)

*je 300 g rote, grüne und gelbe Paprikaschoten*

*1 bis 2 Knoblauchzehen, 1 kleiner Bund Thymian*

*20 ml Aceto Balsamico*

*80 ml Olivenöl*

*Salz, frisch gemahlener Pfeffer*

Die Paprikaschoten halbieren, entkernen und im Ofen backen, bis die Haut Blasen wirft. Die Schoten abziehen, in große Stücke schneiden und in eine flache Schale legen. Den Knoblauch in Scheiben schneiden und mit den abgezupften Thymianblättern sowie Essig und Öl verrühren. Mit Salz und Pfeffer kräftig würzen. Diese Mischung über die Paprikaschoten geben und mindestens 30 Minuten durchziehen lassen.

## BOHNENSALAT MIT ROSMARIN

(im Bild rechts)

*600 g gekochte weiße Bohnenkerne (Cannelini)*

*1 TL geschnittene Peperonischoten*

*1 TL feingeschnittener Rosmarin*

*30 ml Rotweinessig*

*Salz*

*frisch gemahlener weißer Pfeffer*

*1 Msp. zerdrückter Knoblauch*

*80 ml Olivenöl*

Die Bohnenkerne mit den Peperoni und dem Rosmarin mischen. Den Essig mit Salz, Pfeffer und dem zerdrückten Knoblauch mischen. Das Öl mit einem Schneebesen einrühren und die Sauce über die Bohnen geben. Die Bohnen mindestens 1 Stunde durchziehen lassen, damit sich die Gewürze voll entfalten.

**Rohen Tomatensaft gewinnen:** Das pürierte Fruchtfleisch in ein Tuch geben und mit Küchengarn verschnüren. Den so entstandenen Beutel aufhängen und den austretenden Saft auffangen. Das dauert mehrere Stunden, deshalb das Püree am besten über Nacht abtropfen lassen.

## TOMATENGELEE

*1,5 kg Fleischtomaten*
*1 Prise Salz, 1 Sternanis*
*8 Blatt weiße Gelatine*

Die angegebenen Mengen sind für etwa 1 l berechnet. Die Strünke der Tomaten heraustrennen. Das Fruchtfleisch vierteln und mit dem Salz im Mixer fein pürieren. Den Brei in einem Tuch abtropfen lassen und den Saft auffangen. Falls sich weniger als 1 l Saft ergibt, die Gelatinemenge reduzieren (pro 1/8 l 1 Blatt). Etwa 1/8 l Tomatensaft erhitzen und den Sternanis 5 bis 10 Minuten darin ziehen lassen. In der Zwischenzeit die Gelatine in kaltem Wasser einweichen, ausdrücken und im heißen Saft auflösen. Nach und nach den restlichen kalten Saft in die warme Gelatineflüssigkeit rühren. Die Mischung in den Kühlschrank stellen, bis sie zu gelieren beginnt, aber noch nicht fest geworden ist. Dann nach Rezept weiterverarbeiten: Zum Beispiel für Gemüsesülzen oder wie im Bild unten als edles Aspik.
TIP: Gibt man das Gelee in noch flüssigem Zustand in eine flache Schüssel, läßt es sich auf Eis gesetzt zur gewünschten Konsistenz kaltrühren.

**Für dieses Aspik** sind blanchierte Zucchini- und Karottenstreifen, halbe Wachteleier, gebratene lauwarme Rotbarbenfilets und Langostinoschwänze in einem tiefen Teller arrangiert und mit halbflüssigem Gelee übergossen worden.

## AVOCADOSUPPE

*2 weiche Avocados (à etwa 200 g)*
*Saft von 1 Zitrone*
*300 ml Buttermilch*
*150 ml Geflügelfond (siehe Grundrezept Seite 155)*
*1 Prise Salz*
*frisch gemahlener weißer Pfeffer*
*1 EL eingelegte grüne Pfefferkörner*
*1 mittelgroßer Apfel*
*10 g Butter*
*2 EL Zucker*
*1 EL Crème fraîche*

Die Avocados halbieren und entkernen. Das Fruchtfleisch mit Hilfe eines Eßlöffels aus der Schale heben und zusammen mit dem Zitronensaft pürieren. Buttermilch und Geflügelfond unterrühren. Die Suppe mit Salz, weißem und grünem Pfeffer würzen und kalt stellen. Für die Suppeneinlage den Apfel schälen, vierteln, entkernen und in schmale Spalten schneiden. Jede Spalte halbmondförmig zurechtschneiden. Butter in einer Pfanne schmelzen, Zucker und Apfelspalten zufügen. Bei mittlerer Hitze braten, bis die Äpfel leicht karamelisiert sind. Die Suppe mit den heißen Äpfeln und einem Klecks Crème fraîche in tiefen Tellern anrichten.
TIP: Die Suppe nicht zu lange stehen lassen, denn sonst verliert sie trotz des Zitronensafts mit der Zeit ihre schöne, zartgrüne Farbe.

## GAZPACHO

(im Bild hinten)

*800 g Tomaten, 350 g Salatgurke*

*250 g rote, 100 g grüne und 200 g gelbe Paprikaschoten*

*Salz, 2 mittlere Gemüsezwiebeln*

*1 Knoblauchzehe*

*4 Scheiben Weißbrot ohne Rinde*

*100 ml Olivenöl*

*frisch gemahlener weißer Pfeffer*

*1 Spritzer Tabasco, 1 EL Aceto Balsamico*

Die Tomaten waschen, die Strünke entfernen und das Fruchtfleisch würfeln. Die Gurken schälen, entkernen und kleinschneiden. Alle Paprikaschoten entkernen und in kleine Stücke schneiden. Das zerkleinerte Gemüse bis auf einen kleinen Rest in eine Schüssel geben, leicht salzen und mehrere Stunden Saft ziehen lassen. Die zurückgehaltenen Gemüse fein würfeln und als Suppeneinlage kühl stellen. Weiterarbeiten, wie rechts beschrieben. Die fertige Suppe mit Pfeffer, Tabasco und Aceto Balsamico abschmecken. Vor dem Servieren die zurückbehaltenen Gemüsestückchen beigeben.

**Gazpacho zubereiten:**

Das eingesalzene Gemüse mit eigenem Saft, der gewürfelten Zwiebel und dem Knoblauch im Mixer pürieren.

Das in Würfel geschnittene Weißbrot zugeben und mixen, bis alle Bestandteile gleichmäßig püriert sind.

Die zerkleinerte Gemüse-Brot-Mischung in ein feines Sieb geben und mit einem Spachtel durchpassieren.

Das kalte Gemüsepüree mit einem Mixstab aufschäumen. Dabei das Olivenöl nach und nach einlaufen lassen.

## KALTE GURKENSUPPE

(im Bild vorne)

*900 g Salatgurke*

*1 Prise Salz*

*200 g Joghurt*

*2 EL frische, geschnittene Kräuter (z.B. Kerbel, Estragon, Dill, Petersilie)*

Die Gurken schälen. Aus etwa einer halben Gurke mit einem Perlausstecher Kugeln auslösen und für die Suppeneinlage zurücklegen. Den Rest der Gurken entkernen, in Scheiben schneiden, in eine Schüssel geben und leicht salzen. Die Gurken 1 Stunde Saft ziehen lassen und in einen Mixer geben. Das Kerngehäuse in ein Sieb geben und den Saft ausdrücken. Die Gurken zusammen mit dem Saft pürieren und durch ein nicht zu feines Sieb passieren. Den Joghurt einrühren und die Suppe kalt stellen. Die Kräuter feinschneiden und mit den Gurkenperlen in die gekühlte Suppe geben. Die Suppe sofort servieren.

**Paprikamousse zubereiten:**
Butter schmelzen. Feingeschnittene Schalotten und Paprikawürfel darin glasig schwitzen.

Gewürze, Kräuter, Wein und Fond zufügen. Ohne Deckel köcheln, bis die Flüssigkeit fast verdampft ist.

Die weichen Paprikawürfel mit einem Mixstab gleichmäßig fein pürieren.

Das Paprikapüree durch ein feines Sieb passieren, damit Schalen- und Gewürzreste entfernt werden.

Das Püree kurz erhitzen und die kalten Butterwürfel nach und nach mit einem Mixstab einmontieren.

Die eingeweichte, aufgelöste Gelatine einrühren. Das geht besonders gut, solange das Püree warm ist.

Zitronensaft zufügen. Die geschlagene Sahne unter das abgekühlte Püree heben. In eine Schüssel füllen und glattstreichen.

Die Massen einfüllen, jede Schicht 10 Minuten kalt stellen. Mit einem heiß abgespülten Löffel Nocken abstechen.

Leuchtende Farben und attraktive Formen bestechen bei edlen Vorspeisen aus Gemüse. Ganz besonders wenn die Dekoration stimmt und der Teller perfekt aussieht. Für gleichmäßige Nocken aus einer lockeren Mousse einen großen Löffel in heißes Wasser tauchen und mit der Spitze senkrecht in die Masse stechen. Den Löffel um sich selbst drehen und die Nocke herausheben.

# Salate und Vorspeisen

FEINSTE TERRINEN UND LUFTIGE MOUSSES

## DREIERLEI PAPRIKAMOUSSES

*300 g Paprikaschoten*
*10 g Butter, 1 Schalotte*
*1 Zweig Thymian, 1 Msp. Knoblauch*
*1 Prise Salz, frisch gemahlener weißer Pfeffer*
*40 ml Weißwein, 125 ml Geflügelfond*
*10 g kalte Butterwürfel, 2 Blatt weiße Gelatine*
*1 Spritzer Zitronensaft, 70 ml geschlagene Sahne*

Nach diesem Grundrezept kann die Paprikamousse in gelb, rot und grün zubereitet werden. Die Schoten der jeweiligen Paprikasorte putzen und in kleine Würfel schneiden. Weiterarbeiten, wie in den Arbeitsschritten gezeigt. Die fertige Mousse mit Würfeln von Tomatengelee und einer Schnittlauchvinaigrette anrichten.

## GEMÜSETERRINE

(für 15 Portionen als Vorspeise)

*20 Frühlingszwiebeln, ca. 1 kg Kürbis*
*30 Bobby-Bohnen oder andere grüne Bohnen*
*25 kleine Karotten, 3 grüne Kohlrabi*
*2 Stauden Brokkoli, 4 Stangen Lauch*

Für die Champignon-Creme:

*700 g weiße Champignons*

*125 g Butter, 1 Schalotte*
*1/2 Knoblauchzehe*
*je 1 Zweig Thymian und Rosmarin*
*1/2 Lorbeerblatt, Salz, Pfeffer*
*125 ml Weißwein, 700 ml Sahne*
*300 ml Milch, 9 Blatt weiße Gelatine*

Frühlingszwiebeln, Bohnen und Brokkoli putzen. Kürbis schälen, entkernen und in Scheiben schneiden. Karotten schälen. Lauch halbieren. Kohlrabi schälen, halbieren und in Scheiben schneiden. Alle Gemüse separat in kräftigem Salzwasser knapp garen und abschrecken. Für die Creme Champignons kleinschneiden und mit gewürfelter Schalotte in heißer Butter anschwitzen. Gewürze und Kräuter zufügen. Mit Weißwein ablöschen und bis auf die Hälfte reduzieren. Sahne und Milch dazugießen und köcheln, bis die Pilze gar sind. Durchpassieren, bis auf 700 ml reduzieren und mit dem Stabmixer aufschäumen. Eingeweichte Gelatine einrühren und leicht abkühlen lassen. Alle Gemüse abwechselnd mit der Champignoncreme in die vorbereitete Form schichten. Die überlappenden Lauchblätter oben übereinanderschlagen. Die Gemüseterrine auf kalter Tomatensauce, mit einer Joghurtspirale dekoriert, servieren.

## ARTISCHOCKENMOUSSE MIT HUMMER

(für 4 Portionen als Vorspeise)

*1 Hummer (etwa 600 g)*
*3 Eigelbe, 1 Prise Salz*
*frisch gemahlener weißer Pfeffer*
*1 Spritzer Cynar (Artischocken-Bitter)*
*1 EL Geflügelfond (Grundrezept Seite 155)*
*40 g flüssige Butter*
*4 Blatt weiße Gelatine*
*200 g Artischockenpüree (aus etwa 6 Böden)*
*1 gekochter Artischockenboden*
*50 g geschlagene Sahne*

Für die Garnitur:

*2 EL Crème fraîche, Salz, 1 Spritzer Limettensaft*
*80 g Osietra-Kaviar*
*Radicchio di Treviso, Feldsalat, Friséesalat zum Anrichten*

Die angegebenen Mengen sind für eine Tunnelform von 500 ml berechnet. Den Hummer in einen Topf mit sprudelnd kochendem Wasser geben. Einmal aufstoßen, dann Hitze reduzieren und den Hummer in etwa 8 Minuten garziehen lassen. Herausnehmen, in kaltem Wasser abschrecken und ausbrechen. Die Eigelbe mit Salz, Pfeffer, Cynar und dem Geflügelfond in einen Kessel geben. Im heißen Wasserbad aufschlagen, bis die Konturen des Schneebesens deutlich erkennbar sind. Den Kessel herausnehmen und die lauwarme Butter langsam unterrühren. Die eingeweichte, aufgelöste Gelatine schnell einrühren. Das Artischockenpüree und den feingewürfelten Boden zugeben. Die geschlagene Sahne unterheben und die Mousse in einen Dressiersack füllen. Die Tunnelform mit Klarsichtfolie ausschlagen. Die Form zur Hälfte mit der Artischockenmousse füllen. Das ausgelöste Hummerfleisch einlegen und die restliche Mousse darübergeben. Mindestens 1 Stunde im Kühlschrank stabilisieren lassen, dann stürzen und aufschneiden. Die Crème fraîche mit Salz und Limettensaft würzen und mit Kaviar und Salatblättern anrichten.

GEMÜSETERRINE: Eine Terrinenform von etwa 1,3 l Inhalt mit Klarsichtfolie auskleiden und mit blanchierten Lauchblättern auslegen. Die Zutaten so einschichten, daß ein dekorativer Anschnitt entsteht. Mindestens 2 Stunden kühlen. Dann aus der Form stürzen und in 15 Scheiben schneiden.

# Kochen, Dämpfen und Blanchieren

## DIE RICHTIGEN GARMETHODEN FÜR DIE UNTERSCHIEDLICHSTEN GEMÜSE - MIT ERFOLGSGARANTIE

Kochen, dieses Wort steht im alltäglichen Sprachgebrauch für fast jede Tätigkeit in der Küche und jegliche Art der Zubereitung. Der Vorgang selbst ist schnell erklärt: garen in einer Flüssigkeit. Weil man zum Kochen ein wasserdichtes Gefäß benötigt, das dem Feuer standhält, konnte diese einfache Garmethode erst entstehen, nachdem die Menschen den Umgang mit gebranntem Ton, also mit Töpferwaren, erlernt hatten. Wie lange es danach noch dauerte, bis im feuerfesten Tontopf die erste Suppe über dem Herdfeuer brodelte, wissen wir nicht. Jedenfalls entstand das Kochen erst lange nach dem Braten und Grillen, vor etwa 10000 Jahren. Aus diesem simplen archaischen Verfahren haben sich im Lauf der Zeit unterschiedliche Garmethoden entwickelt, die jeweils zu speziellen Ergebnissen führen. So macht es für die Qualität durchaus einen Unterschied, ob ein Gemüse in viel oder wenig Flüssigkeit, mit oder ohne Deckel - oder im heißen Dampf erhitzt wird. Die immense Vielfalt an Formen, Farben, Strukturen und Inhaltsstoffen pflanzlicher Lebensmittel erfordert angemessene Kochmethoden. So ist für derbe Knollen mit fester Schale das Kochen in viel Salzwasser ideal. Farbe und Struktur zarter Blattgemüse bleiben beim kurzen Blanchieren gut erhalten. Und natürlich gibt es Gemüse, wie beispielsweise Auberginen, die weder blanchiert, noch gekocht oder gedämpft werden sollten.

# Kochen

OHNE WASSER GEHT ES NICHT!

Ganz gleich, ob man Gemüse nur kurz in kochender Flüssigkeit blanchiert, in Dampf gart oder mit wenig Brühe im geschlossenen Topf auf kleiner Hitze simmert: Wasser ist der unentbehrliche Mittler zwischen Kochtopf und Gemüse - und seine Siedetemperatur einer der wenigen absolut verläßlichen Fixpunkte beim Kochen. Wenn Blasen aufsteigen und die Flüssigkeit sprudelt, besteht kein Zweifel, daß 100°C erreicht sind und der Kochvorgang beginnt. Aber auch hier gibt es keine Regel ohne Ausnahme. Setzt man das Wasser unter Druck, wie in einem Schnellkochtopf, erhöht sich der Siedepunkt auf über 100°C, und die Garzeit wird kürzer. Überhaupt, die Garzeit: Erfahrene Köche und engagierte Feinschmecker geraten darüber gleichermaßen in Diskussionen. Zwar möchte niemand verkochtes, nährstoffarmes und farbloses Gemüse auf dem Teller finden, aber wenn es, hauptsächlich der schönen Farbe und Form zuliebe, halbroh serviert wird, bleiben Aroma und Eigenart eben auch auf der Strecke. Das Ideal liegt, wie so oft, in der Mitte. Und die bestimmt der persönliche Geschmack. Optimal garen bedeutet aber auch, jedes Gemüse so zu behandeln, daß seine besten Eigenschaften zum Vorschein kommen und die gesunden Inhaltsstoffe weitgehend erhalten bleiben. Und auch die Methode spielt eine zentrale Rolle: Klar, daß deftige Rüben eine andere Technik verlangen als zarter junger Spinat.

## Kochen in viel Wasser

DIE KLASSISCHE METHODE
GAREN IN SIEDENDER FLÜSSIGKEIT

So gegensätzliche Gemüse wie Brokkoli, Artischokken und getrocknete Hülsenfrüchte kocht man in viel Wasser. Jedoch aus ganz unterschiedlichen Gründen. Bei Brokkoli soll die zarte Struktur der Röschen geschont, gleichzeitig die härteren Stiele gegart werden und die Farbe erhalten bleiben. Artischocken benötigen zum Garen wegen ihrer sperrigen Form einen großen Topf. Denn ist er zu klein, könnten die Teile, die am Topfrand oder -boden anliegen, schneller und intensiver garen als der Rest. Hülsenfrüchte wiederum, deren Wassergehalt sehr niedrig liegt, sollen beim Kochen nicht nur garen, sondern auch quellen - obwohl die meisten Bohnensorten und auch Erbsen bereits vor dem Kochen in kaltem Wasser eingeweicht werden. Die Temperatur ist richtig, wenn die Wasseroberfläche fast unbewegt bleibt und nur kleine Blasen aufsteigen. Die besten Ergebnisse erhält man bei Hülsenfrüchten, wenn dem Kochwasser weder Salz noch Säure zugesetzt werden. Salz verlängert die Garzeit und Säure macht Hülsenfrüchte hart, also erst nach dem Garen zusetzen. Kräuter dagegegen können von Anfang an mitgekocht werden. Bei den zum Teil sehr langen Garzeiten kocht man zuerst in sprudelnd kochendem Wasser, dann bei mittlerer bis kleiner Temperatur mit Deckel, um den Energieverbrauch zu senken - und damit das Wasser nicht vorzeitig verdampft. Allerdings gehen bei dieser Methode wasserlösliche Vitamine, Mineralien und Spurenelemente verloren, außer bei ungeschälten und unzerkleinerten Gemüsen, deren Schale das Auslaugen verhindert.

**Brokkoliröschen garen** am besten in einem entsprechend großen Topf mit kochendem Salzwasser. Denn bei einer großen Wassermenge ist die Wärmeverteilung gleichmäßig, so daß auch die härteren Stiele in kürzester Zeit garen.

# Blanchieren

AUF DEN PUNKT GEGART ODER ALS VORBEREITUNG ZUR WEITEREN ZUBEREITUNG

Geputztes, meist zerkleinertes Gemüse wird für kurze Zeit - einige Sekunden bis zwei Minuten - in viel sprudelnd kochendes Wasser getaucht, herausgehoben und sofort in Eiswasser abgekühlt. Zarte Spinatblätter sind innerhalb einiger Sekunden gegart, Karottenstükke, geschnittener Weißkohl oder Wirsing sind nur halbgar und bereit für weitere Küchentechniken, wie Dünsten oder Einfrieren. Warum werden Gemüse blanchiert? Durch den Hitzeschock sollen Enzyme im Inneren inaktiviert werden. Aktive Eiweißstoffe sind in unzerkleinerten Pflanzen noch fest im Zellverband eingeschlossen und werden erst durchs Schälen und Kleinschneiden frei. Sie setzen eine Menge unerwünschter Prozesse in Gang: Das Gemüse verfärbt sich (enzymatische Bräunung), Aromastoffe, Vitamine und Festigkeit nehmen ab. Blanchieren stoppt die Enzyme, und das schnelle Abkühlen des Gemüses in Eiswasser verhindert Nachgaren durch Eigenwärme. So bleiben auch die Farben gut erhalten. Je nach Zerkleinerungsgrad liegen die Nährstoffverluste bei 10 bis 40%. Insbesondere die Vitamine B und C gehen mit dem Koch- und Abkühlwasser verloren. Ein zweiter Grund für das Blanchieren: Zu sperriges Blattgemüse soll geschmeidig gemacht und ihm ein Teil seines Wassergehalts entzogen werden. Porree oder Kohl, Sauerampfer oder Spinat werden häufig so behandelt und zum Einhüllen von Farcen verwendet.

**Zum Blanchieren** benötigt man einen großen Topf und eine mindestens ebenso große Schüssel. Je mehr sprudelnd kochendes Wasser im Topf ist, desto weniger sinkt die Temperatur, wenn das Gemüse hineingegeben wird. Dies ist vor allem bei kurzen Garzeiten wichtig, wie für die gezeigten Spinatblätter und Zuckerschoten. Durch den Kälteschock im Eiswasser wird der Garprozeß sofort beendet.

**Kleingeschnittenes Wurzelgemüse,** wie die Karotten, mit möglichst wenig Wasser zum Kochen bringen und auf kleiner Hitze garen. So bleiben Geschmack und Nährwerte erhalten.

# Kochen in wenig Flüssigkeit

DIE EINFACHSTE UND SCHONENDSTE GARMETHODE - NICHT NUR IN DER ERNÄHRUNGSBEWUSSTEN KÜCHE

Diese Methode wird von ernährungsbewußten Köchen bei allen Gemüsesorten angewendet, insbesondere wenn es sich um feinzerkleinertes handelt, da ein Großteil der Nährstoffe und das Aroma erhalten bleiben. Das Gemüse mit möglichst wenig Wasser zum Kochen bringen und garen. Häufig ersetzt sogar die Abtropfflüssigkeit vom Waschen eine Zugabe von Kochflüssigkeit. Voraussetzung dafür sind aber Töpfe mit perfekt schließenden Deckeln. Wirklich gute Ergebnisse, auch geschmacklich, bekommt man hauptsächlich bei zerkleinerten Rüben, Karotten, Kohlrabi, Roter Bete und ähnlichen, mehr oder weniger zucker- und stärkereiche Knollen. Vor allem wenn anstelle von Salzwasser Würzsud, Brühe oder Fond verwendet wird, ergibt die Garflüssigkeit eine extraktreiche Basis für Saucen. Dies ist aus Ernährungssicht besonders günstig, denn alle Nährstoffe aus dem Kochwasser werden so wieder verwendet. Der Nachteil: Bei größeren Mengen gart das Gemüse am Topfboden erheblich schneller als in der Mitte, so daß Farbe und Struktur dort verloren gehen und das Kochergebnis ungleichmäßig wird.

TIP: Zum optimalen Erhalt von Farbe, Struktur und Aroma sollte beim Garen von Brokkoli und grünem Gemüse im allgemeinen auf einen Deckel verzichtet werden, zumindest aber in den ersten Minuten. Denn kocht man bei voller Hitze und nimmt die Energieverluste in Kauf, bleibt dafür das Chlorophyll und somit die grüne Farbe erhalten. So können die im Gemüse enthaltenen Säuren in den ersten 6 bis 8 Kochminuten mit dem Dampf entweichen. Sonst reagieren sie mit dem Chlorophyll, und das Gemüse verfärbt sich grau. Das gilt sowohl für das Kochen in viel als auch in wenig Flüssigkeit.

# Kochen im geschlossenen Topf

## ENERGIE- UND ZEITSPAREND, ABER AUCH NÄHRSTOFFSCHONEND

Diese Garmethode eignet sich insbesondere für unzerkleinerte Wurzel- und Knollengemüse, die bei mittlerer Temperatur langsam gegart werden sollten, um ihre Struktur und Nährstoffe optimal zu erhalten (zu rasch gegarte Kartoffeln beispielsweise zerfallen). Bei den relativ langen, erforderlichen Garzeiten hilft ein perfekt schließender Deckel, Energie zu sparen. Die Schale verhindert, daß Vitamine, Spurenelemente und Mineralstoffe ins Kochwasser übergehen. Auch geschmacklich unterscheiden sich ungeschält gekochte und zerkleinert gegarte Gemüse. Die äußere Hülle hält während des Kochvorgangs aromagebende ätherische Öle und organische Säuren im Inneren zurück. Man kennt es von der Kartoffel: Pellkartoffeln schmecken deutlich intensiver als Salzkartoffeln.

**Kartoffeln in der Schale kochen:**

Die Kartoffeln unter fließendem kaltem Wasser gründlich waschen und abbürsten. Wegen der einheitlichen Garzeit gleich große Kartoffeln wählen.

Die Kartoffeln in einen entsprechend großen Topf geben, mit kaltem Wasser bedecken und salzen. Den Deckel auflegen.

Die Kartoffeln im geschlossenen Topf zum Kochen bringen, danach die Temperatur so regulieren, daß das Wasser nur noch leise siedet.

Kochen lassen, bis die Kartoffeln vollständig gar sind. Ihr Garzustand läßt sich prüfen, indem man mit einem spitzen Messer hineinsticht.

Je nach Sorte und Größe variiert die Kochzeit zwischen 18 und 30 Minuten. Sobald die Kartoffeln gar sind, das Wasser vorsichtig abgießen.

Ein typisches Merkmal für mehlige Kartoffelsorten: Die Schale springt auf, wenn sie gar sind.

**Pellkartoffeln garen** gleichmäßig in reichlich Wasser, durch die Schale wird das Auslaugen der Nährstoffe vermieden. Es ist vorteilhaft, einen Topf mit Glasdeckel zu verwenden, da das Gargut sichtbar ist.

# Garen im Dampf

## LANGSAM DÄMPFEN OHNE DRUCK ODER MIT DRUCK IM SCHNELLKOCHTOPF

**Dämpfen ohne Druck:** Empfindliche, feine Sachen werden im Siebeinsatz über kochendem Salzwasser und bei geschlossenem Topf schonender gedämpft als mit Druck. Das gilt ganz besonders für alles Zarte mit Garzeiten bis 10 Minuten. Hier kann man den richtigen Zeitpunkt im Schnellkochtopf kaum genau bestimmen. Zu schnell sind zarte Gemüse übergart, aber ohne Druck gedämpft, bekommen sie eine gute Beschaffenheit und behalten ihren feinen Geschmack. Grüne Gemüse verlieren allerdings an Farbe. Die Garzeiten sind oft etwas länger als beim Kochen in wenig Wasser: Zwar entstehen in beiden Fällen etwa 100°C im Topf, aber Lebensmittel garen im Dampf langsamer als unmittelbar in Flüssigkeit. Damit die Zutaten nicht mit der Flüssigkeit in Berührung kommen, benötigt man einen gelochten Dämpfeinsatz, verstellbar und für jeden Topf passend, oder einen speziellen Topf mit integriertem Dämpfeinsatz. Ein gut schließender Topfdeckel ist besonders wichtig, damit der Dampf nicht vorzeitig entweichen kann.

**Dämpfen mit Druck:** Im Schnellkochtopf wird dagegen mit Druck gedämpft. Alte Modelle, damals noch Dampfdrucktöpfe genannt, arbeiteten mit drei Kochstufen: hohem Druck und Temperaturen von über 120°C. Es wurde zwar alles schnell gar, das Gemüse verlor aber Farbe, Vitamine und Geschmack. In modernen Schnellkochtöpfen wird bei niedrigeren Temperaturen gekocht. Eine Schonstufe von 105 bis 107°C und die sogenannte Normalstufe von 115 bis 119°C lassen Struktur, Aroma, Vitamine und Mineralstoffe der Lebensmittel weitgehend unbeschadet. Die Zeit- und Energieersparnis liegt je nach Gemüsesorte bei bis zu 70%. Der Umgang mit diesem Spezialtopf erfordert etwas Übung: Schnellkochtöpfe immer nur bis zu dem Punkt füllen, der in der Geräteanleitung angegeben ist, sonst könnte man sich beim Öffnen verbrühen. Aus demselben Grund stark quellende oder schäumende Zutaten wie Hülsenfrüchte höchstens bis zur Hälfte in den Topf füllen. Gemüse von gleicher Größe auswählen oder in gleich große Stücke zerkleinern. Sonst sind kleine Happen bereits verkocht, wenn größere gerade richtig gar sind. Die Garzeit genau einhalten, deshalb am besten den Küchenwecker einstellen, sobald das Ventil anzeigt, daß der Kochvorgang beginnt. Bei Gargut mit empfindlicher Struktur den Topf nicht unter kaltem Wasser abkühlen, sondern nach verkürzter Garzeit abwarten, bis der Druck fällt und sich das Ventil öffnen läßt. Das gilt insbesondere für Pellkartoffeln, die bei schockartigem Abkühlen aufreißen.

**Topinambur im Schnellkochtopf kochen:**

Nur etwa zwei Tassen Flüssigkeit in den Topf geben. Die Zutaten sollen mit dieser nicht in Berührung kommen.

Das Gemüse in einen Siebeinsatz legen. Bei gleicher Garzeit der Gemüse können auch mehrere Siebeinsätze übereinander in den Topf gesetzt werden.

Den Deckel auflegen und einrasten lassen. Den Topf bis zur Schonstufe erhitzen. Das Ventil zeigt den Beginn des Kochvorgangs an. Die Garzeit genau kontrollieren.

Vor dem Öffnen ist es wichtig, den Dampf vollständig entweichen zu lassen, bis der Druck gefallen ist.

Rote Bete erst garen, dann läßt sich die Haut abziehen, ohne daß der Saft herausläuft. Diese Methode ist zum Beispiel auch für Topinambur zu empfehlen.

**Artischocken vorbereiten und kochen:**

Den Stiel direkt unter dem Blütenansatz mit einem Ruck abbrechen. So werden harte Fasern aus dem Blütenboden herausgezogen.

Kleine harte Blätter rund um den Stielansatz mit den Händen abzupfen.

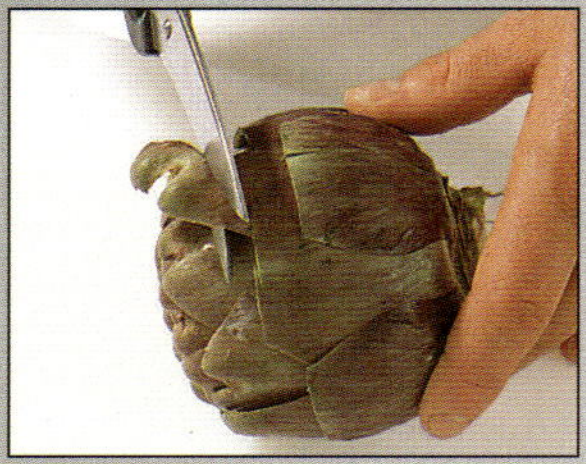

Die stacheligen Spitzen der Blätter mit einer Küchenschere gleichmäßig kurz stutzen.

Bei festen rundlichen Artischocken nur die Blattspitzen kappen. Bei lockeren länglichen Sorten bis zu einem Drittel wegschneiden.

Mit einem scharfen, großen Messer den Stielansatz begradigen. So kann man die Artischocke besser binden.

Je eine Zitronenscheibe auf Stielansatz oder Blüte legen. Mit Küchengarn über Kreuz festbinden.

Fertig vorbereitete Artischocken bis zum Kochen in Zitronenwasser legen, damit sie sich nicht verfärben.

Zum Kochen der Artischocken keinen festschließenden Deckel auflegen, sonst können die Säuren nicht entweichen und das Gemüse wird grau.

Jedoch: Ein kleiner Teller oder Deckel hält die Artischocken als Gewicht unter Wasser. So garen sie gleichmäßig.

Garprobe: Ein Blatt aus der Mitte zupfen. Wenn es sich leicht löst, ist der Boden gar. Die Artischocken kopfüber abtropfen lassen.

Die hellen Blütenblätter mit einer Drehbewegung aus der Mitte der Artischocke herausheben.

Mit einem Kugelausstecher oder einem kleinen Löffel das "Heu" vom Artischockenboden abheben.

## ARTISCHOCKEN IN GEMÜSEBUTTER

*4 Artischocken mit Stiel (à 450 g)*

*2 Zitronen, Salz, 2 EL Öl*

Für die Sauce:

*60 g Karotten, 100 g Sellerie*

*150 g Lauch, 1 Schalotte, 70 g gekühlte Butter*

*150 ml Weißwein, 2 cl Portwein*

*1 TL Champagneressig, frisch gemahlener Pfeffer*

*1 TL geschnittener Estragon*

Die Artischocken, wie in den Arbeitsschritten erklärt, mit Zitronenscheiben binden und in einem Würzsud aus Salzwasser, Zitronensaft und Öl 15 bis 20 Minuten köcheln. Inzwischen die Gemüse würfeln und blanchieren. Die geschnittene Schalotte in 30 g Butter anschwitzen. Wein und Portwein zugießen und bis auf ein Drittel einkochen lassen. Die restliche Butter in Würfeln einmontieren. Das Gemüse zufügen. Mit Salz, Pfeffer und Estragon würzen. Die Artischocken aushöhlen und mit der lauwarmen Sauce nappieren.
TIP: Der Würzsud wird durch angedünstete Schalotten, Knoblauch, Thymian, Rosmarin und Lorbeer noch intensiver.

# Edelgemüse: im ganzen gekocht

## ARTISCHOCKEN UND SPARGEL IM WÜRZSUD AUF DEN PUNKT GAREN

Traditionell werden solch feine Gemüse wie Spargel und Artischocken nicht nur unzerteilt gegart, sondern auch so angerichtet und - oft mit den Fingern - gegessen. Ihre wirklichen Qualitäten entfalten beide aber erst in Verbindung mit einer Sauce.

### SPARGELVARIATIONEN

Wer das verlockende Aroma der weißen Stangen pur und intensiv möchte, kocht aus Schalen und Abschnitten eine Brühe und gart darin die Stangen. Während der Saisonspitze, wenn die Gemüse mehrfach in dasselbe Kochwasser kommen, entsteht so ein intensiver Spargelfond als Basis für gebundene Saucen und Suppen. Neben der obligatorischen flüssigen Butter und dem Klassiker Hollandaise werden zu Spargel auch kalte Saucen wie die Vinaigrette immer begehrter. Allerdings passen sie, gerade wenn sie durch Kräuter und Zwiebeln kräftig ausfallen, besser zu grünem Spargel oder den geschmacksintensiven weißen Sorten aus dem Mittelmeerraum.

Gekochter Spargel - ein Festessen. Die zarten Stangen sind das einzige Gemüse, das von sich aus im Mittelpunkt eines Essens steht und Fleisch zur durchaus entbehrlichen Beilage macht. Eine Buttersauce aus angeschwitzten Schalotten mit Wein eingekocht und mit kalter Butter gebunden, paßt ideal zu Spargel "satt". Wichtig bevor die gegarten Stangen auf den Tisch kommen: Das Gemüse gut abtropfen lassen, sonst verbindet es sich nicht mit der Sauce.

### SPARGEL MIT MORCHELRAHM

| |
|---|
| *je 400 g grüner und weißer Spargel* |
| *120 g frische Morcheln, 1 Schalotte* |
| *50 g Butter, 100 ml Weißwein* |
| *je 125 ml Milch und Sahne* |
| *Salz, frisch gemahlener weißer Pfeffer* |
| *1/2 Zitrone, 1/2 TL Zucker* |
| *1 EL geschlagene Sahne* |

Den Spargel schälen und in ein feuchtes Tuch wickeln. Die Morcheln putzen und gründlich waschen. Die feingeschnittene Schalotte und die Morchelreste in 20 g heißer Butter anschwitzen. Mit Weißwein ablöschen und bis auf etwa 2 EL reduzieren. Milch und Sahne zugießen, cremig einkochen lassen und durchpassieren. Die Sauce mit Salz, Pfeffer und einem Spritzer Zitronensaft würzen. Für den Würzsud 2 1/2 l Wasser mit 1/2 TL Salz, Zucker und 1 Zitronenscheibe aufkochen. Den Spargel binden und im Sud 10 bis 12 Minuten kochen. Morcheln in der restlichen Butter anbraten. Salzen, pfeffern und mit der geschlagenen Sahne unter die Sauce mischen. Den fertigen Spargel abtropfen lassen. Jeweils das untere Drittel der Stangen kleinschneiden, in die Sauce geben und mit den Spargelstangen anrichten.

TIP: Zum Servieren wie hier den Morchelrahm in halbierte Blätterteig-Kissen füllen.

Sich an frischen Gemüsen - hier: Brokkoli- und Blumenkohlröschen, Kohlrabitropfen und tournierten Zucchinischeiben - sattzuessen, wie es Ernährungsfachleute raten, wird dem Feinschmecker im Restaurant eher selten gelingen: Außer zur Spargelzeit ist Gemüse dort mehr dekoratives Beiwerk als tragender Bestandteil des Menüs.

# Gekochte Gemüse als Beilage

## FRISCHE GEMÜSE DER SAISON: RAFFINIERT EINFACH UND OPTISCH ATTRAKTIV

Gekochte, gedämpfte oder blanchierte Gemüse sind die Basis einer Vielzahl von Gerichten, die, als Beilage serviert, ein Essen erst komplett machen. Dabei ist das Kochen wohl die gebräuchlichste Art, jedoch wird sie häufig mißbraucht. Nur allzu oft laugt Kochen das Gemüse aus, und Aroma, Farbe sowie Vitamine gehen verloren. Bei Beachten weniger einfacher Regeln wird man mit dem vollen Aroma von bißfesten grünen Bohnen, zartem Spargel oder festem jungem Mais belohnt. Die Gemüsebeilage darf gegenüber der Hauptspeise nicht zu dominant sein. Ebenfalls sollte eine geschmackliche Harmonie von Gemüse zu Sauce, Fisch oder Fleisch zu erkennen sein. Jedoch empfiehlt es sich, bei kräftigen Gerichten, wie Gebratenem oder Ragouts, eine gleichwertige Komponente zu wählen, da zu zarte Gemüse nicht zur Geltung kommen. Neben klassischen Saucen wie der Hollandaise, Velouté oder Sabayon und einer Speck-und-Zwiebelmischung für derbere Gemüse steht der traditionelle Stich Butter sicher immer noch an erster Stelle, wenn es um die Verfeinerung geht. Bei Gemüsen aus dem mediterranen Raum bietet sich kaltgepreßtes Olivenöl an, um im letzten Moment vor dem Servieren einige Tropfen zuzusetzen. Neben den Fetten stehen auch eine Reihe von Milchprodukten zur Wahl, wenn gekochte oder blanchierte Gemüse abgerundet werden sollen. Reduzierte Schlagsahne oder Crème double passen in Verbindung mit frischen Kräutern zu fast jedem Gemüse. Säuerliche Milchprodukte wie Crème fraîche, saure Sahne oder Joghurt harmonieren perfekt mit stärkehaltigen Gemüsen wie Karotten, Roter Bete, Maiskörnern und Erbsen, deren süßliche Note auf diese Weise angenehm ausgeglichen wird. Aus der alternativen Küche kommt die Idee, Gemüse mit gebräunten Samen und Nüssen anzurichten. Das schmeckt nicht nur gut, sondern ergänzt auch die Nährwerte. Sogar deftige Sorten wie Steckrüben, Weißkohl oder dicke Bohnen profitieren vom Aroma gerösteter Sonnenblumenkerne, Sesamsamen, Erdnüssen oder Cashewkernen. Und Kräuter ergänzen und verstärken nicht nur den Geschmack gekochter Gemüse, sie tragen auch als grüne Farbtupfer zur Dekoration bei.

**Spargel mit Butter:** Dieses simpelste aller Spargelgerichte ist gleichzeitig auch das beliebteste und feinste. Die herzhafteren grünen kommen ebenso wie die zarteren weißen Stangen gekocht und gründlich abgetropft auf vorgewärmte Teller und werden erst dann mit flüssiger Butter übergossen. Je besser die Buttersorte desto köstlicher.

**Glasierte Kohlrabistifte:** 450 g Kohlrabi schälen und in Stifte schneiden. In kochendem Salzwasser mit leichtem Biß garen. In 10 g heißer Butter anschwitzen, salzen und 2 EL Gemüse- oder Kohlrabifond zugießen. Reduzieren, bis die Gemüsestifte mit einer glänzenden Schicht überzogen sind. 1 TL geschnittene Blattpetersilie untermischen und servieren.

**Baby-Mais mit Tomaten:** 300 g junge Maiskolben in Salzwasser garen und abschrecken. 1 Tomate abziehen, entkernen, würfeln. 20 g Butter schmelzen, Mais zugeben. Mit je 1 Prise Salz und Zucker sowie weißem Pfeffer würzen. 4 EL Gemüsefond zugießen. Ist der Mais glasiert, herausnehmen, die Tomatenwürfel in der Sauce erhitzen und über den Mais geben.

**Rosenkohl mit Speck:** 400 g Rosenkohl putzen, die Strünke kreuzweise einschneiden. In Salzwasser garen. 10 g Butter schmelzen. Je 1 EL gewürfelten durchwachsenen Speck und feingeschnittene Schalotten andünsten. Abgetropften Rosenkohl zugeben und durchschwenken. Mit 1 Prise Salz, frisch gemahlenem weißem Pfeffer und 1 Prise Muskat würzen.

**Blumenkohl polnisch:** 800 bis 1000 g Blumenkohl putzen, waschen und in kräftigem Salzwasser garen. 30 g Butter schmelzen und 20 g frisch geriebenes Weißbrot darin goldgelb rösten. 1 hartgekochtes Ei fein hacken und mit 1 TL gehackter Petersilie und 1 Prise Salz zugeben. Die abgetropften Blumenkohlröschen mit der Weißbrotschmelze anrichten.

**Glasierte Mangoldbündel:** 250 g Mangoldstiele abziehen, in Stifte schneiden und blanchieren. 1 Mangoldblatt in lange, feine Streifen schneiden und blanchieren. Die Stifte zu kleinen Bündeln häufen, mit den Mangoldstreifen verschnüren und in 20 g heißer Butter anschwitzen. Salzen, 4 EL Gemüsefond angießen und reduzieren, bis das Gemüse glänzt.

**Blattspinat mit Knoblauch:** 800 g geputzten und verlesenen Spinat blanchieren und abschrecken. 1 feingewürfelte Schalotte in 30 g Butter leicht bräunen. Die gut ausgedrückten und wieder aufgelockerten Spinatblätter zugeben, mit 1 Msp. gehacktem Knoblauch, Salz, Pfeffer und Muskat abschmekken, gründlich durchschwenken und servieren.

**Mit dem Stampfer pürieren:** Geschälte Kartoffeln in Salzwasser weich kochen, abgießen, kurz abdampfen lassen und die Stücke mit einem Stampfer gleichmäßig zerdrücken.

**Mit dem Handmixstab pürieren:** Geschälte gelbe Erbsen sehr weich kochen. Mit dem Pürierstab zu feinem Brei verarbeiten. Ungeschälte Sorten zusätzlich noch durchpassieren.

Für Kartoffelpüree eignen sich mehlige Kartoffelsorten besonders gut. Auch vorwiegend festkochende sind geeignet. Nur festkochende Frühkartoffeln sollte man nicht zu Püree verarbeiten; sie sind zu wasserhaltig.

**Flüssigkeit zufügen:** Milch oder eine Mischung aus Sahne und Milch erhitzen. Nach Belieben Butter darin schmelzen. Die Flüssigkeit salzen und unter leichtem Rühren untermischen.

**Stärkehaltige Gemüse** können zwar allein püriert werden, werden aber durch Zugabe von Butter oder Olivenöl geschmeidiger. Passieren, um Schalen bzw. Gemüsefäden zu entfernen.

**Schlagen, aber nicht zu fest:** Das Kartoffelpüree mit einem Schneebesen locker durchschlagen. Jedoch nicht zu intensiv oder zu lange, da ansonsten der Brei zäh und klebrig wird.

**So ist der Brei richtig:** cremig und nicht allzu fein zerkleinert. Bei mehligen Kartoffeln benötigt man für diese Konsistenz mehr Flüssigkeit als bei vorwiegend festkochenden.

# Locker und cremig

## DIE VERSCHIEDENEN TECHNIKEN, WEICHGEKOCHTE GEMÜSE ZU PÜRIEREN

Ein glattes Gemüsepüree kann Beilage sein, Saucen binden und Suppen Substanz geben. Je nach Sorte und Rezept kommen unterschiedliche Techniken in Frage; die wichtigsten werden auf diesen beiden Seiten gezeigt. Ein lockerer Kartoffelbrei gelingt zum Beispiel nur in Handarbeit - mit dem Stampfer zerdrückt - perfekt. Mixer und Pürierstab machen den Brei zäh und klebrig, weil sie die Zellen zerschlagen. Dann tritt die Kartoffelstärke aus und verkleistert. Kräftiges Schlagen und Erwärmen verstärken den unangenehmen Effekt noch. Dies gilt übrigens ähnlich für alle stärkereichen Knollen wie Topinambur, Bataten, Yam und Taro.

**Durch ein Haarsieb** können weichgekochte, kleingeschnittene Karotten passiert werden.

## SELLERIEPÜREE

Zum Färben von Nudelteig und für Terrinen, Flans und Klöße benötigt man oft einen Gemüsebrei, der nicht zu feucht ist. Insbesondere junge, noch nicht ausgereifte Gemüse haben jedoch manchmal zu wenig Trockenmasse. Dann die Stücke am besten sehr weich kochen und vor dem Pürieren ausdrücken, wie in den folgenden Arbeitsschritten beschrieben:

*400 g gekochter Sellerie (aus etwa 600 g rohem Sellerie)*

*180 g kalte Butterwürfel*

*1 Prise Salz*

*frisch gemahlener weißer Pfeffer*

**Entsaften und pürieren:**

Eine Kartoffelpresse mit einem feinen Passiertuch auslegen und die weichgekochten Selleriewürfel hineingeben.

Die Presse mehrmals leicht zudrücken, damit mehr Selleriewürfel Platz finden. So kann man effektiver arbeiten.

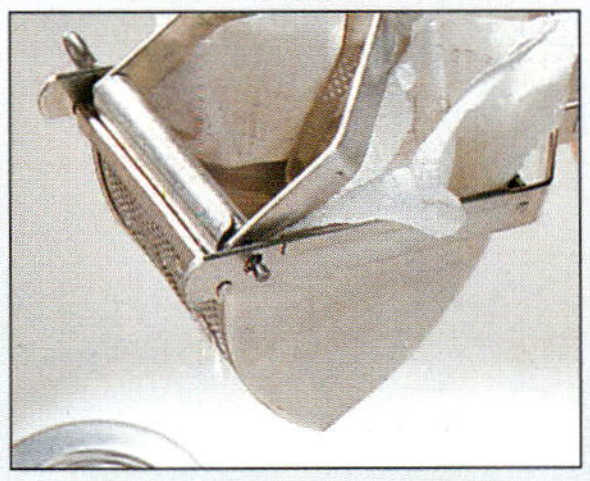

Pressen, bis ein Teil des Gemüsesafts entfernt ist. Diese Grundzutat kann in verschiedenen Rezepten weiterverarbeitet werden.

Oder: Den noch heißen Sellerie mit Butterwürfeln pürieren. Würzen und zu einem sämigen Mousse verarbeiten.

Je mehr Flüssigkeit dem Gemüse entzogen wird, umso fester wird natürlich auch die Konsistenz des Pürees.

## KAROTTENFLAN

*400 g Karottenpüree (aus 500 g rohen Karotten)*

*8 Eigelbe*

*1 Prise Salz*

*frisch gemahlener weißer Pfeffer*

*Butter zum Ausstreichen der Förmchen*

Das Karottenpüree mit den Eigelben verrühren. Mit Salz und Pfeffer würzen. Vier kleine Timbalförmchen großzügig mit Butter ausstreichen. Die Karottenmischung bis knapp unter den Rand einfüllen. Die Förmchen auf der Arbeitsplatte leicht aufschlagen, damit eventuell vorhandene Luftbläschen entweichen können. Die Timbalförmchen in ein Wasserbad setzen. Auf der untersten Schiene des vorgeheizten Backofens bei 180°C in etwa 20 Minuten garen. Dabei sollte das Wasserbad nur sieden, nicht kochen, weil die Masse sonst zu sehr aufgeht und löchrig wird. Vor dem Herausnehmen mit einem Holzspieß eine Garprobe vornehmen: Wenn beim Herausziehen nichts am Spieß kleben bleibt, ist der Flan gar. Die Förmchen stürzen und den Flan servieren.

So lassen sich Flans aus vielen Gemüsesorten, sogar aus Resten und Tournierabschnitten, zubereiten: Gemüsepüree mit Eigelb mischen, in Timbalförmchen füllen und im Wasserbad garen.

## ROTE-BETE-SAUCE

(für 4 bis 6 Portionen)

*1 kg Rote Bete, 1 Schalotte*

*10 g Butter, 1 Prise Salz*

*frisch gemahlener weißer Pfeffer*

*nach Belieben 1 Msp. Kümmel oder Sternanis*

*1 EL Aceto Balsamico*

*50 ml Weißwein*

*500 ml Gemüsefond (Grundrezept Seite 154)*

*20 g kalte Butterwürfel*

Die Rote Bete schälen und in Scheiben schneiden. 300 g für die Sauce beiseite stellen. Den Rest in einem Elektrogerät entsaften. Die feingeschnittene Schalotte in heißer Butter anschwitzen. Rote-Bete-Scheiben kurz mit anschwitzen. Würzen und mit Aceto Balsamico ablöschen. Dann Weißwein und Gemüsefond zugießen. Bei kleiner Hitze gar ziehen lassen. Von dem Rote-Bete-Saft 1 bis 2 Eßlöffel abnehmen und beiseite stellen. Den übrigen Saft bis auf einen winzigen Rest reduzieren. Die kalten Butterwürfel mit dem Schneebesen unterschlagen und kalt stellen. Die weichgekochte Rote Bete pürieren, durchpassieren und heiß mit der inzwischen erkalteten Rote-Bete-Butter aufmontieren, also nochmals kräftig aufmixen. Kurz vor dem Servieren den zurückgehaltenen Saft untermischen.
TIP: Die Sauce eignet sich ebenso gut zu Gemüsegerichten wie auch zu Fisch und Fleisch. Der Gemüsefond kann durch Fleisch- oder Fischfond ersetzt werden.

## FENCHELSAUCE

(für 4 bis 6 Portionen)

*400 g Fenchel*

*20 g Butter, 1 Schalotte*

*1 Prise Salz, frisch gemahlener weißer Pfeffer*

*1/2 TL Pastis (Anisschnaps)*

*50 ml Weißwein*

*500 ml Gemüsefond (Grundrezept Seite 154)*

*250 ml Sahne, 1 EL geschlagene Sahne*

Den Fenchel putzen, das Kraut beiseite legen. Den Fenchel in dünne Scheiben schneiden und das Kraut fein hacken. Die Butter in einem Topf schmelzen und die feingeschnittenen Schalotten darin glasig dünsten. Den Fenchel zufügen. Mit Salz und Pfeffer würzen, kurz mitschwitzen und mit dem Pastis und dem Weißwein ablöschen. Den Gemüsefond zugießen und bei schwacher Hitze bis auf die Hälfte reduzieren. Die flüssige Sahne hinzufügen und den Fenchel gut weich kochen. Fein pürieren, durchpassieren und die geschlagene Sahne unterziehen. Gehacktes Fenchelkraut zufügen und nochmals mit Salz und Pfeffer würzen.
TIP: Die Fenchelsauce ist eine interessante Beigabe zu kräftigen Gemüsegerichten und gebratenem Fischfilet.

## KALTE KARTOFFEL-LAUCH-SUPPE

Lauch und Kartoffeln zu kombinieren, ist gängige Praxis und garantiert ein gutes Resultat: eine echte, warme Wintersuppe. Daß sich diese Kombination auch für eine Sommermahlzeit eignet, beweist dieses Rezept.

*300 g mehlige Kartoffeln (z. B. die Sorte Primora)*

*40 g Butter*

*1 Prise Salz*

*frisch gemahlener weißer Pfeffer*

*50 ml Weißwein*

*750 ml Gemüsefond (Grundrezept Seite 154)*

*250 g Lauch*

*100 g frische Kräuter (Blattpetersilie, Kerbel, Estragon, Sauerampfer, Dill)*

*1 TL Zitronensaft*

*1 TL Aceto Balsamico*

*2 bis 3 Tropfen Tabasco*

*150 g Crème fraîche*

Die Kartoffeln waschen, schälen und in Scheiben schneiden. 20 g Butter in einem Topf schmelzen und die Kartoffelscheiben darin anschwitzen. Mit Salz und Pfeffer würzen und mit dem Weißwein ablöschen. Den Gemüsefond zugießen und die Kartoffeln bei schwacher Hitze garen. Inzwischen den Lauch der Länge nach halbieren, waschen und in feine Scheiben schneiden. Für die Kräuterbutter die Kräuter waschen, trocknen und abzupfen. Mit der weichen Butter in einen Mixer geben und fein pürieren. Auf einen Teller streichen und kalt stellen. Die Lauchringe 10 Minuten in der Suppe mitgaren, dann im Mixer pürieren. Die gekühlte Kräuterbutter zufügen und nochmals durchmixen. Die Suppe passieren und mit dem Zitronensaft, Aceto Balsamico und Tabasco abschmecken. Die Suppe kalt stellen und gut gekühlt mit der Crème fraîche verfeinern.
TIP: Als Einlage eignen sich lauwarme Wachtel-Spiegeleier, Graved Lachs oder Räucherlachs sowie Kaviar.

# Saucen und Suppen

GRUNDLAGE FÜR BEIDES:
FEINES GEMÜSEPÜREE

Gemüsesaucen sind Kreationen der Köche unserer Zeit. Eine Kartoffelsuppe dagegen gehört - kalt oder warm serviert - zu den beliebtesten Klassikern. Bei allen Varianten sorgt fein püriertes und durchpassiertes Gemüse für Aroma, Bindung und Charakter.

## TOPINAMBUR-CREMESUPPE

Die Topinambur ist ein Gemüse, das bei uns leider etwas in Vergessenheit geriet, jedoch eine sehr interessante Alternative für die Gemüseküche darstellt. Sie wird auch als Erdartischocke bezeichnet, da sich im Geschmack leichte Parallelen finden.

*300 g Topinamburpüree (aus 500 g Topinambur)*
*400 ml Gemüsefond (Grundrezept Seite 154)*
*100 ml Milch*
*50 ml Sahne*
*1 Prise Salz*
*frisch gemahlener weißer Pfeffer*
*1 Spritzer Zitronensaft*
*2 EL geschlagene Sahne*
*1 Zweig Zitronenmelisse*

Das Topinamburpüree mit dem Fond, der Milch und der Sahne aufkochen und bis zu einer cremigen Konsistenz reduzieren. Die Suppe mit Salz, Pfeffer und Zitronensaft abschmecken und die geschlagene Sahne unterziehen. Mit Blättern der Zitronenmelisse garnieren.

## ZUCKERSCHOTENSUPPE

Ein Püree aus Zuckerschoten eignet sich besonders für leichte Gerichte, die als Suppen oder Vorspeisen ihren festen Platz einnehmen. Durch ihren zarten und feinen Geschmack lassen sich Zuckerschoten mit zahlreichen Produkten kombinieren.

*400 g Zuckerschotenpüree*
*(aus 500 g Zuckerschoten)*
*300 ml Geflügelfond (Grundrezept Seite 155)*
*150 g kalte Butterwürfel*
*je 1 Prise Salz und Zucker*
*frisch gemahlener weißer Pfeffer*

Das Zuckerschotenpüree, wie rechts beschrieben, zubereiten. Mit dem Geflügelfond zum Kochen bringen. Die kalte Butter portionsweise mit einem Mixstab einarbeiten (montieren). Die Suppe mit dem Salz, dem Zukker und dem Pfeffer fein abschmecken und in vorgewärmten Tassen servieren.

Für das Zuckerschotenpüree die Schoten weichkochen. In einem Mixer pürieren und mit einem Teigschaber durch ein Holzrahmensieb streichen.

**Die Zuckerschotensuppe** (im Bild oben) läßt sich mit gebratenem Fisch und Geflügelstreifen ergänzen. Zur **Topinambur-Cremesuppe** (im Bild unten) passen gehackte Kräuter und Tomatenwürfel.

# Cremesuppen

## IN ZARTEN FARBEN UND MIT VIEL AROMA DURCH PÜRIERTES GEMÜSE

Hier spielen Mixer und Passiersieb eine zentrale Rolle, denn nur ein gleichmäßiges und sehr feines Püree aus weichgekochtem Gemüse gibt dem Suppenfond die sanfte Bindung. Oft rundet Sahne den Geschmack ab. Kalte Butter, die portionsweise untergeschlagen wird, trägt zusätzlich zur Bindung und Harmonie der Aromen bei.

### KÜRBIS-CREMESUPPE

| (im Bild oben) |
|---|
| *1 kg Moschuskürbis, 2 Schalotten, 20 g Butter* |
| *1 Prise Salz, frisch gemahlener weißer Pfeffer* |
| *je 1 Msp. Cayennepfeffer und Curry* |
| *20 ml weißer Portwein, 80 ml Weißwein* |
| *Saft von 1/2 Limette* |
| *600 ml Geflügel- oder Gemüsefond (Grundrezept Seite 155 bzw. 154)* |
| *250 ml Sahne, 1 EL Crème fraîche* |

Kürbis schälen, entkernen und das Fruchtfleisch kleinschneiden. Die Zubereitung ist in der Bildfolge unten beschrieben. Vor dem Servieren auf jede Portion einen Tupfer Crème fraîche geben.

Feingeschnittene Schalotten in Butter glasig schwitzen. Kürbis zugeben und kurz mitschwitzen. Die Gewürze zufügen, mit Portwein, Weißwein und Limettensaft ablöschen.

Auf die Hälfte reduzieren, Fond zugeben und wieder auf die Hälfte einkochen. Mit Sahne auffüllen und köcheln, bis der Kürbis weich ist. Pürieren und passieren.

**Kaviarcroûtons** empfehlen sich als Suppeneinlage oder Beilage: Aus Toastbrot runde Croûtons ausstechen und in heißer Butter hell bräunen. Abkühlen lassen und mit Kaviar belegen. Sorte nach Wahl; z.B. Beluga, Osietra oder Sevruga, evtl. auch Keta- oder Forellenkaviar.

### SCHWARZWURZEL-CREMESUPPE

| (im Bild unten) |
|---|
| *3 EL Milch, 1 EL Zitronensaft* |
| *1,5 kg Schwarzwurzeln, 2 Schalotten, 60 g Butter* |
| *1 Prise Salz, frisch gemahlener weißer Pfeffer* |
| *100 ml Weißwein, Saft von 1/2 Limette* |
| *1 l Geflügel- oder Gemüsefond (Grundrezept Seite 155 bzw. 154)* |
| *1/2 l Sahne, 1 kleiner Bund Kerbel* |

Etwa 1 l Salzwasser mit Milch und Zitronensaft in einer Schüssel mischen. Schwarzwurzeln schälen, kleinschneiden und sofort in die Salzwassermischung legen. Schalottenwürfel in heißer Butter glasig schwitzen. Die abgetropften Schwarzwurzeln zufügen, salzen, pfeffern und kurz mitschwitzen. Mit Wein und Limettensaft ablöschen. Auf die Hälfte reduzieren. Den Fond zugießen und wiederum auf die Hälfte einkochen lassen, dann mit Sahne auffüllen. Wenn die Schwarzwurzeln weich sind, die Suppe pürieren und passieren. Eventuell nachwürzen und mit Kerbel garnieren.

TIP: Besonders delikat als Suppeneinlage sind Trüffelgnocchi, das sind Kartoffelgnocchi mit Trüffeln zubereitet (im Bild oben rechts).

## RAUKENSUPPE

(in der Bildmitte)

*400 g Rauke*
*3 Schalotten, 45 g Butter*
*1 Prise Salz*
*frisch gemahlener weißer Pfeffer*
*100 ml Weißwein*
*800 ml Geflügelfond (Grundrezept Seite 155)*
*400 ml Sahne*
*30 g kalte Butterwürfel*

Die Rauke waschen, die Blätter abzupfen und beiseite legen. Die Stiele mit 2 gewürfelten Schalotten in 40 g heißer Butter glasig schwitzen. Würzen und mit dem Wein ablöschen. Auf die Hälfte reduzieren, dann den Geflügelfond zugießen. Wiederum auf die Hälfte einkochen lassen, die Sahne zugeben. 5 Minuten kochen lassen, dann passieren. Die Raukenblätter blanchieren, abschrecken und ausdrücken. Die restliche Butter erhitzen. Die letzte gewürfelte Schalotte und die Raukenblätter darin anschwitzen. Vom Herd nehmen, mit den gekühlten Butterwürfeln durchmixen und kalt stellen. Die Suppe erneut aufkochen und die kalte Raukenbutter nach und nach mit einem Mixstab einarbeiten (montieren). Die Suppe abschmecken und sofort servieren. TIP: Rauke läßt sich durch Brennessel, Brunnenkresse oder Spinat ersetzen.

## SPINATROULADE ALS SUPPENEINLAGE

Für den Crêpeteig:

*50 g Mehl, 125 ml Milch*
*60 ml Wasser*
*1 Prise Salz, 2 Eigelbe*
*25 g zerlassene Butter*
*10 g Butterschmalz zum Braten*

Für die Füllung:

*200 g Spinat, 1 Eigelb, 1/2 TL Mehl*
*je 1 Prise Salz und Muskat*
*1 Scheibe entrindetes Toastbrot*

Für den Crêpeteig das Mehl in eine Schüssel sieben und die Milch sowie das Wasser einrühren. Mit dem Salz würzen und die Eigelbe zufügen. Die zerlassene Butter langsam unterrühren, den Teig passieren und 30 Minuten ruhen lassen. In Butterschmalz 4 dünne Crêpes backen, zu Quadraten schneiden und auf Klarsichtfolie abkühlen lassen. Für die Füllung den Spinat blanchieren, ausdrücken und mit den restlichen Zutaten im Mixer pürieren. Dünn auf die Crêpes streichen, diese aufrollen und mit Klarsichtfolie umwickeln. Die Rollen dicht mit Garn verschließen und in heißem, aber nicht siedendem Wasser bei etwa 80°C in 15 Minuten garen. Die Rollen kurz in kaltem Wasser abschrecken, die Folien entfernen und die Spinatrouladen in Scheiben schneiden. Noch warm in die heiße Suppe geben.

SPINATROULADE: Die Zutaten pürieren und auf die Crêpes streichen. Diese aufzurollen gelingt immer, wenn sie auf einer Folie liegen. Die Folie an einer Seite anheben, dann formt sich die Rolle ganz von selbst. Zum Garen in Folie wickeln und die Enden mit Garn verschließen. Abschrecken, die Folie entfernen und die Rolle in Scheiben schneiden.

# Mit Fleisch geklärt

## ALS KLARE BOUILLON ODER ALS GRUNDLAGE FÜR KRÄFTIGE SUPPEN

Die Zubereitung einer Essenz ist zwar recht aufwendig, aber das Ergebnis lohnt die Mühe: So eine klare, sehr aromatische und extraktreiche Suppe überzeugt jeden Feinschmecker. Die löslichen Eiweißbestandteile vom Rindfleisch binden nicht nur die Trübstoffe, sie verstärken und harmonisieren auch den Geschmack der Gemüsebrühe. Ein besonders wichtiges Requisit für die Zubereitung ist das Passiertuch. Es sollte vor Gebrauch prinzipiell in klarem Wasser ausgewaschen und ausgewrungen werden, um eventuelle Waschmittelrückstände vollständig zu entfernen, die das feine Aroma stören könnten.

| ESSENZ VON PETERSILIENWURZELN |
| --- |
| *1 kg Petersilienwurzeln, 2 Schalotten* |
| *40 g Butter, je 1 Prise Zucker und Salz* |
| *frisch gemahlener weißer Pfeffer* |
| *4 cl französischer Wermut, 150 ml Weißwein* |
| *2 l Geflügelfond (Grundrezept Seite 155)* |
| Zum Klären: |
| *200 g Petersilienwurzeln, 1 Karotte* |
| *400 g Rinderhesse, 5 Eiweiße, 1 Prise Salz* |
| *1/2 gebräunte Zwiebel mit Schale* |
| *1 Lorbeerblatt, 1 Zweig Thymian, 1 Nelke* |
| *1/4 Knoblauchzehe, 2 Pimentkörner* |
| *5 zerstoßene Eiswürfel* |

Die Petersilienwurzelessenz zubereiten, wie in der Bildfolge links beschrieben:

Petersilienwurzeln und Schalotten fein schneiden. In Butter anschwitzen. Würzen. Wermut und Wein zugießen, auf die Hälfte reduzieren. Fond zufügen. Kochen, bis die Wurzeln weich sind.

Den Fond passieren und kalt stellen. Zum Klären die geschälten Petersilienwurzeln und die Karotte mitsamt der Rinderhesse durch den Fleischwolf drehen.

Die Masse in einen Topf geben. Zuerst Eiweiße, dann die restlichen zum Klären bestimmten Zutaten unterrühren. Mit dem kalten Petersilienfond aufgießen.

Die Brühe zum Kochen bringen, dabei vorsichtig am Topfboden rühren. Sobald sich am Rand weißer Schaum bildet, die Hitze zurücknehmen.

Schwimmt das Klärfleisch vollständig oben, die Suppe weitere 10 Minuten bei kleiner Hitze ziehen lassen. Dann die Essenz durch ein Passiertuch gießen, erneut abschmecken und servieren.

**Als Einlage** eignen sich pochierte Wachteleier und Streifen von Zuckerschoten.

TIP: Für die goldgelbe Farbe der Essenz sorgt eine kräftig geröstete Zwiebelhälfte. Entweder legt man sie mit der Schnittfläche auf die Herdplatte oder röstet sie ohne Fett in einer Gußeisenpfanne dunkelbraun.

## FERNÖSTLICHE GEMÜSESUPPE MIT FISCHEINLAGE

Eine Kombination, die sich zu probieren lohnt: Dashi, diese leichte Brühe aus Gemüse und Fisch als Basis und ganz typisch exotische Gemüsesorten und Fisch als Einlage. Eine Zusammenstellung, die nur Anregung für weitere Kreationen sein soll.

| |
|---|
| *80 g Lotuswurzel, 100 g Yamwurzel* |
| *200 g Frühlingszwiebeln* |
| *20 g Nira (chinesischer Schnittlauch)* |
| *50 g Moschuskürbis* |
| *1 TL Weizenpuder, 200 ml Sonnenblumenöl* |
| *300 g Glattbuttfilet* |
| *800 ml Dashi (Grundrezept Seite 156)* |
| *10 g getrocknetes Zitronengras* |
| *1 kleine Chilischote* |
| *2 Ingwerblüten (à etwa 20 g)* |
| *4 g frische Ingwerwurzel* |
| *10 g Chrysanthemenblätter* |
| *1 Prise Salz, 1 Limette* |

Lotus- und Yamwurzel schälen und in Scheiben schneiden. Frühlingszwiebeln putzen. Nira feinschneiden. Das Kürbisfruchtfleisch in Stifte zerteilen, mit Weizenpuder bestauben und im Sonnenblumenöl fritieren. Den Glattbutt in mundgerechte Stücke schneiden. Dashi mit Zitronengras aufkochen, kurz bei kleiner Hitze ziehen lassen und passieren. Die Chilischote halbieren, entkernen, würfeln und zum Fond geben. Die vorbereiteten Lotuswurzelscheiben, die beiden halbierten Ingwerblüten und die in Streifen geschnittene Ingwerwurzel im Fond 10 Minuten bei kleiner Hitze köcheln. Die Yamwurzel und die kleingeschnittenen Frühlingszwiebeln hinzufügen. Nach weiteren 5 Minuten die fritierten Kürbisstifte und die Chrysanthemenblätter dazugeben. Den Fond vom Herd nehmen, mit Salz abschmecken und den Fisch erst unmittelbar vor dem Servieren in die kochendheiße Suppe geben. Die Limette vierteln und separat zur Suppe reichen, damit jeder davon nach Geschmack nehmen kann.

TIP: Anstelle von Glattbutt eignen sich auch Filets von anderen Edelfischen. Wichtig ist, die Fischstückchen in der heißen Brühe ohne Wärmezufuhr zu garen. So bleibt das Aroma optimal und das Fischfleisch fest und saftig erhalten. Bei gut vorgewärmtem Geschirr kann man den Fisch sogar direkt auf dem Servierteller mit der kochendheißen Brühe übergießen.

"Irish Stew" oder Wirsing-Hammel-Eintopf ist eine typische Variante dafür, Fleisch und Gemüse zusammen im Backofen zu schmoren.

## MINESTRONE

| |
|---|
| *je 200 g Staudensellerie und Karotten* |
| *300 g festkochende Kartoffeln (z.B. Sorte Quarta)* |
| *200 g Erbsenschoten* |
| *120 g weiße Bohnenkerne (z.B. Cannelini)* |
| *150 g Blumenkohl, 100 g Zucchini* |
| *200 g Lauch, 4 Tomaten* |
| *20 g Butter, 1 EL Olivenöl* |
| *1 Prise Salz, frisch gemahlener weißer Pfeffer* |
| *2 l Geflügelfond (Grundrezept Seite 155)* |
| *80 g Suppennudeln (z.B. Stelline, Ditalini, Anellini)* |
| *100 g durchwachsener Speck* |
| *1 Gemüsezwiebel, 2 Knoblauchzehen* |
| *1 EL gehackte Petersilie* |
| *80 g gehobelter Parmesan* |

Alle Gemüse waschen und wie folgt vorbereiten: Staudensellerie, Karotten, Kartoffeln schälen und in Scheiben schneiden. Erbsenschoten und Bohnenkerne auspalen. Blumenkohl in kleine Röschen zerteilen und Zucchini in Scheiben schneiden. Lauch in Ringe zerteilen und nochmals waschen.Tomaten abziehen, entkernen und in Streifen schneiden. Butter und Olivenöl in einem Topf erhitzen. Staudensellerie, Karotten, Kartoffeln, Erbsen, Bohnenkerne und Blumenkohl zugeben und würzen. Kurz mitschwitzen, Geflügelfond zugießen und aufkochen. Die Nudeln hinzufügen. Nach 5 bis 8 Minuten Zucchini und Lauch beigeben. Inzwischen Speck, Zwiebel und Knoblauch feinschneiden und in einer Pfanne bei mittlerer Hitze glasig schwitzen. Nach etwa 20minütiger Garzeit mit den Tomatenstreifen und der Petersilie zur Suppe geben. Den Parmesan separat dazu reichen.

# Eintöpfe und Suppen

### WAS DIESE REGIONALEN SPEZIALITÄTEN VERBINDET UND UNTERSCHEIDET

Die deftigeren Verwandten von Suppen kommen in vielen Variationen: Mal mit viel geschmortem Fleisch, dick genug zum Aufgabeln, mal als würzige Suppe mit Geflügelfond gekocht oder klar, ganz ohne Fleisch, nur mit jungem Gemüse zubereitet. Zu den berühmtesten Suppen der Welt gehört wohl die italienische "Minestrone di verdura", die in fast unzähligen ortsüblichen Abwandlungen serviert wird. Ihre einfachste Form: Man kocht das zerkleinerte Gemüse in Wasser, manchmal mit Knoblauch und Kräutern und gibt erst auf dem Teller einige Tropfen Olivenöl dazu. Gehaltvoller wird sie mit einer Brühe oder einem Fond als Grundlage. In der Gegend um Florenz püriert man einen Teil des Gemüses und serviert die Suppe ohne den sonst üblichen geriebenen Grana-Käse nur mit Brot. Anstelle von kleinen Nudeln geben oft auch Reiskörner der Suppe Gehalt. Ähnliche Gerichte finden sich in ganz Europa. Je nach kulinarischem Anspruch und Geldbeutel geraten sie entweder mit reichlich stärkehaltigen Einlagen zum preiswerten Sattmacher oder durch zarte Gemüse zur aromatisch-feinen Suppe. Früher nannte man manchmal eine bunte Gemüsesuppe "Quer-durch-den-Garten", um anzudeuten, daß jedes Gemüse hineinpaßt. Die "Scotch broth" der Schotten zum Beispiel enthält neben Lammbrühe, Rüben, Karotten und Lauch noch Gerste als Sattmacher. In Portugal ißt man als Nationalgericht "Caldo verde", eine grüne Kohlsuppe mit Kartoffeln und Wurst. In Osteuropa spielen deftige Kohleintöpfe mit Roter Bete eine wichtige Rolle.

## PROVENCALISCHER BOHNENEINTOPF

Grüne Bohnen gehören wohl zu den idealen "Eintopf-Gemüsen". Mit Lammfleisch harmonieren sie besonders gut. Mit oder ohne Einlage sind Bohneneintöpfe in allen Ländern und Regionen vertreten. In der Provence gibt man reichlich preiswerten Bauchspeck hinein und würzt kräftig mit den Kräutern des Landes.

(für 6 Portionen)

*1 kg Bobbybohnen, 200 g Karotten*
*150 g Staudensellerie*
*800 g festkochende Kartoffeln (z.B. Sorte Quarta)*
*4 EL Olivenöl*
*500 g durchwachsener Schweinebauch*
*1 Gemüsezwiebel, 1 Knoblauchzehe*
*2 l Tomatenpüree (aus 2,5 kg roh passierten Tomaten)*
*1/2 l Gemüsefond (Grundrezept Seite 154)*
*je ein Zweig Thymian, Rosmarin, Basilikum, Lorbeer, Bohnenkraut und Lavendel*
*1 Prise Salz, frisch gemahlener weißer Pfeffer*
*1 EL gehackte Petersilie*

Die Bohnen putzen. Falls nötig, Fäden ziehen und die Bohnen in Stücke schneiden. Karotten, Staudensellerie und Kartoffeln schälen und in dünne Scheiben schneiden. Das Olivenöl in einem Topf leicht erhitzen und den in Würfel geschnittenen Speck darin anbraten. Die Zwiebel und den Knoblauch fein schneiden und mitschwitzen. Die Gemüse zugeben. Nach kurzem Dünsten das Tomatenpüree und den Gemüsefond aufgießen. Die Kräuter zu einem Bündel binden und zugeben. Den Eintopf 15 bis 20 Minuten leicht köcheln lassen, mit Salz und Pfeffer würzen und die Kräuter entfernen. Vor dem Servieren mit der Petersilie bestreuen.

## GEMÜSEEINTOPF

Rein vegetarisch, ohne Fleisch und mit Gemüsefond, wird dieser Gemüseeintopf zubereitet.

*100 g Staudensellerie, 200 g Karotten*
*je 60 g rote und gelbe Paprikaschoten*
*300 g kleine Kartoffeln (z.B. Sorte Spunta)*
*150 g Petersilienwurzel, 100 g junge Navetten*
*100 g grüne Bohnen, 300 g Erbsenschoten*
*100 g Zucchini, 200 g Frühlingszwiebeln*
*200 g Brokkoli, 40 g Butter*
*1 Prise Salz, frisch gemahlener weißer Pfeffer*
*2,4 l Gemüsefond (Grundrezept Seite 154)*

Alle Gemüse waschen. Sellerie, Karotten, Paprika, Kartoffeln, Petersilienwurzel und Navetten schälen, in gleich große Stücke oder Scheiben schneiden. Die Bohnen putzen und halbieren oder vierteln. Erbsen auspalen. Zucchini halbieren und in Scheiben schneiden. Frühlingszwiebeln putzen und halbieren. Brokkoli in Röschen putzen. Die Butter in einem Topf schmelzen und die vorbereiteten Gemüse darin kurz anschwitzen. Das Gemüse mit Salz und Pfeffer würzen und den Gemüsefond zugießen. Den Eintopf 10 bis 15 Minuten leicht köcheln lassen und sofort servieren.
TIP: Besonders köstlich schmeckt dieser Eintopf, wenn man frische, junge Gemüse verwendet und sie nur knapp gart, damit Aroma und Farben erhalten bleiben.

Die Gemüsesorten so auswählen und zerkleinern, daß sie etwa dieselbe Garzeit benötigen. Nach dem Anschwitzen in Butter (im Bild oben) mit Brühe oder Fond aufgießen (im Bild unten) und kurz garen, so daß die Gemüse noch Biß haben.

## Reis und Gemüse

### SAFTIG-SANFTE KOMBINATION MIT RAFFINESSE

Wo Reis wächst, gibt es auch Gemüse. Beide Zutaten werden - mit oder ohne Fleisch - in den Küchen der Welt zu einer schier unendlichen Vielfalt von Rezepten vereint. Eine bestechende Idee für ein solches Gericht stammt aus dem Veneto: Dort vereinen sich im Risotto ausgewählte Gemüse mit einem guten Fond und den rundlichen Körnern der heimischen Reissorten. Ebenfalls verlockend: lockerer Langkornreis mit glasiertem jungem Gemüse. Der Unterschied: Beim Risotto quillt der Reis im Fond zusammen mit dem Gemüse zu einem sämig-saftigen Gericht. Für den lockeren Frühlingsreis werden die Körner in Salzwasser gekocht, während das Gemüse in Fond und etwas Zucker gart. Erst am Schluß vermischt man alles.

### RISOTTO VON RADICCHIO DI TREVISO

Ein gelungener Risotto ist saftig, die Reiskörner sollten weich sein, aber noch einen kleinen festen Kern haben. Dies gelingt übrigens in einem metallbeschichteten Kupfertopf am besten, weil sich die Hitze darin besonders gleichmäßig verteilt. Am Anfang nur schwach salzen, denn Käse und Fond würzen oft schon genügend. Der Reis benötigt in diesem Stadium aber etwas Salz, das er direkt aufnimmt.

| |
|---|
| (im Bild vorne) |
| (für 4 Portionen als Beilage /2 Portionen als Hauptgericht) |
| *1 Schalotte, 1/4 Knoblauchzehe* |
| *30 g Butter, 200 g Risottoreis* |
| *1 Prise Salz* |
| *160 ml Weißwein* |
| *700 ml Geflügelfond (Grundrezept Seite 155)* |
| *200 g Radicchio di Treviso* |
| *20 g gehobelter oder geriebener Parmesan* |
| *10 g Butterwürfel* |

Den Risotto zubereiten, wie unten beschrieben:

Bei Risotto hat man die Wahl zwischen über 40 italienischen Reissorten und den folgenden vier Qualitätsstufen: comune, semifino, fino und superfino. Oben die viel exportierte Sorte "Arborio" in der Spitzenqualität superfino. Der strahlend weiße "Carnaroli" (unten) nimmt besonders viel Flüssigkeit auf und gilt deshalb als die begehrteste Reissorte Italiens.

Schalotte und Knoblauch fein würfeln. In heißer Butter glasig schwitzen. Den Reis zugeben und unter Rühren ebenfalls glasig werden lassen. Salzen.

Mit dem Weißwein ablöschen. Die Flüssigkeit im offenen Topf bis auf die Hälfte reduzieren, also einkochen lassen.

Unter häufigem leichtem Rühren etwa 15 Minuten im offenen Topf köcheln lassen. Dabei vom Geflügelfond jeweils so viel zugießen, daß der Reis immer leicht bedeckt ist.

Geschnittenen Radicchio zugeben und kurz erhitzen. Geriebenen Parmesan unterrühren und Butter oder Parmesan dünn darüberhobeln.

## GOBO-RISOTTO

(im Bild hinten)

(für 4 Portionen als Beilage
/2 Portionen als Hauptgericht)

*1 Schalotte, 30 g Butter*

*500 g Gobowurzel, 200 g Risottoreis*

*160 ml Weißwein*

*800 ml Geflügelfond (Grundrezept Seite 155)*

*1 Stange Lauch*

*20 g geriebener Parmesan*

*2 EL geschlagene Sahne, Salz*

TIP: Gobo, auch Klettenwurzel genannt, läßt sich durch Schwarzwurzeln ersetzen.

Schalottenwürfel in heißer Butter anschwitzen. Gobo in Scheiben schneiden und mit dem Reis zufügen. Anschwitzen, mit Wein ablöschen und auf die Hälfte reduzieren. Unter Rühren 15 Minuten köcheln lassen, dabei nach und nach den Fond zugießen. Die hellgrünen Teile vom Lauch in Streifen schneiden und kurz mitkochen. Zuletzt Parmesan und 1 EL Sahne unterrühren. Eventuell salzen. Mit der restlichen Sahne anrichten.

## REIS MIT FRÜHLINGSGEMÜSE

(für 4 Portionen als Beilage)

*60 g Langkornreis*

*200 g grüner Spargel*

*200 g junge Karotten mit Kraut*

*150 g Mairüben, 1 grüner Kohlrabi*

*1 Schalotte, 40 g Butter, 1/2 EL Zucker*

*350 ml Gemüsefond (Grundrezept Seite 154)*

*200 g Frühlingszwiebeln*

*frisch gemahlener weißer Pfeffer*

Reis in Salzwasser 20 Minuten kochen. Spargel, Karotten und Rüben schälen. Die Haut vom Kohlrabi dünn abziehen. Alle Gemüse in mundgerechte Stücke teilen. Gewürfelte Schalotte in heißer Butter glasig schwitzen. Zucker einstreuen, Gemüse und Fond zugeben. Im offenen Topf kochen, bis der Fond fast verdampft ist und das Gemüse glänzt. In den letzten 3 Minuten die kleingeschnittenen Frühlingszwiebeln mitgaren. Den abgetropften Reis zum Gemüse geben und erwärmen. Mit frisch gemahlenem Pfeffer abschmecken.

**Glasiertes Gemüse** im Frühlingsreis: Im Unterschied zu Risotto werden Reis und Gemüse nicht zusammen gekocht, sondern kurz gegartes und glasiertes Gemüse mit gekochtem Reis vermischt.

# Kochen mit Meeresgemüse

## ALGEN - GRUNDNAHRUNGSMITTEL IN JAPAN, BEI UNS EIN FEINSCHMECKERTREND

Sie alle schmecken nach Meer: Milde purpurrote Dulse und spinatgrüne Ulve kommen aus kühlen nordeuropäischen Gewässern. Dünne braune Meeres-Spaghetti stammen von der bretonischen Küste und durchscheinend grüne Wakame wachsen an Japans Stränden. Die kalorienarmen, aber extrem nährstoffreichen Meeresgemüse sind in Japan so populär, daß Unterwasser-Farmen delikate Algensorten wie Wakame, Arame und Hijiki gleich tonnenweise produzieren. Und dies, obwohl die Meeresgemüse gewöhnlich nicht im Mittelpunkt einer Mahlzeit stehen, sondern eher als Beilage das kulinarische i-Tüpfelchen bilden. Für lange Zeit in Vergessenheit geraten, werden sie nun von Feinschmeckern wieder geschätzt und zunehmend frisch vermarktet. Die meisten Sorten schmecken nicht salzig, werden aber für den Transport mit grobem Salz bestreut. Um es zu entfernen, legt man die Algen für kurze Zeit in fließendes Wasser. Meeresgemüse aus Japan kommen überwiegend getrocknet als federleichte, bizarre Gebilde auf unsere Märkte und müssen vor der Zubereitung eingeweicht werden. Dabei nehmen sie so viel Wasser auf, daß sich ihr Volumen um das vier- bis siebenfache vermehrt. Trockene Algen lassen sich mit einer Schere zerteilen. Eingeweicht sind sie am besten mit einem scharfen Messer zu zerteilen.

### WAKAME-SUPPE MIT BAMBUSSPROSSEN

In Japan sind die jungen, zarten Bambussprossen ganz besonders beliebt. Frisch ist diese Delikatesse nur in den Monaten März und April erhältlich, wenn sie auf den Markt kommen. Etwa zur gleichen Zeit gibt es auch frischen, ungetrockneten Wakame-Seetang.

| |
|---|
| *120 g frische Wakame* |
| *350 g gekochte Bambussprossen* |
| *20 g Bonitoflocken* |
| Zum Dünsten: |
| *800 ml Dashi (Grundrezept Seite 156)* |
| *7 EL Sake, 3 bis 4 EL Mirin (süßer Reiswein)* |
| *2 EL Sojasauce, 1 EL Zucker, 1 Prise Salz* |
| Außerdem: |
| *60 g Frühlingszwiebeln* |

Die Wakame wässern, 10 bis 15 Minuten in Salzwasser blanchieren und putzen. Dann in breite Streifen schneiden. Die Bambussprossen von den harten Stellen befreien, weiße Beläge abwaschen, Sprossen halbieren und in kaltes Wasser legen. Die Bonitoflocken in ein Tuch binden. Alle Zutaten zum Dünsten mit den Bambussprossen und Bonitoflocken aufkochen. 15 Minuten bei schwacher Hitze ziehen lassen. Den Topf vom Herd nehmen, die Bonitoflocken entfernen. Bambussprossen im Fond noch 10 Minuten durchziehen lassen, dann wieder erhitzen, die Wakame zugeben und weitere 5 Minuten ziehen lassen. Die Suppe anrichten und mit geschnittenen Frühlingszwiebeln bestreuen.

**Dies ist ein japanisches Originalrezept** "Wakatake-ni": eine gelungene Kombination zweier gut harmonierender Gemüse von knackiger und weicher Konsistenz.

### ALGEN-PAPRIKA-GEMÜSE MIT REIS

| |
|---|
| (im Bild rechts oben) |
| *150 g Ulve-Algen (Meeressalat)* |
| *80 g Basmatireis* |
| *1 Schalotte, 40 g Butter* |
| *8 cl französischer Wermut* |
| *100 ml Weißwein, 200 ml Sahne* |
| *1 Spritzer Zitronensaft* |
| *1 Prise Salz, frisch gemahlener weißer Pfeffer* |
| *120 g gelbe Paprikaschoten* |

Die Ulve 10 bis 15 Minuten wässern und blanchieren. Harte Wurzelteile entfernen, die Blätter in breite Streifen schneiden. Reis waschen und mit der dreifachen Menge Wasser aufkochen. 10 Minuten ziehen lassen und beiseite stellen. Feingeschnittene Schalotte in 10 g heißer Butter glasig schwitzen. Mit Wermut und Wein ablöschen und bis auf einen kleinen Rest einkochen lassen. Sahne zugießen und 10 Minuten simmern lassen. Die Paprika abziehen, in Rauten schneiden, blanchieren und abschrecken. Die Sauce mit Zitronensaft, Salz und Pfeffer abschmecken, 20 g kalte Butter einmontieren und den Topf vom Herd nehmen. Algen mit Paprika in der restlichen Butter anschwitzen. Reis und Sauce zufügen, kurz aufkochen, abschmecken und servieren.

## ALGEN-TAGLIATELLE

(Bild Mitte)

*150 g frische Meeres-Spaghetti (Haricot vert de Mer)*

*4 Eigelbe, Salz*

*1 EL Olivenöl, 100 g Weizendunst*

*120 g Weizenmehl (Type 405)*

Für die Sauce:

*20 g Zucker, 2 EL Sojasauce*

*6 EL Weißwein*

*1/2 feingeschnittene Chilischote*

*abgeriebene Schale von 1/2 Zitrone*

*1 Spritzer Reisessig*

*200 ml Sahne, frisch gemahlener weißer Pfeffer*

*10 g Butter, 40 g Pinienkerne*

Die Algen 20 Minuten wässern. So gegeneinanderreiben, daß sich die äußere, braune Schicht ablöst. Algen waschen, blanchieren und 1/3 davon fein hacken. Die Eigelbe mit einer Prise Salz verschlagen. Öl, gehackte Algen und Weizendunst einrühren. Mehl mit den Händen unterkneten, bis eine glatte, zähe Kugel entsteht. Den Teig 1 Stunde ruhen lassen, mit einer Nudelmaschine ausrollen und in Tagliatelle schneiden. Für die Sauce 2 EL Wasser mit Zucker erhitzen, bis helles Karamel entsteht. Mit Sojasauce und Wein ablöschen und reduzieren. Feingeschnittene Chilischote, abgeriebene Zitronenschale, Essig und Sahne zugeben. Cremig einkochen lassen, salzen und pfeffern. Die Nudeln in Salzwasser al dente kochen, abgießen. Mit Sauce und den unzerteilten Algen mischen. In Butter gebräunte Pinienkerne darüberstreuen.

## POCHIERTER HEILBUTT MIT DULSE

(im Bild unten)

*120 g frische Dulse-Algen*

*2 Schalotten, 80 g Butter*

*1/2 TL gehackter Ingwer*

*350 ml Weißwein, abgeriebene Schale von 1 Limette*

*500 g Heilbuttfilet*

*1 Prise Salz, frisch gemahlener weißer Pfeffer*

*1 EL geschnittene Petersilie*

*4 Blüten der Kapuzinerkresse*

Dulse unter fließendem Wasser 15 bis 20 Minuten wässern, kurz blanchieren, abschrecken, ausdrücken und hacken. Eine feingeschnittene Schalotte in 10 g heißer Butter glasig schwitzen. Ingwer zugeben und mit 250 ml Wein ablöschen. Limettenschale hinzufügen und den Fond bis auf ein Drittel reduzieren. Den Fisch in Portionsstücke schneiden, salzen und pfeffern. Die zweite Schalotte in 10 g heißer Butter anschwitzen. Heilbutt einlegen und restlichen Wein dazugießen. Bei schwacher Hitze gar ziehen lassen. Die restliche kalte Butter in die Ingwer-Reduktion einrühren und abschmecken. Dulse und Petersilie in der Sauce erhitzen und mit dem Fisch anrichten. Mit den Kresseblüten garnieren.

**Arten wie Dulse, Ulve, Irish Moos und Meeres-Spaghetti** wachsen in den Gewässern um England, Irland und der Bretagne. Sie sind dort schon seit Jahrhunderten Teil der regionalen Küchen.

# Dünsten und Schmoren

## KOMBINIERTE METHODEN: ERST ANBRATEN, DANN KÖCHELN

Der Unterschied zwischen Dünsten und Schmoren zeigt sich im Aussehen: Gedünstete Gemüse behalten ihre ursprüngliche Farbe weitgehend, geschmorte werden durch die Röststoffe dunkler. Aber hier sind - anders als bei Fleisch - die Übergänge fließend. Je nachdem, wie intensiv der Kontakt mit dem heißen Fett ausgefallen ist, kommt die Methode eher dem Dünsten oder dem Schmoren nahe. Beim Anschwitzen, der mildesten Form, zieht das Gemüse Saft und wird leicht transparent. Durch Andünsten bei mittlerer Hitze entsteht eine leicht gelbliche Färbung und nur bei hoher Temperatur bräunt das Gemüse. Die Geschmacksunterschiede können beachtlich ausfallen, denn beim Anbraten bildet sich ein kräftiges, eigenständiges Aroma. Dagegen kommt der typische Eigengeschmack eines Gemüses mehr zur Geltung, wenn es ohne Farbe oder nur zartgelb angeschwitzt wurde.

RATATOUILLE: Diese südfranzösische Spezialität tendiert, je nach der persönlichen Vorliebe des Kochs, mehr in Richtung Dünsten oder wird zum Schmorgericht. 300 g Auberginen und 350 g Zucchini putzen und kleinschneiden. Je 1 gelbe, grüne, rote Paprikaschote entkernen und grob würfeln. 250 g Fleischtomaten abziehen, vierteln und entkernen. 2 geschnittene Zwiebeln und 1 zerdrückte Knoblauchzehe in 30 ml Olivenöl andünsten oder leicht bräunen. Die vorbereiteten Gemüse zufügen, ebenfalls andünsten. Salzen, pfeffern und mit 1/8 l Gemüse- oder Fleischfond ablöschen. Je 1/2 TL Thymianblättchen und Rosmarin untermischen. Das Gemüse bei kleiner Hitze im geschlossenen Topf garen. Mit 1 EL gehackter Petersilie bestreuen und servieren.

# Länderspezialitäten

## TRADITIONSREZEPTE AUS ITALIEN, FRANKREICH, UNGARN UND LATEINAMERIKA

Viele einfache, erfindungsreiche und köstliche Gemüsegerichte stammen von unbekannten Könnern der ländlichen Küche. Sie taten immer schon, was spätere Küchenchefs zum Credo erhoben: aus guten heimischen Zutaten das Beste herausholen.

### ITALIENISCH: SPINAT MIT PINIENKERNEN

*125 ml Vin Santo (Wein aus getrockneten Trauben)*
*40 g Rosinen, 1 kg Spinat*
*1 EL Olivenöl*
*1 Prise Salz, frisch gemahlener weißer Pfeffer*
*1 Prise geriebene Muskatnuß*
*50 g Butter*
*50 g Frühlingszwiebeln*
*1/4 Knoblauchzehe*
*3 Sardellenfilets*
*50 g Pinienkerne*
*1 EL geschnittene Petersilie*

Den Wein leicht erwärmen und die Rosinen darin einweichen. Den Spinat putzen, waschen und trockenschleudern. Das Olivenöl in einem flachen Topf erhitzen und den Spinat darin andünsten. Mit Salz, Pfeffer und Muskat würzen, zusammenfallen lassen und auf ein flaches Sieb geben. Die Butter in einem zweiten Topf schmelzen. Die geschnittenen Frühlingszwiebeln und den zerdrückten Knoblauch darin glasig schwitzen. Die feingehackten Sardellenfilets und eingeweichten Rosinen hinzufügen. Die Flüssigkeit bis auf einen kleinen Rest reduzieren, den Spinat zugeben und in 5 Minuten garen. Pinienkerne und Petersilie einstreuen, erneut abschmecken und servieren.

### KLASSISCH FRANZÖSISCH: ERBSEN MIT KOPFSALAT

(für 4 Portionen als Beilage)
*800 g Erbsenschoten*
*50 g Schalotten*
*100 g durchwachsener Speck*
*20 g Butter*
*1 gestrichener EL Mehl*
*100 ml Weißwein*
*100 ml Gemüsefond (Grundrezept Seite 154)*
*1 Prise Salz*
*frisch gemahlener weißer Pfeffer*
*1 Prise Muskatnuß*
*1 fester Kopfsalat*
*1 EL gehackte Petersilie*

Die Erbsen auspalen. Die Schalotte und den Speck fein würfeln und in heißer Butter glasig schwitzen. Die Erbsen hinzufügen und kurz mitschwitzen. Mit dem Mehl bestauben. Weißwein und Gemüsefond dazugießen und vorsichtig durchrühren. Mit Salz, Pfeffer und Muskat würzen und etwa 10 Minuten bei kleiner Hitze köcheln lassen. Den Kopfsalat putzen, dabei die äußeren Blätter ablösen und das helle Herz vierteln. Aus den äußeren Blättern die dicken Rippen herausschneiden und das Grün in feine Streifen schneiden. Wenn die Erbsen gar sind, die Kopfsalatherzen und -streifen zugeben und kurz erhitzen. Erneut mit Salz und Pfeffer abschmecken und vor dem Servieren mit Petersilie bestreuen.

## PROVENZALISCH: BOHNEN MIT SCHWARZEN OLIVEN

(im Bild vorne)

*800 g grüne Bohnen (z.B. Bobby-Bohnen)*
*6 Schalotten*
*1 unbehandelte Zitrone*
*2 EL Olivenöl*
*1 Prise Salz*
*frisch gemahlener weißer Pfeffer*
*1 Lorbeerblatt*
*2 Zweige Thymian*
*125 ml Weißwein*
*50 g schwarze Oliven*
*1 EL feingeschnittene Petersilie*
*1 TL feingeschnittenes Bohnenkraut*

Die Bohnen waschen und putzen. Die Schalotten abziehen und vierteln. Die Zitrone in Ecken schneiden. Das Öl in einer Kasserolle erhitzen und die Schalotten darin bei kleiner Hitze glasig schwitzen. Bohnen und Zitronenstücke zugeben, durchschwenken und kurz mitschwitzen. Salz, Pfeffer, Lorbeerblatt und Thymian hinzufügen und mit dem Wein ablöschen. Die Bohnen bei mittlerer Hitze in der geschlossenen Kasserolle bißfest garen. Die Oliven halbieren, entkernen, zu den Bohnen geben und kurz erwärmen. Das Gemüse mit den gehackten Kräutern bestreuen und servieren.

## AUS UNGARN: LETSCHO

(im Bild hinten)

*je 250 g grüne und gelbe Paprikaschoten*
*250 g festkochende Kartoffeln*
*300 g Zwiebeln*
*30 ml Olivenöl*
*100 g durchwachsener Speck*
*10 g Edelsüß-Paprika, 1 Prise Salz*
*250 ml Fleischfond*
*250 g Fleischtomaten*
*je 1 TL gehackter Thymian und Rosmarin*

Die Paprikaschoten vierteln, die Kerngehäuse entfernen und die Schoten in Stücke schneiden. Kartoffeln und Zwiebeln schälen und in Scheiben schneiden. Das Öl in einem Topf erwärmen, den feingeschnittenen Speck und die Zwiebeln zugeben und kräftig andünsten. Kartoffeln und Paprika hinzufügen und ebenfalls andünsten. Das Paprikapulver darüber verteilen. Mit Salz würzen und den Fleischfond dazugießen. Die Tomaten überbrühen, abziehen, entkernen und grob zerkleinern. Nach etwa 12 Minuten leichtem Köcheln, Tomaten zugeben und weitere 2 bis 3 Minuten schmoren. Kräuter darüberstreuen und servieren.
TIP: Stark gewürzte Räucherwürste schmecken gut zu dieser deftigen Gemüsemischung und werden oft schon von Beginn an mitgekocht. Typisch sind die mit Knoblauch und Paprika gewürzten Debrecziner, nach der ungarischen Stadt ihrer Herkunft benannt.

Scharfer Bohneneintopf: So oder ähnlich kann man ihn überall in Lateinamerika essen - mit roten oder schwarzen Bohnen, viel Zwiebeln, Knoblauch und Chili. In dieser üppigen Version kommen noch gewürfelte Rinderbrust, grüne Bohnen, Karotten und Tomaten dazu. Aber oft genug bleibt das Gericht vegetarisch und besteht nur aus Hülsenfrüchten, Chili und Knoblauch.

# Interessante Beilagen

## GEMÜSEKOMPOSITIONEN, DIE EIN MENÜ BEREICHERN

Leichte Gemüsegerichte setzen bei Fleisch-, Fisch-, Geflügel- und Wildklassikern neue Akzente. Und harmonieren vorzüglich mit vegetarischen Spezialitäten.

## PAK-CHOI MIT BARBA DI FRATE

(im Bild oben links)

*600 g Pak-Choi*
*100 g Barba di frate*
*2 Schalotten, 20 g Butter*
*1 Prise Salz*
*frisch gemahlener weißer Pfeffer*
*60 ml Weißwein*
*Saft von 1/2 Limette*
*100 ml Geflügelfond (Grundrezept Seite 154)*
*1 EL saure Sahne*

Pak-Choi zerteilen und waschen. Die Stiele in Scheiben, die Blätter in Streifen schneiden. Barba di frate abzupfen und waschen. Die Schalotten würfeln und in heißer Butter anschwitzen. Pak-Choi-Stiele, Salz, Pfeffer und Barba di frate zufügen und 3 Minuten dünsten. Wein und Limettensaft zugießen, reduzieren. Geflügelfond zugeben und kurz schmoren. Pak-Choi-Blätter untermischen, kräftig aufkochen und die saure Sahne unterrühren.

Gemüse-Spaghetti: Eine neue Küchenmaschine aus Frankreich macht's möglich. Was früher mit dem Zestenreißer nur in Minimengen herzustellen war, kann man jetzt für ein komplettes Gericht nutzen. Fadendünne "Nudeln", hier aus Karotten, Kohlrabi, Rettich und Zucchini.

## GEMÜSE-SPAGHETTI

Hier geht es nicht um ein Nudelgericht mit Gemüse, sondern um eine vollkommen neue Spezialität: Gemüse in Spaghettiform. Festfleischige Gemüse werden in einer Maschine buchstäblich zu langen, fadendünnen Nudeln gedrechselt. Der Vorteil liegt nicht nur in der ungewöhnlichen Optik. So fein geschnitten, sind die Gemüse darüber hinaus in kürzester Zeit gar. Wichtig ist allerdings, die rohen "Spaghetti" vor der weiteren Verarbeitung nicht lange stehen zu lassen. Durch die große Oberfläche des Gemüses kommt es sonst schnell zu beträchtlichen Vitamin- und Aromaverlusten. Wenn es dennoch vorher vorbereitet werden muß, das zerkleinerte Gemüse möglichst bald mit Klarsichtfolie bedekken und kalt stellen.

(im kleinen Bild links)

*120 g Karotten*
*100 g Kohlrabi*
*120 g Rettich*
*120 g Zucchini*
*30 g Butter*
*1 Prise Salz*
*frisch gemahlener weißer Pfeffer*
*30 ml Weißwein*
*40 ml Geflügelfond (Grundrezept Seite 154)*

Die Karotten, den Kohlrabi und den Rettich waschen und schälen. Die Zucchini waschen. Die Gemüse, wie links gezeigt, mit Hilfe der Maschine zu langen Nudeln drehen. Die Butter in einem Topf schmelzen und die Gemüse darin anschwitzen. Mit Salz und Pfeffer würzen. Weißwein und Geflügelfond dazugießen und die Gemüsespaghetti darin 2 bis 3 Minuten dünsten. Nachwürzen und sofort servieren.

## OKRAGEMÜSE MIT TOMATEN

(im Bild oben rechts)

*500 g Okraschoten*

*1 Zitrone, 300 g Fleischtomaten*

*2 Schalotten, 20 g Butter*

*1 Prise Salz, frisch gemahlener weißer Pfeffer*

*30 ml Gemüsefond (Grundrezept Seite 154)*

Die Okraschoten putzen und in eine Schüssel mit Wasser und Zitronensaft geben, damit die Schoten beim Kochen nicht aufspringen. Die Tomaten abziehen, entkernen und kleinschneiden. Geschnittene Schalotten in heißer Butter glasig schwitzen. Die abgetropften Okraschoten zugeben, mit Salz und Pfeffer würzen und den Fond zugießen. Etwa 6 Minuten dünsten, die Tomatenstücke zugeben, kräftig aufkochen und servieren.

Die Stielansätze der Okra spitz abschälen. Mit Schalottenwürfeln in heißer Butter anschwitzen. Nach 6 Minuten Garzeit die abgezogenen, gewürfelten Tomaten zugeben.

## CIMA DI RAPA

(im Bild Mitte)

*700 g Cima di Rapa, 2 Schalotten*

*3 bis 4 kleine Knoblauchzehen, 30 ml Olivenöl*

*Salz, frisch gemahlener weißer Pfeffer*

*40 ml Kalbsfond*

*60 g Weißbrotwürfel, 20 g Butter*

*40 g gehobelter Parmesan*

Cima di Rapa putzen. Nur zarte Blätter und junge Röschen verwenden und waschen. Die Schalotten abziehen, in Ringe schneiden und die geschälten Knoblauchzehen vierteln. Schalotten und Knoblauch in Öl anschwitzen, Cima di Rapa zugeben, salzen und pfeffern. Mit Kalbsfond begießen und 10 Minuten bei schwacher Hitze dünsten. Die Brotwürfel in Butter goldgelb braten und über das Gemüse geben. Mit gehobeltem Parmesan anrichten.

## GURKENGEMÜSE

(im Bild unten)

*450 g Salatgurke oder Minigurken*

*2 Schalotten, 50 g Butter*

*1 Prise Salz, frisch gemahlener weißer Pfeffer*

*1 Msp. Kurkuma (Gelbwurz)*

*2 cl französischer Wermut, 60 ml Weißwein*

*1 TL geschnittener Dill, 1 EL Crème fraîche*

Die Gurken schälen, halbieren und entkernen. Das Fruchtfleisch in gleichmäßige Stücke schneiden. Die Schalotten abziehen und fein würfeln. Butter in einem Topf schmelzen und die Schalotten darin glasig schwitzen. Die Gurken zugeben, mit Salz und Pfeffer würzen und kräftig andünsten. Wenn das Gemüse Saft gezogen hat, die Kurkuma darüberstreuen und unterrühren. Wermut und Weißwein dazugießen und kurz aufkochen. Die Gurken im offenen Topf bei kleiner Hitze etwa 10 Minuten dünsten, bis die Flüssigkeit fast verdampft ist. Falls nötig, die Temperatur am Schluß noch einmal kurz verstärken. Den Dill unter das Gurkengemüse mischen und mit einem Klacks Crème fraîche anrichten.

**Das immer reichhaltiger werdende Angebot** der Märkte bringt täglich neue Varianten ins Spiel. Durch den saisonbedingten Wechsel der Gemüsepalette ist eine abwechslungsreiche Küche wie selten zuvor möglich.

## GLASIERTE WASSERKASTANIEN

Glasieren ist eine vorzügliche Methode, stärke- und zuckerhaltigen Gemüsesorten ihre besten Seiten abzugewinnen. Das einfachste Grundrezept, hier am Beispiel der Wasserkastanien vorgestellt, besteht aus Butter, Zucker, etwas Salz und Wasser. Man gart das Gemüse in der Flüssigkeit und reduziert gleichzeitig, so daß am Ende die Flüssigkeit verdampft und das Gemüse gar und glänzend geworden ist. Bei diesem Prozeß entsteht aus den beim Kochen austretenden, stärkehaltigen Gemüsesäften, dem Zucker und der Butter eine Art Sirup, die das Gemüse am Schluß der Garzeit umhüllt. Ersetzt man Wasser durch Fond oder Fleischjus, wird die Glasur noch intensiver und glänzender.

*300 g Wasserkastanien*
*30 g Butter*
*10 g Zucker*
*1 Prise Salz*
*1/4 l Wasser*

Die Wasserkastanien zubereiten, wie in der Bildfolge links beschrieben:

**Wasserkastanien glasieren:** Butter mit Zucker und Salz aufschäumen, geschälte Kastanien darin anschwitzen. Mit Wasser zur Hälfte bedecken und ohne Deckel köcheln. Nach und nach das restliche Wasser zugeben und reduzieren, bis die Kastanien goldgelb glänzen.

## BRAUNGLASIERTE ZWIEBELN

Zum Glasieren eignen sich kleine Zwiebeln, Silber- oder Perlzwiebeln, sowie kleine Schalotten. Durch das Glasieren werden die Zwiebeln süß und saftig. Unter Zugabe kräftiger Fonds entsteht eine gehaltvolle Glasur. Das Gemüse harmoniert dann besonders gut mit kräftigen Fleisch- und Fischgerichten.

*400 g kleine Zwiebeln*
*30 g Butter*
*1 1/2 EL Zucker*
*100 ml Kalbsfond*
*1 Prise Salz*

Die Zwiebeln schälen. Die Butter erhitzen und mit dem Zucker leicht bräunen. Die Zwiebeln zugeben, unter ständigem Wenden kurz mitschwitzen und den Kalbsfond zugießen. Bei schwacher Hitze im offenen Topf in etwa 15 Minuten garen, bis die Zwiebeln von einer Glasur überzogen sind. Mit Salz würzen.
TIP: Den Zucker durch Honig zu ersetzen, gibt dem Gericht eine besondere Note.

**Glasierte Zwiebeln zubereiten:**

Die Butter in einer Schwenkkasserolle erhitzen, Zucker einstreuen und leicht bräunen. Geschälte Zwiebeln zugeben.

Unter ständigem Rühren leicht Farbe annehmen lassen. Den Kalbsfond zugießen.

Die Hitze reduzieren. Den Fond einkochen lassen und des öfteren umrühren oder schwenken.

Nach etwa 15-minütiger Garzeit die Zwiebeln würzen und unter vorsichtigem Rühren fertig glasieren.

# Glasieren

EINE ATTRAKTIVE GARMETHODE FÜR STÄRKEHALTIGE GEMÜSE

## SÜSS-SCHARFER RETTICH

(im Bild oben)

*1 kg Rettich*
*200 g Zucker*
*300 ml Wasser*
*2 kleine rote Chilischoten*

Den Rettich in feine Streifen schneiden oder hobeln. Zucker mit Wasser aufkochen, den Rettich zugeben und bei schwacher Hitze im offenen Topf kochen lassen, bis die Flüssigkeit fast völlig verdampft ist. Die Chilischoten halbieren, entkernen und zugeben. Kurz weiterkochen. Das Gemüse auf ein Sieb geben und mit kaltem Wasser den überschüssigen Zucker abspülen.
TIP: Süß-scharfer Rettich schmeckt als Beilage zu gebratenem Fisch und Fleisch, harmoniert aber auch mit Salaten. Er hält sich im Kühlschrank einige Tage frisch.

Das Schalottenconfit kann bei kräftigen Gerichten jegliche Sauce ersetzen. In ein geschlossenes Glas gefüllt, läßt es sich im Kühlschrank einige Tage aufbewahren.

## SCHALOTTENCONFIT

(im Bild Mitte)

*350 g Schalotten*
*15 g Butter*
*1 Zweig Thymian*
*500 ml Rotwein*
*125 ml roter Portwein*
*250 ml kräftiger Kalbsfond oder Kalbsjus*
*1 Prise Salz*
*frisch gemahlener weißer Pfeffer*

Die Schalotten schälen, in Scheiben schneiden und in heißer Butter anschwitzen. Thymian, Rotwein und Portwein zugeben und bei schwacher Hitze bis auf einen kleinen Rest einkochen lassen. Den Kalbsfond zugießen und die Schalotten weiter köcheln lassen, bis sie gar sind und der Fond bis auf die Hälfte reduziert ist. Das Confit mit Salz und Pfeffer würzen.
TIP: Ein Schalottenconfit paßt vorzüglich zu gebratenem Fleisch, Gänseleber und zu gebratenem kräftigem Fisch.

## GLASIERTE JUNGE KAROTTEN

(im Bild unten)

*500 g Karotten*
*20 g Butter*
*10 g Zucker*
*1 Prise Salz*
*1/8 l beliebiger Fond*

Die Karotten so putzen und schälen, daß noch ein kleines Stück vom Grün stehen bleibt. Butter mit Zucker und Salz in einem Topf erhitzen. Die Karotten darin unter Wenden anschwitzen und den Fond dazugießen. Im offenen Topf kochen, bis die Flüssigkeit verdampft ist und das Gemüse eine glänzende Oberfläche hat.

## GESCHMORTE CHAYOTE-FÄCHER

Das weiche, weiße Fruchtfleisch der birnenförmigen Früchte verträgt sich ebenso wie andere Kürbissorten mit vielen Gewürzen. Nelken, Piment, Ingwer und Muskat sind allerdings besonders typisch. Damit die Früchte gleichmäßig garen, schneidet man sie in Fächer oder in gleichmäßige Spalten oder Scheiben.

*2 Chayoten (à etwa 300 g)*
*40 g Butter, 1 Schalotte*
*1 EL Zucker, 1 Prise Salz*
*frisch gemahlener weißer Pfeffer*
*Saft von 1/2 Zitrone*
*100 ml Weißwein*
*400 ml Geflügel- oder Gemüsefond (Grundrezepte Seite 155 und 154)*
*20 g kalte Butterwürfel*
*10 g Nira (chinesischer Schnittlauch)*

Die Chayote-Fächer zubereiten, wie in den folgenden Arbeitsschritten gezeigt:

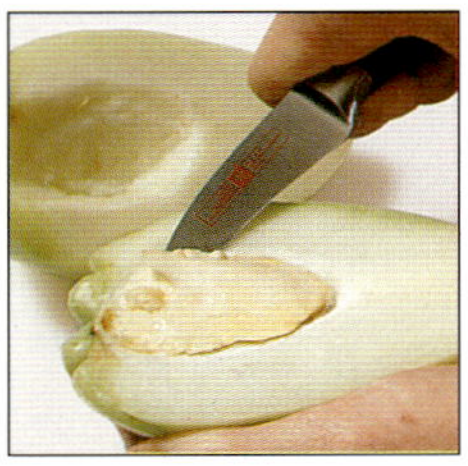

Die Chayoten mit einem Sparschäler schälen, Schalenreste in den Vertiefungen mit einem kleinen Messer entfernen. Die Chayoten halbieren und den flachen, weichen Samen herauslösen.

Die Hälften in Fächer schneiden: dabei viele Schnitte so nebeneinandersetzen, daß das Fleisch an der spitzen Seite zusammenbleibt. Die Früchte leicht flach drücken.

Die Butter in einer flachen, feuerfesten Auflaufform schmelzen. Schalottenringe darin glasig schwitzen. Mit Zucker bestreuen und die Chayote-Fächer hineinlegen.

Die Chayoten mit Salz und weißem Pfeffer kräftig würzen. Zitronensaft und Weißwein darübergießen und das Ganze aufkochen lassen, damit der Alkohol verdampft.

Geflügelfond zugeben und die Form mit Alufolie verschließen. Im Backofen bei 180°C auf der unteren Schiene 30 bis 35 Minuten schmoren.

Den Fond passieren, auf 80 ml reduzieren und die Butter einrühren. Die Chayoten mit der Sauce überziehen. Nira in Streifen schneiden und darüberstreuen.

## GESCHMORTER CHICOREE

*30 g Butter, 1 Schalotte*
*1 EL Zucker, 4 Chicorée (à 80 g)*
*1 Prise Salz, frisch gemahlener weißer Pfeffer*
*Saft von 1 Zitrone, 80 ml Weißwein*
*250 ml Geflügelfond (Grundrezept Seite 155)*
*10 g Butterwürfel*
*1 Tomate, 50 g glatte Petersilie*
*20 g kalte Butterwürfel*

Die Butter in einer feuerfesten Form schmelzen, Schalottenwürfel darin anschwitzen und mit Zucker bestreuen. Dann, wie in der Bildfolge gezeigt, weiterarbeiten. Im Backofen auf der untersten Schiene bei 180°C etwa 20 Minuten schmoren. Inzwischen die Tomate abziehen und würfeln. Den gegarten Chicorée aus der Form nehmen und den etwa 2 cm langen Strunk entfernen. Den Schmorfond passieren und die kalte Butter einrühren. Tomatenwürfel und geschnittene Petersilie in die Sauce mischen und über das Gemüse geben.

Den halbierten Chicorée mit Salz und Pfeffer würzen und in der Butter kurz angehen lassen. Zitronensaft und Weißwein zugießen.

Die Flüssigkeit kurz einkochen und den Geflügelfond über den Chicorée gießen. Mit Butterstückchen belegen und die Form mit Alufolie verschließen.

## GESCHMORTER STAUDENSELLERIE

*1 kleine Gemüsezwiebel, 150 g Karotten*
*30 g Butter, 400 g Staudensellerie*
*1 Prise Salz, frisch gemahlener weißer Pfeffer*
*Saft von 1/2 Zitrone, 50 ml Weißwein*
*300 ml heller Kalbsfond*

Gemüse wie unten beschrieben vorbereiten. Dann auf der unteren Schiene in 15 bis 20 Minuten bei 180°C im Ofen garen. Herausnehmen, den Schmorfond pürieren, passieren und cremig einkochen lassen. Die Selleriestücke auf der Sauce anrichten und mit Streifen von den zurückbehaltenen Sellerieblättern garnieren.

Zwiebel- und Karottenscheiben in Butter glasig schwitzen. Selleriestücke darauf legen, würzen, mit Zitronensaft und Wein begießen.

Die Flüssigkeit kurz aufkochen und den Kalbsfond dazugießen. Die Form mit Alufolie verschließen und in den Backofen schieben.

## FENCHEL MIT SCHWARZEN OLIVEN

*2 Fenchelknollen (à 180 g)*
*1 Schalotte, 1/4 Knoblauchzehe*
*1 EL Olivenöl*
*je 1 Zweig Thymian und Rosmarin*
*1 Lorbeerblatt, Salz, frisch gemahlener Pfeffer*
*50 ml Weißwein, 10 schwarze Oliven*
*500 ml Tomatenpüree, 10 g geriebener Parmesan*

Fenchelknollen putzen und vierteln. Das Grün aufheben. Den Fenchel, wie in der Bildfolge gezeigt, im Ofen schmoren. Die Sauce reduzieren, den Fenchel damit überziehen. Mit Parmesan und Fenchelgrün anrichten.

Schalotten- und Knoblauchwürfel in Öl andünsten. Die Fenchelstücke, Thymian, Rosmarin und das Lorbeerblatt zugeben.

Das Gemüse salzen, pfeffern und mit Weißwein begießen. Die in Scheiben geschnittenen Oliven und das Tomatenpüree darüber verteilen.

Die Auflaufform mit Alufolie fest verschließen. Das Gemüse im Backofen bei 180°C in etwa 35 Minuten garen.

## ROTKOHL

(im Bild unten)

*1,2 kg Rotkohl, 1 Apfel*
*2 EL Rotweinessig*
*Salz, 1 Prise Zucker*
*Saft und Abrieb von 1 unbehandelten Orange*
*200 g Zwiebeln, 100 g Gänseschmalz*
*350 ml Rotwein, 1 rohe Kartoffel (60 g)*
Für den Gewürzbeutel:
*1 Nelke, 2 Pimentkörner*
*6 bis 8 weiße Pfefferkörner*
*4 Wacholderbeeren, 1 Lorbeerblatt*
*1/4 Zimtstange*

Den Rotkohl schneiden. Den Apfel entkernen, in dünne Spalten schneiden und zum Kohl geben. Essig, Salz, Zucker, Saft und den Abrieb der Orange hinzufügen, wie in der Bildfolge gezeigt stampfen und etwa 1 Stunde ziehen lassen. Die geschnittenen Zwiebeln in heißem Schmalz glasig schwitzen, den Kohl zugeben, mitschwitzen und mit dem Wein ablöschen. Den Gewürzbeutel in den Topf hängen und alles 15 Minuten bei schwacher Hitze schmoren. Die Kartoffel hineinreiben und in weiteren 15 Minuten garen.

Kohl, Apfelspalten, Essig und Gewürzbeutel mischen, mit der Faust leicht stampfen und mindestens 1 Stunde durchziehen lassen.

Zwiebelringe in einem großen Topf in heißem Schmalz anschwitzen. Den Rotkohl hinzufügen und gut mitschwitzen.

Mit Rotwein ablöschen. Die Gewürze, in ein Beutelchen gebunden, an den Griff hängen, damit sie problemlos entfernt werden können.

Zur Bindung eine rohe Kartoffel hineinreiben und den Rotkohl weitere 10 bis 15 Minuten bei schwacher Hitze schmoren.

**Rotkohl mit Maronen** als Beilage zu gebratenen Wachteln mit Wachtelspiegeleiern (wie hier im Bild). Interessanter wird der Rotkohl, wenn man am Schluß etwas Preiselbeermarmelade untermischt oder den Kohl mit glasierten Äpfeln oder Kastanien anrichtet.

# Traditionsgerichte mit geschmortem Kohl

## SORGFÄLTIG ZUBEREITETE KLASSIKER DER BÜRGERLICHEN KÜCHE

Weiß- oder Rotkohl und Wirsing eignen sich zum Schmoren deshalb so gut, weil die Blätter und Rippen mit ihrer etwas groben Struktur durch diesen Garprozeß sehr gut aufgeschlossen und verdaulich werden. Außerdem entfalten die typischen Gewürze wie Nelken, Lorbeer, Wacholder und Kümmel erst im Laufe des Garens ihre Wirkung. Wie lange ein Weiß- oder Rotkohlgericht auf dem Herd stehen soll - oder ob es darüber hinaus erst aufgewärmt den besonderen Reiz erhält - bleibt, weil eben wieder mal Geschmackssache, letztlich unentschieden.

### BAYRISCH KRAUT

*1 kg Weißkohl*
*120 g Zwiebeln*
*80 g durchwachsener Speck*
*40 ml Öl, 1 Prise Salz*
*frisch gemahlener weißer Pfeffer*
*1/2 TL Kümmel*
*200 ml Weißwein*
*200 ml Fleischfond*

Den Kohl schneiden. Die abgezogenen Zwiebeln und den Speck würfeln und in heißem Öl glasig schwitzen. Den Weißkohl hinzufügen, mit Salz, Pfeffer und Kümmel würzen und andünsten. Mit dem Weißwein ablöschen und den Fond dazugießen. Etwa 30 Minuten im geschlossenen Topf schmoren.

### WIRSINGGEMÜSE

*800 g Wirsing*
*120 g Zwiebeln*
*80 g Speck*
*30 g Butter*
*1 Prise Salz*
*frisch gemahlener weißer Pfeffer*
*1 Prise Muskatnuß*
*300 ml Sahne*

Den Wirsing halbieren, den Strunk herausschneiden und den Kohl in feine Streifen schneiden. Zwiebeln und Speck fein würfeln und in heißer Butter glasig schwitzen. Den Wirsing zugeben, mit Salz, Pfeffer und Muskatnuß würzen und kurz angehen lassen. Sahne dazugießen und bei schwacher Hitze cremig einkochen lassen, bis die Wirsingstreifen gar sind.

# Gefüllte Gemüse

## FÜLLEN FÜR AUSGEHÖHLTE GEMÜSE, FARCEN IN BLÄTTER GEHÜLLT

Fruchtgemüse aller Art, wie entkernte Tomaten, Kürbisse und Paprikaschoten, sind natürliche Behältnisse für jede Art von Füllung. Eine Idee, die weltweit aufgegriffen wurde, was die entsprechenden Rezepte zeigen. Ganz ähnlich verbreitet ist es, Kohl- und Blattgemüse, wie Weißkohl oder Weinblätter, als "eßbare Hülle" zu verwenden. Kohlrouladen beispielsweise werden zwar meist für eine typisch deutsche Erfindung gehalten, jedoch gibt es von Ungarn über Griechenland bis China unzählige Gerichte mit gewürztem Hackfleisch in einer Hülle aus Weißkohl-, Rotkohl-, Wirsing- oder Chinakohlblättern. Größere Wurzeln und Knollen, wie zum Beispiel Kartoffeln und Kohlrabi, lassen sich aushöhlen und bieten dann Platz für eine Füllung. Das herausgelöste Fruchtfleisch bildet dabei oft die Basis für die Füllung.

GEFÜLLTE TOMATEN: Von 1 kg Fleischtomaten 4 schöne Exemplare auswählen und aushöhlen. Die restlichen Tomaten häuten, entkernen und würfeln. 200 g Spinat blanchieren, abschrecken und gut ausdrücken. 1 mittelgroße Zwiebel und 1 Knoblauchzehe abziehen, würfeln und in 1 1/2 EL Olivenöl glasig dünsten. 10 entkernte schwarze Oliven und den Spinat zufügen, salzen und pfeffern. Kurz andünsten und die Tomatenwürfel zugeben. 100 g feingewürfelte Mozzarella untermischen und die Masse in die Tomaten füllen. Mit 2 Scheiben entrindetem, feingeriebenem Toastbrot und mit 1 EL feingehackter Petersilie bestreuen. Mit jeweils 1 TL Olivenöl beträufeln. Im vorgeheizten Ofen bei 180°C in 10 Minuten garen. 1 EL feingehackte Petersilie darüberstreuen und die Tomaten anrichten.

## GEFÜLLTE GROSSE ARTISCHOCKEN

Für dieses Rezept sind rundliche, 10 bis 12 cm große Artischocken mit breitem Blütenboden am besten geeignet. Zum Garen keine Aluminiumtöpfe verwenden, sonst verfärbt sich das Artischockenfleisch schwarz.

(für 6 Portionen als Hauptgericht)

*6 Artischocken, 2 Zitronen*

*je 150 g Schweinerücken und Kalbsoberschale*

*250 g Champignons*

*2 EL gehackte Petersilie*

*1 EL Crème fraîche*

*Salz, frisch gemahlener weißer Pfeffer*

*18 hauchdünne Scheiben frischer (grüner) Speck*

*30 ml Olivenöl, 25 g Butter*

*300 ml Weißwein*

Den Stiel der Artischocken herausbrechen, die Blätter stutzen, das Heu herauslösen und entfernen. Den Boden und die Blätter mit Zitronensaft beträufeln, damit sie sich nicht verfärben. Die Artischocken in Salzwasser mit etwas Zitronensaft 10 Minuten blanchieren und kopfüber abtropfen lassen. Beide Fleischsorten und die geputzen Champignons fein würfeln. Mit Petersilie, Crème fraîche und den Gewürzen mischen und - wie in der Bildfolge unten gezeigt - die Artischocken damit füllen. Im geschlossenen Topf 60 bis 80 Minuten im Backofen bei 180°C schmoren. Herausnehmen, die Speckscheiben entfernen und das Gemüse servieren.

Die Füllung: feingewürfeltes Schweine- und Kalbfleisch, gehackte Champignons, Petersilie und Crème fraîche.

**Artischocken füllen:**

Die Außenblätter zur Seite biegen und die Füllung mit einem Eßlöffel in die Öffnung der Artischocke geben.

Die dünnen Speckscheiben kreuzweise so darüberlegen, daß die Füllung ganz bedeckt und gegen Austrocknen geschützt ist.

Küchengarn rund um die Artischocke ziehen und fest verknoten, damit sich der Speck beim Garen nicht ablösen kann.

Die Artischocken aufrecht in einen Topf mit heißem Olivenöl und heißer Butter setzen. Den Wein dazugießen.

# Fein gefüllt: Artischocken und Kohlrabi

## SAFTIGE KOMBINATIONEN MIT FLEISCH

Nicht nur hübsch anzusehen: Die Aromen von Füllung und Gemüse verbinden sich durch das Schmoren zu einer besonders harmonischen Einheit.

**Einst war die Artischocke** ein standesgemäßes Gemüse des Adels, das eine vornehme Lebensart zum Ausdruck brachte. Noch heute ist sie ein teures Gemüse, da der eßbare Anteil nur etwa 20% beträgt. Das "Wenige" ist jedoch eine Delikatesse. In der französischen "haute-cuisine" kaum wegzudenken, weist sie unzählige Variationen auf.

### JUNGE GEFÜLLTE ARTISCHOCKEN

Für dieses italienische Rezept nimmt man am besten eine längliche Artischockensorte mit kleinen Blütenköpfen, denn die Fülle kommt nicht nur innen auf den Boden, sondern auch zwischen die jungen, zarten Blätter. Das Originalrezept heißt "Carciofi ritti" von "diritti", aufrecht, und weist darauf hin, wie die fertigen Artischocken in die Form gesetzt werden sollten: mit der Füllung nach oben, aufrecht eben.

| (für 4 Portionen als Beilage) |
|---|
| *8 junge Artischocken* |
| *Saft von 1 Zitrone* |
| *3 Knoblauchzehen* |
| *1 Bund Petersilie* |
| *80 g durchwachsener Speck* |
| *Salz, frisch gemahlener weißer Pfeffer* |
| *125 ml Olivenöl, 60 ml Weißwein* |

Die Artischockenköpfe vom Stiel brechen, harte äußere Blätter entfernen. Das obere Drittel der Blüten abschneiden und das Heu entfernen. Das Gemüse in Wasser mit Zitronensaft legen. Knoblauch und Petersilie hacken, den Speck fein würfeln und alles miteinander mischen. Die Artischocken in einen flachen Topf setzen, die Blätter auseinanderdrücken und die Füllung hineingeben. Das Gemüse mit Salz und Pfeffer würzen und mit Olivenöl beträufeln. Den Wein angießen und die Artischocken etwa 15 Minuten bei 180°C im vorgeheizten Backofen im geschlossenen Topf schmoren.

### GEFÜLLTE KOHLRABI

Dieses typische Traditionsgericht der bürgerlichen Küche - hier in einer verfeinerten Version - wurde sicher ursprünglich erfunden, um knappe Fleischportionen optisch ein wenig aufzuwerten.

| (für 4 Portionen als Beilage<br>/2 Portionen als Hauptgericht) |
|---|
| *4 Kohlrabi (à 280 g)* |
| *4 Scheiben Toast, 30 g Butter, 250 g Rinderhack* |
| *100 g durchgedrehte Geflügelleber* |
| *2 EL gehackte Petersilie* |
| *je 1/2 TL gehackter Thymian und Majoran* |
| *2 Eigelbe, Salz, Pfeffer, 1 cl Armagnac* |
| *1 Zwiebel, 100 ml Weißwein* |
| *100 ml Gemüsefond (Grundrezept Seite 154)* |

Die Kohlrabi putzen und so aushöhlen, daß eine 5 mm dicke Wand stehen bleibt. Das ausgelöste Innere aufheben. Die Knollen etwa 4 Minuten blanchieren. Das Brot entrinden, 3 Scheiben würfeln und in 10 g Butter bräunen. Die Würfel mit Hackfleisch, Leber, Kräutern und Eigelben vermengen. Salz, Pfeffer und Armagnac zugeben. Kohlrabi mit dieser Farce füllen. Mit der letzten, feingeriebenen Toastscheibe und etwas Petersilie bestreuen. Die Zwiebelscheiben in einem Topf mit dem grobgehackten Kohlrabifleisch in Butter anschwitzen, die Knollen einsetzen, Wein und Fond angießen. Im Backofen bei 180°C in etwa 30 Minuten garen.

Gefüllte Kohlrabi: Hier mit einer kräftig gewürzten Mischung aus Leber, Hackfleisch und Brot gefüllt und als Hauptgericht mit Tomatensauce angerichtet.

## GEFÜLLTE AUBERGINEN

"Imam bayildi", dem Imam schwanden die Sinne (vor Entzücken) - so der Name des türkischen Rezepts in deutscher Übersetzung.

| |
|---|
| *4 Auberginen (à 350 g)* |
| *300 g Zwiebeln, 500 g Tomaten* |
| *40 ml Olivenöl, 2 Knoblauchzehen* |
| *Salz, frisch gemahlener Pfeffer* |
| *1/4 Zimtstange, 1 Lorbeerblatt* |
| *1 EL gehackte Petersilie* |
| *50 g gehackte Mandeln* |

Die Auberginen im vorgeheizten Backofen bei 200°C etwa 10 Minuten rösten, dabei des öfteren wenden. Die Haut abziehen, die Früchte der Länge nach halbieren und das Kerngehäuse so herauslösen, daß ein 2 cm starker Rand stehen bleibt. Die Zwiebeln schälen und in Ringe schneiden. Die Tomaten abziehen, vierteln, entkernen und kleinschneiden. 10 ml Olivenöl in einem Topf erhitzen. Die Zwiebelringe und den zerdrückten Knoblauch darin anschwitzen. Die Tomatenstücke zugeben. Das Gemüse salzen und pfeffern, die Zimtstange und das Lorbeerblatt zugeben und alles 5 Minuten dünsten. Das ausgelöste Auberginenfleisch grob würfeln und hinzufügen und weitere 5 Minuten dünsten. Lorbeer und Zimt entfernen. Petersilie und Mandeln zufügen. Diese Mischung in die Auberginenhälften füllen. Das Gemüse in eine geölte Auflaufform setzen und mit dem restlichen Öl beträufeln. In 15 bis 20 Minuten im vorgeheizten Backofen bei 180°C garen.

## PAPRIKASCHOTEN MIT GEMÜSECOUSCOUS GEFÜLLT

| |
|---|
| *200 g Couscous, 1 Sternanis* |
| *4 gelbe Paprikaschoten* |
| *160 g grüne Zucchini, 80 g gelbe Zucchini* |
| *160 g Auberginen, 1 mittelgroße Zwiebel* |
| *1/2 Knoblauchzehe, 300 g Tomaten* |
| *20 ml Olivenöl* |
| *Salz, frisch gemahlener weißer Pfeffer* |
| *40 ml Weißwein* |
| *40 ml Geflügelfond (Grundrezept Seite 155)* |
| Für die Sauce: |
| *500 g Tomaten, 30 ml Olivenöl* |
| *1 Zwiebel, 1 Thymianzweig, 1 Lorbeerblatt* |

Den Couscous mit 250 ml Wasser 15 Minuten quellen lassen, auf einem Sieb zerbröseln und mit dem Sternanis über Wasserdampf in 30 Minuten garen. 100 ml Wasser darüberträufeln und weitere 15 Minuten ziehen lassen. Inzwischen von den Paprikaschoten einen Deckel abschneiden. Die Schoten aushöhlen. Zucchini und Auberginen grob, abgezogene Zwiebel und Knoblauchzehe fein würfeln. Tomaten abziehen, entkernen und kleinschneiden. Die Gemüse in Olivenöl anschwitzen, salzen, pfeffern. Wein und Fond dazugießen und knapp gar dünsten. Mit dem gegarten Couscous mischen und in die ausgehöhlten Schoten füllen. Die Deckel auflegen. Für die Sauce die Tomaten grob hacken, das Olivenöl in einer Brassière erhitzen und die gewürfelte Zwiebel anschwitzen. Die Paprikaschoten einsetzen, gehackte Tomaten, Thymian und Lorbeer zugeben. Bei 180 bis 200°C im Backofen in 25 Minuten garen. Die Schoten herausnehmen. Den Schmorfond für die Sauce aufmixen, passieren und mit Salz und Pfeffer würzen.

## ZWIEBELN MIT RISOTTOFÜLLUNG

*4 mittelgroße Gemüsezwiebeln (à 160 g)*
*100 g durchwachsener Speck*
*60 g Rundkornreis (Carnaroli)*
*40 g Butter, 200 ml Weißwein*
*325 ml Geflügelfond (Grundrezept Seite 155)*
*30 g geriebener Parmesan*
*1 TL Thymian, 1 Lorbeerblatt*

Die Zwiebeln schälen, den oberen Teil als Deckel abschneiden. Die Zwiebeln so aushöhlen, daß eine 5 mm breite Wand stehen bleibt. Das Gemüse kurz blanchieren, abschrecken und abtropfen lassen. Das Zwiebelinnere feinschneiden und zusammen mit dem gewürfelten Speck und dem Reis in 20 g Butter glasig schwitzen. 100 ml Wein dazugießen und bei mittlerer Hitze leicht köcheln lassen. Dabei nach und nach 200 ml Fond zufügen. In 15 Minuten garen. Parmesan, Thymian und restliche Butter untermischen. Die Masse in die Zwiebeln füllen und die Deckel daraufsetzen. Die Zwiebeln in einen Topf setzen, mit dem restlichen Wein und Fond begießen. Das Lorbeerblatt zugeben und das Gemüse im Ofen bei 180°C etwa 15 Minuten schmoren.

## GEFÜLLTE BITTERGURKE AUF CURRYSAUCE

*2 Bittergurken (à 420 g), 10 g Salz*
Für die Füllung:
*300 g Lachsfilet*
*Salz, frisch gemahlener weißer Pfeffer*
*200 ml Sahne, 1 EL geschlagene Sahne*
Für die Sauce:
*2 Schalotten, 30 g Butter*
*2 TL Farinzucker, 1 TL Currypulver*
*50 ml Weißwein, 4 cl Mirin (süßer Reiswein)*
*1 EL Kokosnußcreme, 200 ml Sahne*
*1 rote Paprikaschote*

Die Enden der Gurken abschneiden und die Kerngehäuse mit einem Apfelausstecher entfernen. Die Gurken von allen Seiten salzen und Saft ziehen lassen. Danach 5 Minuten in eine Schüssel mit heißem Wasser legen, abschrecken und abtropfen lassen. 50 g vom Lachs fein würfeln. Den Rest salzen, pfeffern, im Mixer fein pürieren und mit der gut gekühlten Sahne zu einer Farce aufmixen. Die Masse durch ein Sieb streichen, mit der geschlagenen Sahne lockern und die Lachswürfel zugeben. Die Gurken, wie in der Bildfolge rechts gezeigt, füllen und in Folie wickeln. Das Gemüse in 70 bis 80°C heißem Wasser etwa 20 Minuten pochieren. Inzwischen für die Sauce die gewürfelten Schalotten in heißer Butter andünsten. Zucker und Curry darüberstreuen. Wein und Mirin zugießen. Die Kokoscreme einrühren und die Flüssigkeit bis auf ein Viertel reduzieren. Sahne zugießen, die Sauce cremig einkochen lassen und passieren. Die Paprika abziehen, fein würfeln und in die Sauce geben. Die gefüllten Gurken auswickeln, in Scheiben schneiden und auf der Sauce servieren.

TIP: Die Sauce kann mit abgeriebener Limettenschale, Chili oder Ingwer zusätzlich verfeinert werden.

**Die Bittergurke füllen:** Die Lachsfarce in einen Dressiersack füllen und in die ausgehöhlten Bittergurken spritzen. Das Gemüse in Folie wickeln und diese zubinden.

## GEFÜLLTE WEINBLÄTTER

Dolmadakia, diese würzigen Bissen, gehören in Griechenland zu den Meze, den klassischen Vorspeisen. Die benötigten zarten Weinblätter werden nur im Frühjahr gesammelt und dann in Salzlake konserviert.

*250 g Zwiebeln*
*130 g Langkornreis, 40 ml Öl*
*Salz, frisch gemahlener weißer Pfeffer*
*1 TL Zucker, 50 g Pinienkerne*
*1 EL gehackter Dill, 2 EL gehackte Petersilie*
*1/2 EL feingeschnittene Pfefferminze*
*15 frische Weinblätter, Saft von 1/2 Zitrone*
*50 ml Weißwein, 30 g flüssige Butter*

Die Füllung zubereiten und 12 Weinblätter damit füllen, wie in der Bildfolge unten und links gezeigt. Den Boden eines flachen Topfes mit den restlichen 3 Weinblättern auslegen und die Rouladen darauf setzen. Zitronensaft, Wein, 1/8 l Wasser und die flüssige Butter zugeben. Mit Salz würzen. Die gefüllten Weinblätter zugedeckt im Backofen in 30 bis 40 Minuten bei 180°C garen.

TIP: Die gefüllten Weinblätter noch lauwarm auf Zitronensabayon (Grundrezept Seite 161) anrichten, wie hier Bild rechts oben. Sie schmecken aber auch kalt ohne Sauce vorzüglich.

**Für die Füllung** die gewürfelten Zwiebeln und den Reis in Öl andünsten. Mit Salz, Pfeffer und Zucker würzen. 100 ml Wasser zugießen. Im geschlossenen Topf bei schwacher Hitze etwa 10 Minuten ziehen lassen.

**Weinblätter füllen:**

Den knapp gegarten Reis in eine Schüssel geben. Mit den Pinienkernen, Dill, Petersilie und Minze vermengen.

Frische Weinblätter entstielen. In einen Durchschlag geben und mit kochendem Wasser überbrühen. Danach kalt abspülen.

12 Blätter mit der Oberseite nach unten auf die Arbeitsfläche legen. Jeweils etwas von der Reisfüllung auf die Mitte geben.

Die Weinblätter an beiden Seiten über der Füllung einschlagen, aufrollen und mit der glatten Seite nach oben in den Topf legen.

## GEFÜLLTE ZUCCHINI

Alle der zahlreichen Sorten sind zum Füllen geeignet: vom riesigen 40-cm-Exemplar, das gleich für 6 Portionen reicht, bis hin zu den runden Zucchini und den winzigen Minizucchini. In Griechenland serviert man dieses Gemüse mit deftiger Reis-Hackfleisch-Füllung und Zitronensauce, in Italien wird es mit einer Kräuter-Brot-Parmesanfülle gratiniert und in Südfrankreich findet man zahlreiche Varianten mit Tomaten, Oliven und Lorbeer. Für eine edle Vorspeise wird Geflügel- oder Fischfarce in ausgehöhlte, blanchierte Zucchinistücke gespritzt. Im folgenden Rezept werden die Zucchini mit einer Farce aus Gemüse und Schinken gefüllt:

*4 kleine Zucchini (à etwa 100 g)*
*je 80 g Champignons und Lauch*
*100 g Karotten*
*80 g Knollensellerie*
*20 g Butter*
*120 g gekochter Schinken*
*Salz, frisch gemahlener Pfeffer*
*2 EL gehackte Petersilie*
*20 ml Olivenöl*

Die Zucchini waschen, der Länge nach halbieren und die Kerne mit einem Kugelausstecher herausheben. Champignons, Lauch, Karotten und Sellerie putzen, sehr fein würfeln und in heißer Butter andünsten. Den gekochten Schinken würfeln und mitschwitzen. Sparsam salzen, pfeffern und bei schwacher Hitze dünsten, bis das Gemüse knapp gar ist. Die Petersilie zugeben und die Füllung in die Zucchinihälften füllen. Eine ofenfeste Form mit Öl ausstreichen, die Zucchini hineinsetzen und mit dem restlichen Öl beträufeln. Im Backofen bei 180°C etwa 10 Minuten backen.

TIP: Dazu paßt gelbe Paprikasauce, wie hier im Bild rechts, oder eine leichte Gemüsesauce.

## GEFÜLLTE ZUCCHINIBLÜTEN

Die Blüten sind bei uns nur im Sommer zu haben. Mit diesem Rezept lassen sich auch die etwas größeren Kürbisblüten füllen, die man auf Nachfrage beim Bauern bekommt. Ein Großteil der gelben Blüten wird nämlich ohnehin entfernt, damit die Früchte besser wachsen.

(für 2 Portionen)

*300 g Zucchini, 25 g Butter*

*Salz, frisch gemahlener Pfeffer*

*2 Schalotten, Muskat*

*130 ml Weißwein*

*130 ml Gemüsefond (Grundrezept Seite 154)*

*4 Zucchiniblüten*

*2 Eigelbe, 3 Scheiben Weißbrot ohne Rinde*

Die Blüten waschen. Zucchini etwa 5 mm dick mit einem Messer abschälen. Schale würfeln und mit 1 geschnittenen Schalotte in 5 g heißer Butter anschwitzen. Mit Salz, Pfeffer und Muskat würzen und mit 50 ml Wein ablöschen. Nach kurzem Reduzieren 50 ml Fond angießen und soweit einkochen lassen, bis das Gemüse gar und fast trocken ist. Die Blüten, wie in der Bildfolge unten gezeigt, füllen. Die restliche Butter in einer Auflaufform schmelzen und die übrige geschnittene Schalotte darin glasig schwitzen. Zucchiniblüten hineingeben, salzen und pfeffern. Mit dem restlichen Wein ablöschen, leicht reduzieren und den Rest des Gemüsefonds zugießen. Die Form mit Alufolie schließen und die Blüten im Backofen bei 180°C in etwa 10 Minuten auf der untersten Schiene garen.

TIP: Auf roter Paprikasauce serviert (wie hier im Bild), wirken die Blüten sehr dekorativ.

**Zucchiniblüten füllen:**

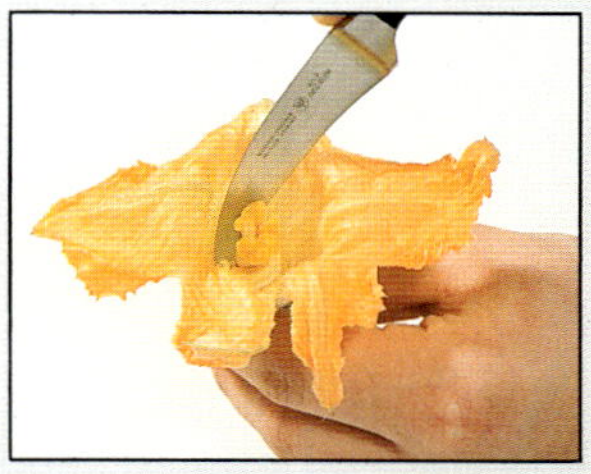

Den Kelch der Zucchiniblüten mit den Händen vorsichtig öffnen und den Stempel im Inneren mit einem kleinen Messer so entfernen, daß die Blüte unverletzt bleibt.

Die 5 mm dicke Zucchinischale kleinschneiden und mit Schalottenwürfeln in Butter anschwitzen. Würzen, mit Wein ablöschen und reduzieren.

Das gedünstete Gemüse noch warm in einen Mixer geben, mit 2 Eigelben und dem Weißbrot fein pürieren. Die Füllung nachwürzen und auskühlen lassen.

Mit einem Dressierbeutel die abgekühlte Füllung in die Blütenkelche spritzen.

Die Blütenblätter mit einer leichten Drehbewegung verschließen.

Den Stiel der Blüten jeweils in Fächer schneiden und etwas flach drücken.

## CHINAKOHLROULADEN

Als Hülle für diesen Hackfleischteig aus dreierlei Fleischsorten bieten sich auch blanchierte Blätter anderer Kohlarten sowie Mangoldblätter an.

*250 ml Milch, 50 g Langkornreis*
*je 150 g Rind-, Schweine- und Lammfleisch*
*30 g grüner Speck*
*2 Zwiebeln, 1 Knoblauchzehe*
*30 g Butter, 3 EL gehackte Petersilie*
*1/2 TL Oregano, 2 Eigelbe*
*1 Prise Salz, frisch gemahlener Pfeffer*
*12 bis 18 Chinakohlblätter (je nach Größe)*
*250 ml Fleischfond*

**Rouladen füllen:** Dicke Blattrippen flach schneiden. Die Fleischfüllung portionieren und auf die Mitte geben. Beim Aufrollen die Seiten der Blätter jeweils zur Mitte einschlagen, damit die Füllung nicht herausquellen kann.

Die Milch mit 1/8 l Wasser aufkochen, den Reis zugeben und bei schwacher Hitze in etwa 20 Minuten garen. Alle Fleischsorten und den Speck durch die feine Scheibe des Fleischwolfs drehen. Zwiebeln und Knoblauch würfeln, in 10 g Butter anschwitzen und abkühlen lassen. Das Fleisch mit Kräutern, Eigelben und der Zwiebelmischung vermengen, salzen und pfeffern. Den gekochten Reis zugeben. Die Kohlblätter blanchieren, abschrecken und die Blattrippen flach schneiden. Die Blätter ausbreiten, salzen und pfeffern. Den Fleischteig in 12 Portionen teilen, auf die Blätter geben und einrollen. Eine Form mit 10 g Butter ausstreichen, die Rouladen hineinlegen und mit der Fleischbrühe begießen. Die restliche Butter in Flöckchen darüber verteilen. Bei 180°C im vorgeheizten Ofen in 35 bis 40 Minuten garen.

## STEINBUTT IM WIRSINGBLATT

*500 g Steinbuttfilet*
*Salz, frisch gemahlener weißer Pfeffer*
*150 ml Sahne*
*80 g Karotten, 1 Wirsing*
Für die Kerbelsauce:
*1 kleiner Bund Kerbel*
*1 Schalotte, 20 g Butter*
*je 125 ml Weißwein und Fischfond*
*200 ml Sahne, 20 g kalte Butter*

Aus dem Steinbutt 4 Scheiben von je 100 g schneiden. Den restlichen Fisch würfeln, leicht anfrieren lassen,

# Appetitlich verpackt in Blätter

## EINE HÜLLE AUS KOHL HÄLT FLEISCH UND FISCH SAFTIG

Zarte Fleischfarcen und empfindliche Fischfilets garen schonend unter dem Schutz der Kohlblätter. Aber auch Mangold, Pak-Choi und große Senfkohlblätter können eine Füllung delikat zusammenhalten.

salzen, pfeffern und pürieren, dabei die gekühlte Sahne nach und nach zugeben. Die Farce durchpassieren und kalt stellen. Die Karotten in Brunoise schneiden und blanchieren. Die äußeren 8 bis 10 Blätter des Wirsings abtrennen, kurz blanchieren und die Blattrippen flachschneiden. Von dem restlichen Kohl den Strunk entfernen, das Gemüse fein zerkleinern und blanchieren. Die Farce, die Karotten und den zerkleinerten, ausgedrückten Wirsing mischen. Die Fischfilets, wie in der Bildfolge rechts gezeigt, in Wirsing hüllen, kühl stellen. Für die Sauce den Kerbel abzupfen. Die Stiele mit der gewürfelten Schalotte in Butter anschwitzen. Den Weißwein und den Fond zugießen, auf ein Viertel reduzieren. Die Sahne zugeben, die Sauce cremig einkochen und passieren. Den Fisch in 8 bis 10 Minuten über heißem Dampf garen. Die kalte Butter in die Sauce schlagen, die Kerbelblättchen zugeben und nachwürzen. Den Fisch auf der Sauce anrichten.
TIP: Die Beilage einfach halten. Es passen am besten Kartoffeln, Reis oder Nudeln.

### FASANENBRUST IM WEISSKRAUTMANTEL

Auch zahmes Geflügel bleibt beim Garen in einer Hülle aus Fleischfarce und Kohl saftig. Doch besonders für mageres Wildgeflügel ist dies die Methode der Wahl.

| |
|---|
| *1 Fasan (etwa 800 g)* |
| *80 g mageres Kalbfleisch* |
| *Salz, frisch gemahlener weißer Pfeffer* |
| *120 ml Sahne* |
| *2 EL geschlagene Sahne, 1cl Cognac* |
| *je 2 EL gehackte Petersilie und Pistazien* |
| *80 g Gänsestopfleber* |
| *1 Weißkohl (etwa 1 kg )* |
| *1 Schweinenetz, 30 ml Öl* |

Brüste und Keulen des Fasans auslösen und die Haut entfernen. Das Fleisch der Oberschenkel von Knochen und Sehnen befreien, zusammen mit dem Kalbfleisch fein würfeln, gut kühlen oder leicht anfrieren lassen. Salzen, pfeffern, fein pürieren und dabei die kalte Sahne einarbeiten. Die Farce durchpassieren und die geschlagene Sahne unterheben. Cognac, Petersilie und Pistazien dazugeben und erneut kalt stellen. Die Stopfleber in 2 Scheiben schneiden, salzen, pfeffern, kurz anbraten und kalt stellen. Blätter vom Kohl ablösen, dicke Blattrippen entfernen. Die Blätter kurz blanchieren, abtrocknen und zu einem großen Rechteck legen. Die Farce dünn daraufstreichen. Eine der mit Salz und Pfeffer gewürzten Fasanenbrüste darauflegen, wieder mit Farce bestreichen und die Leber darauflegen. Erneut mit Farce bestreichen und als Abschluß die zweite Fasanenbrust auflegen. Das Ganze zu einem Päckchen formen, in das Schweinenetz wickeln und in heißem Öl auf beiden Seiten anbraten. Im Ofen in 18 bis 20 Minuten bei 200°C garen. Das Netz entfernen, die Roulade 2 Minuten ruhen lassen, dann in Scheiben schneiden.
TIP: Als Beilage eignen sich - wie hier - Maisplätzchen.

**Steinbutt im Wirsingmantel:** Die Blätter mit einem Plattiereisen flach klopfen, mit Farce bestreichen und den Fisch darauf geben. Päckchen formen und dabei die Ränder mit Farce verkleben.

# Braten und Fritieren

## GEMÜSE UND KARTOFFELN AUS PFANNE, WOK UND FRITEUSE

Bei diesen Zubereitungsarten überträgt Fett die Hitze zum Garen. Weil es, anders als Wasser, auf weit über 100°C erhitzt werden kann, ist die Regulierung der Temperatur nicht ganz einfach, aber umso wichtiger für das kulinarische Ergebnis. Auf Butter zum Beispiel, sonst in der feinen Küche vollkommen unentbehrlich, muß beim Braten und Fritieren verzichtet werden, denn sie verbrennt schon bei etwa 120°C. Dagegen ist das eiweiß- und wasserfreie Butterschmalz unempfindlicher und hält bis zu 180°C Hitze aus. Ob man es jedoch neben dem Braten auch zum Fritieren nehmen sollte, darüber läßt sich streiten. Denn bei einer Dauerbelastung von einer halben Stunde und mehr, wie sie beim Fritieren von Kartoffeln und Gemüse durchaus vorkommen kann, verliert das Fett an Qualität und schmeckt leicht verbrannt. Hier ist man mit einem neutralen, raffinierten Pflanzenöl auf der sicheren Seite, auch wenn das Butteraroma fehlt. Dieser Mangel ist mit einem kurz vor dem Servieren zugefügten Stück frischer Butter schnell behoben. So auch in diesem Rösti-Rezept.

RÖSTI: 800 g Kartoffeln einer festkochenden Sorte schälen, grob raspeln oder in Stifte hobeln und trokkentupfen. Die Kartoffeln salzen, pfeffern und in 4 Portionen teilen. In einer kleinen Pfanne jeweils 20 g Butterschmalz erhitzen. Je eine Portion Kartoffeln hineinfüllen, leicht festdrücken und von beiden Seiten goldbraun braten. Auf jedes Rösti 5 g frische Butter geben, aufschäumen lassen und sofort servieren.

BERNER RÖSTI: 800 g Kartoffeln in der Schale kochen, abgießen, abschrecken und im Topf mit geschlossenem Deckel auskühlen lassen. Die Kartoffeln pellen und auf einer Röstireibe raspeln. 100 g durchwachsenen Speck fein würfeln und mit 60 g Butterschmalz in einer Pfanne auslassen. Die geraspelten Kartoffeln zugeben, mit 1 Prise Salz und wenig frisch gemahlenem weißem Pfeffer würzen und braten, bis sie Farbe angenommen haben. Mit 2 bis 3 EL Sahne begießen, das Rösti wenden und fertig braten.

# Gemüse aus der Pfanne

## ALS PUFFER, IM GANZEN ODER IN SCHEIBEN MIT UND OHNE PANADE

Eine braune Kruste bringt bei mancher Gemüsesorte die besten Seiten zum Vorschein. Doch Vorsicht bei zu starker Hitze: Es bilden sich schnell Bitterstoffe, die das zarte Gemüsearoma verderben. Gemäßigte Temperaturen und gelegentliches Schütteln der Pfanne oder Wenden sorgen am besten für die gewünschte gleichmäßige Bräune.

| KARTOFFEL-ZUCCHINI-PUFFER |
| --- |
| *400 g Zucchini* |
| *500 g Kartoffeln* |
| *Salz, frisch gemahlener weißer Pfeffer* |
| *1 Prise Muskatnuß* |
| *60 g Butterschmalz* |

Die Zucchini waschen und raspeln. Die Kartoffeln schälen, raspeln und mit den Händen ausdrükken. Den Kartoffelsaft ruhen lassen, bis sich die Stärke gesetzt hat. Das Wasser abgießen und die Stärke zu den Kartoffeln geben. Die Zucchini untermischen und mit den Gewürzen abschmecken. Butterschmalz in einer Pfanne erhitzen. Aus dem Teig 12 Puffer hellbraun braten und heiß servieren.

**Junger, gebratener Knoblauch** schmeckt so mild, daß er nicht nur in feiner Dosierung als Gewürz, sondern, wie andere Gemüse auch, als Beilage zu empfehlen ist. Je 1/4 l Milch und Wasser in einer Schwenkkasserolle aufkochen. 200 g geschälte, junge Knoblauchzehen hineingeben und 5 bis 8 Minuten darin bei schwacher Hitze köcheln lassen. Auf einem Sieb abgießen und unter fließendem Wasser abspülen. Das Gemüse trockentupfen, salzen, mit 1 EL Mehl bestauben und in 10 g Butterschmalz goldgelb anbraten.

## AUBERGINEN MIT TOMATEN

Braten in heißem Öl ist die mit Abstand beste Zubereitungsart für Auberginen. Damit aber das saugfähige, etwas schwammige Fruchtfleisch nicht allzuviel Fett aufnimmt, bestreut man die in Scheiben geschnittenen Früchte mit Salz und läßt sie 15 Minuten ruhen und Flüssigkeit ziehen. Erst nach dem Trockentupfen bekommen sie durch das Rösten im heißen Fett ihr typisches Aroma. Länger warm halten sollte man gebratene Auberginen allerdings nicht, da sie schnell ihre Knusprigkeit verlieren und das beim Braten aufgenommene Öl wieder austritt.

| |
|---|
| *800 g Auberginen* |
| *500 g Fleischtomaten* |
| *Salz, frisch gemahlener weißer Pfeffer* |
| *1 EL Mehl, 60 ml Olivenöl* |
| *1 Zweig Rosmarin, 1/2 Knoblauchzehe* |
| *2 Schalotten* |

Die Auberginen in 1 cm dicke Scheiben schneiden und mit dem Messer ein Gittermuster einschneiden. Die Scheiben salzen, kurze Zeit stehen lassen und die ausgetretene Flüssigkeit mit Küchenpapier abtrocknen. Die Fleischtomaten blanchieren, abziehen, vierteln, entkernen und in Stücke schneiden. Die Auberginenscheiben mit Salz und Pfeffer würzen, mit Mehl bestauben und portionsweise in 50 ml Olivenöl goldgelb braten. Die Scheiben wenden und den Rosmarin zugeben. Das restliche Öl in einem Topf erhitzen, den zerdrückten Knoblauch und die in Scheiben geschnittenen Schalotten zugeben und glasig dünsten. Tomaten zufügen, mit Salz und Pfeffer würzen und kurz mitschwitzen. Die Auberginenscheiben mit dem Tomatengemüse anrichten.

## SELLERIESCHEIBEN

Vor dem Panieren und Braten muß Knollensellerie erst einmal gekocht werden. Neuere Sorten der altbekannten Wurzelknolle verfärben sich nicht mehr grau wie früher. Aber trotzdem zur Vorsicht immer etwas Zitronensaft in den Kochsud geben. Zu den knusprigen Selleriescheiben paßt ein Sabayon mit Zitronenthymian - wie es im Bild oben zu sehen ist.

| |
|---|
| *2 kleine Sellerieknollen (à 500 g)* |
| *Salz, 2 EL Zitronensaft* |
| *frisch gemahlener weißer Pfeffer* |
| *1 Bund Zitronenthymian* |
| *1 EL Öl, 1 EL Mehl* |
| *1 Ei, 200 g frisch geriebenes Weißbrot* |
| *40 g Butterschmalz* |
| *10 g Butter* |
| *4 Kapuzinerkresse-Blüten* |

Die Sellerieknollen schälen, in 8 gleichmäßige Scheiben schneiden und in Salzwasser mit Zitronensaft garen. Die Selleriescheiben abschrecken, trockentupfen, mit Salz und Pfeffer würzen und mit Öl beträufeln. Einige Zitronenthymian-Blätter abzupfen. Die Selleriescheiben aufeinanderlegen und dabei jeweils einige Kräuterblättchen zwischen die Scheiben legen. Mit Folie bedecken und 20 bis 30 Minuten zum Marinieren ruhen lassen. Die Selleriescheiben zuerst in Mehl, dann in verquirltem Ei und zuletzt in Weißbrotbröseln wenden und diese festdrücken. In heißem Butterschmalz goldbraun braten. Die Butter zugeben, aufschäumen lassen und das Gemüse, mit Kresseblüten angerichtet, sofort servieren.

SPROSSEN-MAIS-TALER: 300 g gekochte Maiskörner leicht ausdrücken. Die Hälfte fein pürieren und in eine Schüssel geben. 1 Eigelb, 1 TL Mehl, Salz, Pfeffer, 1 Prise Zucker und 30 g Cornflakes mit dem Püree mischen. Die ganzen Körner und 1 EL geschnittene Petersilie zugeben und 10 Minuten ruhen lassen. 180 g Sojasprossen untermengen und in 40 g Butterschmalz 16 kleine Taler ausbacken.

# Aus dem Wok

## GEMÜSE SCHNELL UND KNACKIG GEGART

Pfannenrühren nennen es übersetzt die Chinesen, von denen die halbrunde, große Eisenpfanne erfunden wurde. Der Trick: Die Gemüse müssen in möglichst gleichmäßige Stücke geschnitten werden, die dann mit einer Schaufel aus Metall, die in ihrer Form der des Woks angepaßt ist, ständig in Bewegung gehalten werden. Nur so garen die Gemüse gleichmäßig, denn der Wok entwickelt die größte Hitze weder im Zentrum noch am oberen Rand, sondern in dem Streifen dazwischen, wo die Gasflamme am stärksten angreifen kann. Ganz besonders wichtig: Das Gemüse in kleinen Portionen nacheinander garen, damit es entsprechend "knackig" bleibt und auch möglichst viele seiner Nährstoffe behält.

**Rettich vorbereiten:** Die Schale mit einem Sparschäler entfernen. Den Rettich erst der Länge nach zerteilen, dann quer in schmale Stücke schneiden.

### GEBRATENER RETTICH

Zum Braten im Wok unbedingt ein raffiniertes, hoch erhitzbares Öl benutzen. Sehr gut eignet sich Erdnußöl.

- *2 EL Erdnußöl*
- *1 Frühlingszwiebel, 1 TL Ingwer*
- *100 g gehacktes Schweinefleisch*
- *600 g chinesischer weißer Rettich*
- *1 EL Sake, 250 ml Fleischbrühe*
- *2 TL Zucker, 3 EL Sojasauce*
- *1 EL Koriandergrün*

Das Öl im Wok stark erhitzen. Die feingeschnittene Frühlingszwiebel und den Ingwer darin anbraten. Das Fleisch zufügen und unter ständigem Rühren bräunen. Die wie links vorbereiteten Rettichstücke 2 Minuten mitbraten. Sake, Brühe und die Gewürze hinzufügen. Die Hitze reduzieren und das Gericht köcheln lassen, bis der Rettich weich und die Flüssigkeit fast vollständig verdampft ist. Mit dem Koriandergrün garnieren.

### BAMBUS-SPARGELGEMÜSE MIT TINTENFISCH

- *300 g Tintenfisch*
- *300 g grüner Spargel*
- *180 g gekochte Bambussprossen*
- *2 EL Erdnußöl, Abrieb von 1/2 Limette*
- *1 Msp. gehackte Ingwerwurzel*
- *Salz, 1 Prise Szechuan-Pfeffer*
- *4 cl Mirin (süßer Reiswein)*
- *30 ml Geflügelfond (Grundrezept Seite 155)*

Den Tintenfisch säubern und in dünne Ringe schneiden. Den Spargel schälen. Die Spitzen etwa 5 cm lang abschneiden und den unteren Teil der Stangen in Scheiben schneiden. Die Bambussprossen vierteln. Das Öl im Wok erhitzen. Erst die Limettenschale und den Ingwer, anschließend den Spargel unter ständigem Rühren 3 bis 4 Minuten anbraten. Die Tintenfischringe hineingeben und 2 Minuten mitbraten. Salzen und pfeffern. Die Bambussprossen kurz mitbraten. Mirin und Fond zugießen. Die Hitze reduzieren und alles leicht köcheln lassen, bis die Flüssigkeit fast vollständig verdampft ist.

**Das süß-saure Gemüse** (im Bild rechts) paßt wunderbar zu Wirsingcrêpes, die sehr attraktiv und einfach zu machen sind: Zarte Wirsingblätter von mittlerer Größe kurz blanchieren und trockentupfen. Einen Crêpeteig (siehe Seite 193 - Spinatroulade) anrühren. Etwas Teig in die Pfanne gießen. Jeweils ein Wirsingblatt in die feuchte Teigoberfläche drücken, den Crêpe wenden und fertigbraten.

## SÜSS-SAURES GEMÜSE IN WIRSINGCREPES

*5 g getrocknete Mu-Err-Pilze*
*100 g Brokkoli*
*je 60 g Rettich, Staudensellerie und Kürbis*
*50 g Zuckerschoten, 1 rote Paprikaschote*
*120 g Frühlingszwiebeln*
*2 EL Erdnußöl, 1 Msp. gehackte Ingwerwurzel*
*1/2 Knoblauchzehe, 1 TL Zucker*
*20 Cashewkerne, 1 Prise Salz*
*frisch gemahlener Pfeffer*
*2 EL Sojasauce, 1 Spritzer roter Reisessig*
*2 cl Reiswein, 1/2 TL Weizenstärke*

Die Pilze einweichen und schneiden. Alle Gemüsesorten putzen und in gleichmäßige Scheiben, Würfel oder Stücke teilen. Das Öl im Wok erhitzen. Ingwer und den in Scheiben geschnittenen Knoblauch mit dem Zucker zugeben. Kurz anbraten, die vorbereiteten Gemüse und die Cashewkerne hinzufügen. Die Gemüse unter ständigem Rühren anbraten, mit Salz und Pfeffer würzen und mit der Sojasauce ablöschen. Den Reisessig und Reiswein zugeben und das Gemüse bei schwacher Hitze knapp garen. Die Stärke mit wenig Wasser anrühren und die Flüssigkeit damit abbinden.

## SENFKOHL MIT GARNELEN

*300 g Garnelen*
*600 g Senfkohl*
*3 EL Erdnußöl, 1 Knoblauchzehe*
*1/2 TL gewürfelte Ingwerwurzel*
*1 EL helle Sojasauce*
*1 EL Sake, 1 Prise Fünf-Gewürz*
*1 Prise Salz, 1 TL Maisstärke*

Die Garnelen schälen und den Darm entfernen. Den Senfkohl putzen und in mundgerechte Stücke schneiden. Das Öl im Wok stark erhitzen. Erst gewürfelten Knoblauch und Ingwer, dann den Senfkohl zufügen und unter ständigem Rühren 2 Minuten anbraten. Die Garnelen 1 Minute mitbraten. Die Hitze reduzieren. 4 EL Wasser, Sojasauce und Sake mit den Gewürzen verrühren und in den Wok geben. Zugedeckt in weiteren 5 Minuten garen. Die Maisstärke in Wasser anrühren und die Flüssigkeit damit binden.

TIP: Wie bei allen Wok-Gerichten größere Mengen besser in mehreren Portionen zubereiten.

Das A und O beim Garen im Wok: gleichmäßig zerkleinerte Zutaten, die blitzschnell gar sind. Der Senfkohl wird erst halbiert, der dicke Strunk entfernt und die Blätter in schmale Streifen geschnitten.

Ins rauchheiße Fett erst Knoblauch und Ingwer, dann den Senfkohl geben. Unter Rühren 2 Minuten braten.

Die Garnelen zum Kohl geben und unter ständigem Wenden braten, bis sie sich hellrot färben.

Mit 4 EL Wasser, Sake und Sojasauce ablöschen. Bei schwacher Hitze weiterrühren, bis alles knapp gar ist.

# Kartoffeln - fritiert und aus der Pfanne

## KARTOFFELSPEZIALITÄTEN: IM HEISSEN FETT AUSGEBACKEN UND BRAUN GEBRATEN

Gebratene Kartoffeln gehören bei uns in jeder Form zu den beliebtesten Beilagen überhaupt. Ganz gleich, ob aus einem Kartoffelteig gemacht wie Kartoffelplätzchen, Gnocchi und Schupfnudeln oder pur wie die verschiedenen Formen von Bratkartoffeln - der Vorgang bleibt derselbe: die Kartoffeln in heißem Öl, Schmalz oder einem geeigneten festen Pflanzenfett rösten. Je schwerer die dafür benutzte Pfanne und je dicker deren Boden, desto gleichmäßiger und knuspriger gerät die Kruste.

### KARTOFFELPLÄTZCHEN

500 g mehlige, gekochte Kartoffeln durchpressen und im warmen Zustand mit 2 Eigelben, 10 g Butter, 2 EL Crème fraîche, Salz und Muskatnuß vermengen. Aus der abgekühlten Masse zuerst Kugeln, dann Plätzchen formen. In verquirltem Ei und frisch geriebenem Weißbrot wenden. Mit dem Messerrücken ein Gittermuster eindrücken und in heißem Fett goldbraun braten. Zum Schluß etwas frische Butter zugeben.

### GEBRATENE KLEINE KARTOFFELN POMMES RISSOLEES

1 kg neue, kleine Kartoffeln in der Schale kochen und pellen. In 40 ml Öl rundherum goldbraun braten. Hitze reduzieren, 20 g Butter zugeben, aufschäumen lassen und die Kartoffeln mit Salz würzen.

Goldbraun aus der Pfanne: Kartoffelplätzchen (unten), italienische Gnocchi (rechts), vorgekochte Kartoffeln im ganzen (links) und rohe Kartoffeln in Würfeln (oben) gebraten.

### WÜRFELKARTOFFELN POMMES CARREES

1 kg festkochende Kartoffeln schälen und in 5 bis 8 mm große Würfel schneiden. 10 Minuten wässern, um die Stärke auszuschwemmen. Die Kartoffeln abtrocknen, in Öl goldbraun braten und mit Salz würzen. Die Zugabe von frischen Kräutern wie Thymian und Rosmarin geben den Kartoffeln eine interessante Note.

### KARTOFFELNOCKEN - GNOCCHI

500 g mehlige, gekochte Kartoffeln durch eine Presse drücken. 2 Eigelbe, 10 g Butter, 30 g Weizendunst, 80 g Mehl, Salz und geriebene Muskatnuß unterrühren. Die lauwarme Masse zu Rollen formen, in kleine Stücke zerteilen und zu Kugeln drehen. Mit den Zinken einer Gabel Rillen eindrücken und die Gnocchi auf mit Weizendunst bestreutes Pergamentpapier setzen. In reichlich kochendem Salzwasser garen, bis die Gnocchi an der Oberfläche schwimmen. Mit einer Schaumkelle herausnehmen, abschrecken, abtropfen und in frischer Butter goldgelb braten. Eine beliebte Variante ist auch das Mitbraten von frischem Salbei.

**Kartoffeln hobeln:** Schnell, gleichmäßig und in verschiedenen Stärken gelingen die Stifte für Pommes allumettes (oben) und Pommes frites (Mitte) mit einer "Mandoline". Auf diesem stabilen Gemüsehobel aus Edelstahl entsteht auch ein Zackenmuster wie vom Buntmesser, wenn man den entsprechenden Messereinsatz für das Gerät verwendet.

**Kartoffeln fritieren:** Innen gar und außen knusprig sollen die Pommes frites sein. Deshalb werden sie zweimal ins Fett getaucht: zuerst bei etwa 160°C, bis sie weich sind. Dann abkühlen lassen, damit sich eine Stärkeschicht bildet, die beim zweiten Fettbad dafür sorgt, daß die Kartoffeln gut bräunen und wenig Fett aufnehmen. Bei 180 bis 190°C fertig fritieren.

**Pommes frites:** Dieses Allerwelts-Gericht bekommt Qualität, wenn mehlig kochende Kartoffeln in Stäbchen geschnitten und zuerst einmal bei einer niedrigen Fettemperatur von 160°C vorfritiert werden. Man nennt diesen Vorgang "vorblanchieren", obwohl es sich um ein Garen im Fettbad handelt. Dann erst bräunt man sie bei 180°C.

**Pommes allumettes:** Streichholzdünn, wie schon der Name sagt, sollen die Kartoffelstifte sein. Wegen des geringen Durchmessers der Kartoffeln muß nicht unbedingt vorfritiert werden. Jedoch geraten auch die dünnen Streichholz-Kartoffeln knuspriger, wenn sie vorbehandelt werden. Wie alle anderen Sorten erst vor dem Servieren salzen.

TIP: Bei feuchten, sehr wasserhaltigen Kartoffelsorten (z.B. Frühkartoffeln) empfiehlt es sich, diese in der Schale zu garen. Nach dem Waschen auf einer Schicht von grobem Salz im Backofen garen. Die Basis zum Gelingen vieler Rezepturen sind trockene Kartoffelmassen und -teige.

**Pommes pailles:** Höchstens 1,5 mm im Durchmesser und 5 bis 6 cm lang sollen die Stifte für Strohkartoffeln geschnitten sein. Sie geraten auch ohne vorheriges Blanchieren bei hoher Fettemperatur, denn die fadendünnen Streifen bestehen fast ausschließlich aus Kruste und werden deshalb fast zur gleichen Zeit sowohl gar als auch braun.

**Pommes gaufrettes:** Diese hauchdünnen Kartoffelscheiben mit Waffelmuster sind ohne einen Spezialhobel nicht herzustellen. Ein gezackter Messereinsatz sorgt für die Riefen. Das löchrige Waffelmuster entsteht erst, wenn die Kartoffel nach jedem Schnitt um 90° gedreht wird. Die Waffeln im auf 190°C erhitzten Fett goldbraun fritieren.

**Kroketten:** 1 kg mehlige, gekochte Kartoffeln gut ausdampfen lassen, schälen und durch eine Presse drücken. Mit 4 Eigelben, 20 g Butter, Salz und Muskatnuß vermengen. Die lauwarme Masse zu fingerdicken Rollen formen und auskühlen lassen. In 4 cm lange Stücke schneiden, mit Mehl, Ei und Bröseln panieren und bei 180°C goldbraun fritieren.

**Dauphin-Kartoffeln:** Aus 125 ml Wasser, 50 g Butter, 125 g Mehl und 2 bis 3 Eiern eine Brandmasse herstellen. Den Teig mit 500 g Krokettenmasse (siehe Rezept links) vermengen. Kleine Nocken abstechen und auf ein geöltes Pergamentpapier setzen. Mit dem Papier in das 180°C heiße Fett tauchen, Papier abziehen und die Kartoffeln goldgelb backen.

Kartoffel-Birnen: Einen Krokettenteig wie links zubereiten. Birnen formen und panieren. Mit einem Stück Spaghetti als Stiel und einer Nelke als Blüte dekorieren und fritieren.

**Die Gemüse** mit Kräutersauce servieren. Oder separat mehrere Dips dazu reichen, wie Basilikum-, Thunfisch- und Olivensauce.

# Fritierte Gemüse

## EINE KNUSPRIGE HÜLLE AUS TEIG HÄLT GEMÜSE SAFTIG

Für ein Bad im brodelnden Fett sind die meisten Gemüse wegen ihres hohen Wassergehalts eigentlich ungeeignet. In Teig getaucht oder gewickelt, geraten sie aber ganz köstlich.

**Einen Bierteig zubereiten:** Die Eigelbe mit Mehl, Salz und Bier verrühren. Falls sich Klümpchen gebildet haben, durch ein Sieb passieren. 30 Minuten zum Quellen stehen lassen. Zuletzt das steifgeschlagene Eiweiß unterheben. Eine weitere Variante: Weinteig mit Safran

Die kleingeschnittenen Gemüse mit Zitronensaft, Öl und Kräutern vermischen und 30 Minuten zum Durchziehen stehen lassen.

Die Gemüsestücke einzeln auf eine lange Gabel, zum Beispiel eine Fonduegabel, spießen und in den wie links zubereiteten Bierteig tauchen.

Die Stücke kurz abtropfen lassen, in das auf 180°C erhitzte Öl geben, bräunen und auf Küchenpapier abtropfen lassen.

### GEMÜSE IM BIERTEIG

| |
|---|
| *je 200 g Blumenkohl- und Brokkoliröschen* |
| *1 Kohlrabi* |
| *je 100 g Karotten, weißer und grüner Spargel, Champignons und Zuckerschoten* |
| *1 Bund Frühlingszwiebeln* |
| *Saft von 1 Zitrone* |
| *2 EL gemischte, gehackte Kräuter, 60 ml Olivenöl* |
| *Salz, frisch gemahlener Pfeffer* |
| Für den Bierteig: |
| *4 Eier, 250 g Mehl, Salz, 250 ml Weißbier* |
| Außerdem: |
| *10 Salbeiblätter, 1 kleiner Bund Krause Petersilie* |
| *1/2 EL Mehl, Pflanzenöl zum Fritieren* |

Alle Gemüse putzen und in mundgerechte Stücke teilen. Blumenkohl, Brokkoli, Karotten, Kohlrabi und Spargel kurz blanchieren, abschrecken und trockentupfen. Mit Champignons, Zuckerschoten und Frühlingszwiebeln vermischen. Zitronensaft mit gehackten Kräutern und Öl vermischen, salzen, pfeffern und über die Gemüse geben. 30 Minuten durchziehen lassen. Den Teig zubereiten, wie in der Bildfolge ganz links gezeigt. Die Gemüsestücke einzeln hineintauchen, kurz abtropfen lassen und in das auf 180°C erhitzte Fett geben. Goldbraun werden lassen, herausheben und auf Küchenpapier abtropfen lassen. Die Salbeiblätter am Stiel fassen, durch den Teig ziehen und ausbacken. Als Garnitur die Petersilie in Mehl wenden und ebenfalls fritieren.

## FRÜHLINGSROLLEN

Typisch als Gewürz für die Füllung dieser chinesischen Spezialität sind Korianderblätter und Sojasauce. Mit den Gemüsesorten kann variiert werden. Sehr einfache Rezepte enthalten nur Weißkohlstreifen und Mung- oder Sojabohnenkeimlinge. Über die hier vorgestellte vegetarische Frühlingsrolle hinaus sind auch Mischungen mit Hack- oder Geflügelfleisch und Bambussprossen begehrt. Die transparenten Teigblätter zum Einschlagen der Füllung bestehen aus Weizenmehl, Wasser und Salz und werden am besten fertig gekauft.

| |
|---|
| *100 g Zuckerschoten* |
| *120 g Karotten* |
| *150 g Frühlingszwiebeln* |
| *80 g Staudensellerie* |
| *80 g Chinakohl* |
| *80 g Shii-take-Pilze* |
| *100 g Sojabohnenkeimlinge* |
| *4 EL Erdnußöl* |
| *1 Msp. zerdrückter Knoblauch* |
| *Salz, frisch gemahlener weißer Pfeffer* |
| *4 EL Sojasauce* |
| *1 EL Maisstärke* |
| *1 EL geschnittene Korianderblätter* |
| *1 EL Mehl* |
| *8 Teigblätter für Frühlingsrollen* |
| *Pflanzenöl zum Fritieren* |

Die Gemüse putzen und bis auf die Keimlinge in feine Streifen schneiden. Das Erdnußöl in einer Pfanne oder im Wok erhitzen, den Knoblauch zugeben und alle Gemüse unter ständigem Rühren anbraten. Mit Salz und Pfeffer würzen und mit der Sojasauce ablöschen. Maisstärke mit wenig Wasser anrühren und das Gemüse damit binden. Koriander zufügen und das Gemüse abkühlen lassen. Zum Verkleben der fertigen Rollen das Mehl zuerst mit 1 EL kaltem, anschließend nach und nach mit 2 bis 3 EL heißem Wasser verrühren. Die Frühlingsrollen füllen, wie in der Bildfolge rechts beschrieben, und portionsweise in das auf 180°C erhitzte Öl geben. Goldbraun werden lassen, herausnehmen und auf Küchenpapier abtropfen lassen.

TIP: Die Rollen können fertig gefüllt und in feuchte Tücher geschlagen bis zum Fritieren 1 bis 2 Stunden im Kühlschrank aufgehoben werden. Sojasauce separat reichen und nach Belieben verwenden.

**Frühlingsrollen füllen:**

Die Teigblätter auf ein feuchtes Tuch legen und etwas von der fertig gegarten Gemüsemischung daraufgeben.

Das Ganze eine Umdrehung weit aufrollen. Das geht am besten, wenn man das Tuch an einer Seite leicht anhebt.

Die beiden Seiten des Teigs nach innen umschlagen und zum Verkleben alle Ränder mit dem angerührten Mehl bestreichen.

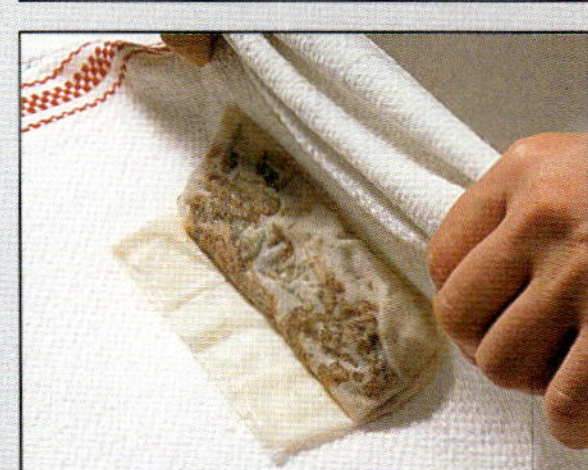

Das Tuch so weit anheben, daß sich das Ganze von selbst zur Rolle formt. Alle Ränder der Rolle noch einmal leicht andrücken.

GEMÜSE-QUICHE: Für 4 Stück benötigt man die halbe Menge des Grundrezepts geriebener Teig (Seite 236). Je 100 g Zucchini und Karotten, je 1 rote und gelbe Paprikaschote, 150 g Frühlingszwiebeln und 200 g Brokkoli für den Belag putzen, zerkleinern und blanchieren. Den Teig etwa 5 mm dick ausrollen, 4 Quicheförmchen von 11 cm Durchmesser damit auslegen. Das gut abgetropfte Gemüse einfüllen und mit 60 g geriebenem Emmentaler bestreuen. 200 ml Milch, 50 ml Sahne, 2 Eigelbe und 2 Eier mit Salz, Pfeffer und Muskatnuß verquirlen und über das Gemüse gießen. Die Quiches 15 bis 20 Minuten im vorgeheizten Backofen bei 180°C backen.

# Backen und Gratinieren

## GEMÜSEKOMBINATIONEN AUS DEM OFEN: QUICHE, PIZZA, TERRINE, LASAGNE, STRUDEL, SOUFFLE UND GRATIN

Knusprige Krusten und würzig gebräunte Oberflächen stehen bei den Gerichten dieses Kapitels im Vordergrund. Der Duft von braun Gebackenem und Gratiniertem gehört zu den größten Verlockungen der Küche und entsteht bei einer komplizierten chemischen Reaktion, die nach ihrem französischen Entdecker Maillard benannt wurde. In der trockenen Hitze des Backofens verschmelzen nämlich Eiweißbestandteile und Zuckerstoffe oder Stärke zu einer unverwechselbaren und mundwässernden Melange. Dieser Prozeß der Bräunung schafft ein eigenes intensives Aroma, das mit der saftigen Milde im Inneren der Gemüsegerichte wunderbar harmoniert. So profitiert die einfache süditalienische Pizza hauptsächlich vom Kontrast der knusprig gebackenen, dünnen Teigschicht und dem saftigen Belag aus Tomaten und Käse. Ebenso ist es beim Spinatkuchen, einer griechischen Spezialität, deren Füllung aus Gemüse und Schafkäse von kräftig gebräuntem Teig umhüllt ist. Ob französische Quiche, italienische Pizza oder griechischer Gemüsekuchen, sie alle sind ursprünglich Nebenprodukte der archaischen Kunst des Brotbackens. Hier wurde die Wärme des Backofens kreativ genutzt, und so entwickelten sich zum Beispiel auch die Gratins: Gemüsegerichte im Ofen "aufgewärmt" und knusprig überbacken als köstliches Essen nach getaner Arbeit.

## GRUNDREZEPT GERIEBENER TEIG

Dieser mürbe Grundteig harmoniert mit fast jeder denkbaren Gemüsefüllung, läßt sich zudem gut vorbereiten und kann in Folie verpackt vor dem Backen viele Stunden im Kühlschrank aufbewahrt werden.

| (Grundrezept für etwa 500 g Teig und 1 Form von 26 cm Durchmesser) |
|---|
| *300 g Mehl, 150 g Butter* |
| *4 g Salz, 3 bis 4 EL Wasser, 1 Ei* |

Das Mehl auf die Arbeitsfläche häufen und die leicht gekühlte Butter in Stückchen darüber verteilen. Mehl und Fett mit den Händen zu einer bröseligen Masse zerreiben. Salz, 3 bis 4 EL Wasser und das Ei in eine kleine Mulde der Mehl-Fett-Mischung geben und mit den Händen rasch zu einem glatten Teig verkneten. In Folie geschlagen, mindestens 1 Stunde kühl stellen, dann auf der bemehlten Arbeitsfläche etwa 5 mm dick ausrollen. Die Teigplatte mit dem Wellholz aufnehmen und in die gewünschte Kuchenform legen. Mit einem kleinen Teigrest den Teig in die Form drücken und die überstehenden Ränder wegschneiden.
TIP: Zu langes Kneten macht den Teig brüchig und brandig und verhindert problemloses Verarbeiten.

**Geriebener Teig:** Mehl und Butter mit den Händen so zerreiben, daß kleine Brösel entstehen. Eine Mulde formen, Salz, Wasser und das Ei hineingeben und alles rasch zu einem glatten Teig verkneten.

Den Teig zu einer glatten Kugel formen, in Klarsichtfolie wickeln und 1 bis 2 Stunden kühl stellen.

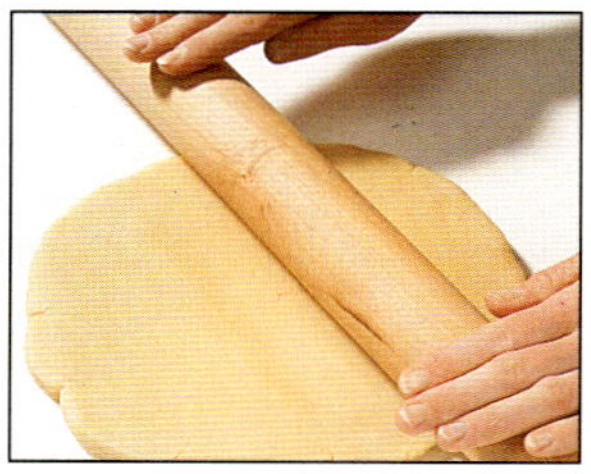

Auf der bemehlten Arbeitsfläche den Teig mit einem Wellholz gleichmäßig etwa 5 mm dick ausrollen.

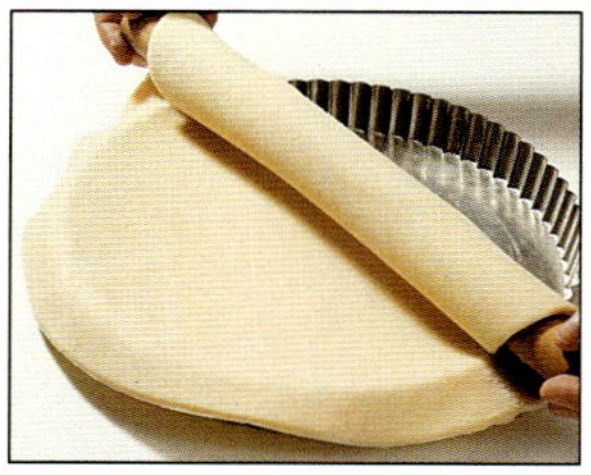

**Teig in die Form legen:**

Die Teigplatte locker um das Wellholz wickeln und vorsichtig über der Form abrollen.

Mit einem Teigrest den Teig in die Form drücken und überstehende Ränder mit einem Messer abschneiden.

## ZWIEBELKUCHEN MIT SPECK

| *650 g Zwiebeln* |
|---|
| *200 g durchwachsener Speck* |
| *20 g Butter, 100 ml Crème fraîche* |
| *200 ml Milch, 5 Eier* |
| *Salz, 1 Prise Muskat* |
| *frisch gemahlener weißer Pfeffer* |
| *1 Grundrezept geriebener Teig* |

Die angegebenen Mengen sind für eine Form von 26 cm Durchmesser berechnet. Die Zwiebeln schälen und in feine Scheiben schneiden. Den Speck in schmale Streifen schneiden und in einem flachen Topf auslassen. Die Zwiebelscheiben zufügen, anschwitzen und die Butter zugeben. Vom Herd nehmen und die Zwiebeln leicht abkühlen lassen. Crème fraîche mit Milch und Eiern verquirlen, zu den Zwiebeln geben und vermischen. Mit Salz, Muskat und Pfeffer würzen. Den Teig ausrollen und eine Form damit auslegen. Die Zwiebelfüllung einfüllen und glattstreichen. Im Ofen bei 180 bis 200°C etwa 45 Minuten backen.
TIP: Mit Pergamentpapier abdecken, falls die Oberfläche schon vor Ende der Backzeit dunkel werden sollte.

## TRÜFFEL-LAUCH-TARTE

| *350 g Blätterteig* |
|---|
| *600 g Lauch, 20 g Butter* |
| *1 1/2 EL Mehl* |
| *400 ml Milch, 100 ml Sahne* |
| *Salz, frisch gemahlener weißer Pfeffer* |
| *1 Prise Muskat* |
| *40 g Trüffel, 4 Eigelbe* |
| Zum Bestreichen: |
| *2 cl Portwein* |
| *je 40 ml Trüffel- und Kalbsfond* |
| *1 Msp. Weizenstärke* |

Die angegebenen Mengen sind für 4 Formen à 11 cm Durchmesser berechnet. Den Teig 2 mm dick ausrollen, mit einem Tuch bedecken und ruhen lassen. Die Förmchen damit so auslegen, daß die Ränder etwa 1 cm weit überstehen. Den Teig erst mit einem Stück Pergamentpapier, dann mit einem zweiten Förmchen bedecken und mit mindestens 300 g Gewicht beschweren. Bei 200°C im vorgeheizten Ofen 10 bis 12 Minuten backen. Die Ränder abschneiden und die Förmchen auskühlen lassen. Den Lauch in Streifen schneiden und in heißer Butter anschwitzen. Das Mehl darüberstauben und kurz mitschwitzen. Die Milch und die Sahne dazugießen und 5 bis 8 Minuten köcheln lassen. Mit Salz, Muskat und Pfeffer würzen und vom Herd nehmen. Die Trüffel schälen, die Schale hacken, mit den Eigelben zum Lauch geben und in die Teigböden verteilen. Mit Trüffelscheiben garnieren. Bei 180°C im Ofen 12 bis 14 Minuten backen. Inzwischen Portwein, Trüffel- und Kalbsfond mischen und bis auf ein Viertel reduzieren. Mit Weizenstärke binden und die fertigen Tartes damit bestreichen.

**Lauch und Zwiebeln:** einmal edel, einmal deftig. Diese beiden Gemüsesorten eignen sich ganz besonders gut zum Backen und vertragen sich hervorragend mit Käse. Kein Wunder also, daß mit dieser Kombination eine ganze Reihe regionaler Spezialiäten entstanden sind - mit Eigebundenem und mehr oder weniger scharf gewürzt mit Paprika, Pfeffer oder Kümmel. Geräuchertes Schweinefleisch (Speck oder Schinken) sorgt bei vielen Rezepten für eine weitere pikante Note, z.B. beim wohl bekanntesten Zwiebelkuchen, der Quiche Lorraine. Von Escoffier soll eine Kombination mit schwarzen Trüffeln stammen, ähnlich den hier gezeigten kleinen Lauch-Tartes. Auch die ganz einfachen Zwiebelkuchen vom Blech mit Hefeteigunterlage, die Schweizer Wähen und die schwäbischen Zwiebelkuchen sind hervorragende Begleiter zu Wein.

**Eine einfache, aber feine Variante** ist, den Zwiebelkuchen nach dreiviertel der Backzeit mit geraspeltem Käse zu bestreuen oder etwas feingehackten Liebstöckel auf den Belag zu geben.

## SPINATKUCHEN

Die Spanakópitta ist eine vegetarische Pastete aus Griechenland mit einer Füllung aus Spinat, Schafkäse und frischem Dill gewürzt.

*450 g Mehl (Type 405 oder 550)*
*220 g Weizenvollkornmehl*
*40 g Hefe, 300 ml Wasser*
*2 Eier, Salz*
*100 ml Olivenöl*
Für den Belag:
*2 kg Spinat, 3 Zwiebeln*
*2 Knoblauchzehen, 1 Bund Dill*
*450 g Feta-Käse, frisch gemahlener Pfeffer*
*1 Prise Muskatnuß*
*Mehl zum Ausrollen*
*Fett für die Form*
*1 Eigelb zum Bestreichen*

Die angegebenen Mengen sind für ein Backblech von 30 x 45 cm und 20 Stücke berechnet. Beide Mehlsorten mischen. Ins Mehl eine Mulde drücken, Hefe hineinbröckeln und mit lauwarmem Wasser verrühren. Mit etwas Mehl bedecken und mindestens 15 Minuten stehen lassen, bis der Vorteig deutliche Risse zeigt. Mit den Eiern, 10 g Salz und 50 ml Öl verkneten. Zugedeckt stehen lassen, bis sich der Teig mindestens verdoppelt hat. Für den Belag den Spinat putzen und waschen. Zwiebeln und Knoblauch schälen, würfeln und im restlichen Öl glasig schwitzen. Trockengeschleuderte Spinatblätter zugeben mit Salz, Pfeffer und Muskat würzen und dünsten, bis die Blätter zusammengefallen sind. Auf ein Sieb geben, abkühlen und abtropfen lassen. Gehackten Dill und gewürfelten Feta-Käse untermischen. Die Masse mit Salz, Pfeffer und Muskat würzen. Den Teig durchkneten, Zweidrittel davon ausrollen und das gefettete Blech damit auslegen. Den Boden mit einer Gabel mehrfach einstechen und mit der Spinatfüllung gleichmäßig bedecken. Den restlichen Teig ausrollen, in lange Streifen schneiden und als Gitter auf die Füllung legen. Das Eigelb mit 1 EL Wasser verquirlen und den Teig damit bestreichen. Den Kuchen bei 180°C im vorgeheizten Backofen 40 bis 50 Minuten backen.

# Belag für Pizzen

## EINE AUSWAHL UNTERSCHIEDLICHSTER KOMBINATIONEN

Der einfachste und klassische Belag für eine Pizza besteht aus abgezogenen, entkernten Tomaten, die mit etwas Knoblauch in Olivenöl zu einem dickflüssigen Püree geschmort und mit einer Prise Oregano gewürzt werden. Mit Mozzarella-Käse belegt, entsteht so die einfachste Form aller Pizzen. Aber natürlich harmoniert der leichte Hefeteig mit vielerlei Belägen. Eine interessante Version (im Bild oben): Auf dem Tomatenpüree liegen gekochte Ar:ischockenherzen, Zwiebelringe und schwarze Oliven, überbacken mit Gorgonzola. Die sehr deutsche Abwandlung (im Bild zweite von oben) mit Crème fraîche, Frühlingszwiebeln, Blutwurst und Majoran kommt ohne Tomaten aus. Scampischwänze, Tomaten, gehackter Knoblauch und Fontina-Käse sind auf Hefeteig ebenfalls gebacken (in der Bildmitte inks). Ein üppiger Belag aus Tomaten, Auberginenscheiben, Zucchini, Paprika, Schinken, Sardellen und Montasio-Käse (im Bild unten) paßt ebenso gut wie die Kombination aus roten und gelben Paprika, talienischer Salami, Zwiebeln, Oliven, Thymian und Fontina-Käse (im Bild rechts).

| GRUNDREZEPT PIZZA TEIG |
|---|
| (Grundrezept für 2 bis 3 Pizzen oder 20 Minipizzen) |
| *300 g Mehl (Type 405 oder 550)* |
| *20 g frische Hefe* |
| *125 ml Wasser* |
| *1/2 TL Salz* |
| *2 EL Olivenöl* |
| *Mehl zum Ausrollen* |

Den Teig, wie in der Bildfolge rechts beschrieben, vorbereiten und gehen lassen, bis sich das Volumen etwa verdoppelt hat. Auf der bemehlten Arbeitsfläche gründlich durchkneten, damit sich der Weizenkleber gut entwickelt und ein sehr elastischer Teig entsteht. Entweder den Teig, wie in der Bildfolge unten, in 20 Portionen teilen und zu Minipizzen ausrollen. Oder 2 bis 3 portionsgroße Pizzaformen damit auslegen. Die Minipizzen 12 Minuten und die Portions-Pizzen 12 bis 15 Minuten bei 180 bis 200°C im Ofen backen. Größere Mengen geraten am besten als Kuchen auf dem Backblech.

**Minipizzen ausrollen:**

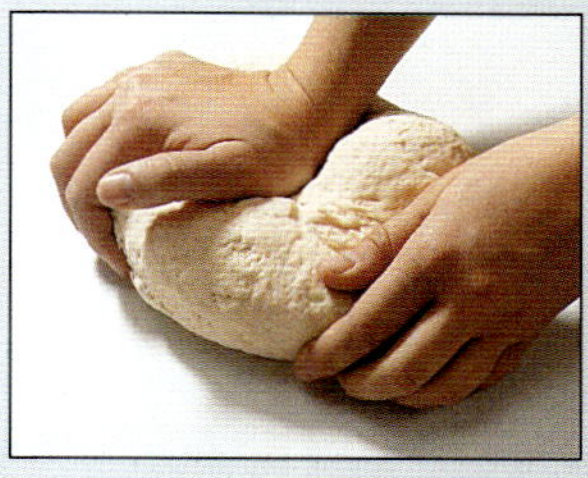

Den Teig auf der bemehlten Arbeitsfläche gründlich durchkneten, bis er sich glatt und seidig anfühlt.

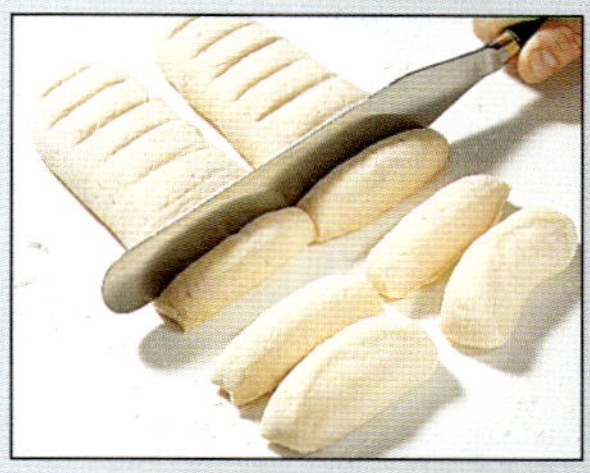

Zwei lange Rollen formen. Mit dem Messer Portionen markieren und den Teig in gleich große Stücke schneiden.

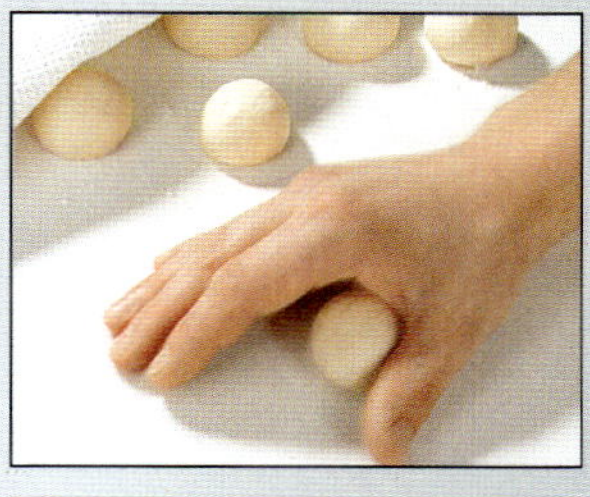

Jedes der 20 Hefeteigstücke durch kreisende Bewegungen mit der flachen Hand zu einer glatten Kugel schleifen.

Die Teigkugeln mit leichtem Druck auf wenig Mehl zu gleichmäßig dünnen, runden Talern ausrollen.

In die Böden mit dem Daumen einen Rand eindrücken, den Teig mit einer Gabel mehrmals einstechen und belegen.

**Pizzateig zubereiten:** In das Mehl eine Mulde drücken, Hefe hineinbröckeln und mit lauwarmem Wasser verrühren. Mit etwas Mehl bedecken und stehen lassen, bis der Vorteig deutliche Risse zeigt. Mit Salz und Öl verrühren.

## GEMÜSESTRUDEL

*200 g Mehl, 125 ml Wasser, 100 ml Pflanzenöl*

Für die Füllung:

*150 g Karotten, 200 g Kohlrabi*

*je 100 g Sellerieknolle und Zuckerschoten*

*150 g grüne Bohnen*

*750 g Erbsenschoten*

*4 Eigelbe, 1/2 EL Mehl*

*1 Scheibe Toastbrot ohne Rinde*

*Salz, frisch gemahlener Pfeffer*

*1 Prise Muskatnuß, 60 g flüssige Butter*

Das Mehl, das Wasser und 1/2 EL Öl zu einem glatten Teig verkneten. Eine Kugel formen, auf einen geölten Suppenteller legen und das restliche Öl darübergießen. Luftdicht abdecken und 1 Stunde bei Zimmertemperatur ruhen lassen. Für die Füllung Karotten, Kohlrabi und Sellerie putzen und in Stifte schneiden. Zuckerschoten und Bohnen putzen und unzerkleinert zusammen mit den Gemüsestiften in Salzwasser blanchieren und abschrecken. Die Erbsen auspalen und in Salzwasser weich kochen. Abtropfen lassen, pürieren und durchpassieren. Die Eigelbe, das Mehl und das geriebene Brot untermischen. Mit Salz, Pfeffer und Muskat würzen. Den Strudelteig aus dem Öl nehmen, abtropfen lassen und leicht mit Mehl bestauben. Auf einem Tuch über dem Handrücken hauchdünn ausziehen. Wie rechts beschrieben füllen und im vorgeheizten Ofen bei 220°C etwa 20 Minuten backen.

TIP: Der Gemüsestrudel schmeckt sehr gut mit einer Schnittlauchsauce wie hier, aber auch mit Tomaten-, Kürbis oder Paprikasauce (siehe Seite 158/159).

Den fertig ausgezogenen, hauchdünnen Strudelteig mit der Hälfte der flüssigen Butter gleichmäßig dünn bestreichen.

Das Erbsenpüree in einem etwa 5 cm breiten Streifen aufstreichen und abwechselnd mit den blanchierten Gemüsen belegen.

Das Tuch hochziehen und an einer Seite so weit anheben, daß sich Teig und Füllung ganz von selbst zu einer Rolle formen.

Den Strudel aufrollen, auf ein gefettetes Backblech setzen und mit der restlichen flüssigen Butter bestreichen.

## KOHLRABI-MANGOLD-LASAGNE

(im Bild unten)

*4 Kohlrabi (à etwa 250 g)*
*80 g Butter, Salz, frisch gemahlener weißer Pfeffer*
*1 Prise Muskatnuß, 1 EL Mehl*
*500 ml Milch, 250 ml Sahne*
*300 g Tomaten, 500 g roter Mangold*
*2 Schalotten, 12 grüne Lasagneblätter*
*1 TL Öl, 200 g geriebener Emmentaler*
*4 EL Crème fraîche und 1 Eigelb zum Bestreichen*

Die angegebenen Mengen sind für eine Lasagneform von 18 x 28 cm berechnet. Die Kohlrabi abziehen und das holzige Ende abschneiden. Die Knollen in 2 mm dicke Scheiben, die zarten grünen Blätter in Streifen schneiden und - wie in der Bildfolge zu sehen - garen. Die Tomaten abziehen, entkernen und in Streifen schneiden. Die Mangoldstiele von den Blättern trennen, abziehen und in 2 cm breite Stücke schneiden. Die Mittelrippe der Mangoldblätter entfernen, das Grün in breite Streifen schneiden und blanchieren. Die Kohlrabi in einer Schüssel abkühlen lassen und mit dem Mangold mischen. Die Lasagneblätter in Salzwasser mit Öl 5 Minuten kochen und abschrecken. Alle Zutaten, wie unten gezeigt, in eine Form schichten. Die Crème fraîche mit dem Eigelb verrühren und die obere Nudelplatte damit bestreichen. Die Form in den vorgeheizten Backofen schieben und 40 bis 45 Minuten bei 180°C backen. Zum Servieren in quadratische Stücke teilen.

Kohlrabi in 30 g Butter anschwitzen, mit Salz, Pfeffer und Muskat würzen. Mit Mehl bestauben. Milch und Sahne zugießen und 10 Minuten köcheln lassen.

Die Schalotten abziehen und fein würfeln. Kleingeschnittene Mangoldstiele und Schalotten in einer Pfanne in 20 g heißer Butter anschwitzen.

Eine gebutterte Form mit 3 gekochten Lasagneblättern auslegen und ein Drittel der abgekühlten Gemüsemischung gleichmäßig darauf verteilen.

Einige Tomatenstreifen und ein Drittel des Käses darauf geben. Das restliche Gemüse, die Lasagneblätter und den Käse genauso einschichten.

## LASAGNE MIT GRÜNEN BOHNEN

(ohne Abbildung)

*300 g Rinderhack, 30 ml Pflanzenöl*
*2 Zwiebeln, 1 Knoblauchzehe*
*1 EL Tomatenmark, 200 g Tomaten*
*125 ml Rinderbrühe, 1 Zweig Thymian, 1 Lorbeerblatt*
*Salz, frisch gemahlener schwarzer Pfeffer*
*12 helle Lasagneblätter*
*500 g grüne Bohnen (Busch- oder Bobby-Bohnen)*
Für die Béchamelsauce:
*40 g Butter, 25 g Mehl, 400 ml Milch, 1 Prise Muskat*
*160 g geriebener Parmesan zum Bestreuen*

Die angegebenen Mengen sind für eine Lasagneform von 18 x 28 cm berechnet. Hackfleisch in 20 ml Öl braun anbraten. Gewürfelte Zwiebeln und Knoblauch kurz mitschwitzen. Tomatenmark zugeben und braten, bis die Mischung fast trocken ist. Grobgeschnittene Tomaten, Brühe, abgezupften Thymian, Lorbeer, Salz und Pfeffer zufügen und schmoren, bis die Flüssigkeit fast völlig verdampft ist. Lasagneblätter in Salzwasser mit Öl 5 Minuten kochen und abschrecken. Bohnen putzen, in Salzwasser garen und abschrecken. Für die Sauce 20 g Butter schmelzen, das Mehl darüberstauben, die Milch unter Rühren zugießen und die Sauce bei schwacher Hitze 15 Minuten köcheln lassen. Würzen und durchpassieren. Die Form mit der restlichen Butter ausstreichen. Eine Lage Lasagneblätter, dann Hackfleisch, Bohnen, Sauce und Parmesan wie links einschichten. Fortfahren, bis alle Zutaten verbraucht sind. Die oberste Schicht sollte aus Nudeln bestehen, die mit Sauce bestrichen und mit Parmesan bestreut wird. Im vorgeheizten Ofen 40 bis 45 Minuten bei 180°C backen. Zum Servieren in quadratische Stücke teilen.

Sowohl die vegetarische Kohlrabi-Mangold-Lasagne (im Bild) als auch die Variante mit Bohnen und Hackfleisch können ganz nach Bedarf als Vorspeise, Zwischengericht und Hauptspeise serviert werden und reichen dann für 4 bis 8 Portionen.

# Soufflé und Terrine

## LOCKER-LEICHTE GERICHTE AUF DER BASIS VON EI UND GEMÜSE

Eier binden, nehmen Flüssigkeit auf, machen porös, stützen und harmonisieren den Geschmack. Hier stehen sie im Mittelpunkt: Ohne die lockernde Wirkung des Eischnees gelingt kein Soufflé. Denn durch die Hitze des Backofens dehnen sich die Luftbläschen im geschlagenen Eiweiß und treiben die Masse hoch über den Formrand hinaus. Bei der Terrine ersetzen verschlagene Eier die Bindung einer Fleischfarce. Sie nehmen das Wasser der Sauce auf und sorgen für eine schnittfeste Struktur. Im Backofen garantiert ein Wasserbad milde Temperaturen und damit, daß die zarte Struktur der Ei-Gemüse-Kombination erhalten bleibt. Ohne schützendes Wasserbad könnten die Ei-Mischungen so auftreiben, daß große Blasen die Struktur zerstören würden. Die Folgen: eine zähe Beschaffenheit und Verlust des feinen Aromas. Großer Beliebtheit erfreuen sich auch Klassiker wie Artischocken-, Spargel-, Kartoffel- oder Kürbissoufflés. In der Verbindung mit Ei werden auch Basisprodukte wie Brandteig, Kartoffelmasse und Frischkäse zur Delikatesse.

### SPINATSOUFFLE

(für 6 bis 8 Stück)

*60 g Butter, 30 g Mehl, 250 ml Milch, 40 ml Sahne*
*Salz, frisch gemahlener weißer Pfeffer*
*1 Prise Muskatnuß, 5 Eier*
*500 g Spinat, 2 Schalotten*
*1/2 Knoblauchzehe, 20 g Butter*
*100 g Bärlauch*
*Butter und Semmelbrösel für die Formen*

Aus Butter, Mehl, Milch und Sahne - wie links gezeigt - eine Béchamelsauce herstellen, mit Salz, Pfeffer und Muskat würzen und kurz abkühlen lassen. Die Eier trennen. Die Eiweiße kalt stellen. Die Eigelbe nach und nach in die Sauce rühren. Den Spinat putzen, blanchieren und abschrecken. Wie in der Bildfolge unten gezeigt, die Soufflémasse zubereiten. Passende Formen buttern und mit Bröseln ausstreuen. Die Masse bis etwa 2 mm unter dem Rand einfüllen. Formen kurz auf die Arbeitsplatte stoßen, damit große Luftblasen entweichen können, ins Wasserbad setzen und im vorgeheizten Ofen 20 Minuten bei 180°C backen. Sofort servieren.

**Béchamelsauce zubereiten:** Mehl in heißer Butter 2 Minuten anschwitzen. Die Milch nach und nach unterrühren und die Sauce 15 Minuten köcheln lassen. Die Sahne zufügen und erneut aufkochen.

**Soufflémasse zubereiten:**

Den blanchierten Spinat in ein Küchentuch geben und mit den Händen gründlich auswringen.

Die gut ausgedrückten Spinatblätter auf ein Brett geben und mit einem großen Messer hacken.

Gewürfelte Schalotten und Knoblauch mit dem Spinat in heißer Butter anschwitzen.

Zusammen mit den feingeschnittenen Bärlauchblättern in die Béchamelsauce mischen.

Die Eiweiße zu steifem Schnee schlagen und mit einem Holzlöffel unter die Soufflémasse heben.

Den Blumenkohl putzen, in Röschen teilen und in Milch und Sahne etwa 8 Minuten kochen, herausnehmen.

Die härteren Stiele von den Röschen trennen, wieder in die Kochflüssigkeit zurückgeben und weich kochen.

Die Blumenkohlstiele mitsamt der Kochflüssigkeit pürieren und mit Salz, Pfeffer und Muskat würzen.

Die flüssige Mischung aus Blumenkohl, Sahne und Milch durch ein feines Sieb passieren.

Die Eier mit der Blumenkohlmasse verschlagen. Sie sorgen dafür, daß die Terrine schnittfest wird.

Die Form mit Folie auslegen und mit Butter ausstreichen. Die Blumenkohl- und Brokkoliröschen hineingeben.

Die Gemüse mit der Sauce bedecken. Die Form mit den überstehenden Folienrändern verschließen.

## BLUMENKOHL-BROKKOLI-TERRINE

*400 g Blumenkohl*

*je 250 ml Milch und Sahne*

*Salz, frisch gemahlener weißer Pfeffer*

*1 Prise Muskatnuß*

*300 g Brokkoli*

*3 Eier*

*Alufolie und 10 g Butter für die Form*

*20 g geröstete Mandelblättchen*

Die angegebenen Mengen sind für eine Tunnelform von 500 ml Inhalt berechnet. Den Blumenkohl putzen und - wie in der Bildfolge oben - vorbereiten. Den Brokkoli putzen, zerlegen, blanchieren und abschrecken. Eine Tunnelform mit Alufolie auslegen und mit Butter ausstreichen. Die Blumenkohl- und Brokkoliröschen hineingeben und die Form, wie rechts gezeigt, füllen. In ein Wasserbad setzen und im vorgeheizten Backofen bei 180°C in 45 Minuten garen. Nach Ende der Garzeit mit einem Stäbchen prüfen, ob die Masse erstarrt ist. Die fertige Terrine aus der Form lösen und mit Mandelblättchen bestreut in Scheiben servieren.

"Gratin de pommes de terre à la Dauphinoise" ist die traditionelle und wohl die bekannteste Art eines Kartoffelgratins. Es ist ein idealer Begleiter für Lamm- und Bratengerichte.

## KARTOFFEL-GRATIN

Ein wandelbarer Klassiker: Oft gart man die Kartoffelscheiben in schierer Sahne und außer Salz und Pfeffer kommt nichts weiter dazu. Manchmal geben Thymian, Rosmarin und eine kräftige Portion Knoblauch den Kartoffeln die südliche Note. Trockenpilze wie Morcheln und Steinpilze veredeln das Gericht, ebenso natürlich einige Trüffelscheiben. Auch derbere Kombinationen mit Karotten-, Zwiebel- oder Rübenscheiben schmekken gut. Experimentieren läßt sich mit verschiedenen Käsesorten - von Blauschimmel bis Mozzarella.

*1 kg vorwiegend festkochende Kartoffeln*
*1/2 Knoblauchzehe*
*20 g Butter, Salz*
*frisch gemahlener weißer Pfeffer*
*1 Prise Muskat*
*100 g geriebener Emmentaler*
*500 ml Milch, 250 ml Sahne*

Die Kartoffeln schälen und in gleichmäßig dünne Scheiben schneiden oder hobeln. Eine ofenfeste Form mit der Knoblauchzehe ausreiben und mit 10 g Butter bestreichen. Die Kartoffelscheiben schuppenförmig in die Form schichten. Jede Lage sparsam salzen und pfeffern. Zum Schluß mit Muskat würzen. Den Käse darüberstreuen. Milch und Sahne dazugießen und darauf achten, daß die Flüssigkeit die Kartoffeln nur knapp bedeckt und nicht zu dicht am Formrand steht. Sonst könnte die Milch-Sahne-Mischung im Backofen überschäumen. Die restliche Butter in Flöckchen auf das Gratin geben und im Backofen bei 180°C 50 bis 60 Minuten backen.

TIP: Mit einem Salat kann ein gehaltvolles Kartoffel-Gratin durchaus zur Hauptmahlzeit werden. Dieses Rezept ist für 4 bis 6 Portionen als Beilage berechnet, reicht also als Hauptgericht für 3 bis 4 Personen.

## FENCHEL-GRATIN

Nicht jedes Gemüse läßt sich wie die stärkereichen Kartoffeln gleichzeitig garen und gratinieren. Die meisten Sorten werden vorher besser in Salzwasser blanchiert. So verliert Gemüse nicht so viel an Feuchtigkeit, und die Farben bleiben besser erhalten. Eine leicht gebundene Sauce hält das Gratin saftig. Mit diesem Rezept läßt sich auch Staudensellerie vorzüglich zubereiten. Möchte man das intensive Aroma dieser Gemüsesorten mildern, kann man sie mit neutraleren Sorten wie Karotten, Brokkoli, grünen Bohnen oder Zucchini kombinieren.

*4 Fenchelknollen (à 300 g)*
*2 Fleischtomaten (à 120 g)*
*40 g Butter, 10 g Mehl*
*je 250 ml Milch und Sahne*
*Salz, frisch gemahlener weißer Pfeffer*

Die Stiele des Fenchels abschneiden und das Grün beiseite legen. Knollen halbieren und den Strunk herausschneiden. Das Gemüse in Salzwasser 3 bis 4 Minuten blanchieren, abschrecken und abtropfen lassen. Die Tomaten abziehen, vierteln und entkernen. Die Hälfte der Butter in einem Topf schmelzen, das Mehl einstreuen und 2 Minuten anschwitzen. Milch und Sahne unter Rühren dazugießen. Die Sauce 10 Minuten bei schwacher Hitze köcheln, mit Salz und Pfeffer würzen und durchpassieren. Eine Form mit der restlichen Butter ausstreichen. Die Fenchelhälften in Scheiben schneiden und mit den kleingeschnittenen Tomaten hineingeben. Das Fenchelgrün hacken und darüberstreuen. Das Gemüse salzen, pfeffern und mit der Sauce übergießen. Im vorgeheizten Backofen 35 bis 40 Minuten bei 180°C hell überbacken.

TIP: Das Gratin schmeckt als vegetarisches Gericht gut zu Reis, Kartoffeln oder Stärkeknollen wie Topinambur.

# Gemüse überbacken

## SAFTIGE GEMÜSE MIT EINER GOLDBRAUNEN KRUSTE VERSEHEN

Obwohl bei allen vorgestellten Gerichten die leicht gebräunte Oberfläche im Vordergrund steht, handelt es sich im Prinzip um recht unterschiedliche Zubereitungsformen. Das Kartoffelgratin bekommt seine kräftig gebräunte Oberfläche im Verlauf eines längeren Garvorgangs im Ofen. Beim Fenchelgratin sind Garmethoden kombiniert, nämlich Blanchieren und Backen in einer Sauce, wobei die leichte Bindung der sahnehaltigen Sauce die Bräunung erleichtert. Übergrillt oder fachlich korrekt "geflämmt" werden das Spargel- und das Gemüsegratin. Hier entsteht bei kurzer Einwirkung starker (Grill-)Hitze keine feste Kruste, sondern nur eine zart gebräunte Haut.

### GRATINIERTER SPARGEL

Hier liegt der Reiz in der Sauce, einer Kombination aus püriertem Gemüse, Ei und Sahne. Durch das Gratinieren bekommt sie eine knusprige Kruste, bleibt aber innen saftig und weich. Diese Methode eignet sich besonders für feine, aromatische Gemüse.

*1 kg weißer Spargel*
*250 g Garnelen mit Kopf*
*1 Schalotte, 35 g Butter*
*50 ml Weißwein, 250 ml Milch, 100 ml Sahne*
*Salz, Zucker, 1/4 Zitrone*
*2 Eigelbe, 2 EL geschlagene Sahne*
*Kerbel zum Garnieren*

Den Spargel schälen, die Enden großzügig abschneiden und für die Sauce zurücklegen. Die Garnelen ausbrechen und den Darm entfernen. Für die Sauce die feingewürfelte Schalotte in 15 g Butter in einem Topf anschwitzen. Die Spargelenden zufügen, andünsten und mit Wein ablöschen. Milch und Sahne dazugießen, die Spargelenden weich kochen, pürieren und durchpassieren. Die Spargelstangen in Salzwasser mit 1 Prise Zucker, der restlichen Butter und dem Stück Zitrone knapp garen. Die Eigelbe mit der geschlagenen Sahne mischen und unter die passierte Sauce heben. Zum Legieren die heiße Sauce unter ständigem Schlagen mit dem Schneebesen erhitzen, bis sie cremig geworden ist. Den Spargel mit den Garnelen auf Tellern anrichten, mit der Sauce nappieren. Unter dem Grill so langsam bräunen, daß die Garnelen warm werden und die Sauce nicht einbrennt. Mit etwas Kerbel anrichten.

### GEMÜSE-GRATIN

*200 g kleine neue Kartoffeln*
*Salz, 1 Prise Kümmel*
*je 200 g junge Karotten mit Kraut, Brokkoli und grüner Spargel*
*300 g Blumenkohl, 250 g Kohlrabi*
*20 g Butter, Zucker*
*125 ml Gemüsefond (Grundrezept Seite 154)*
*1 Rezept Sauce Hollandaise (Seite 160)*

Die Kartoffeln waschen und in Salzwasser mit dem Kümmel kochen. Alle Gemüse putzen, in mundgerechte Stücke teilen, blanchieren und abschrecken. Kartoffeln schälen und warm halten. Butter in einem Topf schmelzen, je 1 Prise Salz und Zucker einstreuen und die abgetropften Gemüse darin anschwitzen. Den Fond dazugießen und die Gemüse glasieren. Kartoffeln und Gemüse in tiefen Tellern anrichten, die Sauce Hollandaise darübergeben und unter dem Grill leicht bräunen.

## GEMÜSE-KARTOFFEL

7 mehlige Kartoffeln à 180 g waschen, in Alufolie wickeln und im Backofen bei 180°C etwa 40 Minuten backen. Inzwischen je 1 rote, grüne und gelbe Paprikaschote putzen, die Schale entfernen und das Fruchtfleisch fein würfeln. 2 Tomaten abziehen und würfeln. Die fertigen Kartoffeln aus der Folie nehmen. 6 davon so aushöhlen, daß nur ein schmaler Rand stehen bleibt. Das ausgelöste Innere zerdrücken und passieren. Die letzte, geschälte Kartoffel in Würfel schneiden. Die Kartoffel- und Gemüsewürfel zugeben. Mit 1 Eigelb und 1 Prise Muskat mischen, mit Salz und Pfeffer würzen. 1 Eiweiß zu Schnee schlagen, unterheben und die Masse in die ausgehöhlten Kartoffeln häufen. Mit 50 g geriebenem Emmentaler und einigen Thymianblättchen bestreuen. Im Ofen bei 200°C in 10 Minuten hell überbacken.

## FOLIENKARTOFFEL MIT KAVIAR

Für 6 Portionen: 6 mehlige Kartoffeln à etwa 200 g waschen, in Alufolie wickeln und im Backofen bei 180°C etwa 40 Minuten backen. Mit dem Messer hineinstechen, um zu prüfen, ob die Kartoffeln weich sind. Dann aus der Folie nehmen und oben kreuzweise einschneiden. Die Seiten der Knollen so zusammendrücken, daß sie sich oben öffnen. Jede Kartoffel mit 1 EL Crème fraîche und 25 g Osietra-Kaviar anrichten.

## TRÜFFEL-KARTOFFEL

Für 6 Portionen: 8 mehlige Kartoffeln à etwa 200 g auf ein Backblech setzen, das mit einer 1/2 bis 1 cm dicken Salzschicht bedeckt ist, und 40 Minuten bei 180°C backen. Von 6 der Kartoffeln einen Deckel abschneiden und die Knollen so aushöhlen, daß ein 3 mm dicker Rand stehen bleibt. Das ausgelöste Innere und die restlichen, geschälten Kartoffeln durchpassieren und mit 2 EL Sahne, 2 Eigelben, 30 g Butter, 50 g geriebenem Parmesan und 25 g feingewürfelter Trüffel vermengen. Die Masse mit Salz und Pfeffer würzen und in die Kartoffeln spritzen. Mit 10 g Butter in Flöckchen belegen und im Backofen bei 180°C 10 Minuten überbacken.

# Gemüse im Ofen garen

## DIE EIGENE HAUT ODER FOLIE SCHÜTZT VOR AUSTROCKNEN

Kartoffeln, Zwiebeln, Knoblauch, aber auch Rote Bete und andere Knollen entwickeln in der trockenen Hitze des Backofens einen besonderen Geschmack. Denn von der Schale umhüllt und eventuell zusätzlich mit Alufolie abgedeckt, können weder die Aromastoffe noch die Feuchtigkeit entweichen. Das Ergebnis: purer Eigengeschmack.

### GEBACKENE ZWIEBEL

6 mittelgroße, makellose Zwiebeln mit Schale in eine Form setzen. Soviel Wasser dazugießen, daß die Zwiebeln bis zur Hälfte bedeckt sind. Die Form in den Backofen schieben und die Zwiebeln 1 bis 1 1/2 Stunden bei 180°C backen. Die Schale der fertig gegarten Zwiebeln öffnen und das weiche Fruchtfleisch mit Salz, Pfeffer und einem Stück Butter servieren.

TIP: Die gebackenen Zwiebeln schmecken sehr gut mit frisch getoastetem Mischbrot zum Aperitif oder als Beilage zu rustikalen Grillgerichten.

### ROTWEIN-KNOBLAUCH

Für 6 Portionen: 6 ganze junge Knoblauchzwiebeln à etwa 60 g in eine feuerfeste Form setzen. 1/2 l kräftigen Rotwein dazugießen, je 2 Zweige Thymian und Rosmarin zufügen, auf den Herd setzen und kurz aufkochen. Dann in den vorgeheizten Ofen schieben und bei 180°C etwa 30 Minuten backen. Die Knollen auseinander brechen und die einzelnen Zehen ablösen. Das weiche Fruchtfleisch herausdrücken und mit etwas Salz direkt aus der Schale essen. Oder das Püree zu Kurzgebratenem, gegrilltem Fisch oder Fleisch servieren.

# FACHAUSDRÜCKE

**abschrecken:** Speisen mit kaltem Wasser übergießen oder darin eintauchen, um ein Kleben zu verhindern (Reis, Nudeln), damit sich Eier besser schälen lassen oder der Garprozeß sofort gestoppt wird (Gemüse).

**abziehen:** binden von Saucen und Suppen.

**anschwitzen:** in Fett angehen lassen, ohne daß die Speise Farbe annimmt.

**Aspik:** Bezeichnung für ein Gericht aus Gelee mit Gemüse, Fisch oder Fleisch.

**aufmixen:** mit kalter Butter mixen, um eine Bindung herzustellen.

**aufmontieren:** feines Pürieren, wodurch eine Emulsion und lockere Konsistenz entsteht.

**aufschäumen:** kurzes Aufmixen zur Schaum- und Volumenbildung; auch zutreffend für Butter im Sinn von Erhitzen ohne Farbgebung.

**ausbacken:** in reichlich heißem Fett schwimmend goldgelb ausbacken.

**auslassen:** Speck anbraten, bis das Fett ausgelaufen und der Speck goldbraun ist.

**Béchamelsauce:** weiße Rahmgrundsauce; eine weiße Mehlschwitze wird mit Milch und Sahne abgelöscht.

**blanchieren:** Gemüse in siedendem Salzwasser kurz kochen, um unangenehme Geschmacksstoffe und Verunreinigungen zu beseitigen oder um Häute oder Schalen besser entfernen zu können.

**Bouquet garni:** Würz- oder Kräutersträußchen aus verschiedenen Kräutern, Gemüsen und Gewürzen zur Verfeinerung von Brühen und Saucen.

**Braisière:** Schmortopf oder Schmorpfanne.

**braisieren:** siehe schmoren.

**braten:** Garmethode für Gemüse, Eier, Fleisch und Fisch, die mit Fett in der Pfanne, im Backofen oder auf dem Grill gegart werden.

**Brunoise:** feingewürfeltes Gemüse.

**Buntmesser:** mit Riefen versehenes Garniermesser.

**Chiffonade:** feine Streifen von Salat- oder Sauerampferblättern.

**Confit:** Eingemachtes.

**dämpfen:** im Wasserdampf garen, ohne daß die Speisen mit der Flüssigkeit in Berührung kommen.

**Dressiersack:** ein Spritzbeutel, um Speisen einzufüllen, zu verzieren oder zu garnieren.

**dünsten:** garen in wenig Flüssigkeit bei etwa 100°C, meist unter Zugabe von etwas Fett. Die Flüssigkeit kann zugesetzt sein oder aus dem Gargut kommen.

**entfetten:** überflüssiges Fett von Saucen und Suppen abschöpfen. (Kalt kann die feste Fettschicht problemlos abgehoben werden; bei heißen Speisen mit einer Schöpfkelle vorsichtig unter die Fettschicht gehen und das Fett hineinlaufen lassen oder Küchenkrepp auf die Oberfläche legen, damit er das Fett aufsaugt.)

**Essenz:** stark eingekochte Brühe oder Fond aus Gemüse, Fleisch, Fisch oder Geflügel.

**Etamine:** Leintuch zum Passieren von Saucen und Suppen.

**Farce:** eine Füllung aus Fleisch, Fisch, Krustentieren, Gemüsen usw., die durch den Wolf gedreht oder püriert, mit Sahne oder Eiern gebunden und mit Gewürzen verfeinert wird. Sie kann mit Weißbrot gelockert werden und dient zum Füllen oder - zu Klößchen geformt - als Beilage oder Suppeneinlage.

**Fond:** Konzentrat, das beim Kochen, Dünsten und Braten von Speisen gewonnen wird. Es dient als Grundlage für Suppen und Saucen.

**fritieren:** siehe ausbacken; bei 180°C mit einem Siebeinsatz im Fritiertopf (Friteuse) ausbacken.

**garnieren:** Gerichte mit eßbaren, in Form und Farbe harmonierenden Zutaten verzieren.

**glasieren:** Speisen eine glänzende Oberfläche geben, meist unter Zugabe von Zucker; oftmals auch als Synonym für gratinieren verwendet.

**Gratin:** überkrustete Gerichte.

**gratinieren:** ein Gericht bei starker Oberhitze überbacken, bis eine braune Kruste entstanden ist.

**Hollandaise:** aufgeschlagene Buttersauce, die die Basis für zahlreiche Varianten ist.

**Julienne:** in feinste Streifen geschnittene Gemüse, Trüffel und Zitrusfrüchte, als Ein- und Beilagen verwendet.

**Jus:** entfetteter, reiner Bratensaft, brauner Fond.

**Karamel:** bei 160°C gebräunte Zuckerraffinade.

**Kasserolle:** flacher Kochtopf.

**klären (klarifizieren):** aus Suppen, Säften, Gelees usw. alle Trübstoffe entfernen. Mit Hilfe von Hühnereiweiß, feingehacktem Fleisch oder Fisch werden die Trübstoffe gebunden und entfernt.

**legieren:** eine Speise mit einem Bindemittel sämig machen.

**Liason:** Binden von Suppen und Saucen, indem mit Sahne verquirltes Eigelb untergerührt wird.

**Mandoline:** Profi-Küchenhobel aus Edelstahl; zum Schneiden von Scheiben, Julienne und Waffelkartoffeln.

**Marinade:** mit Kräutern und Gewürzen versehene Flüssigkeit zum Würzen, Haltbarmachen und Mürbewerden von Fleisch und Fisch. Auch Salatsaucen werden als Marinaden bezeichnet.

**marinieren:** in Marinade einlegen.

**Mirepoix:** Röstgemüse zum Würzen von Suppen und Saucen. Kleingeschnittenes Wurzelwerk, Zwiebeln, evtl. magerer durchwachsener Speck, mit Kräutern und Lorbeer leicht angeröstet.

**Mousse:** feine Schaumspeise aus farciertem Krebsfleisch, Fisch, Fleisch, Geflügel oder Gemüse, auch Früchten, Schokolade und Sahne.

**nappieren:** mit Sauce überziehen.

**passieren:** eine Flüssigkeit durch ein feines Sieb oder durch ein Tuch gießen, streichen oder drücken.

**Plattiereisen:** Küchenwerkzeug zum Plattieren, Flachdrücken und Formgeben von Fleisch, Fisch oder Gemüse.

**pochieren (gar ziehen):** das Gericht langsam bei Siedehitze garziehen lassen, ohne Kochen. Besonders geeignet für sensibles Kochgut wie Fisch, Bries, Eier, Geflügel etc.

**pürieren:** aus rohen oder gekochten Lebensmitteln mit Geräten wie Stabmixer, Stampfer oder Küchenmaschine Püree herstellen.

**Quiche:** mit Royal gebackener Kuchen, wie z. B. Lothringer Specktorte.

**Reduktion:** stark eingekochte Flüssigkeit.

**Risotto:** in Butter oder Olivenöl angeschwitzter Rundkornreis, mit Brühe oder Weißwein abgelöscht und gegart. Mit Butter und geriebenem Parmesan vermischt und serviert.

**Roux:** Mehlschwitze, Einbrenne. Grundlage für gebundene Suppen und Saucen.

**Royal:** Eiermilch, Eierstich.

**Sabayon:** im Wasserbad aufgeschlagene, warme oder kalte Sauce aus Zucker und Eigelb unter Beigabe von Weißwein oder Marsala. Abgewandelt kann sie auch pikant gewürzt werden.

**schleifen:** Teigstücke, z. B. von Hefeteig, mit der Hand auf der Arbeitsfläche zu Kugeln formen.

**schmoren:** Garvorgang zwischen Braten und Kochen.

**simmern:** kurz unter dem Siedepunkt halten.

**Terrinenform:** hitzebeständige Porzellan- oder Steingutform.

**Timbalförmchen:** becherförmige Edelstahlgefäße.

**Tranche:** Scheibe, Schnitte.

**tranchieren:** zum Anrichten in Scheiben schneiden, zerlegen.

**tournieren:** Gemüsen durch Zuschneiden Form geben.

**Velouté:** weiße Grundsauce.

**Zestenreißer (ziselieren):** Spezialmesser, mit dem sich hauchdünne Julienne schneiden läßt. Besonders geeignet für Zitrusfrüchte, da nur die äußere Schale abgeschält wird.

# GEMÜSE-LEXIKON

Dieses Register enthält alle umgangssprachlichen Namen in Deutsch, Englisch und Französisch sowie (in kursiv) alle wissentschaftlichen Namen, die im warenkundlichen Teil dieses Buches erwähnt werden. Die fettgedruckten Seitenziffern beziehen sich auf die Abbildungen.

## A



## B



## C

# KÜCHENPRAXIS UND REZEPTE

# LITERATURVERZEICHNIS

Autorenkollektiv: Lebensmittel-Lexikon. Leipzig 1981.
Bärtels, A.: Farbatlas Tropenpflanzen. Stuttgart 1989.
Baumeister, W. und Menzel-Tettenborn, H.: Das große illustrierte Pflanzenbuch, Bertelsmann Lexikon. Gütersloh 1968.
Belitz, H.-D. und Grosch, W.: Lehrbuch der Lebensmittelchemie. Berlin 1982.
Bissell, F.: Sainsbury's Book of Food. London 1989.
Brücher, H.: Die sieben Säulen der Welternährung. Frankfurt 1982.
–: Tropische Nutzpflanzen. Ursprung, Evolution und Domestikation. Berlin 1977.
Buishand, T., Houwing, H. P. und Jansen, K.: Groenten uit alle windstreken. Eeen geïllustreerde gids, met beschrijvingen en anwijzingen voor het gebruik van ruim 400 Soorten en rassen. Amsterdam 1986.
Bundessortenamt: Beschreibende Sortenliste für Fruchtgemüse, Blattgemüse. Hannover 1987.
–: Beschreibende Sortenliste für Gemüse-Hülsenfrüchte. Hannover 1987.
–: Beschreibende Sortenliste für Kartoffeln. Hannover 1990.
Campbell, S.: Geheimnisse des Küchengartens. Frankfurt 1984.
Dahlen, M. und Phillipps, K.: A Popular Guide to Chinese Vegetables. Singapore 1985.
Dassler, E.: Warenkunde für den Fruchthandel. Südfrüchte, Obst und Gemüse nach Herkünften und Sorten. Berlin, Hamburg 1969.
De Balie, X., N.: Exotische Groenten. Recepten uit De Antillen, China, Indonesië, Marokko, Suriname en Turkije. Amsterdam 1988.
Deutsche Gesellschaft für Ernährung: Ernährungsberichte. Frankfurt 1984 und 1988.
Deutsche Gesellschaft für Hauswirtschaft: Lebensmittelverarbeitung im Haushalt. Stuttgart 1984.
Encke, F., Buchheim, G. und Seybold, S.: Zander. Handwörterbuch der Pflanzennamen. 13. Aufl., Stuttgart 1984.
FAO: Production Yearbook. Vol. 43. Rom 1989.
Franke, W.: Nutzpflanzenkunde. 4. Aufl., Stuttgart 1989.
Fritz, D. und Stolz, W.: Gemüsebau. Handbuch des Erwerbsgärtners. 9. Aufl., Stuttgart 1989.
fruchthandel: Internationale Fachzeitschrift für den gesamten Handel mit Früchten und Gemüse, Trockenfrüchten, Obst- und Gemüsekonserven, Kartoffeln und Blumen. Düsseldorf, Hefte der Jahrgänge 1988-1991.
Goetz, R.: Kochen mit Meeresgemüse. Berlin 1986.
Gemeinsamer Sortenkatalog für Gemüsearten. Anhang zum Amtsblatt der Europäischen Gemeinschaft. 16. Gesamtausgabe, 33. Jahrgang. Luxemburg 1990.
Gemüse: Spezialblatt für den Feld- und Intensivgemüsebau. Stuttgart und München, Hefte der Jahrgänge 1988-1991.
Hartmann, H. D.: Spargel. Stuttgart 1989.
Keller, F., Lüthi, J. und Röthlisberger, K.: 100 Gemüse. 1. Aufl., Zollikofen 1986.
Krug, H.: Gemüseproduktion. Ein Lehr- und Nachschlagewerk für Studium und Praxis. Berlin und Hamburg 1986.
Kunz, B.: Grundriß der Lebensmittel-Mikrobiologie. Hamburg 1988.
Lang, R.-M.: Feine und seltene Gemüse. Stuttgart 1986.
Liebster, G.: Warenkunde Obst & Gemüse, Bde. 1 und 2. Düsseldorf 1988 und 1990.
Mansfeld, R.: Verzeichnis landwirtschaftlicher und gärtnerischer Kulturpflanzen, Bde. 1 bis 4, hrsg. von Schultze-Motel, J. Berlin 1986.
McGee, H.: The Science and Lore of the Kitchen. London 1986.
Mennel, St.: Die Kultivierung des Appetits. Frankfurt 1988.
National Academy of Sciences: Tropical Legumes: Resources for the Future. Washington 1979.
Puseglove, J. W.: Tropical Crops. Monocotyledons & Dicotyledons, Vol. 1 and 2. London 1988 und 1991.
Rehm, S. (Hrsg.): Handbuch der Landwirtschaft und Ernährung in den Entwicklungsländern. Band 4: Spezieller Pflanzenbau in den Tropen und Subtropen. 2. Aufl., Stuttgart 1989.
Rehm, S. und Espig, E.: Die Kulturpflanzen der Tropen und Subtropen. Anbau, wirtschaftliche Bedeutung, Verwertung. 2. Aufl., Stuttgart 1984.
Rinzler, C. A.: Food facts. London 1987.
Stegemann, H. und Schnick, D.: Index 1985 Europäischer Kartoffelsorten. Mitteilungen aus der Biologischen Bundesanstalt für Land- und Forstwirtschaft. Berlin 1985.
Stein, S.: Gemüse aus Großmutters Garten. München 1989.
Teubner Edition: Das große Buch der Exoten. Obst aus den Tropen und Subtropen. Füssen 1990.
Tindall, H. D.: Vegetables in the Tropics. London 1988.
Wirths, W.: Lebensmittel in ernährungsphysiologischer Sicht. Paderborn 1985.

# BILDNACHWEIS:

Seite 26/2 Fotos, Seite 27/2 Fotos, Seite 28/1 Foto: Hans-Georg Levin; Seite 29/3 Fotos: Pampus Associates/Utrecht; Seite 30/1 Foto: Prof. Dr. Jochen Alkämper, Gießen; Seite 30/1 Foto, Seite 31/1 Foto: Hans-Georg Levin; Seite 32/1 Foto, Seite 36/1 Foto: Pampus Associates/Utrecht; Seite 42/1 Foto: Hans-Georg Levin; Seite 46/1 Foto: Sopexa/Düsseldorf; Seite 51/1 Foto, Seite 54/1 Foto: Hans-Georg Levin; Seite 59/1 Foto: Willemse/Niederlande; Seite 65/1 Foto, Seite 70/2 Fotos, Seite 71/2 Fotos: Hans-Georg Levin; Seite 71/1 Foto: Buman; Seite 72/1 Foto: Hans-Georg Levin; Seite 73/2 Fotos: Pampus Associates; Seite 80/1 Foto: Rondini entnommen aus: "100 Gemüse", Verlag Landwirtschaftliche Lehrmittelzentrale, Länggasse 79, 3052 Zollikofen; Seite 83/1 Foto, Seite 90/2 Fotos, Seite 92/1 Foto: Hans-Georg Levin; Seite 95/1 Foto: Margit Fröhle; Seite 98/1 Foto, Seite 99/4 Fotos: Hans-Georg Levin; Seite 105/1 Foto: Ulrike Lindner, Lehr- und Versuchsanstalt für Gartenbau, Auweiler; Seite 117/1 Foto: Margit Fröhle; Seite 122/2 Fotos: Hans-Georg Levin.

# WIR DANKEN

allen, die durch ihre Beratung, Hilfe und tatkräftige Unterstützung zum Gelingen dieses Buches beigetragen haben, insbesondere:
Centro Bambù Italia, Herr Eberts, Herr Reis, Carasco; CBT, Zentralbureau für Obst- und Gemüseversteigerungen in den Niederlanden, Frau Boekestein, Zoetermeer; Centre Français du Commerce Exterieur, Bernhard Neff, Frankfurt/M.; I.C.E., Istituto nazionale per il commercio estero, Herr Paparella, Florenz; I.C.E., Dr. Mario Russo, Verona; I.C.E., Dr. Leonardo Laganella, Frankfurt/M.; Institut für Obst- und Weinbau der Universität Hohenheim, Felix Lippert; International Fruits Bangkok Co.Ltd., Wanchai Lerdpongdee; Internationale Frucht-Import-Gesellschaft Weichert & Co., Herr Heuer, Hamburg; Japan-Import, Fujita lacs Deutschland GmbH, Frau Fujita, Düsseldorf; Prof. Kosiyachinda, Bangkok; Fa. R. Laczek, Manfred Henke, Großmarkthalle Frankfurt/M.; Lehrstuhl für Gemüsebau der TU Weihenstephan, Herr Hongbin Zhang, Herr Krischke; Proexpo Hamburg, Jorge Riaño; Prof. Dr. Sigmund Rehm, Institut für Pflanzenbau und Tierhygiene in den Tropen und Subtropen der Universität Göttingen; Schweizer Zentralstelle für Gemüsebau, Jörg Lüthi, Oeschberg; Sopexa, Förderungsgemeinschaft für französische Landwirtschaftserzeugnisse, Düsseldorf; Topinambur-Saatzucht, Herr Marquardt, Müden-Örtze; Prof. Dr. Wonneberger, FH Osnabrück/Fachbereich Gartenbau.


Postfach 1440 • D-8958 Füssen
**Produktbeschaffung** Margit Fröhle
**Fotografie** Christian Teubner, Dorothee Gödert
**Redaktion** Sabine B. Seitz (Redaktionsleitung)
Katrin Koelle
**Layout / DTP / Herstellung** Susanne Mühldorfer
**Reproduktion** PHG-Lithos GmbH, Martinsried
**Druck** J. Fink, Ostfildern
**Alleinauslieferung für den gesamten Buch- und Fachhandel** Gräfe und Unzer GmbH
Isabellastraße 32 • D-8000 München 40



ISBN 3-7742-1121-3